제4의 남자

제4의 남자 다니엘서 77편 단상

발행   2025년 2월 25일

지은이   강유일
발행인   윤상문
편집인   이은혜, 이대순
디자인   박진경, 표소영
발행처   킹덤북스
등록   제2009-29호(2009년 10월 19일)
주소   경기도 용인시 기흥구 동백동 622-2
문의   전화 031-275-0196 팩스 031-275-0296

ISBN 979-11-5886-313-5   03230

Copyright ⓒ 2025 강유일
이 책은 저작권법에 따라 보호받는 저작물이므로 무단전재와 복제를 금지하며, 이 책의 내용의 전부 또는 일부를 이용하려면 반드시 저작권자와 킹덤북스의 서면 동의를 받아야 합니다.

※ 잘못된 책은 구입한 곳에서 교환하여 드립니다.
※ 책 가격은 표지 뒷면에 있습니다.

킹덤북스 Kingdom Books 킹덤북스(Kingdom Books)는 문서 사역을 통해 하나님의 나라를 확장하고, 한국 교회와 세계 교회를 섬기고자 설립된 출판사입니다.

다니엘서 77편 단상

제4의 남자

강유일 지음

킹덤북스

목 차

추천사 • 8

작가의 말 • 14

제1부

1. 인류 최초의 마천루(摩天樓)-바벨탑 • 42
2. 기원전 6세기 타이타닉 호(號)-난파선 이스라엘 • 49
3. 모리아산, 혹은 아브라함의 단도(短刀) • 53
4. 코즈모폴리탄 솔로몬의 초상(肖像) • 56
5. 페니키아라는 이름의 유혹자 • 60
6. 니스 국립샤갈박물관-모리아산에서 골고다까지의 거리 • 67
7. 혁명가의 권총, 마우저(Mauser) • 71
8. 다마스커스 히스테리 • 77
9. 우상이란 이름의 위조지폐 • 82
10. 할부(割賦)로 치러낸 멸망 • 86
11. 예루살렘 절멸(絶滅) 작전 • 92
12. 하나님의 명검(名劍) 엑스칼리버-느부갓네살 • 96
13. 예루살렘, 상복(喪服)을 입다 • 101
14. 압송(押送)의 길-'전갈들의 바다'를 건너서 • 105
15. 전령사(傳令使)가 들고 온 흉보(凶報) • 110
16. 예언자들의 황금 하프 • 113
17. 희망의 영점(零點) 지대 • 116
18. 젊은 화산(火山)들 다니엘과 세 친구 • 119

19. 두 개의 허리케인 사이에서 • 124
20. 기도-하나님의 지성소(至聖所) 아래서 부르는 세레나데 • 128
21. 어느 새벽의 퍼포먼스 • 131
22. 박쥐의 청력(聽力) • 134
23. 신바빌로니아 건국 왕, 나보폴라사르 • 138
24. 아슈르바니팔의 제국(帝國) 도서관 • 142
25. 유대 민족의 운명, 느부갓네살 2세 • 145
26. 느부갓네살의 신관(神觀)-바벨론 신년 축제 • 150
27. 느부갓네살의 우주(宇宙)-바벨론시(市) • 155
28. 전쟁의 여신, 푸른 스카프를 두르다 - 바벨론 이슈타르 성문 • 160
29. 베를린 페르가몬박물관, 바벨론을 품다 • 164
30. 인간신(人間神)의 아고니-황금 신상 • 179
31. 초월자의 암호(暗號) 그리고 레비아탕 • 185
32. 불가마 속에서 부르는 절창(絶唱) • 188
33. 불가마 속의 춤 그리고 앙리 마티스의 '더 댄스' • 202
34. 제4의 남자 • 209
35. 두 개의 식탁, 두 개의 축제 • 213
36. 불가마 속의 성만찬 • 222
37. 생(生)의 절창(絶唱)-백조(白鳥)의 노래 • 224
38. 불가마 속에서의 혼례(婚禮) • 230
39. 모든 순간은 영원(永遠)의 원자(原子)다 • 235
40. '황무지' 속의 '제3자'는 누구인가 • 238
41. 불의 바다와 거목 부상(扶桑)의 동거(同居) • 242

제2부

42. 느부갓네살 실종 사건 • 248
43. 배 속에 용암(熔岩)을 임신한 자 • 256
44. 런던, 테이트브리튼 - 윌리엄 블레이크의 느부갓네살 • 260
45. 느부갓네살에 대한 두 개의 입장 • 265
46. 하나님의 가택수색(家宅搜索) - 나보니두스 왕 • 272
47. 시계(視界) 제로의 벨사살 - 바빌로니아 멸망(滅亡)의 밤 • 281
48. 하나님의 수학(數學) • 289
49. 화염(火焰)의 시(詩) • 295
50. 21세기 광고판에서 만난 벨사살 • 300
51. 페르시아 제국의 일출(日出) • 302
52. 왜 사자인가 - 제왕(帝王)들의 사자 사냥 • 306
53. 제왕들의 복면(覆面) - 라마수 • 310
54. 기도의 원리 - 네 기도는 이미 응답되었다 • 313
55. 마에스트로 다니엘 그리고 다윗의 별 • 319
56. 아아, 니느웨 • 331
57. 에사르하돈 왕의 군사 왕궁 • 339
58. 팥죽으로 적은 주홍 글씨 • 342
59. 야곱의 성인식(成人式) - 바르미츠바 • 355
60. 평균적 인간에서 선민(選民)으로 • 366
61. 절벽 뒤에 오는 것 • 369
62. 새 유토피아 - 여호와 삼마 • 374

제4의 남자

63. 신성(神聖)한 타작마당 • 378
64. 위대한 민족적 크레도(Credo) - 구약 성경의 서곡(序曲) • 384
65. 전갈의 고독 - 세트 신화 • 392
66. 팍스 페르시카(Pax Percica) - 페르시아적 평화 이데올로기 • 396
67. 출(出)바벨은 제2의 출애굽인가 • 401
68. 로토파겐 블루스 • 406
69. 예루살렘 제2 성전, 그리고 통곡의 벽 • 409
70. 아우슈비츠 레퀴엠 - 어느 20세기 최후의 만찬 • 413
71. 멋진 음식은 그 품격에 맞는 조리 시간이 필요해 • 419
72. 먹을 것인가, 먹힐 것인가. • 431
73. 채식주의자 혹은 살인 공장 독(毒)가스 '치클론 B' • 439
74. 턱시도 그리고 칫솔 한 자루 • 446
75. 겟세마네의 밤 - 배신의 암호, 키스 • 453
76. 조지 타보리, 『식인종(食人種)들』 • 458
77. 20세기의 출애굽 - 프란츠 카프카의 '출발' • 461

작가 메모 • 465
참고 문헌 • 466

추천사

 구동독, 한때는 카를마르크스 대학교라 불렸던 유럽 최고(最古)의 대학교 중 인 하나인 라이프치히 대학교, 그 대학 중앙도서관(Bibliotheka Albertina)에 소장되어 있는 코덱스 시나이티쿠스(Codex Sinaiticus)에 관한 이야기로 시작되는 다니엘서의 이야기라니, 독자는 혼미한 상태로 작가 강유일의 현란한 고대 근동의 역사 심해(深海) 속으로 빨려 들어간다. 두라 평지에 세운 느부갓네살의 신상(神像)의 원형을 태고의 시날 평야 바벨탑과 연결지으면서 저자의 장대한 서사는 시작된다. 신아시리아-신바빌로니아-페르시아 제국의 흥망성쇠 속에 초라하기 그지없는 유대 민족의 필살의 생존기, 바벨론 유수와 구소련의 스탈린과 제3 제국의 히틀러를 넘어선 하늘의 강력한 개입, 그것은 약자들의 지난(至難)한 고통 속에서의 불굴의 생존을 가능하게 한 원인자 "제4의 남자"의 출현이었다. 그분과 함께 그들은 인고의 세월 속에서 하나님의 침묵의 웅변, 즉 하나님의 언어를 이해해갔다. 다니엘서는 결국 조상들의 애가(哀歌)를, 패전의 노래를, 무릎 꿇고 올리는 환희의 승전가를 들려주는 절창(絶唱)이 되어 우리 앞에 시연(試演)하고 있는지도 모른다.

 "다니엘서라는 심해(深海)에서 길어 올린 77개의 단상(斷想)"이라는 부제가 실린 이 책에서 저자는 동서고금의 위대한 문학적 작품, 음악적 고전과 오페라, 박물관과 미술관, 고고학적 발굴 등에서 때론 시간과 공간을 역행하여 종회무진 날카롭고 애틋하고 해박한 필치를 휘두르며 다니엘서 해석의 단초를 잡아낸다. 작가의 탁월한 내공에 그저 숨이 멎는다. 학문성에 바탕을 둔 작가의 상상력이 다니엘서의 현대적 읽기에 새로운 장을 연다. 자극적이며 도발적이며 생경한 맛과 그윽한 향을 품어내는 격조 있는 글과 사상의 향연이다.

_ 류호준 교수(백석대학교 신학대학원 구약학 은퇴교수)

성경 다니엘서는 동서고금을 막론하고 스테디셀러다. 2천 년 이상 기독교가 이어져 내려오면서 거의 모든 그리스도인은 주일학교부터 배우는 역사서요 교훈서가 바로 다니엘서다. 영적인 거장 다니엘을 신앙의 롤 모델로 배울 뿐 아니라, 죽음을 불사한 다니엘의 신앙을 변호하고 구원하는 위대한 하나님의 구원사와 놀라운 하나님 체험을 다루고 있기 때문에 언제나 흥미진진하다.
신앙의 거장이요 한국 문단에서 주목받는 문학인답게 강유일 작가는 다니엘서를 다룬 책 제목으론 참으로 독특하게도 '제4의 남자'다. 이 책은 작가의 문학성, 역사성, 신학성, 예술성, 현대성을 모두 갖춘 한 편의 걸출한 드라마요 장엄한 교향곡과 같은 그의 결정적인 역작이다. 신구약을 넘나드는 방대한 신학적 스케일과 밀도 높은 고문헌과 서사적인 필력과 놀라운 정밀성과 흥미로운 문체는 다니엘서를 새롭게 읽도록 자극하는 실용성을 더한 기독교 도서만이 아닌 종교를 뛰어넘는 우리 시대 최고의 작품이다.

_ 최일도 목사(시인, 다일공동체 대표)

이 책은 저자의 다니엘서 해설서로, 독문학자이면서 작가인 저자의 개성과 특기가 잘 드러난다. 이 책은 맛과 영양을 잘 살린 최고급 요리와 같다. 다니엘서를 출발점으로 삼고 있으나 다양한 영역에서 채집된 식재료에 풍미를 더

하는 저자의 통찰과 필력이 더해져 독자들에게 최고급 요리를 선사한다. 그가 제시하는 재료들은 다양하다. 그림, 신화, 오페라, 문학, 고고학 발굴, 건축, 독일 현대사 등 특정 영역의 제약이 없다. 무겁고 단단해서 다루기 힘든 주제들도 맛깔나고 먹기 좋게 조리한다. 저자는 다니엘서를 읽으면서 이스라엘 역사를 읽고 제국의 문명사를 읽으며 오늘을 읽는다. 특별히 독일에서 살면서 겪은 저자의 체험과 숙고가 책의 맛과 영양을 더욱 고양시킨다. 이 책은 거룩한 책에서 얻은 저자의 영감으로 가득 차다. 작가가 발견한 다니엘서의 메시지는 에덴에서부터 시작하여 21세기 오늘에 이르기까지 시대와 역사를 관통한다. 출애굽은 제2의 에덴으로 입성하기 위한 출발이며, 예루살렘 멸망은 제2의 에덴에서의 추방이다. 강유일 작가는 풀무불에서 제4의 남자 예수를 보고, 불가마 속 네 사람의 움직임에서 앙리 마티스의 '더 댄스'를 읽는다. 세 청년의 노래는 욥과 세례 요한과 본회퍼의 고백과 함께 생의 절창 '백조의 노래'로 울려 퍼진다. 저자는 다니엘에게 주어진 마지막 명령(단 12:9)을 통해서 독자들을 새로운 출발로 초대한다. 저자가 제공한 최고급 요리를 맛본 독자들은 "인간의 궁극적 본향인 하나님께로의 가차 없는 전진을" 감행할 수 있는 힘과 용기를 충분히 얻게 될 것이다.

_ 하경택 교수(장로회신학대학교 구약학 교수)

난 지금 막 거대한 옴니버스 대서사 영화를 보았다. 입이 다물어지지 않는다. 충격, 놀람, 고통, 용기와 희망이란 문자가 내 뇌리에 맴돈다. 순간 강유일 작가란 문자의 실체에 대해 궁금해진다. 충격과 놀람은 저자의 해박한 지식과 탁월한 필력이 그녀가 쓴 문자에서 눈을 떼지 못하게 했기 때문이다. 고대 역사와 현대사를 오가며 그 속에서 다니엘서의 문자를 살아나게 한다. 고통이란 그녀가 다니엘서 문자를 토대로 성경과 역사에 흐르는 인간이 신이 되어 여호와에게 도전하려는 인간-신의 변주곡을 통해 현대인의 심장과 폐부를 찌르기 때문이다. 용기와 희망은 인간이 신이 되려는 거대한 왕과 문화의 압박 속에 버티고 서 있는 다니엘과 세 친구의 모습을 생생하게 그려내어 나에게 지속적으로 도전하기 때문이다. 더 나아가 거대한 역사의 흐름 속에 제4의 남자, 메시아 예수의 현존과 십자가의 죽음과 부활을 보게 하기 때문이다. 저자는 역사적 사료를 통해 다니엘서 문자를 살아 움직이게 하는 문자의 복원자이며 가리워진 역사를 복원하여 염료를 입힌 예술가이다. 이 책이 나에게 큰 파격으로 다가온 것에 너무 감사하며 모든 독자의 필독을 권한다.

― 강규성 부총장(한국성서대학교 구약학 교수, 부총장, 한국복음주의신학회 회장)

강유일 작가의 제4의 남자는 다니엘서에 대한 그녀의 여러 단상들을 담고 있습니다. 그녀는 오래된 구약의 고문서에 생생한 언어와 상상력으로 다시 생명을 불어넣고 있습니다. 단순히 글로 접하던 다니엘서의 인물과 사건들이 마치 살아있는 역사처럼 생생하게 재현되는 것을 봅니다. 이 책은 성경 통독의 지루함과 딱딱한 주석서에 더하여 또 다른 성경 읽기를 경험하고 싶은 이들에게 신선한 자극이 될 것입니다.

― 이승현 교수(호서대학교 신학전문대학원 신약학 교수)

"와! 이 책 미(美)쳤다!" 첫 번째 단상(斷想)을 읽고 외친 한마디였다. "이 책 도대체 뭐냐? 대박!!" 계속된 단상을 접하면서 나오는 연이은 감탄사였다. 우선은 하나님의 말씀-성경이라는 심해(深海)의 빅데이터(Big Data)를 큐레이션(curation) 하는 작가의 능력에 어안이 벙벙했다. 성경의 본문을 저자의 혜안(慧眼)의 타임머신을 타고 역사의 파노라마를 자유자재로 넘나들면서 다양한 예술과 문학적 서사(敍事)를 통해 융합적으로 연결하는 통찰(Insight)에 결국에는 KO(knockout) 당했다. 작가의 해석이 주관적인데도 전혀 주관적이지 않다. 그 해석의 조합이 너무나 정교하고 간결하면서 군더더기가 전혀 없다. 그녀의 통찰과 혜안이 산뜻함을 넘어서 적확(的確)하다. 올해 구질구질했던 한여름 무더위를 한 방에 날려버리는 정말 시원한 레몬~사이다 같은 인기 최정상의 드라마의 연속성을 기대하게 만드는 걸작이다. 강추한다!!

_ 신현호 교수(숙명여자대학교 겸임교수, 대구한의대학교 특임교수)

작가는 다니엘서를 "홀로 독립해 서 있는 젊은 나무"가 아니라, 예언서들의 교향곡 안에서 진정한 의미를 재발견하고 해석되기 위해 존재하는 작품으로 바라본다. 특히 다니엘서를 중심으로 예언서와 구약의 다른 책들, 고대 근동의 역사, 교회사, 현대사, 그리고 문학과 예술 작품들을 솜씨 좋게 엮어 나간다. 성경을 많이, 깊이, 넓게, 충분히 읽을 때 비로소 보이는 연결점들을 문학적 언어를 빌어 거침없이 그러나 부드럽고 탁월하게 이어 나가며, 다니엘서의 세계를 생생하게 보여준다. 성경의 중요한 역사적 사건들과 그에 대한 예언들의 복잡한 맥락에서 길을 잃은 독자라면, 이 책을 통해 예루살렘의 죽음과 바벨론 포로라는 구약 성경의 가장 충격적이고 중요한 신학적 사건의 전말을 성경 전체의 틀에서 다시 보게 될 것이다. 작가의 손에서 다니엘서의 세계는 생동감 있게 펼쳐지며, 독자를 다니엘서가 펼쳐지는 고대 이스라엘의 현장으로 데려가 그 시대를 경험하며 오늘의 우리를 돌아보게 한다.
성경 속 이스라엘의 역사가 낯설고 따분하게만 느껴졌던 독자들이나, 다니엘서를 그저 주일학교 어린이들에게 들려주는 단골 이야기 정도로 여겼던 독자들에게, 이 책은 전혀 새로운 시각과 깊이를 제공할 것이다. 강유일 작가는 오랜 세월 동안 다듬어진 문학적 필력을 바탕으로, 깊이 있는 연구와 자신의 다양한 삶의 경험, 예술적 감수성, 그리고 현대사와 성경 전체에 대한 예리한 통찰을 결합해 다니엘서를 아주 맛깔나는 음식처럼 우리 앞에 내놓았다. 본서는 작가의 신앙과 삶의 여정을 통해 잘 빚어진 걸작으로, 지적이고 매력적이며 독자의 마음을 사로잡는다. 구약이 어렵게 느껴지는 이들이나, 성경을 새로운 시각에서 더 풍부하게 맛있게 읽고 싶은 이들에게 이 책을 필독으로 권한다.
― 김아윤 교수(수도국제대학원대학교 구약학 교수)

성경 해석은 역사, 문학, 신학의 선율을 아름답게 조율하는 작업이다. 이 책은 문학적으로 수려한 필체와 역사에 대한 해박한 지식 그리고 신학적으로 특색 있는 통찰을 상상력으로 빚어내어 근사한 식탁 위에 올린 77개의 만찬 요리와 같다. 탁월한 문학가인 강유일 작가의 필력과 성경 해석은 우리의 상상력을 훨씬 뛰어넘는다. 이 책을 통해 성경 해석 장르의 새로운 지평이 열리길 기대하며 적극 추천한다.
― 이희성 교수(총신대학교 신학대학원 구약학 교수)

작가의 말

코덱스 시나이티쿠스 Codex Sinaiticus
그리고 비블리오테카 알베르티나 Bibliotheka Albertina

1.

그 여자의 이름을 이블린이라고 해두자. 그녀는 중부 독일 공영방송(MDR)의 아나운서이고 문화프로그램 진행자였다. 그녀가 내게 인터뷰 요청을 해왔다. 2006년의 일이다. 그녀가 독일 시사주간지 「디챠이트」에 실린, 저명한 저널리스트 사비네 에촐드가 쓴, 대학에서의 내 세미나에 대한 기사를 보고 인터뷰 요청해온 것이다. 우리는 그때 라이프치히 도심에 있는, 괴테 '파우스트'의, 그야말로 16세기 질풍노도의 증명인 '아우어바하 켈러'가 있는 매들러 파사주의 카페 '메피스토'에서 만났다. 그곳은 밀라노의 미학적인 아케이드, 비토리아 엠마누엘라 2세 갈레리아를 연상시키는 네오 르네상스 양식의, 라이프치히 문화 살롱 같은 곳이었다.

그녀는 그날 대학 행사 등으로 나와 친분이 있는 당시 MDR의 문화부장 마티아스와 동행이었다. 그는 언제나 잘 봉제된 이태리 베니스산 수제 구두를 신고 있어 인상적인 남자였다. 이블린은 참 아름다운 여자였다. 음성은 낮고 몽환적이었다. 머리는 뒤로 묶어 동그랗게 마무리했는데 그래서인지 천상 발레리나 같았다. 그녀는 자신이 발레 학교 출신이라고 말했다. 왜 발레를 그만두었는지, 좌초(坐礁)의 이력(履歷)에 대해 말하진 않았지만, 이렇게 말하긴 했었다.

동독 시절, 쿠바 하바나 알리시아 알론소 국립 발레 학교에서 2년 간 유학한 적이 있죠.

그녀는 또 말했다.

당신도 어젯밤 클라라 체트킨 공원 호수로부터 월경(越境)해 오는 맹꽁이들의 찬란한 합창 소리를 들었다면 우리는 이웃이예요.

나도 전날 밤 공원으로부터 건너오는 맹꽁이들의 그 요란한 합창 소리를 들었었다. 우리는 결국 이웃이라는 데 합의했다. 알고 보니 그녀는 음악가 구역 펜트하우스에 살고 있었고, 꼭대기 층이어서 월세는 만만치 않았지만 맹꽁이 합창을 들을 수 있으니 됐다고 했다. 그녀는 당시 빈센트라는 남자와 사랑에 빠져 있었는데 그는 혼자 두 아이를 키우는 남자로서 그녀의 아래층에 살고 있다고 했다. 이후 그녀는 나를 여러 방송 프로그램에 초대했다.

언제부턴가, 이블린, 마티아스, 그리고 나는 자주 만났다. 이블린과 나 사이에 존칭은 사라졌다. 어차피 음악가 구역은 신(新)라이프치히 학파로 유명한 라이프치히 미술 대학, 멘델스존 음악 대학, 독일문학연구소, '희망의 메카'라고 불리우던 라이프치히대학 인문학부 본관 철학부(

철학자 에른스트 블로흐의 '희망의 원리'에 관한 많은 논문으로 유명하다), 동시대 회화(繪畫) 미술관 등이 서로 길을 사이에 두고 마주보고 있었다. 그런 이유로 게반트하우스 음악당, 오페라하우스, 라이프치히대학 본부, MDR 본부 등이 맞대고 포진해 있는 아우구스투스 광장 구역과 함께 근사한 소재가 늘 등장하는, 소위 그들 취재의 사냥 구역이거나 관할 구역이었다. 수년 간격으로 심심치 않게 노벨상 수상자도 그 구역들에서 출몰했으므로 이래저래 취재거리가 많은 곳이었다. 우리는 대개 카페 '메피스토펠레스'나 예술가들의 정류장 같은 동시대 회화 미술관 구내 카페 '이타카'에서 만났다.

나는 그때 한국의 한 일간지에 송고할 내 개인 칼럼 원고를 위해 소위 구동독 지식인들을 만나 독일 통일에 대한 그들의 재해석을 인터뷰해 가던 중이었다. 구동독 지식인들은 대개 라이프치히와 동베를린에 나뉘어 살고 있었다. 작가 크리스토프 하인, 폴커 브라운, 에리히 뢰스트, 저술가 한스 마이어, 조각가 후랑크 루디히카이트, 정치가 게오르그 기지, 라이프치히대학 총장 볼커 비글, 화가 베르너 튀브케, 볼프강 마토이어, 아르노 링크, 네오 라우흐, 세계적 화상(畵商)이 된 갤러리스트 유디 뤼브케, 안무가이며 무용수인 우베 숄츠, 성 토마스합창단 칸토르인 바하의 후계자 크리스티안 빌러 등 수많은 인물들을 만났던 것이 생각난다. 이블린도 그때 내가 독일 통일이란 테마를 침착하게 추적하고 있다는 것을 알고 있었다.

2.

어느 날 불쑥 이블린이 이렇게 말했다.

1989년 돌연 찾아온 독일 통일에 대한 나의 동독적 해석은 조금 달라. 당신은 '라이프치히 트라이앵글'에 대해 알고 있나요.

라이프치히 트라이앵글이라고 그녀는 말했다. 그녀는 그것이 독일 통일의 메카였던 라이프치히의 3개의 운명적 지정학(地政學)이라고 말했다. 그 3개의 장소는 이렇다. "라이프치히 파울리눔(성바울대학교회), 니콜라이 교회…." 그리고 그녀는 잠시 말을 멈췄다.

그리고 라이프치히 비블리오테카 알베르티나(라이프치히대학 중앙도서관)예요. 우리는 지식의 여신 미네르바의 두상을 끌어안고 수백 년을 청청하게 서 있는 그 건물을 책의 신전(神殿)이라 불렀지요.

그녀는 다시 말했다.

그 트라이앵글 중 가장 결정적인 것은 비블리오테카 알베르티나였어요, 알고 있나요? 그 책의 신전 속에 저 보물 '코덱스 시나이티쿠스'가 보관돼 있다는 것을.

사실상 나는 그때까지 대학 중앙박물관이 그 유명한, 세계 최고(最古)의 성경 필사본인 코덱스 시나이티쿠스를 소장하고 있다는 것을 까맣게 몰랐었다.

3.

    1543년, 작센 공국의 왕으로부터 기증받은 라이프치히 터에 귀족풍의 소규모의 왕실 소장품 도서관이 건립됐다. 1891년, 그것은 공국의 후대 왕 알베르트에 의해 신르네상스 양식의 거창한 규모의 도서관으로 확장 재건립된 후 라이프치히대학에 기증됐다. 독일 통일의 해인 1989년, 그 도서관은 이미 건립 약 450년의 역사를 갖고 있었다.

    1844년 성경학자, 구체적으로 말한다면 신약 성경 원전연구가인 독일 콘스탄틴 폰 티센도르프 백작은 성경 초기 문서들을 발견하기 위해 이집트 시나이 반도에 있는 성카타리나수도원을 방문했었다. 그는 그곳, 정확히 말하면 수도원 북쪽 도서관에서 129개의 커다란 크기의 양피지 문서를 발견했다. 필사본 알파벳의 서체로 보아 서기 4세기 중반, 구체적으로 말한다면 약 350년경의 제작으로 추정되었다. 그것은 놀랍지만 두루마리 양피지가 아닌, 동물 가죽의 낱장들 위에 필사되어, 책의 형태로 제본된 그야말로 코덱스였다. 1846년, 독일로 귀국한 후 그는 43개의 양피지 사본을 당시 작센 공국의 왕인 아우구스투스 2세에 증정했다. 왕 아우구스투스는 그 성경학자 연구 여행의 재정적 후원자였다. 왕은 그 양피지 사본을 라이프치히대학 도서관에 기증함으로써 그 도서관은 이블린이 말한 그 도서관 최고 보화(寶貨) 중 하나인 코덱스 시나이티쿠스의 소장처가 된 것이다.

    양피지의 크기는 제법 큰 형태의 가로 38cm, 세로 34cm였다. 다시 말하지만 두루마리 양피지가 아닌, 책의 형태로 제작된 그야말로 코덱스였다. 모든 원고가 대문자인 소위 언설체로 필사된 옛 그리스어 성경 사본이었다. 통상 양피지라고 적고 있지만 구체적으로 말한다면 송아지 가죽 위에 필경(筆耕)된 필사본이었다.

이후 티센도르프 백작은 시나이 반도 성카타리나수도원을 3번이나 반복 방문했다. 1859년, 그가 발견한 나머지 양피지 사본 347페이지는 비용이 많이 드는 그의 성경 발굴 여행의 재정적 후원자였던 러시아 황제 알렉산드르 2세에게 증정됐다. 러시아 왕실이 그 성서학자가 증정한 보화를 페테르부르크 왕실도서관에 소장, 보관한 것은 당연한 일이었다.

1933년 여름, 영국 박물관 관계자들은 알게 된다. 스탈린 통치 아래 소련 정부가 바로 그 코덱스 시나이티쿠스를 팔아 외화 자금을 만들기 원한다는 것을. 그때 스탈린은 소위 5개년 계획을 시행할 재정이 필요했다. 무신론자 스탈린이 세계 최고(最古)의 양피지 성경 사본이라는 왕실 보물을 팔아 넘기는 것은 어려운 일이 아니었을 것이다. 아직 소문 중인데도 영국 관계자들은 이미 10만 파운드를 준비한 후였다. 스탈린이 그 양피지 사본 347쪽을 영국에 팔아넘길 수 있었던 것은 그런 이유였다.

1933년, 그렇게 해서 시나이 성경 사본은 대영박물관에 도착했다. 그들이 스탈린에게 10만 영국 파운드를 지불하고 받은 시나이 성경 필사본은 모두 347쪽에 달하는 양피지 사본으로 구약 성경 일부와 완전히 보존된 신약 성경 전권(全卷)이었다. 이후 성경 사본은 당연하지만 대영도서관으로 그 소장 장소를 옮긴 후 지금은 대영도서관에 보관, 소장, 공개되고 있다. 신약 성경으로 말한다면 전권(全卷)이 완전히 보존된 가장 오래된 성경 필사본이었다. 그 필사본은 특히 1600년 전, 즉 AD 4세기 신약 성경의 전 내용을 볼 수 있다는 데 연구가들은 학문적 전율을 느낄 정도였다. 가령 마가복음이 4복음서 중 가장 먼저 저술된 것이라는 알리바이도 바로 시나이 성서 필사본의 증명의 힘이었다.

결국 코덱스 시나이티쿠스라는 양피지에 필사된 성경 사본은 그런 오딧세이를 거쳐 세계의 4기관에 나뉘어 소장되는 역사를 시작했다. 대영도서관 347쪽, 라이프치히대학 중앙도서관 43쪽, 러시아 국립도서관, 그리고 이집트 시내산 성카타리나수도원 12쪽이 그것이다. 일부 연구가들이 코덱스 시나이티쿠스를 '성서의 어머니'로 간주하는 것은 전혀 이상한 일이 아니다.

2006년, 시나이 성경 사본을 나누어 소장하고 있는 4개의 기관들은 소위 '코덱스 시나이티쿠스 프로젝트'에 공동 서명했다. 결국 4명의 일란성 쌍생아 같은 그 기관들은 그 성경 사본의 원본 훼손을 막기 위한 보존, 번역, 연구, 공개를 공동으로 하기로 합의한 것이다. 옛 그리스어 독해가 어려운 일반인들을 위한 영어, 독일어로의 번역 작업도 합의됐다.

2008년 7월 21일, 라이프치히대학 중앙도서관장 울리히 요한네스는 코덱스 시나이티쿠스를 웹사이트에 전문 공개한다고 발표했다. 1600년 전 그리스어로 쓰인 코덱스 시나이티쿠스는 그렇게 한 개의 통일된 자료, 고해상도의 이미지로 디지털화 되어, 인류 공동의 보화, 재산으로 연구와 통독을 위해 공개됐다. 2009년 대영도서관도 코덱스 시나이티쿠스가 디지털 작업을 끝내고 웹사이트를 통해 전 세계에 공개된다고 알렸다. 세계 최고의 신성한 성경이 온라인으로 공급되는 역사적 순간들은 그렇게 왔다. 사실 그 필사본 소장 초기, 대영도서관은 그 필사본을 위해 방문하는 방문자들에게 코덱스 시나이티쿠스 앞에서 무릎을 꿇게 했다는 기사도 남아있을 지경이었다. 대영도서관도 라이프치히대학 중앙도서관도 그 필사본이 기독교 역사에서 가장 중요한 자료라고 정의하는 것을 서슴지 않았다. 시나이 성경 사본의 원본과 번역본의 디지털 작업엔 당연하지만 프로젝트 해당 국가인 영국, 독일, 러시아, 이집트의 열정적인 재정 지원 등의 공동 작업이 있었다. 지금도 라이프치히대학 중앙도서관인 비블리오테카 알베르티나에 전화해 시나이 성경 사본에 대해 물으면 전화기 저 편의 사서(司書)가 말한다.

코덱스 사나이티쿠스는 언제든 원본의 크기대로, 고해상도로 출력이 가능합니다. 따로 시간 예약 같은 것도 필요없습니다. 시나이 사본 성경 출력은 모든 방문자들을 위해 항상 준비되어 있습니다.

4.

어느 날 내 어머니 알마 여사는 말했어. 1950년대 말 시인 요한네스 베허가 시 '바벨탑'을 발표할 때 우리는 알았어야만 했다고. 1953년 에른스트 블로흐가 '희망의 원리'를 발표했을 때 우리는 알았어야만 했다고. 어머니의 조국, 나의 조국 동독은 그때 이미 유토피아라는 희망 장치가 고장나기 시작했다는 것을.

알마 여사는 라이프치히대학 고전어학부에서 라틴어를 가르치던 만

년 강사였다. 그녀는 타인에게 저술가로 소개되는 것을 좋아했다고 했다. 그 이유는 그녀가 지오반니 보카치오의 『데카메론』의 번역자이며 동시에 주석서를 출간한 적이 있기 때문이었다. 그 작업 이후 그녀는 데카메론의 산실인 이태리 피렌체를 제2의 고향으로 삼았다. 그녀의 남편, 이블린의 의부는 동독 시절 소위 인민회의 국회 의원이었다. 그러나 그 결혼 관계는 오래가지 않았다. 이블린의 말에 의하면 그 부부는 동독 건국의 해인 1949년, 소위 당(黨)-독일사회주의통일당(SED)-이 기염을 토하며 웅변하는 '유토피아'를 굳게 믿었다는 것이다. 열변을 토하는 열정적인 당이 유토피아라는 신세계로 가는 지도(地圖)를 분명히 손에 쥐고 있다고 확신했다는 것이다.

베허는 동독 건국 초기 문화부장관(1954-1958)이며 압도적 찬사를 받는 국가 시인이었다. 그는 무엇보다 동독의 국가(國歌)인 '폐허로부터의 부활'의 작사가였다. 그가 1950년대 말에 발표한 것으로 추측되는 시 '바벨탑'은 심상치 않다. 그는 그때 이미 유토피아를 꿈꾸는 새로운 국가 동독을 지배하는 소련의 그림자, 소련의 정치 이데올로기 속에서 동독의 미래를 예감했다는 것이다. 당시 소련 통치자는 이오시프 스탈린이었다. 그는 스탈린에게서 돌연 인간신(人間神)과 카인을 본다. 그의 시 바벨탑을 의역하면 이렇다.

이것이 바벨탑이다. / 모든 사람이 그것에 대해 말한다.
카인은 아벨을 때려죽였다. / 그리고 그는 신으로 찬미된다.
그는 자기 탑을 원한다. / 반드시 하늘까지 미친 듯 치솟아 올라야만 하는 탑을.

그러나 소문은 끝없이 웅성된다.
진실은 아가리를 닫치고, 심장은 길을 잃는다.
우리는 어떻든 미친 듯 드높게, 더 높게 치솟아 올라야만 한다.

말씀은 산산히 흩어지고 폭파되어 단어라는 파편이 되고
의미 없이 울리고는 사라진다.
그것이 바벨탑이었지,
더 이상 붕괴할, 그 무엇도 남아있지 않은 그 완전한 전복(顚覆), 절멸.

그의 시는 돌연 성서의 언어, 말씀(Das Wort, 로고스)을 언급한다. 그러나 인간의 언어는 말씀에서 산산히 흩어져, 단어라는 파편이 된다. 동독 시민의 모든 혀가 사회주의를 지껄인다. 그러나 그 모든 혀들이 지껄이는 더 나은 세상, 더 나은 세계라는 유토피아는 사실상 거짓이라는 예감이 닥친다. 말씀은 단어가 되어 부서져간다. 채석장의 돌처럼. 그렇다. 그는 요한복음 1장에 나오는 바로 그 단어인 말씀, 즉 로고스를 사용했다. 동독 공산주의 최전선에 서있는 이데올로기 설계자인 그가 말이다. 이제 그 말씀들은 산산히 부서져 단어, 어휘, 비명, 가루, 파편, 폭약이 되어 흩어진다.

베허의 시 속에서 카인은 스탈린이다.

역사가이며 저널리스트인 니콜라우스 브라운스의 주장이다. 브라운스에 의하면 스탈린은 노골적으로 민중들의 숭배를 욕구하면서 스스로 인간신이 되어간다. 여기서 아벨은 스탈린의 반대자들이다. 스탈린은 카인이 아벨을 죽이듯 자신에게 비판적인 동지들, 형제들을 가차 없이 죽여버린다. 가령 트로츠키와의 권력 투쟁만 해도 그렇다. 결국 트로츠키는 스탈린과의 권력 투쟁에서 밀려나 멕시코로 도망, 망명한다. 스탈린은 바로 그 망명지로 자신의 자객을 보낸다. 트로츠키는 결국 그곳에서 암살자에 의해 암벽 등산용 곡괭이로 살해당한다. 그것은 구약 성경 창세기 속의 그 원형적 풍경, 동생 아벨을 돌로 쳐서 죽이는 인류사 최초의 살인 사건을 소환한다. 베허에게 스탈린의 존재는 스탈린 독트린 등으로 인간 숭배를 강요하는, 인류 역사 위에 새로 등장한 '붉은 신'이라는 것이다.

시날 땅에 바벨탑을 세우던 님로드 왕은 이제 20세기엔 철권 통치, 대원수(大元首), 대숙청, 인간 백정 등으로 인간신이 되어가는 '붉은 신' 스탈린이다. 베허는 스탈린이 이미 20세기의 바벨탑의 건축주 님로드로서 근무 교대를 하고 있는 것을 본다. 스탈린의 소련은 20세기 바벨탑이라는 것을 베허는 본다. 스탈린이 사망한 것은 1953년 3월 9일, 그의 소련 철권 통치 31년, 그의 나이 74세 때의 일이다.

스탈린 죽음 3개월 후의 일이다. 1953년 6월 17일, 그 유명한 '동독 노동자 봉기' 사건이 일어난다. 동독 공산주의 정권에 대한, 노동자와 시민들이 일으킨 대규모의 반(反)소련, 반동독 민주화 사태가 그것이다. 봉기는 소련 점령 지구인 동독 수도 동베를린에서 일어났다. 소련군 점령과 동독 사회주의 통일당 일당 독재에 정면으로 반기를 든 것이다. 그것도 동독이라는 유토피아의 주역인 빛나는 노동자 계급이 말이다. 동독 건국의 채 4년도 지나지 않은 시간이었다. 그들은 당의 본부와 정부 기관들을 습격했다. 주동독 소련군과 동독 인민 경찰의 폭력적 진압이 시작됐다. 소련군 전차 부대가 출동했다. 지금도 당시의 봉기 기록 사진 속엔 83번이라는 번호를 달고 있는 소련 탱크가 등장한다. 그 봉기로 시위 군중 125명이 사망했다. 그들은 이미 알아채고 있었다. 소련도 동독 정권도 탱크에 의해 유지되고 있다는 유토피아의 흑막(黑幕), 교활한 불의(不義)에 대해 말이다. 지금도 통일 독일의 수도 베를린의 대동맥과 같은 대로의 이름은 '6월 17일 기념 대로'이다. 그 기념 대로 시작에 브란덴부르크 문이 버티고 있다.

동독의 당이 그토록 웅변하는 유토피아는 이제 위조된 희망인 것을 동독 시민들은 알아챘다. 1961년까지 동베를린의 인구 수만큼 많은 독일 시민들이 서독으로 이주, 혹은 탈출했다. 1961년 8월 13일, 결국 동독은 동베를린에 가시 철조망과 콘크리트 장벽을 세운다. 베를린 장벽의 시대가 시작된 것이다. 장벽을 넘어 서독으로 가는 도망자, 월경자(越境者)들은 어김없이 국경 초소로부터 총탄 세례를 받고 살해됐다.

그렇다. 동독 시민들은 알아챘다. 동독이 제시했던 유토피아는 결국 파괴가 예정된 바벨탑이었다는 것을. 독일 통일 이후 동독의 대표적인 지식인 문예학자 한스 마이어는 그의 저서 『바벨탑- 동독에 대한 회상』에서 베허의 시 '바벨탑'을 언급한다. 그의 저서의 제목도 애초에 베허의 시에서 왔다. 그는 시 바벨탑의 충격적인 귀절을 언급한다.

말씀은 산산히 흩어지고 폭파되어 단어라는 파편이 되고
의미 없이 울리고는 사라진다. 그것이 바벨탑이었지.

'말씀은 단어라는 파편'이 된다. 시 '바벨탑'을 쓰던 1950년대 말, 베허는 이미 성경의 언어 속에 자신을 숨기고 있다고 한스 마이어는 말한다. 동독 국가 시인 베허는 이미 말씀-로고스-이라는 성경의 언어로 옷을 입은 채 조국의 유토피아가 바벨탑이 되어가고 있음을 고지(告知)함으로써 베허의 언어는 이미 국가의 눈치를 보는 노예의 언어로 전락하고 있다는 것이다. 성서의 언어로 옷을 입고 가장해야 할 만큼 베허는 이미 성서적 언어 뒤로 도피하고 있다는 것이다. 마이어에 의하면 베허는 그 언어의 무너짐, 파편이 된 언어들을 예감하고 있었다는 것이다. 더 나은 세계라는 유토피아는 어쩌면 위조된, 오직 지배를 위한 단순한 기호(記號), 혹은 위조된 암호(暗號)일 수 있다는 것을 베허는 알고 있었다는 것이다. 동독의 유토피아 속에도 이미 인간신-바벨탑의 지점-이 닥쳐오고 있다는 말이다. 유토피아, 그것은 결국 권력을 위한 하나의 암호에 불과했던가.

중요한 것은 베허의 시 마지막은 그대로 예언이 되었다는 것이다. 바벨탑은 결국 무너진다. 그 파멸, 그 전복(顚覆)은 너무도 완전해서 아무 것도 남아있지 않는 완전한 붕괴, 완전한 절멸(絶滅)이다. 다시 말하지만 이블린의 말은 옳다.

어머니는 말했어, 1950년대 말 시인 요한네스 베허가 시 '바벨탑'을 발표할 때 우리는 알았어야만 했다고. 1963년 에른스트 블로흐가 '희망의 원리'를 발표했을 때 우리는 알았어야만 했다고. 어머니의 조국, 나의 조국 동독은 그때 이미 유토피아라는 희망 장치에 고장이 시작되었다는 것을.

1953년, 라이프치히대학은 카를마르크스대학으로 개명(改名)된다.

1409년 설립된 후 544년 만의 일이었다. 대학 본관 앞 역사적인 아우구스투스 광장도 카를마르크스 광장으로 개명됐다. 아아, 그리고 베허의 시처럼 그 전복, 그 절멸의 시간이 온다.

5.

1968년 5월 30일의 일이다. 당시 여전히 동독 집권당이었던 독일사회통합당은 수많은 시민들이 목격하는 가운데 라이프치히대학 본관 중앙성문(城門)과 같은 파울리눔(성바울대학교회)을 다이너마이트로 폭파했다. 그것은 1231년 건축된 후 1409년 라이프치히대학에 대학 교회로 기증된 고딕 양식의 아름다운 보물이었다. 건축 후 737년 동안 여러 번의 전쟁, 특히 제2차 세계 대전 중에도 다치지 않고 당당히 생존했던 기적의 성소(聖所)로서 시민들에 의해 '불사조(不死鳥) 파울리눔'으로 불리던, 젊은 정신들의 예배 장소였다. 그 아름다운 교회는 다이너마이트의 폭팔음과 굉음 속에서 단번에 폭파, 잿더미가 되어 내려앉아 절멸했다. 737년 만의 죽음이었다. 파울리눔 폭파 작전에 서명한 것은 당시 당 최고 서기장 발터 울브리히트였다.

> 절멸의 시간이었어. 어머니가 말했지. 어머니는 그것이 당이 시민들 앞에서의 강행한 불사조 파우리눔에 대한 공개 처형이었다고 했어. 그것은 거의 150년 전, 중세풍 시청 앞 시장 광장에서 있었던 저 유명한 남자, 보이체크의 공개 처형 후 가장 끔찍한 처형일 것이라고 했어.

라이프치히의 애사(哀史) 중 하나인 요한 크리스티안 보이체크는

1824년 8월 27일 라이프치히 시장 광장에서 참수형에 처해졌다. 이후 작가 게오르그 뷔흐너는 그 사건을 바탕으로 희곡 '보이체크(1836)'를 썼다. 보이체크는 애초 가발(假髮) 수공업자였다. 그는 질투로 인해 자신의 애인인 과부 크리스티아를 칼로 찔러 살해했다. 그가 애인을 살해하기 위해 구입한 살인 도구는 그의 생애 마지막 돈을 모두 긁어 마련한 것이었다. 그는 그때 정신 분열증을 앓고 있었다. 그는 타인들에게 모욕당했고, 애인인 과부조차 타인과 불륜 관계에 있었다.

동독 당의 유토피아는 1949년 건국 이후 19년 만에 바로 그 지점에서 '불사조 파울리눔'이라고 불리우던 그 대학 교회를, 대낮에, 그것도 다이너마이트로 단숨에 폭파해 가루로 만들어 절멸시켜야 할 만큼 초조하게 좌초(坐礁)하고 있었다. 그것이 바로 공산주의적 무신론자들이 하나님의 교회를 상대하는 방식이었다.

수많은 시민들은 이미 개명(改名)을 강요당해 돌연 카를마르크스 광장이라고 불리우는 광장 둘레에 빽빽이 들어선 채 한때 불사조라고 불리던 한 교회가 강력한 다이너마이트에 의해 단숨에 폭파되는 절멸을 똑똑히 목격했다. 시민들은 그때 이미 동독의 당의 희망 장치. 유토피아 장치는 고장나 있음을, 절벽 앞에 선 당의 폭력적 히스테리를 가차 없이 알아챘다.

6.

성바울대학교회 폭파 후 동독 당은 교회 절멸의 그 자리에 라이프치히대학의 새 시대정신, 새 영혼으로 들어앉을 '카를 마르크스 청동 조각상'을 세웠다. 대학 정문 벽에 설치된 그 거대한 조각상은 무게가 무려 33톤에, 넓이 14미터의 장엄한 크기였다. 어차피 카를 마르크스는 그 대학에 새 이름을 선사한 정신적 대부(代父)이고 새로운 신이었다. 그렇다, 성바울대학교회를 폭파해버린 그 자리에 33톤짜리의 거대한 카를 마르크스 기념 조각상이 들어섰다. 카를마르크스대학의 새 시대정신은 이제 파울리눔 즉 삼위일체 하나님이 아니라 '붉은 신' 카를 마르크스로 그렇게 황급히 갈아타고 있었다.

33톤짜리 청동 조각의 작품 제목은 '출발'이었다. 복판엔 카를 마르크스의 거대한 두상(頭像)이 부조돼 있었고, 그 서쪽엔 민중들의 맨 앞에는 아름다운 여자가 소위 당이 계시하는 유토피아로 행진하고 있었다. 그렇다. 유토피아의 선두(先頭)에는 아름다운 젊은 여자의 전신이 조각되어 있었다. 그것은 조각가 프랑크 루디히카이트와 다른 2인의 조각가의 합동 작품이었다. 내가 조각가 루디히카이트를 방문했을 때 그는 동독 시절 성공한 예술가들의 고급 주택들이 있는 라이프치히 예술촌 빌라에 살고 있었다. 지병으로 투병 중이던 그가 말했다.

민중 선두에 서있는 그 젊은 여자의 모델은 당시 내 약혼녀였어요. 나는 그녀를 모델로 바로 그 장면, 그 조각적 드라마를 만들었어요.

사실상 그 여자는 들라크루아의 명화 '민중을 이끄는 자유의 여신'의 분위기를 연상시켰다. 그녀는 군중을 이끄는 여자처럼 청동 조각 작품 속에서 새로운 신 카를 마르크스와 함께 정치 드라마를 이끌고 있었다. 프랑크가 말했다.

그녀는 이후 결국 동독을 견디지 못하고 서독으로 탈출 시도 중 자살했다.

7.

이블린은 말했다.

중요한 것이 있어. 당의 최고 서기장 발터 울브리히트가 성바울대학교회를 다이너마이트로 폭파시켜 절멸시킬 때 라이프치히 카를 마르크스 광장 가득 휘몰아친 먼지 속에서 어머니는 보았어. 당이 제시한 유토피아 위로 시계(視界)를 차단하며 폭발하는 그 먼지를. 그래, 그 지점이 바로 동독이 시민들에게 제시한 유토피아, '더 나은 세계로의 전진'이라는 슬로건이 '시계 영점(零點)'이 되는 순간이었어. 아니, 그것이 바로 동독의 당이 그토록 열망하며 쌓아갔던, "더 높이!, 더 높이!"를 외치며 쌓아갔던 바벨탑 붕괴의 날이었지. 어머니는 그것을 '탈(脫) 현혹(眩惑, Entillusion), 탈 환영(幻影)의 날이라고 불렀지.

그때, 당도 서기장 울브리히트도 모르고 있었어, 성바울대학교회는 폭파, 절멸됐지만 그 교회의 성스러운 영(靈)은 그곳에서 겨우 몇 미터도 안 되는 니콜라이 교회로 가차 없이 이동했다는 것을. 설명할 수 없지만 그것이 어머니의 확신이었어. 어머니는 한동안 탈현혹이라는, 마치 알콜 중독자가 해독(解毒) 병동에 도착하는 것 같은 미친 현기증 때문에 절절맸지.

그날 이후 어머니는 알았어. 당의 나침반이 아니라 우리의 나침반이 필요하다는 통렬한 자각 말이야. 그날 집으로 돌아가 많은 시민들이 바로 그들의 집에 소장하고 있던, 그러나 오랫동안 펼쳐보지 않았던, 폭파된 성바울대학교회가 또렷이 가리키고 있던 그것-성경-을 꺼내들었지. 성경, 그것은 많은 시민이 그들 책꽂이 구석, 아니면 아직도 개봉하지 않은 이삿짐 박스에 처박아 놓았던 개개인의 코덱스 시나이티쿠스였지. 그렇게 해서 대학 중앙도서관의 성배인 성경 사본은 우리 안으로 깊숙이 쳐들어왔지. 전율할 습격이었어. 그래서 성경은 우리의 성배, 예수의 보혈을 담고 있는 황금의 잔이 되어 출렁였지. 그 보혈의 출렁임, 그것이 '성령'이라고 말해준 것이 바로 니콜라이 교회 월요기도회였어. 어머니는 살기 위해 그곳 월요기도회에 갔어. 시민들은 점점 성배, 즉 성경의 소유자가 되어갔어. 어떻든 모든 성경은 결국 그 최고(最古)의 성경 필사본들로부터 왔을 테니까. 결국 그 소중한 고서본, 대학 중앙도서관에 소장된, 송아지 가죽 위에 엄선된 필경사(筆耕士)들이 또박또박 적어간 그 시원(始原)의 말씀에서 왔을 테니까.

8.

'라이프치히 니콜라이 월요기도회'의 결과물인 1989년 10월 9일의 평화 혁명, 독일 통일의 시작이고 완성인 그 평화 혁명은 예수의 피-성배-를 굳게 부여잡고 있던 우리에게 하나님이 주신 은혜의 순간-카이로스-였어. 우리는 폭력에 폭력으로 대항하거나 반응하지 않기 위해 모두 손에 촛불을 들고 있었지. 그때 군중인 우리의 이름은 노도(怒濤)였어. 성난 파도였던 것 맞아. 그러나 우리는 여러 번 우리의 카타콤베이고 아지트였던 그 니콜라이 교회에서 예수의 겟세마네 동산에 대한 설교를 반복해서 들었지.

예수의 지상에서의 그 마지막 밤, 로마군 체포조들은 배신자 가룟 유다를 앞세우고 예수의 이 지상에서의 마지막 에덴인 겟세마네 동산, 신적 고요가 있는 그 아름다운 동산까지 들이닥쳤지. 가룟 유다와 그 체포조들은 서로 정해놓은 암호(暗號)가 있었지. 그것은 유다의 키스였어. 유다가 그 뺨에 키스하는 자, 그가 바로 예수였어. 얼마나 황급했는지 로마군 체포조는 지명수배자 예수의 몽타쥬 한 장도 갖고 있지 않았으니까. 유다는 예수에게 키스했지. 배반(背反)의 키스 말야. 그리고 예수는 체포됐어. 그것이 예수가 말한 '밤의 시간의 문법'이지.

예수는 언제나 공개적으로 설교하는 순회 설교자였어. 그는 단 한 번도 자신의 설교를 숨긴 적이 없지. 아아, 예수라는 그 번쩍이는 광채의 정신, 초월적 인간이 보여주는 최고의 아름다움과 미학(美學). 군중들은 이미 그가 저 위대한 구약 성경이 반복해 예시한 해방자 메시아일지도 모른다는 예감과 열망을 갖고 있었지. 그런 예수를 백주 대낮에 군중들 앞에서 체포한다는 것, 그것은 곧 군중의 미친 폭동 사태를 의미하는 것이었지. 예수는 이제 자신에게 남은 것은 혹독한 죽음이라는 것을 알았음에도, 베드로의 분노의 칼에 베인 말고의 귀를 만져 치료해 주었지. 그때 베드로를 향한 예수의 음성은 짧았어.

검(劍)을 칼집에 꽂으라.

예수는 자신을 기다리고 있는 것이, 새벽에 황황히 열린 그 비상 법정, 그리고 이후 십자가 처형이라는 것을 알았지. 우리도 알았어. 무엇인가 우리를 기다리고 있다는 것을. 그날 니콜라이 교회 월요기도회 2천 개 좌석은 빈틈없이 들어찼지. 교회 광장과 대로의 집회를 시민들의 대폭동, 대반역으로 해석한 당은 이미 광장과 시내에 8천 명의 군과 경찰 병력을 배치했지. 다시 말하지만 그 운명의 날, 그 결전(決戰)의 날, 우리는 검(劍) 대신 촛불을 들고 있었어. 겟세마네에서의 예수의 그 짧은 웅변-검을 칼집에 꽂으라-을 미친 듯 부여잡고 있었지. 라이프치히 교외에 배치한 탱크들이 구르는 시동음을 우리는 본능적으로 듣고 있었지. 교회 월요기도회 후 운집한 군중이 그날 무려 7만 명이었어. 당시 명성 높은 라이프치히대학 병원은 이미 끔찍한, 대량의, 세기말적인 유혈 사태에 대비해 응급실과 응급 병상 준비에 여념이 없었지.

아아, 젊은 신 카이로스처럼 우리도 칼날을 세운 시퍼런 면도날 위에 서있었어. 우리는 죽어도 좋다는 생각을 했어. 우리는 성경이 이미 예수의 피를 담은 성배, 문자로 된 성배임을 니콜라이 교회에서 배웠어. 당은 우리를 학살할 수 없다는 것을 우리는 알았어, 예수가 허락하지 않는 한. 당은 더 이상 우리를 체포하고 가둘 수 있는 파라오나 느부갓네살이 아니었어.

그날, 1989년 10월 9일 소위 '89평화혁명'의 날, 성령이 우리 앞에서 모세의 배역을 맡으셨지. 그래서 동독의 당이 대폭동이라고 선언했던 라이프치히 복판은 그야말로 군중의 바다였어. 우리는 우리가 시퍼런 면도날 위에 우리 존재를 세운 채 '출(出)애굽'을 하고 있다는 것을 알았어. 아니, 우리는 '출(出)바벨'을 하고 있었어. 우리는 가나안으로 가던가, 우리 본향인 새 예루살렘-하나님 나라-으로 가고 있다는 것을 알았어. 인간적으로 보면 설명되지 않는 신성(神聖)과 은총의 순간이었지.

왜 그랬을까. 탱크는 문득 출동을 멈췄고, 대학병원 응급실로 들이닥쳐야 할 응급차의 사이렌 소리 같은 것은 없었어. 무려 7만 명이 운집했는데, 40년 일당 독재 정권과 대치 중인 초비상 사태였는데. 유리창 한 장도 깨진 것 없는 무혈 혁명은 그렇게 탄생됐어. 소위 89평화혁명, 그 확장인 독일 통일이라는 기적은 그렇게 왔어. 40년간 번쩍이던 거대한 당, 독일 사회주의 통일당의 대항복(大降伏)은 그렇게 왔어. 이후 역사가 라이프치히 무혈 혁명이라고 명명한, 독일 통일 출산(出産)의 그날 말야. 소위 89평화혁명인 1989년 10월 9일 월요일, 그날 나는 19세였어. 니콜라이 교회의 어느 월요기도회에서 우리는 이런 찬송도 불렀었지. 그 찬송은 그대로 우리 평화 혁명의 이데올로기가 되었지.

너희, 예수의 제자들이여, 죽어도 잊어서는 안돼.
우리는 예수의 성만찬 식탁에서
한 개의 빵에서 먹었고, 한 개의 잔(盞)으로부터 마셨다.
한 개의 빵, 그것은 예수의 몸이고,

한 개의 잔, 그것은 예수의 보혈이다.

예수여, 당신 사랑이 부디 우리 안으로 쳐들어 오게 하십시오.

당신 사랑이 부디 해일(海溢)처럼 우리 안으로 범람하게 하십시오.

역사의 주인이신 당신, 오늘, 이 지점에서, 당신의 역사의 플랜을 완성하십시오.

그날 시위 진압 지휘 팀은 이후에 이렇게 말했지.

우리는 8,000명의 동독 군인과 경찰 병력으로 무장, 니콜라이 교회 광장과 부근에 집결했다. 당의 정보원 400명의 정탐꾼이 니콜라이 교회 월요기도회에 참여해 사태를 정탐 중이었다. 시위 진압을 위해 탱크들은 시의 교외에서 이미 출동하고 있었고, 예정된 유혈 사태에 대비해 대학병원 등은 이미 응급실과 비상 병상 준비가 완료된 상태였다. 우리가 시위 군중을 진압할 수 있다는 것은 자명한 일이었다. 그러나 우리가 진압할 수 없는 것, 이길 수 없는 것이 등장했다. 그것은 '기도와 촛불'이었다.

1989년 10월 9일 라이프치히 평화 혁명 한 달 후인 1989년 11월 9일, 베를린 장벽이 무너졌다. 1990년 8월 3일, 동서독은 베를린에서 통일 조약에 서명했다. 1990년 10월 3일, 독일은 정식으로 세계 앞에 독일 통일을 선언했다. 독일 통일이란 이름의 20세기 최고의 역사적 기적의 밀의(密意)는 그렇게 왔다.

9.

    소수(少數)의 라이프치히 시민들이 언제부터인가 대학 중앙도서관에 소장된 시나이 성경 사본-코덱스 시나이티쿠스-을 라이프치히 시(市)의 영혼, 혹은 정신으로 이해했다는 것은 신선한 충격이다. 아니, 더 구체적으로 말한다면 시나이 성경 사본, 즉 세계에서 가장 오래된 성경의 필사본을 소장하고 있는 대학 중앙도서관을, 하나님의 말씀이 보관된 법궤를 품고 있는 성막(聖幕)으로 간주했다는 것은 충격이다. 그리고 그 성경 사본은, 그것이 구약이든 신약이든, 한 가지 본질, 즉 하나님의 역사 경영의 본질-메시아-을 향하고 있다고 그들은 믿었다. 메시아란 곧 예수이고, 예수의 보혈이다. 시민들이 시나이 성경 사본을 라이프치히 심장부에 간직하고 있는 성배-예수의 보혈이 담긴 황금잔-로 이해했다는 것이 중요하다. 예수의 보혈, 그것은 그들에겐 인류 최고의 보화(寶華)였다. 인간이 희망할 수 있는 최고의 유토피아였다. 그들에게 예수는 인간 구원, 영원, 불멸, 새 예루살렘과 동의어였다.

    그들에게 성경이란 예수의 보혈을 담고 있는 '문자(文字)로 된 성배'였다. 그리고 그 말씀의 힘을 믿고 그들은 평화 혁명 때 출동을 시작한 진압 탱크의 지진음 속에서도 손에 촛불을 든 채 비폭력으로, 젊은 신 카이로스처럼 날이 선 면도날 위에 묵묵히 섰다. 시민들은 바로 그 시간, 그 지점이 하나님이 주신 은총의 순간, 은총의 찰나라는 신념에 목숨을 걸었다. 독일 통일은 그렇게 왔다.

    이블린은 참 단호하다. 독일 통일은 바로 그 라이프치히 트라이앵글에서 왔다는 것이 거의 그녀의 신념이다.

> 니콜라이 교회 월요기도회는 그 필연적 라이프치히 트라이앵글을 생각한다면 운명이 아니라 필연이었어.

이블린의 말이다. 나는 니콜라이 교회 월요기도회의 선두주자였던 수석 목사 크리스티안 휘러를 그의 생전에 여러 번 만났었다. 교회 맞은편 그의 목사관 응접실에서 인터뷰도 가졌었다. 작은 키, 단단한 체격, 붉은 안색, 위로 솟구치는 강성의 머릿결을 가진 그의 머리는 그때 이미 반백이었다. 명징한 소년의 눈에 늘 조끼차림인 그 남자는 내게 이렇게 말했었다.

> 라이프치히 평화 혁명은 더도 덜도 아닌, 압도적인 '성령(聖靈)의 혁명'이었습니다.

10.

독일 통일 후 카를마르크스대학은 다시 라이프치히대학이라는 이름을 되찾았다. 카를 마르크스 광장은 다시 아우구스투스 광장으로 바뀌었다. 그 거대한 33톤짜리 카를 마르크스 청동 조각도 허공에서 떼냈다. 이후 독일 통일 정부-작센 주정부-는 대학 중앙도서관인 비블리오테카 알베르티나 재건과 확장 공사에 공사비 약 1000억 원(공사 기간 8년)을 쏟아부었다. 한밤 중에도 청명한 날엔 새파란 푸른 천공과 떠오른 별들을 볼 수 있는 거대한 유리천정, 그야말로 '크리스탈 그랜드 돔'으로 도서관 천정을 장식했다. 작센 주정부는 다이너마이트로 폭파된 성바울대학교회-라이프치히대학교회-를 현대적으로 해석해 새로 복원하는 데 다시 8

년, 공사비 약 1800억 원을 부어넣었다. 그것이 이블린과 알마 여사가 라이프치히 시의 영혼이라고 굳게 믿는 성경과 성령의 복원 작업이었다.

독일 통일 조약 서명의 날로부터 33년이 지났다. 독일 통일에 대한 수많은 연구서와 재해석들의 분량은 이미 33톤짜리 카를 마르크스 청동 조각의 1만 배를 넘은 지 오래다. 그러나 나는 이블린이 들려준, 라이프치히 소수 시민들 사이를 오간 그녀와 알마 여사 같은 독일 통일에 대한 신념에 찬 해석을 잊은 적이 없다.

이블린의 어머니 알마 여사와 소수의 시민들에게 라이프치히대학 중앙도서관에 소장된 코덱스 시나이티쿠스는 라이프치히 시(市)의 정신이고 영혼으로 간주되었다. 동독이라는 좌초한 유토피아의 망명 공간 속에서 성경은 그들 가슴 속에서 그들 존재의 문장(紋章)이 되어갔다. 그리고 결국 그 말씀의 힘, 그것이 니콜라이 교회 월요기도회였다. 코덱스 시나이티쿠스가 라이프치히 시민들에게 준 성령 세례는 엄청난 것이었다. 그들에게 그 성경 사본은 결국 그들 안에서 지진을 일으켰다. 라이프치히 89평화혁명이 곧 독일 통일의 시작이고 완성이라면 휘러 목사의 말대로 독일 통일은 더도 덜도 아닌 '절대적인 성령의 혁명'이었다. 그것이 문자(文字)로 건축한 야훼의 대성전-성경-이 민족과 국가의 역사를 바꾼 힘의 찬란함이다.

11.

다니엘서를 펼치면 다윗 혈통의 네 청년, 다니엘과 하나냐, 미사엘, 아사랴가 등장한다. 그들은 문자(文字)를 품고 바벨론으로 끌려갔다. 당시 바벨론 유형 때 끌려간 수많은 이스라엘의 젊은 엘리트들이 상징하는 것은 의미심장하다. 기원전 6세기의 그 시절, 엘리트들만이 문자의 소유자이고 수호자였으니 말이다. 그들은 바벨론 포로라는 망명 공간에서 수많은 신들의 시장(市場)인 만신전(萬神殿)의 땅 바벨론을 극복하는 것과 처절하게 불타 절멸해버린 예루살렘 성전의 본질인 유일신 야훼를 지켜내야만 하는 치열한 과제 앞에 서있었다.

그 처절함과 경이가 뒤섞인 신성한 싸움 최전선에 기도의 전사(戰士)들인 다니엘들, 세 친구들, 에스겔들이 출정(出征)해 있었다. 그들이야말로 바벨론 포로라는 재앙의 최전선-프론트-에 선 믿음의 전사(戰士), 믿음의 프론티어들이었다. 그들은 기도로 지은 갑옷을 입었다. 주요 전선마다 그 네 남자 같은 기도의 전사들이 더 있었으리라. 사정없이 하나님의 옷자락을 부여잡음에 대한 훈장(勳章)-그것이 그들이 기록해 낸 토라와 지혜서 등으로 이루어진 경전(구약 성경)의 모태다. 바벨론이라는 망명 공간 속에서 하나님의 역사를 받아 적는 필경사(筆耕士)가 됨으로써 그들은 비로소 모처럼 선민(選民)일 수 있었다. 그들이 또박또박 받아 적은 문자마다 솟아오르는 각성과 진통의 비명들이 들리는 듯하다.

그들은 그렇게 구약 성경의 초고본을 적어 내려갔다. 포로라는 민족적 절벽 앞에서 몰두했던 열정적인 작업, 한 민족이 하나님 앞에 단독자로 선 그 작업이 이후 구약 성경이라는 위대한 정경(正經)이 되었다는 사실을 그들은 까맣게 몰랐다. 결국 그들은 예루살렘 성전의 파괴, 다윗 왕조의 종말이라는 민족 최고의 경악, 내상(內傷) 속에서, 대체 그것이 무엇인지 알기 위해 이미 선포되었던 예언자들의 예언들을 기억, 수집, 기록, 필경, 필사, 편집, 재해석해가며 역사적 복기(復棋) 작업을 시작했던 것이다. 아니, 그것은 단순히 받아 적는 필경 작업이 아니었다. 그들은 그 작업 속에서 하나님의 예언의 갈피마다 깃들어 있는 찬란한 진리를,

하나님의 진리에 대한 하나님의 수사학(修辭學)을, 하나님의 웅변, 즉 하나님의 언어를 이해해갔다. 조상들의 애가(哀歌)를, 패전의 노래를, 무릎 꿇고 올리는 환희의 승전가를 이해했고 기록했다.

중요한 것은 1844년에 발굴된 코덱스 시나이티쿠스라는 성경 필사본의 소중한 초고(草稿)들의 많은 부분이 다니엘서에 빽빽이 들어 찬 숨막히는 바벨론 망명 공간에서 터져 나온, 문자(文字) 엘리트들인 다니엘들이, 그의 세 친구 같은 하나냐들이, 미사엘들이, 그리고 아사랴들이 하나님께 드리는 그들 최고의 절창(絶唱)이었다는 사실이다. 그렇다. 생애 최고의 신앙 고백이었고 백조(白鳥)의 노래였다. 그래서 다니엘서는 내게 구약 성경 중 가장 젊은 '청춘(靑春)의 장(場)'이며 최고의 '미학(美學)과 향기의 영토'이다. 프랑스 니스 옆, 해발고도 100미터 고지대의 도시, 향수(香水)의 메카 그라스처럼 성경 속에서 야생 장미, 백합, 라벤더, 쟈스민이 최고의 향기를 토하는, 신앙 고백의 향기로 만당한 영토(領土), 그것이 내겐 다니엘서이다.

이 책은 내가 다니엘서(書)라는 찬란한 심해(深海)에서 건져 올린 77개의 단상(斷想)이다.

2023년 7월
베를린 작업실에서

제 1 부

다니엘서 1-41편 단상

1
...

인류 최초의 마천루(摩天樓)
- 바벨탑

시날 평야라는 이름이 나올 때 이미 불길하다. 시날 평야, 그것은 님로드 왕국과 동일어였다. 님로드(Nimrod, 니므롯)는 노아 홍수 이후 가장 큰 왕국을 건설한 소위 지상 최초의 정복자이다. 노아의 4대손이라는 것이 그의 계보이다. 왕 님로드와 주민들은 장대한 건축 프로젝트를 진행했다. 그들 도시에 탑을 쌓기 시작한 것이다. 그 탑은 반드시 그 끝이 하늘에 닿아야만 했다. 탑을 높이 쌓는 건축 프로젝트가 하나님에 대한 도발일 수는 없다. 중요한 것은 그렇게 함으로써 그들은 하나님과 자신들을 동등한 존재로 만들기 원했다는 것이다. 그것이 그들의 건축적 야망, 즉 바벨탑 건축의 이데올로기였다.

모든 것은 벽돌 생산 방식으로부터 시작됐다. 흙 대신 벽돌을, 진흙 대신 벽돌 사이에 역청-아스팔트-을 쓰는 것은 당시 건축의 혁명이었다. 그 혁명 후 인간이 가장 먼저 시도한 것이 바벨탑 건설이라는 것은 의미심장하다. 바벨탑 프로젝트의 건축주는 님로드 왕이라는 전승이다.

자, 우리가 함께 도시를 건설하자. 또 하늘까지 닿는 탑을 세우자. 그래서 우리의 이름을 좀 날리고 서로 흩어지지 않게 하자. 이 시날 평야에(창 11:3).

이 지점에서 이상하게도 에덴동산의 어느 날 풍경, 그 유명한 다이얼로그가 생각난다.

이것 보게나, 걱정하지 마. 그 열매를 따 먹는다 해도 결코 죽지 않아. 그 열매를 먹으면 오히려 너희 눈이 밝아질 거야. 다시 말하면 너희도 하나님처럼 될 수 있다는 거지.

하나님은 바벨탑 건설을 하나님에 대한 인간의 도전으로 해석하셨다. 그리고는 건축 공사의 절정에 그들의 언어를 뒤섞어 놓으셨다. 돌연 공사 현장에서 타인의 언어를 이해하지 못하는 재앙이 일어났다. 언어 소통이 불가능해지자 참여자들은 의사소통의 카오스 속에서 분말처럼 떨어져 나갔다. 바벨탑 건설 프로젝트는 중단되고 좌초됐다. 바벨탑은 여러 층으로 쌓아 올린 신전 탑으로 추측된다. 바벨탑 건설은 좌초된 채 미완성으로 끝장났다. 기원전 1200년경, '너도 신처럼 되리라'는 이데올로기로 인간이 세워 올린 '마천루(摩天樓) 프로젝트'의 좌초는 그렇게 왔다.

기원전 900년까지만 해도 그 바벨탑은 여전히 미완성의 폐허로 남아 있었다. 바벨탑은 당시 님로드, 즉 고대 구바벨론 왕을 비웃는 실패와 좌초의 알리바이로 남았다. 심지어 당시 바벨탑 건축의 좌초에 대한 야유와 조롱의 노래까지 등장했다. 어떻든 바벨탑은 당시 존재했던 그 어떤 건축물보다 월등히 높았다. 바벨탑은 7층 건축 도중 좌초한 미완성의 상징으로 남았다. 탑 건설이 중단된 그 땅의 이름을 사람들은 '바벨'이라고 불렀다. 바벨이란 '신들의 문(門)'이라는 뜻이다. 히브리어로는 '혼돈(混沌)'이라는 뜻으로 두 개의 의미가 사정없이 교차한다.

중요한 것은 왕국의 건국으로 역사의 휘장을 열어젖힌 신바빌로니아 왕국의 두 사람, 즉 건국 왕 나보폴라사르와 그의 아들 느부갓네살 2세라는 정복자 듀엣의 혈관에 흐르는 악착 같은 바벨탑의 피였다. 바벨탑, 그것은 노아의 홍수 이후 최초로 등장한, 왕국의 통치자가 신과 경쟁하기 위해 건축한 '인류 최초의 마천루(摩天樓)'다. 신바빌로니아 왕국의 건국자 나보폴라사르가 왕국의 공동 건국자나 다름없는 후계자인 그의 아들 느부갓네살에게 남긴 유언은 이렇다.

> 나는 나의 왕국을 사랑하는, 그리고 앗시리아를 뒤집어 엎은 나부와 마르둑의 명령을 받았다. 그들은 매번 내게 명령했다. 바벨탑, 즉 나의 새 왕국이 개국되기 이전에 착공했으나 미완성인, 그래서 지금도 무너져가고 있는, 지하 세계에 가슴이 놓일 정도로 단단하게 기초된, 그리고 그 첨부가 하늘에 닿도록 계획된, 그 바벨탑을 재건(再建)하라는 재촉을.

다니엘서 프롤로그에 등장하는 시날 땅은 그 바벨탑 사건의 기억을 불러온다. 그리고 바벨탑 사건은 시원(始原)의 에덴동산의 그 잊지 못할 법정을 소환한다. 두 사건의 테마는 매우 닮았다. 결국 20세기 사회학자 에리히 프롬도 일생 물고 늘어져야만 했던 신과 인간 사이의 그 끈질긴 테마, 아니 인류의 가장 유혹적이고 치명적인 명제(命題)- 너희도 신처럼 되리라'의 재등장이다. 아니, 바벨의 의미가 '신들의 문'이라면 시날 땅은 신이냐, 신들이냐의 문제, 즉 일신론인가 다신론인가, 일신론인가 범신론(汎神論)인가의 처절한 명제의 문을 여는, 운명적 장소의 이름이다. 그런데 정복자 느부갓네살은 솔로몬 성전, 즉 예루살렘 성전에서 탈취한 여호와의 제사에 사용되는 신성한 성전 기구들을 전리품으로 탈취한 후, 하필 그 시날 땅에 있는 바벨론 신전 창고에 넣어두었다는 것이다. 다행히 내던졌다고 적혀 있지는 않다.

결국 다시 시날 땅, 즉 바벨탑의 등장이다. 느부갓네살이 왕위 대관식 이후 가장 먼저 착수한 것이 바로 그 바벨탑의 복원이었다는 것은 의미심장하다. 바벨탑 복원을 유언한 부왕 나보폴라사르, 그리고 왕좌에 오르자마자 바벨탑 복원을 서둘렀던 느부갓네살, 그 두 부자의 혈관을 흐르는 바벨탑이라는 그 질긴 유전자를 하나님이 모르셨을 리 없다.

피터 브뤼겔(1525-1569)의 명화(名畵) '바벨탑'은 비엔나 과거 영광-합스부르크 왕가의 심장부인 마리아테레지아 광장 앞, 탁월한 소장품들로 유명한 오스트리아 예술사 박물관에 전시돼 있다. 2018년 말, 나는 비엔나에서 성탄절을 보낸 적이 있다. 비엔나 부르크 극장은 탁월한 희곡들이 공연되는 연극 예술의 메카이므로 문학 전공자인 나에겐 매우 중요한 장소이다. 그 겨울, 예술사 박물관에서는 화가 '피터 브뤼겔 특별 회고전'이 열리고 있었다. 사망 450주기 기념전이었다. 그의 그림 '바벨탑' 속엔 건축 당시 그 건축 현장 답사를 나온 탑의 건축주인 님로드 왕, 건축 현장을 지휘하는 그의 모습이 생생하게 그려져 있다. 그렇다. 브뤼겔의 '바벨탑' 속엔 당시 최고의 건축 프로젝트인 바벨탑 건축주 님로드가 출두해 있다. 그림 '바벨탑'의 모델은 로마의 장대한 건축물 콜로세움이라고 브뤼겔은 고백했었다. 참고로 로마 콜로세움의 건축주는 네로 황제였다. 그가 그 건축을 위해 예루살렘 헤롯 성전-제2 성전-을 불태우고 탈취한 성전 기구들을 차압해 건축 비용의 일부로 사용했다는 얘기는 유명하다.

하나님 성전의 황금 기구들, 그것은 이스라엘 민족의 자부심이며 영광인 하나님 성전에서 여호와께 드리는 예배와 경배, 제사 의식에 사용되던 신성한 성전 도구들이었다. 인간의 손으로는 죽어도 그 거룩함을 무효화시킬 수 없는, 신성을 담지(擔持)하고 있는 도구들 말이다. 그것은 지상에 있지만 천상의 것으로 간주되었다. 느부갓네살은 알고 있었다. 당시 메소포타미아라는 우주(宇宙)의 정복 전쟁은 어차피 신(神)들의 전쟁이라는 사실을. 예루살렘 성전에서 여호와께 드리는 신성한 제사 도구들을 탈취해 시날 땅 그들의 신전 창고, 즉 마르둑 신전 창고에 넣음으로써 그는 자신이 이스라엘 민족신 유일신 야훼 하나님의 존재를 그렇게 접수(接收)하고 있다고 확신했을 것이다.

바벨론 혈통의 이 두 부자는 망국의 슬픔에 대해 잘 아는 자들이었다. 구바벨론 왕국, 함무라비 법전으로 상징되는 그 자랑스런 조국은 멸망한 지 이미 1천 년 이상 지나고 있었다. 특히 나보폴라사르는 잃어버린 조상들의 왕국을 잊지 않고 있었다.

나보폴라사르는 신앗시리아 왕국에서 임명된 총독, 앗시리아 왕의 군부 사령관이었다는 설이 유력하다. 앗시리아 왕의 최고위 심복이었지만 그에게는 여전히 바벨론의 피가 끓고 있었다. 엘리트 지휘관이 아니었다면 외관상으로는 멀쩡한, 그러나 치명적 내상(內傷)으로 침몰해가는, 대앗시리아 제국의 그 창백한 균열, 그 치명적 경사(傾斜)를 알아채지 못했을 것이다. 재빠른 판단으로 메데와 연합해 단칼에 거대 제국 앗시리아의 목을 베는 거사(擧事)를 완료해내지 못했을 것이다.

그렇게 그는 새 왕국의 휘장을 들어올렸다. 그리고 새 제국의 이름을, 일말의 주저도 없이, 신바빌로니아 왕국이라고 명명했던 것은 우연이 아니라 들끓는 필연이었다. 그리고 그의 아들은 구바벨론 왕국의 느부갓네살 1세의 이름을 상속해 느부갓네살 2세로 명명되었다. 그 이름들 속에서 그의 심장 속에 오랫동안 떠돌던 절규, 조국 구바벨론에 대한 비명이 들려온다. 어떻든 팔레스타인과 메소포타미아라는 거대한 우주를 압도하고 있던 두 마리의 장대한 용(龍)-이집트와 신앗시리아-을 두 부자(父子)가 정복해나갔다. 이제 바벨론 세상이 오는 것은 자명한 일이었다.

왕좌에 올랐을 때 느부갓네살, 그의 안에는 이미 이집트 왕인 파라오와 바벨론 국가 신의 초상일 수 있는 수메르 신화의 영웅 '길가메시' 왕의 합성된 초상화가 우왕좌왕하고 있었다. 바벨론 왕국의 왕이 됨으로써 그는 부왕 최고의 소원이었던 바벨탑 재건의 건축주가 되었다. 바벨탑의 탄생지이며 동시에 무덤인 시날 땅도 이제 그의 소유였다. 노아 홍수 이후 최초로 하나님께 도전했던, 도발과 반역의 땅 시날 평야 말이다. 소위 터가 센 반역의 메카였다. 그렇게 함으로써 느부갓네살은 하나님 맞은편에 선 채 세속 도시의 대표자가 되기로 운명지어져 있었다.

어떻든 다니엘서 서곡, 프롤로그의 그날은 기원전 605년이었다. 예루살렘을 포위했던 그날 느부갓네살은 즉위 1년도 안 된 젊은 왕이었다. 느부갓네살은 그렇게 왔다. 유대 민족은 그렇게 느부갓네살이라는 이름의 독배(毒杯)를 마셨다. 그는 기원전 562년 사망 때까지 43년간 바벨론을 통치하면서 유대 민족의 운명이 되어갔다.

2

기원전 6세기 타이타닉호(號)
- 난파선 이스라엘

다니엘서의 프롤로그는 너무 침착해서 섬칫하다. 사실만 등장한다. 마치 단말마적인 메모 한 장 같다. 형용사 같은 것이 들어갈 틈이 없다. 고대의 유대 문서들이 형용사에 인색하다는 말을 들은 적은 있지만 말이다. 너무 평범해 너무도 비범한 프롤로그, 그것이 다니엘서의 서곡(序曲)이 주는 충격이다.

> 유다 왕 여호야김이 유다를 다스린 지 3년쯤 되던 해, 바벨론 왕 느부갓네살이 예루살렘으로 쳐들어와 예루살렘을 에워쌌다.

> 여호와께서는 그에게 유다 왕 여호야김을 바벨론으로 끌어가고, 하나님 전(殿)에 있던 성전 기구 일부를 가져가게 하셨다.

> 느부갓네살은 포로들을 바벨론으로 끌고 갔으며, 가져간 성전 기구

를 시날 땅에 있는 자기 신전의 창고에 보관하였다.

이 서곡에선 화약 냄새가 난다. 기원전 6세기 당시에도 그곳은 정치적 화약고였다. 시한폭탄의 째깍 소리가 들려온다.

유대 왕 여호야김 통치 3년, 바벨론 왕 느부갓네살이 예루살렘에 도착해 도시를 포위했다는 것이다. 유대 왕국과 바벨론 왕국이, 유대 왕과 바벨론 왕이 교차한다. 그리고 도시 예루살렘의 이름이 두 번이나 반복된다. 교향곡의 서곡으로 친다면 두 왕국의 운명이 될 '멸망의 동기(動機)'와 '정복의 동기'가 대결 중이다. 그러나 더 무서운 대결이 있다. 그것은 여호야김과 느부갓네살의 대결이 아니다. 예루살렘과 바벨론의 대결이다.

그렇다. 느부갓네살은 예루살렘에 도착했다. 현대어 성경은 느부갓네살이 예루살렘을 침공(侵攻)했다고 적고 있다. 예루살렘은 침공당했고 완전 포위됐다. 그 숨막힐듯 치명적 장면, 그것이 남유다 왕국 멸망의 시작이다. 이상하게도 남유다 왕국의 멸망은 적어도 3차례의 침공을 거쳤다. 기원전 605년, 598년, 586년 같은 것 말이다. 무려 19년에 걸친, 그야말로 적어도 3차례에 거친, '할부(割賦)로 치러낸 멸망'이었다. 이 서곡의 첫 침공으로부터 마지막 3차 침공으로 완전히 멸망하고, 절멸하는 데 걸린 시간은 무려 19년이었다.

19년간에 걸친 그 참혹한 유다 왕국의 멸망은 사진첩 속의 사진처럼, 기록화처럼 성경 속에 또렷이 남아있다. 19년에 걸친 완전한 무너짐, 왕국의 멸망, 하나님의 선민이라는 영광스런 왕국의 참혹하고 치명적인 난파(難破) 장면 말이다. 그것이 내겐 그 유명한 에스겔서 37장, 해골 골짜기에 대한 기록이다. 해골 골짜기는 내게 번번히 거대한 심해에 거꾸로 처박힌 장대한 난파선(難破船)의 모습과 교차한다. 좌초한 난파선의 이름은 '이스라엘호(號)'이다. 아니면 시간의 거대한 빙하(氷河) 아래 놓여 있는 장대한 화석(化石), 거대한 빙하 빛, 장대한 크리스탈 거울과 같다. 난파한 이스라엘의 모습을 비추는 장대한 거울, 빙하빛 크리스탈 확대경 말이다. 마른 뼈, 마른 해골, 한때 하나님의 선민의 임명장을 받았던, 감히 하나님과 맺은 계약 문서인 돌판과 하나님의 현존인 법궤가 있는 그 민족, 거대한 빙산과 충돌 후 침몰해 버린 기원전 6세기의 거대 선박 타이타닉호, 이스라엘호의 좌초, 난파에 대한 자화상, 그 거대한 사진첩이 거기 있다.

아아, 그곳에서도 하나님은 다시 자신의 숨을 불어넣어 용서와 부활을 약속해 주신다.

그래서 에스겔서 37장은 내게 좌초한 거대 선박, 이스라엘호의 기원전 6세기 자화상이며 사진첩이다. 해골 골짜기라는 암흑의 시간, 천공 위에 걸려 있는, 철저하게 난파된 거대한 배에 대한 보도 사진(報道寫眞) 한 장, 화석화된 이스라엘호의 멸망, 그것이 내겐 에스겔 37장이다.

시인 T.S.의 에스겔 해골 골짜기는 20세기 런던이다. 그는 시 '황무지-주검의 매장(埋葬)'에서 이렇게 적고 있다.

비실재(非實在)의 도시,
겨울 날 새벽, 갈색 안개 속으로
군중(群衆)이 런던교(橋) 위로 흘러갔다.

나는 죽음이
저렇게 많은 사람을 죽게 했다고는 생각지 못했다.

    느부갓네살이 남유다와의 1차 전쟁 때 얻은 전리품인 예루살렘 성전 보물에 주목하자. 그는 성전의 보물들, 이스라엘 민족이 그들의 신 야훼에게 드리는 신성한 제사에 사용되는 신성한 기물들이 이스라엘 정신, 소위 유대주의의 본질이라는 것을 알았다. 3차 공격 때 그의 전리품은 더 이상 성전 보물이 아니었다. 그때 그는 이스라엘 민족 최고의 보물, 그 민족의 존재 이유인 예루살렘 성전 그 자체를 사정없이 불태워 버렸으니까. 이스라엘 민족의 자부심이며 왕국 전성기의 영원한 알리바이이며 역사적 기념비인 솔로몬 성전은 그렇게 지상에서 완전히 사라져버렸다. 다윗이 준비하고, 솔로몬이 건립해 하나님께 봉헌했던 하나님의 지상 현존 장소인 솔로몬 성전은 그렇게 기원전 957년 완성 후 371년 만에 잿더미가 된다. 기원전 586년의 일이다.

3

모리아산, 혹은 아브라함의 단도(短刀)

수정할 필요가 있다. 솔로몬 성전은 다윗이 준비하고 솔로몬이 건축한 것이 아닐 수도 있다. 이후 '예루살렘 제1 성전'이라고 통칭되는 솔로몬 성전은 어느 이른 아침 한 늙은 남자의 고독한, 그러나 위대한 출발로부터 시작된다. 그 남자의 이름은 아브라함이다. 아브라함은 성경 속에 등장하는 최초의 유대인이다. 그는 항상 선민 유대 민족, 유대주의의 최전선에 서있다. 노년의 어느 날 그는 문득 하나님이 주신 기적의 선물인 그의 장남이며 독자인 이삭을 제물로 바치라는 하나님의 명령을 들었다.

> 여호와께서 말씀하셨다. 네 아들, 네 사랑하는 독자, 이삭을 데리고 모리아 땅으로 가서 내가 네게 지시하는 한 산, 거기서 그를 번제로 드려라(창 22:2).

그 아침 그는 아들 이삭을 데리고 모리아산으로 가기 위해 출발한다. 가슴속엔 아들을 죽여 제단용 바위에 눕힐 예리한 단도(短刀) 한 자루를 품은 채. 고통과 부조리의 사흘 길이었다. 모리아산, 그 운명의 장소에 이른다. 아들 이삭의 두 손을 뒤로 묶은 후 바위 위, 제단용 장작 위에 눕힌다. 그리고 이삭을 향해 칼을 든다. 그것은 도살(屠殺)이다. 독일어 성경 루터본(本)은 그 장면을 이렇게 번역해 적고 있다.

> 아브라함은 이미 칼을 손으로 움켜잡았다. 자기 독자 이삭을 도살하기 위해(창 22:10).

그때 그는 하나님의 음성을 듣는다.

> 아브라함아, 그 아이를 상하게 하지 마라. 내가 이제 알았다. 네가 내게 절대 복종하는 자인 것을. 너는 네 독자라도 내게 바칠 준비가 되어있는 자다(창 22:11).

저기 하나님이 준비하신 숫양이 가시덤불에 뿔이 걸린 채 있었다. 그는 그 숫양을 가져다 하나님께 아들 대신 번제로 드릴 수 있었다. 그가 하나님께 드린 절대 복종의 기념비적인 장소, 절대 복종의 알리바이가 모리아산 거기 있었다. 그는 하나님에 대한 외경과 복종에 관한 한 인간의 한계를 뛰어넘었다.

놀라운 것은 솔로몬 성전이 바로 그날의 그 모리아산, 이삭을 눕혔던 바로 그 자리에 세워졌다는 사실이다. 그런 이유로 솔로몬 성전은 다윗이 준비한 황금, 현학적인 솔로몬의 탁월한 설계와 건축으로 이루어진 것이 아닐 수도 있다. 사실상 솔로몬 성전 건축의 자본금, 자본재(資本財)는 모리아산 위에서 벌어진 아브라함의, 하나님에 대한 절대 복종, 그것이었다.

솔로몬 성전이 건립된 것은 기원전 957년이다. 아브라함의 모리아산 사건은 기원전 2036년으로 추정된다는 기록을 읽은 적이 있다. 그러나 일반적으로 아브라함 생존 시기는 기원전 17세기로 추정한다. 바로 아브라함의 하나님에 대한 그 절대 복종의 알리바이가 있는 그 모리아산 자리에 예루살렘 성전, 즉 솔로몬 성전이 건축된 후 하나님께 봉헌된 것은 기원전 957년이다. 사실상 성전 탄생의 전사(前史)만 보더라도 솔로몬 성전의 다른 이름은 하나님에 대한 절대 복종의 집이어야만 했다.

4

코즈모폴리탄
- 솔로몬의 초상(肖像)

    역설적이게도 이스라엘 다윗 왕조 멸망이 솔로몬 왕의 통치 기간에 이미 시작됐다고 말하는 것은 과격하게 들린다. 솔로몬의 존재 속엔 부왕 다윗의 두 개의 초상, 즉 위대한 왕 다윗과 완전 범죄를 꿈꾸었던 살인자 다윗이 교차하고 있다. 압살롬, 그는 다윗 통치 기간 동안 이스라엘 왕국 최고의 아름다운 남자였다. 용모는 탁월하게 준수했고, 존재 자체가 아름다워 살아있는 미학(美學)이었다. 그의 아름다움의 절정은 그의 머리카락이었다. 길고 풍성하고 현란했다. 그러나 부왕 다윗에 대항해 일으킨 반역 중 그는 다윗 군대에 쫓겨 도망하던 길에 험한 숲 속 상수리나무에 바로 그의 길고 풍성한 머리채가 휘감긴다. 그의 존재 최고의 미학인 머리카락이 그의 처형대가 된 것이다. 인간의 소유 중 가장 탁월한 것, 가장 탐미적인 것은 종종 그렇게 재앙-아킬레스건(腱)-이 된다. 추적자인 다윗의 야전 사령관 요압은 주저 없이 압살롬의 가슴에 단창 세 자루를 내리 꽂는다. 압살롬은 단창 세 자루에 심장이 찢겨 죽는다. 솔로몬의 형 압살롬의 반역과 또 다른 형 아도니아의 반란과 처형도 교차한다.

솔로몬의 대관식은 사실상 밧세바의 신랑 우리야의 피, 압살롬과 아도니아의 피의 카펫을 밟고 치러진 피의 대관식이었을 수도 있다. 솔로몬이 당시 제국의 왕들처럼 솔로몬 성전을 건축해 봉헌할 때만 해도 좋았다. 하나님의 지상의 집, 지상의 레지던스인 솔로몬 성전 건축은 이제 이스라엘 왕국이 이동(移動) 성전인 법궤와 성막의 시대를 끝내고 성전의 시대로 접어드는, 국가 번영의 절정을 알리는 알리바이였다. 성전 건축을 위해 벌목공, 운반공, 채석인부, 감독관리자 등 약 18만 명이 넘는 노동 인력이 투입된다. 건축 기간은 7년 6개월이었다. 성전 건축주는 다윗과 솔로몬이었다. 레바논의 백향목, 오빌의 정금, 아프리카의 상아들로 지어지고 장식된 예루살렘 성전 봉헌 예식 때 이스라엘 국민들은 꿈꾸는 것 같았을 것이다.

중요한 것은 솔로몬 성전 건축이라는, 다윗 왕조 최고의 대규모 건축 프로젝트가 끝난 후, 그가 자신의 왕궁, 즉 솔로몬 왕궁을 짓기 시작했다는 것이다. 그의 왕궁은 더 크고, 더 화려했다. 건축 기간이 무려 13년, 하나님의 성전 규모보다 7배나 큰 건축 공사였다. 물론 통치자의 사저(私邸)와 집무처인 알현실, 행정 영역이 포함되었으니 그럴 수 있다고 치자.

중요한 것은 예루살렘 시민들은 성전 완공 후 다시 13년, 결국 20년 이상을 건축 공사에 내몰렸다는 사실이다. 그리고 왕궁 건축이 완료됐을 때 그 찬란한 궁전엔 솔로몬의 신부인 파라오의 딸이 오빌의 황금을 넣어 세공한 옷을 입고 왕좌 곁에 착석(着席)했다는 사실이다. 하나님 성전보다 7배나 더 크고 사치한 솔로몬 왕궁, 그리고 황금의 나라 오빌로 부터 수송되어 온, 정금으로 세공(細工)된 옷을 차려 입고 왕궁에 정좌한 파라오의 딸과 그녀가 함께 휴대(携帶)하고 온 바알 신상들을 보았을 때 시민들의 도덕적 분노는 컸다. 그것은 문득 청나라 서태후가 황실 사진첩 속에서 차려 입고 있는 진주(眞珠) 적삼을 생각나게 한다. 소위 대청국 자희 태후로 불리던 그녀는 무려 3500개의 최고 등급 원형(圓形) 진주로 봉제된 진주 적삼을 입고 있었다. 그녀는 어쩌면 옹정제 때 진품 상아(象牙)로 제작된 왕실 보물인 상아 돗자리를 깔고 살았을 수도 있다.

솔로몬 성전 건축은 이동 성전인 성막 시대를 끝내고 성전 시대를 맞는 가슴 두근대는 건축의 시간이었다. 그러나 다시 13년간, 총 20년간을 건축 공사에 내몰리자 시민들은, 그들 민족사 최고의 악몽인 바로 그 시간, 즉 조상들의 430년짜리 이집트의 강제 노역의 시간을 떠올렸던 것이다. 그리고 그들은 알아버렸다. 솔로몬은 외교, 동맹이라는 이름으로 레바논의 백향목과 오빌의 정금, 아프리카의 상아만 수입하는 것이 아니었다. 바알 신의 신당 등, 천천히 아니, 발작적으로 가나안 주변 국가들의 신들과 잡신(雜神)들도 수입되고, 선적(船積)되고 운반되어 욥바 항구-지금의 텔아비브-에 도착한다는 것을 그들은 알아버렸다. 예루살렘은 천천히 그렇게 가나안 주변 국가들의 다양한 신들과 잡신들의 박람회장(博覽會場)이 되어가고 있었다. 그리고 시민들은 알았다. 솔로몬도 천천히 인간신이 되어가고 있다는 것을. 그는 이제 더 이상 순수 유대인이 아니었다. 국제적 인물이 된 그는 기꺼이 여러 신들에 둘러싸인 코즈모폴리탄, 세속 도시의 세계 시민적 군주가 되어갔다.

솔로몬의 명 재판을 기억하자. 생모(生母)를 가려내기 위해 '살아있는

'아이를 둘로 자르라', 그것이 솔로몬의 명판결이었다. 그것은 혹시 결국 다윗 왕국에 내려진 재앙적 일기예보는 아니었을까. 솔로몬 사후 왕국은 살아있는 아이를 칼로 베듯 두 쪽으로 잘렸다. 북왕국 이스라엘과 남왕국 유다로 잘려 분열됐다. 북왕국과 남왕국 사이의 분단선(分斷線), 즉 38선은 여리고와 예루살렘 사이로 그어졌다. 분단의 칼이 영토를 그렇게 잘라 가졌다. 예루살렘을 잃은 북왕국은 부리나케 사마리아를 새 수도(首都)로 정했다.

시민들은 솔로몬에게서 적어도 교역을 통한 시장 숭배자, 황금 숭배자의 얼굴을 보았다. 그리고 광야 40년 시작에 몰아닥친 금송아지 숭배의 마스크를 솔로몬에게서 보았을 수도 있다. 금송아지 숭배, 그것은 이스라엘 민족이 치를 떠는 우상 숭배의 마지노선이었다. 왕국 분열 이후 아합의 바알 신, 아합의 아내인 페니키아 공주 아세라의 아세라 신, 아하스, 므낫세의 잡신들이 밀어닥쳤다. 고전학자 테오도르 몸젠은 이렇게 단언한다.

북이스라엘 왕국의 주신(主神)은 단연코 금송아지였다.

5

페니키아라는 이름의 유혹자

　페니키아 연방 도시 국가 중 하나인 티레의 전성기에 왕 히람 3세가 있었다. 그는 피차 남북으로 국경을 맞대고 있는 이스라엘 당대 왕 솔로몬과 동맹을 맺었다. 조약의 내용은 경제 동맹이었다. 히람은 당시 이스라엘 소유인 홍해 항구 일부가, 솔로몬은 히람의 선박인 멋진 갤리선과 항해술이 필요했다.

　페니키아는 지중해라는 이름의 아름답고 푸른 물의 길인 수로(水路)를 그들의 자랑인 멋진 '갤리선(船)'으로 통과하면서 당시 기염을 토하는 제국들, 새로운 시대정신으로 휘장을 열어젖힌 도시 국가들을 방문, 출항과 귀항을 통해 지상 최고의 보물들을 사들이고, 교환하고, 팔아넘겼다. 폭이 좁고 몸집이 긴 고대의 대형 선박인 갤리선의 노와 돛을 움직이며, 특히 그들의 상징이 된 전설적인 자줏빛 염료, 즉 매혹적인 '티리언 퍼플'로 제작된 낭만적 돛을 올리고 출항하는, 그리고 주석, 구리, 호박, 상아, 황금들을 그들 갤리선에서 쏟아내는 귀향 말이다.

그 마법적인 염료, 티레의 보랏빛-티리언 퍼플-이라고 불리우는 염료는 지중해 동쪽에 서식하는 뿔고둥으로부터 왔다. 지중해 심해를 닮은 히아신스 퍼플 염료로 마력적인 푸른 포목을 만들어낸 색(色)의 귀재들도 바로 그들이었다. 이후 세계는 왕의 대관식 때 기꺼이 티리언 퍼플의 자줏빛, 히아신스 퍼플의 탐미적인 푸른빛으로 대례복(大禮服)을 제작해 입었다. 이후 히아신스 퍼플이 '로열 블루'라고 불리운 이유도 바로 그것이다. 그런 이유로 나는 지중해의 빛깔은 단연 히야신스 퍼플이라고 고집한다. 그들은 그렇게 사막과 광야, 전갈과 독뱀들로 들어 찬 황무(荒蕪)의 레반트 세계에 돌연 탐미적인 색으로 액센트를 주는 혁명적인 미학과 마법의 유혹자이기도 했다.

그들은 육지라는 영토(領土), 사막이라는 내륙에 갇혀 사는 당시 주변 왕국들에게 그렇게 다른 세상, 먼 나라들의 경이(驚異)와 신세계를 소개했고 실어 날랐다. 멋진 배를 가진 그들은 육로에 갇힌 주변 국가들에게 항해, 탐험, 해상 무역을 통해 신세계를 교역(交易)한 것이다. 당시 페니키아가 지중해였고 지중해가 곧 페니키아였다. 도시 국가 티레가 그 선두에 서있었다.

항해술이란 우주를 이해하는 학문이었다. 천문관측, 조수간만(潮水干滿)의 운동성, 난류(暖流)와 한류(寒流) 같은 조류(潮流)의 해양 지식, 무역과 교역을 위해 필수적인 셈법 즉 수학(數學)과 같은 실용 철학이 필요했다. 그렇다. 페니키아는 그 아름다운 바다, 여성적이고 또 돌연 남성적인 지중해, 그야말로 스페인어로 여성 명사적 '라 마르'와 남성 명사적 '엘 마르'를 모두 갖추고 있는 지중해의 멋진 수부(水夫), 신세계를 거래하는 마법사들이었다. 중요한 것은 페니키아인들은 사막과 황야로 들어찬 세계에 금, 은, 상아뿐 아니라 그들의 주신 바알도 교역, 수출했다는 사실이다. 그들은 지중해에 세계 최초의 갤리선을 띄운 민족들이었다. 해상무역으로 부를 쌓아 상아로 배를 건조하고, 은으로 도로를 포장하고 금으로 높은 망대(望臺)를 쌓았다는 전설의 나라였다.

경제 동맹 후, 당시 보물인 금, 은, 상아, 파피루스, 그 모든 것들이 이스라엘 욥바 항구에 도착했다. 페니키아 티레로부터 온 세련된 배, 근동 최고의 보물인 백향목을 실은 뗏목, 그곳이 어디인지 지금도 알 수 없지만, 황금의 나라로 불리우는 오빌에서 정기적으로 항구에 도착하는 화물선과 전세선이 오가면서 욥바 항구는 분주해졌다. 백향목, 정금, 상아들과 함께 욥바 항구의 배들은 점점 교역선, 무역선이 되어갔다. 욥바 항구 북쪽, 고대 가나안의 유명한 북항(北港)을 오가는 페니키아 갤리선들이 그 항구를 드나들 때마다 솔로몬 왕국엔 변화가 일어났다. 페니키아 수부(水夫)들은 상아, 호박, 주석, 황금뿐 아니라 그들의 주신 바알도 싣고 왔으니까. 소위 수입품인 외래 종교, 외래 우상들 말이다.

야훼 하나님의 신전을 짓기 위해 지중해 북항(北港)인 베이루트 항구로부터 레바논, 즉 페니키아 산맥에서만 자라는 거대하고 향기로운 침엽수, 백향목이 운반됐다. 백향목은 조선 왕조 왕궁을 지었다는 소중한 상록수, 금강송을 생각나게 한다. 말하자면 페니키아판 금강송이었다. 사람들은 그것을 차라리 페니키아에서 온 상아(象牙)라고 불렀다.

레바논 해발 2천 미터에서만 자라는, 적어도 300년을 자라야만 건축

목재가 된다는 소중한 백향목. 말하자면 백향목은 나무로 만들어진 상아 같은 귀중품이었다. 뗏목으로 운반한 다음 욥바 항구에 도착하면 육로(陸路)를 통해 다시 성전 건축 현장인 예루살렘으로 수송됐다. 백향목은 그렇게 수송돼 하나님의 집인 성소와 지성소의 벽과 천정의 옷을 입혔다. 그것이 당시 최고의 나무로 된 보석, 백향목이 하나님의 성전에 심기는 방법이었다. 하나님의 성전과 왕궁의 계단은 물론, 성전 합주단이 연주할 수금(竪琴)과 하프도 백향목으로 만들어졌다. 지금 페니키아 후손이라고 자부하는 국가 레바논 국기(國旗) 복판에 그려진 상록수, 그것이 바로 레바논 백향목이다.

다시 말하지만 당시 솔로몬 왕은 페니키아의 도시 국가인 두로의 왕 히람과 경제 동맹을 맺고 있었다. 히람은 자기 신하들 가운데 바다를 잘 아는 뱃사람들을 보내 솔로몬의 신하를 돕게 했다. 그 신하들은 어느 날 오빌에 도착했다. 그리고 오빌로부터 420달란트의 금을 솔로몬 왕에게로 가져왔다는 성전 건축 초기의 기록이 있다. 420달란트의 정금은 16톤에 이르는 정금이다. 성경에서 오빌은 엄청난 순금의 산지로 서술되어 있다. 오빌엔 엄청난 매장량을 가진 금광(金鑛)이 있다는 소문이었다. 오빌의 정금을 싣고 오는 무역선들은 분명 존재했다. 그 금을 실어 나르기 위해 솔로몬은 홍해의 한 지점에 항구와 조선소를 만들었으니까. 유능한 조선(造船) 기술자와 항해사를 지원한 것은 히람 왕이었다.

오빌의 금 3천 달란트, 정련된 은 7천 달란트를 바쳐 성전을 입히며 (대상 29:4).

다윗도 오빌에서 금 3천 달란트를 가져와 성전에 입힐 것을 지시했었다. 여호와의 성전을 건축하기 위한 다윗의 준비, 그것이 하나님께 드리는 그의 생애 마지막 순애보(殉愛譜)였다. 그런 이유로 솔로몬 성전의 건축주는 다윗과 솔로몬 두 사람이었다.

세 해마다 한 번 씩 배가 오는 날, 그 배엔 오빌의 금광에서 나온 순금과 순은, 상아와 공작새도 그곳에 동행했다(왕상 10:18-22).

황금의 나라 오빌이 정확히 어디였는지는 구체적인 장소는 알 수 없다. 단지 오빌로 가기 위해 홍해 항구에서 배가 출항했다는 기록은 있다. 중요한 것은 정금의 나라 오빌은 이스라엘 왕국 최고의 전성기인 솔로몬 시대에 처음으로 짧지만 제국다운 카리스마와 아우라를 선물했다는 사실이다. 즉 페니키아 티레의 히람 왕과의 경제 동맹 관계 등이 솔로몬 치세(治世)에 광채(光彩)를 불어넣고 있다는 사실이다.

여기 의외의 패러독스가 있다. 거대한 신전과 사원은 예외 없이 왕국의 심장부, 제국의 정점인 수도 복판에 자리 잡았다. 그리고 신전이 있으면 가장 먼저 따라오는 것, 그것이 바로 시장(市場)이었다. 즉 시장은 어김없이 도시의 정신적 중심인 사원 구역에 자리 잡았다. 성전 바깥 마당도 항상 다양한 물건을 파는 시장 지역이었다. 제사 용품, 경배 용품들이 진열됐다. 중요한 것은 성전 입구이다시피 한 그 시장, 그곳은 야훼 하나님이 아니라 차라리 이익(利益)의 신, 수학(數學)의 신이 사는 곳이었다. 본질적으로 경배와 속죄 의식을 치르는 성전의 본질과는 완전히 다른 수학의 신, 이익의 신이 방문자 순례자들의 호주머니를 털어 돈을 챙기는 노골적인 세속의 장, 그곳이 바로 시장이었다. 솔로몬 성전도 마찬가지였다. 성전의 가장 신성한 공간인 지성소에 계신 야훼 하나님은 결국 그에게 오기 위해 시장인 수학의 신에게 주머니를 털리고 온 예배자, 순례자들을 만나야만 했던 것이다. 그것이 성전과 시장의 운명적 동선(動線)이었다.

결국 해상 교역을 통해 솔로몬 시절 소위 상업과 무역으로 돈을 모은 이스라엘 민족의 중산층(中産層), 즉 당시 시민 계급이 탄생했다. 그들은 혈통적 귀족은 아니었다. 그러나 그들은 재력(財力)을 통해 실질적 상류 계급으로 신분 상승을 이루었다. 솔로몬 통치 20년에 걸친 강요된 건축 노역 동안 사회 구조는 그렇게 거침없이 변해갔다. 급기야 자기 금고에 황금을 보관한 중산층이 솔로몬식 왕정에 반기를 들었다. 20년간 계속되는 강제 노역에 노골적으로 저항하기 시작한 것이다. 결국 왕국의 분열은 예정돼 있었다. 이럴 때 신학자 하비 콕스의 말을 변주해보면 이렇다.

동전이 딸랑거리는 소리로부터 본질(本質)은 종말을 고한다.

언제부터인가 고산에서 자라는 백향목, 아름다운 향기의 장대한 목재 같은 것은 이제 더 이상 욥바 항구에 들어오지 않았다. 솔로몬 성전 건축을 위한 백향목용 뗏목 같은 것도 사라지고 없었다. 욥바 항구 해변에 솔로몬 왕궁을 짓기 위해 수송을 맡은 백향목 운반공들의 모습이 보이지 않기 시작했을 때, 이스라엘 왕국의 분열(分裂), 즉 왕과 시민들의 불화(不和), 불길한 분열의 예감은 이미 솔로몬 왕국의 절정에서 서곡을 연주

5 페니키아라는 이름의 유혹자

하고 있었다. 왕국 분열은 이제 필연이었다.

6
…

니스 국립샤갈박물관
- 모리아산에서 골고다까지의 거리

　21세기의 계엄령-코비드19-이 풀린 프랑스 니스 중앙역은 활력이 넘쳤다. 2022년 5월의 일이다. 2년 만에 열린 칸느 영화제 취재진과 방문객들을 실어나르는 니스 중앙역은 인파로 출렁댔다. 니스에 가면 늘 국립샤갈박물관에 간다. 샤갈박물관 중앙홀에 걸린 마르크 샤갈의 12점의 대형 그림인 '성서(聖書) 연작(連作)' 때문이다. 12점 모두 성경 속에서 잉태됐다. 그 12점은 '인간 창조', '에덴동산', '낙원에서의 추방', '노아의 방주', '노아와 무지개', '아브라함과 세 천사', '아브라함-이삭을 제물로 바치다', '야곱의 꿈', '야곱과 천사의 싸움', '모세-불타는 가시떨기 앞에 서다', '모세-바위에서 물을 얻다', '모세-십계명 돌비를 받다'의 장엄한 장(章)이다.

　니스 마세나 광장 근처에서 시내버스 5번을 타고 가도 좋다. 나는 직행버스가 아니라 니스 중앙역에서 묵묵히 걸어 올라가는 비탈길이 더 좋다. 니스 중앙역 트램 정류장에서 내려 오른쪽 도로로 접어든다. 그리고는 경사진 니스 언덕을 천천히 걸어 오른다. 언덕으로 이어지는 끝없는 경사로는 그럴 때 의미 있다. 어느 날 아브라함은 그렇게 모리아산의 경사진 길을 걸어 올라갔다. 아들 이삭을 제물로 바치기 위해. 아들을 도살할 단도 한 자루를 가슴에 품은 채. 계단을 오르고, 다시 휘어지는 길들을 지나면 저만치 대로 옆 오른쪽 평지에 자리 잡은 샤갈박물관이 등장한다.

중앙전시실로 들어서면 바로 그 12점 대형 그림이 방문자를 압도한다. 나는 감히 그곳을 샤갈박물관의 성소(聖所)라고 말하고 싶다. 그 12점의 대형 그림은 모두 구약 성경이라는 탐미적 우주(宇宙)에서 태어났다. 아니, 그 중앙홀이 내겐 지금 막 탯줄을 자른 성서의 옥동자(玉童子)처럼 보인다. 그 대작들 중 바로 그 그림-'아브라함-이삭을 제물로 바치다'- 속에 샤갈은 혁명적으로 신약(新約)-예수 그리스도-을 담았다. 샤갈은 아브라함의 족보적(族譜的) 장자인 이삭을 제물로 바친 사건은 신약의 하나님의 외아들 예수 그리스도의 십자가에 죽으심으로 완성되었다고 해석해 낸 것이다. 그가 유대인이라는 것을 생각하면, 그의 그림 속에 예수 그리스도의 등장은 유대 신학의 거침없는 확장(擴張)으로 여겨진다.

사방 약 2미터가 훨씬 넘는 크기의 캔버스 속에서 장작 위에 길게 누운, 살아있는 희생 제물 이삭과 저 멀리 그의 전신(全身)으로 십자가를 지고 있는 예수 그리스도와의 거리는 겨우 1미터 남짓이다. 이삭과 예수의 중간 지대엔 천상을 관통해 지상에 도착해 있는 천사가 가로 놓여있다. 그 1미터 거리, 그것이 내겐 아브라함의 절대 복종과 예수 그리스도의 십자가에서의 절대 복종의 거리, 신약과 구약의 거리, 아브라함과 메시아의 거리이다.

이삭은 이미 장작 위에 벗은 몸으로 누워있다. 뒤로 두 손이 묶인 채. 아브라함은 이미 오른손에 단도를 들었다. 그리고 아브라함과 이삭의 얼굴 절반은 이미 준비된 장작의 불꽃으로 붉어져 있다. 그때 하늘로부터 천사가 지상의 접경(接境)에서 아브라함을 부른다. 아브라함이 칼을 든 채 천사를 올려다보고 있다. 니스 국립샤갈미술관 소장품 관장인 미술사가 엘리쟈벳 파쿠르레메의 해설은 이렇다.

> 이 그림은 땅과 하늘, 즉 황산(黃酸)빛 지상과 터키색 천상(天上)으로 구분돼 있다. 이편엔 이삭을 죽여 제사하려고 칼을 손에 든 아브라함이, 저편엔 스스로 인류를 위해 희생 제물이 되기 위해 십자가를 메고 있는 메시아 예수 그리스도가 있다. 샤갈의 이 명작은 지상에서의 현상적 차원과 천상에서의 하나님의 차원(次元)을 보여준다. 하나님은 아브라함의 아들 이삭을 아끼셨다. 그러나 자신의 외아들 예수 그리스도는 결국 인간 구원을 위해 아끼지 않으셨다.

그렇다. 그것이 바로 모리아산에서 골고다까지의 거리, 구약에서 신약까지의 거리, 선민의 시작에서 메시아까지의 거리이다. 구약과 신약이 동시에 소유한 것이 있다면 그 그림 속에선 바로 모리아산이다. 바로 그 산 위에 결국 예루살렘 성전이 건축됐다. 구약의 초상(肖像)인 아브라함도, 신약의 정수(精髓)인 예수도 그 모리아산을 만졌다.

백(白)러시아 비텝스크 출신의 유대인 샤갈의 그림 속에서 예수 그리스도의 수난 장면을 보는 감동은 크다. 그는 구약에 갇혀 있는 유대인이 아니었다. 그는 구약의 완성인 신약, 그 신약의 완성인 예수 그리스도라는 성경의 정언 명령(定言命令)을 충분히 이해하고 있었다. 그래서 샤갈은 아브라함과 예수 그리스도를 자신의 화폭 안에서 힘차게 포옹하고 있다. 구약과 신약의 시간이 그의 화폭 속에서 힘차게 포옹하는 힘을 나는 본다.

샤갈박물관 중앙관에 전시된 12작품은 '성경적 메시지 연작(連作)'이라는 미술사적 이름이 붙어 있다. 사실 내게 그 12작품은 펼쳐놓은 성경의 페이지이다. 애초 그의 '성서 연작(連作)'은 파리 루브르박물관에 전시되었었다. 그의 탁월한 12점의 대형 '성서 연작' 앞에서 프랑스 예술계는 그의 성경 재해석에 압도적 충격을 받았다. 당시 문화부장관이었던 작가 앙드레 말로와 샤갈의 지인들은 결국 그 연작을 위해 새로운 독립 박물관을 건립하기로 결정했다. 1973년 7월 7일, 니스의 국립(國立)샤갈박물관은 그렇게 해서 태어났다. 샤갈의 87회 생일 때의 일이다. 그것은 프랑스가 생존해 있는 예술가에게 헌정(獻呈)한 최초의 국립박물관이었다.

샤갈박물관의 키워드는 이것이다. 창조(創造)-출애굽-아가(雅歌). 샤갈이 재해석한 아가는 '찬가(讚歌) 중의 찬가'라는 이름의 독립 전시 공간을 갖고 있다. 12점의 거대한 크기의 성서 연작, 그것은 마르크 샤갈이 야훼 하나님께 드리는, 붓으로 작곡해 낸 12악장의 장대한 오라토리오이다.

7

혁명가의 권총, 마우저(Mauser)

샤갈이 백러시아 비텝스크시(市)의 출신이라는 것도 참 엄숙하다. 동독 출신 극작가 하이너 뮐러의 장렬한 희곡 '마우저'(1970)의 배경이 바로 그 비텝스크인 것은 우연이 아니다. 작품 마우저는 피로 적은 '혁명의 모순에 대한 기록'이다. 마우저는 1920년대 러시아 시민전쟁 때 사용된 권총의 이름으로 당시 직업 신분적 상징이었다. 이 희곡은 혁명의 처형장에서 처형당하는 자 A와 코러스의 대화이다. 여기서 코러스-합창단-란 처형하는 진영, 혹은 군중이다. 군중이란 사실상 시대정신의 추종자들이다. 혁명의 모순과 숙명에 대한 피의 언쟁, 사형당하는 자가 각혈하듯 토하는 피의 유언이 교차한다.

혁명가 A는 성화(聖畵) 앞, 예배당의 내려앉은 마룻바닥 위에서 종교적 삶, 즉 하나님께 생애를 바치려고 성직자의 삶을 준비하던, 손에 러시아 차(茶) 주전자인 싸모바르를 들고 있던 비텝스크시의 평범한 소시민의 아들이었다. 그러나 1920년대 러시아는 돌연 시민전쟁에 휩싸인다.

하이너 뮐러는 그 시대를 '죽어라, 아니면 죽여라의 시간'이라고 적고 있다. 격동의 시대 속에서 혁명 투사가 되었던 혁명가 A, 이후 그는 당의 명령으로 혁명을 위한 혁명재판소 사형 집행인이 되었다. 그리고 그는 어느 날 문득 자신이 더 이상 혁명을 위해 사람을 죽일 수 없다는 각성에 도착한다. 혁명의 모순에 대한 그 각성 때문에 그는 결국 혁명의 배신자로 몰려 처형대에서 사형을 기다린다. 처형대에서 A는 말한다.

혁명은 내게 당(黨)의 목소리로
죽음을 분배(分配)하는 비텝스크시의 혁명재판소(革命裁判所)를 맡으라, 명령했다.
난 그 명령에 동의했다.
알고 있듯, 혁명의 일용할 양식은 혁명의 적(敵)의 죽음이다. 알고 있듯.

혁명은 내 손을 이용해 죽인다.
나는 더 이상 모르겠다.
나는 더 이상 죽일 수 없다.

그러자 코러스, 합창단 -하이너 뮐러는 희랍 비극의 코러스를 차용(借用)해 왔다-이 말한다.

너의 양심은 네 의식 속에 존재하는 틈이며
우리 혁명 전선에 난 틈이다. 너는 누구냐.
너는 시민전쟁의 최전선에서 투쟁했다.
혁명의 적은 너에게서 약점(弱點)을 발견하지 못했다.

그러나 지금은 네 자체가,

적이 결코 우리에게서 발견해선 안 될 최고의 약점이다.

너는 우리의 명령으로 비텝스크 시에서 혁명의 적에게 죽음을 나누어 주었다.

너도 알고 있듯, 혁명의 일용할 양식은 다른 도시에서처럼

비텝스크시에서도 혁명의 적의 죽음이다. 너도 알고 있듯.

아아, 혁명은 더 이상 너를 필요로 하지 않는다.

혁명은 지금 바로 혁명가인 너의 죽음이 필요하다.

너의 죽음을 필요로 하는 혁명의 총구(銃口) 앞에서

너의 마지막 수업을 받아라. 너의 마지막 수업은 이렇다.

벽에 부딪쳐 있는 네가 너의 적이며 우리의 적이다.

A가 말한다.

죽어라, 아니면 죽여라의 시대에

서로 붙잡고 늘어지던 긴 투쟁 속에서 나는 죽이는 것을 배웠다.

우리는 말했다. 죽이려 하지 않는 자는 먹지도 말아야 한다.

그것은, 그저 다른 일과 똑같은 한 가지 일이다.

(타인의) 해골을 후려치고, 총을 쏘아대는 것은

죽이는 일은 학문이고 교육되어야만 한다.

결국 A는 이렇게 절규한다.

혁명의 대가가 혁명이고
    자유의 대가가 해방시켜야 할 자들이라면
    죽이는 일과 죽는 일은 무엇을 위함인가.
    그 일을 수행하기엔 너무 약한 나를
    이제 그 명령에서 자유롭게 해 달라.

그러자 코러스가 대답한다.

    네가 받은 명령은 인간을 죽이라는 것이 아니라
    적을 죽이라는 것이다.
    우리와는 달리, 자신의 연약함을 주장하는 그 특별한 자, 너는 누구인가.

    너의 양심은 네 의식 속에 존재하는 틈이며
    우리 전선(戰線)에 난 치명적 틈이다. 너는 누구냐.

사형당하기 위해 처형대에 오르며 혁명가 A는 절규한다.

    나는 이 아침, 비텝스크시에서 피묻은 장화를 신고
    죽음으로 이어지며, 시간이란 더 이상 존재하지 않는, 나의 마지막
    길에 올라 묻는다.
    지상에서의 내 마지막 호흡을 하며 지금, 여기서,
    나는 혁명에게, 인간(人間)에 대해 묻는다.

    혁명이 승리한다면 죽이는 일은 중단되겠는가.

혁명은 과연 승리하겠는가. 대체 얼마나 더 걸리겠는가.

코러스가 대답한다.

네가 묻는 것은 너무 이르다.
너의 질문은 혁명에 도움이 되지 않는다.
너는 네가 너의 피문은 장화(長靴) 아래서 찢어버린 어느 누구이자,
너의 장화 아래서 너를 찢어 버린 어느 누구이다.
너의 불안(不安)은 네 것이다.

샤갈은 바로 그 혁명의 현장인 비텝스크시의 청어(靑魚) 장사꾼, 생선 장수의 아들이었다. 그는 이후 페테르부르크로 이주해 미술을 전공을 했지만 비텝스크는 여전히 그의 고향이었다. 약혼자 벨라를 만난 곳도, 결혼 후 신혼을 보낸 곳도, 첫 딸 이다를 낳은 곳도 그곳이었다. 돌연 그곳이 러시아 시민전쟁, 그야말로 혁명의 이름으로 서로를 죽이고 죽는 살육(殺戮)의 도시가 되었을 때 그는 고향 비텝스크를 버리고 베를린을 거쳐 파리로 간다.

그렇다. 유대인 샤갈에게 고향 비텝스크는 그의 생애 예루살렘 같은 곳이었다. 비텝스크의 성전인 예배당들은 불타고 강들은 시신들로 붉은 꽃이 피었다. 샤갈, 아내 벨라, 딸 이다의 고향인 비텝스크시, 그것이 그의 예루살렘이었다. 피신한 유럽은 그의 망명지였다. 온 도시가 혁명재판소가 돼버린 비텝스크, 예배당 방화와 함께 타버린 금박(金箔)의 경전(經典)-성서(聖書)-을 생각하면서 샤갈은 망명의 땅 파리에서 12점의 거대한 '성서 연작'을 그려나갔다. 그것은 그가 망명의 땅에서 혁명의 방

화(放火)로 타버린 성경의 페이지들을 복원(復元)해 가는 방법이고 기도였다.

8

다마스커스 히스테리

남유다 왕국의 왕 아하스가 신앗시리아 제국을 방문한 적이 있다. 왕국 간의 당당한 정상(頂上)회담 같은 것은 물론 아니었다. 소위 조공(朝貢) 국가의 충성 맹세를 위한 방문이었다. 삼켜버리기 알맞은 크기로 달랑 남아 버티고 있는 작은 왕국 남유다가 거대 제국 앗시리아에 충성 맹세를 위해 헐레벌떡 알현을 간 것이다. 알현 장소는 앗시리아의 다마스커스였다. 앗시리아 왕은 칼을 빼들고 그의 어깨 양쪽을 살짝 내리치면서, 그에게 마치 기사 작위(騎士爵位)를 하사하는 것 같았고 그는 그 작위를 황송한 심정으로 받는 것처럼 보인다.

아하스는 그 도시 다마스커스 앗수르 신전 제단에서 큰 감명을 받았다. 그는 자신의 수행 신하에게 당장 제단 구조의 도면(圖面)을 신속히 스케치하게 했다. 그 도면은 황급히 예루살렘에 있는 제사장에게 전해졌다. 당시 제사장의 이름은 우리야였다. 도면을 받자 우리야는 주저 없이 그 앗수르식 제단 구조를 모방한, 예루살렘 성전 내부 공사를 시작했다. 소위 다마스커스식 성전 제단 내부 장식 말이다. 얼마나 신속하게 해치웠는지 아하스가 귀국했을 때 내부 공사가 이미 끝나있었다. 솔로몬 양식(樣式)에서 다마스커스 양식으로 완전하게 바뀌어 있었다. 솔로몬 성전 양식은 하나님이 다윗에게 지시한 설계도에 따라 양식을 지켜 건축, 헌당한 것이었음에도 말이다.

이후 아하스는 솔로몬 성전 외부에도 손을 댔다. 솔로몬 성전 입구 제1영역의 상징이기도 한 그 청동(靑銅)의 바다, 즉 정결예식용 물을 담는 그 거대한 청동의 바다를 등에 업고 있는 12마리의 청동 황소를 당장 제거하게 했다. 그 12마리의 황소는 하나님이 창조한 우주를 상징하는, 동서남북을 향해 각각 3마리의 황소, 즉 12마리의 황소가 떠받치고 있는 조각품이었다. 12마리의 청동 황소, 그것은 곧 하나님의 선민인 유대 민족의 12지파를 상징하는 것이었다. 그리고 신약 성경에서 그 상징은 구원자-메시아인 하나님의 아들 예수 그리스도의 12제자로 이어질, 그야말로 종교적 계보(系譜)에 관한 일이었다. 그러나 앗시리아와 앗시리아 신들의 광적 신봉자가 된 아하스에겐 자기 민족의 정체성, 즉 하나님의 선민, 12지파 같은 것은 시시한 농담 같은 것이 되어버렸다. 하나님이 창조한 우주하늘를 담고 있는 청동 바다를 등에 엎어 받들고 있던 12마리의 청동 황소는 가차 없이 철거됐다. 그 자리에 넓적한 돌판이 들어섰다. 단지 그것이 다마스커스 방식이라는 이유 하나만으로.

솔로몬 성전 제2영역인 중앙 제단 영역에서 매일 거행되는, 백성과 왕을 위한 번제도, 번제 의식의 내용도 주저 없이 앗시리아식으로 바꿔버렸다. 당시 제사장 우리야는 아하스가 솔로몬 성전, 즉 야훼의 성전에 가하는 그 반역, 그 폭력, 그 비이성에 저항, 충언 같은 것은 아예 하지 않았다. 휘청대는 작은 왕국 남유다가 앗시리아라는 이름의 거대 제국의 치맛자락을 부여잡는 그 미친 앗시리아화(化), 즉 다마스커스 히스테리는 그렇게 왔다. 결국 그 앗시리아가 이후 북왕국 이스라엘을 멸망시켜 버렸으니, 아하스라는 이름의 화산 위에서 추는 미친 춤으로부터 남유다 왕국의 멸망의 동기(動機)-역사도 음악일 수 있다면-는 이미 연주된 것이다. 그것이 아하스 16년 통치의 미친 고열(高熱)이었다.

아하스의 그 행위는 가히 '다마스커스 선언'이라고 해야 할 폭탄선언이었다. 앗시리아가 북왕국 이스라엘을 먹어치우기 직전의 시간이었다. 남왕국 유다도 그들 뱃속으로 들어갈 날이 얼마 남아있지 않았다는 초조감이 아하스를 미친 듯 우왕좌왕하게 했다. 외교랍시고 방문한 앗시리아에서 닥친 그의 다마스커스 선언의 심중은 알 길 없다. 그러나 예루살렘 성전을 다마스커스 신전 양식으로 모두 갈아치웠던 그 광기 끝에 이미 남왕국의 멸망은 들어와 자리잡고 있었다는 느낌이다. 결국 우상에 대한 이 국경 없는 무장 해제는 이미 가속력을 가진 채 멸망을 향해 미친 하강을 시작하고 있었다.

당대에 존재하는 압도적인 강력한 제국들, 혹은 전광석화처럼 정복전쟁에서 승리해 건국과 패권의 깃발을 꽂는 제국들 사이에서 생존해내야만 하는 것, 그것이 남왕국의 운명이었다. 남쪽에는 이집트 제국이, 동쪽엔 사납고 공격적인 앗시리아가, 동남쪽엔 바벨론이 있었다. 메소포타미아 정치 무대에 신인(新人) 바벨론의 일출(日出)이 이미 시작되고 있었다.

아하스가 죽었을 때 그의 아들 히스기야의 나이 25세였다. 그의 29년 간의 통치 시작은 돌연 종교 개혁으로부터 시작한다. 그러나 아하스의 다마스커스 히스테리를 무효화하려는 그의 노력 같은 것은 너무 늦었 다. 히스기야의 후계자인 아들 므낫세의 반역은 아하스를 능가했다. 아 하스와 그의 손자 므낫세의 통치 기간은 그야말로 금송아지 숭배의 세 월이었다. 남왕국의 낭자한 금송아지 숭배에 대해 놀랄 것은 없다.

북왕국 이스라엘 제1 대왕 여로보암 1세는 왕국을 열자마자 영토 최 북단과 최남단, 즉 왕국의 남북 국경에 대담하게도 금송아지 신상을 세 운다. 이후 7대왕 아합의 바알 숭배는 더욱 노골적인 것이었다. 그의 아 내 이세벨은 아예 모국의 신인 아세라 여신의 신상을 들고 왔다. 남왕국 므낫세는 노골적으로 아이를 불살라 바알에게 바치기까지 했다.

바알이란 지중해 동쪽 지역의 셈어로 주(主)를 의미한다. 바알의 구체 적 이름은 하다드였다. 그는 태양신, 폭풍의 신, 풍요의 신으로 농경 민 족들에겐 절대적인 신이었지만 그의 시작은 기후(氣候)의 신이었다. 바 알 숭배자들은 황소를 도살한 피 앞에서 아침부터 대낮까지 바알의 이 름을 외쳤다는 것이다. 바알은 이후 그리스로 넘어가 그리스의 신 크로 노스와 동일하게 취급됐다. 바알의 상징은 황소였다. 바알 숭배의 종교 의식 중 문란한 난교(亂交) 등 성행위가 등장했다. 숭배 형태 중 인신공 양, 즉 산 사람을 제사용으로 드리는 과격한 의식도 있었다.

이스라엘인들은 반복해 하나님이 파견한 예언자들로부터 '야훼 하나 님이냐, 바알이냐'를 선택하라는 도전을 받았다. 그들은 야훼 숭배냐, 바 알 숭배냐의 양자택일의 길에 서있었다. 약 430년간의 이집트 거주 때, 대부분의 시간을 이집트 노예로 살았을 당시 이집트 파라오들의 신앙은 당연히 바알 숭배였다.

다양한 가나안 신들의 산당들, 바알 숭배와 아세라 숭배, 금송아지 숭배는 일상이 되어버렸고, 유일신 하나님까지 가차 없이 세속화시키는 배교(背敎)는 차라리 근사한 신사조(新思潮)가 되어갔다. 더구나 신흥 사상가들은 야훼 유일신 신앙을 실컷 농락하고 있었다. 그것이 남왕국 말기, 마지막 왕 시드기야 시절, 왕과 시민들의 영적 상황이었다. 동시대 예언자 예레미야가 볼 때 시드기야와 시민들은 매일 '왕국의 멸망을 위한 예행연습'을 하는 것처럼 보였을 것이다. 그리고 이제 그 시간이 가차 없이 다가오고 있었다. 그토록 열정적으로 숭배하던 그 금송아지 우상을 불태워, 가루로 만들어 물에 타서 마셔야 하는 그 시간이.

그렇다. 이제 바알에서 마르둑으로 갈아타야 할 시간이다. 예루살렘의 페스트 같던 바알이라는 버스는 가고 바벨론의 마르둑이란 이름의 버스가 역사의 정류장에 도착해 있었으니까.

9

우상이란 이름의 위조지폐

　　모세는 그때 고도 약 2200미터의 시내산에 있었다. 십계명이 적힌 하나님의 증거판을 받기 위해. 이스라엘 출애굽 공동체는 모세의 14일간의 부재(不在)에 돌연 불안해졌다. 그들은 아론에게로 몰려갔다. 그리고 말했다. 우리는 이 광야에서 전진하기 위해 우리 대열 최전선에서 앞장선 채 우리를 인도할 신이 필요하다. 그렇다. 그들은 모세를 대체할 그 어떤 가시적(可視的) 대체물로서의 신을 원했다. 하나님처럼 그 실체를 볼 수 없는 신이 아니라, 눈앞에서 또렷이 볼 수 있는 그 신이 필요했다. 아론이 대답한다.

　　너희 아내, 아들, 딸들 귀에 걸려 있는 금귀고리를 떼어 내게 가져오라.

　　금귀고리들은 급히 수집됐고 모두 녹인 후 거푸집에 쳐 넣어졌다. 그리고 그 거푸집에서 만들어져 나온 가시적인 그것, 그것이 그들이 급조해 낸 금송아지 신이다. 여자들이 가져온 순금 장신구들을 녹여 만든 금송아지 말이다. 그들은 자신들이 급조해 낸 금송아지 우상의 주변을 돌며 광란의 춤을 춘다. 그리고 희열 속에서 소리친다.

보아라, 이 금송아지가 우리를 애굽 땅에서 이끌어 낸 우리의 신이다.

모세가 시내산에서 내려왔다. 하나님께서 직접 쓰신 증거판 두 개를 손에 든 채 말이다. 모세는 하나님 대신 급조해 낸 금송아지가 단번에 신이 돼버린 상황에 경악한다. 그들에게 신이란 인간의 손으로 녹여 거푸집에 쳐 넣은 후 단번에 만들어낼 수 있는 그 무엇이었다. 출애굽의 그 날, 홍해를 건넌 후, 홍해 갈대밭 이편 언덕에서 야훼 하나님께 드리던 미리암의 황홀한 '탬버린 찬가'는 이제 거푸집에 녹인 순금을 넣어 사람 손으로 만든 금송아지에 대한 찬가로 바뀌어 있었다. 우상(偶像)이라는 이름의 날조된 희망, 우상이라는 위조지폐를 찍어내는 거푸집에 모세는 경악했다. 분노에 찬 모세는 하나님의 증거판을 내던졌고, 산산조각이 났다. 모세는 금송아지 신상을 끌어내어 불 속에 내던졌다. 그리고 타다 남은 것까지 모두 가루가 되도록 빻았다. 그리고 그 가루를 물에 탄 후 출애굽 공동체인 민족에게 모두 마시게 했다.

북왕국 이스라엘에서 왕들에 의해 노골적으로 시행됐던 금송아지 숭배와 바알 숭배는 북왕국에 닥친 종교적 페스트였다. 북왕국의 수도 사마리아는 그야말로 혼합 종교의 메카가 됐다. 수많은 주변 신들과 잡신들의 전시장이 된 것이다. 가령 숙곳브놋의 여신상, 네르갈 신상, 아시마 여신상, 납하스, 다르닥 신상 등. 심지어 그들 중엔 자기 자녀를 산 채로 불에 태워 몰록에게 제물로 바쳤다는 기록까지 등장한다. 소위 가나안의 모든 다신(多神)들의 전시장이 될 때까지 종교에 관한 한 북왕국은 무정부 시절을 살았다. 경악할 것은 다신들의 전시장인 그 산당(山堂)과 신당들 속에서 그들은 야훼 하나님도 그 수많은 신들의 일부로 취급해 버렸다는 사실이다. 결국 북왕국은 화산 위에서 추는 그 다신의 춤 속에서 신앗시리아에 의해 멸망했다. 멸망 후 전쟁 포로가 되어 앗시리아로 끌려갔다. 기원전 722년의 일이다. 이제 남왕국 유다의 차례였다.

남왕국의 마지막 왕 시드기야는 세속 권력과 세속 우상이 주는 날조된 희망을 향해 불나비처럼 얼마나 맹렬하게 달려들고 추락했던가. 사실상 그는 바벨론에 의해 책봉된, 본질적으로 치욕적인 속국 왕의 신분인 본명(本名) '맛다니야'가 아니었던가. 그는 우상 숭배의 나라들처럼 세상의 수많은 신들, 세상의 사이렌들이 부르는 미신에 찬 유혹의 노래를 향해 얼마나 달리고 또 달렸던가. 성전엔 서슴없이 우상의 제단이 들어섰고, 성전 곁엔 종교적 남창(男娼)의 집까지 등장하지 않았던가.

더 치명적인 것이 있다. 그들은 하나님의 집인 예루살렘 성전의 영원함과 불멸성, 다윗 왕조의 영원함을 철썩같이 믿었다. 그것은 결코 무효화 될 수 없는 하나님의 약속, 하나님의 보증, 절대 부동의 정언 명령이라고 믿었다. 하나님이 예루살렘 성전을 불타 소멸해 버리도록 내버려두셨을 때, 즉 하나님의 자기 성전에 대한 가차 없는 '탈(脫) 신성화(神聖化)'에 이스라엘 민족은 넋이 나갔다. 그것은 경악, 공포라고 하기엔 차라리 존재의 지진(地震)이었다. 그렇다. 예루살렘 성전의 방화, 다윗 왕조의 멸망 뒤엔 무엇인가가 있다. 칼과 활을 휘두르고 주저 없이 예루살렘 성전을 불태워 버린 느부갓네살 뒤에는 그 어떤 절대적 존재의 압도적

의도 같은 그 무엇이 잠복해 있다.

　유대인 사회학자 테오도르 아도르노는 말한다.

　　행복을 보기 위해 인간은 어머니 배 속에서 나와야만 한다.

　그의 논리대로, 하나님을 보기 위해 이스라엘 민족은 하나님의 배 속, 즉 장자(長子)의 쾌적한 요람이었던 예루살렘에서 나와야만 하는 과격한 필연, 즉 바벨론 포로의 시간에 도착해 있었는지도 모르겠다. 금송아지 신상을 빻아 그 가루를 물에 타 마셔야만 하는 바로 그 '결산(決算)의 시간' 말이다.

10

할부(割賦)로 치러낸 멸망

그날 시드기야 왕-맛다니야-의 도망 사건은 다윗 왕조 멸망의 날들에 대한 대표적 풍경이다. 예레미야 51장은 유감스럽지만 매우 꼼꼼하게 그 마지막 날들을 기록하고 있다. 시드기야는 이스라엘 민족의 자부심인 유다 혈통, 다윗 왕조의 마지막 왕이었다. 그는 비밀리에 예언자 예레미야를 왕궁으로 부르기까지 했었다. 그리고 이렇게 물었었다.

나는 알고 싶다. 야훼께서 네게 대체 뭐라고 말씀하셨는지를.

예레미야가 대답했다.

하나님은 왕인 당신이 제발 위조(僞造)된 희망을 갖지 말라고 말씀하셨습니다.

시드기야는 하나님의 예언자 예레미야와 세상의 우상인 사이렌들이 주는 위조된 희망 양쪽에 악착같이 처세(處世)의 양 발을 걸치고 있었다. 침략국 바벨론에 대한 저항이냐 항복이냐의 문제가 아니었다. 예언자를 통한 하나님의 최후통첩에 대한 절대 복종이냐 절대 불신이냐에 대한 문제였다. 결국 예루살렘 성전, 즉 하나님 자신의 지상의 집을 내리치시는 여호와의 칼이 내린다.

칼이다. 너희를 쳐 죽일 칼이 이제 다 갈렸다. 번쩍대며 날이 선 칼이다. 나는 그 칼을 이미 살인자의 손에 넘겨주었다. 누구든지 닥치는 대로 쳐 죽이는 그 칼이 다 갈렸다. 번개처럼 번쩍이며 춤을 추는 칼이 다 갈렸다(에스겔 21장).

선민 이스라엘은 야훼 하나님이 아니라 이집트, 앗시리아, 바벨론 제국이라는 이름의 열강들 속에서 소위 광신과 다신의 춤을 실컷 추어댔다. 남왕국 말기 요시아 왕 전사(戰死) 이후 여호야김, 여호야긴, 므낫세 모두 세속 도시가 추구하는 모든 것을 따라 미친 듯 춤췄다. 독일어 관용어 속에 '화산 위에서 추는 춤'이라는 말이 있다. 용암(鎔巖) 위에서 추는 광기에 찬, 멸망 직전의 춤이라는 뜻이다. 남왕국이 예루살렘 성전 앞에서 추는 화산 위의 춤, 우상 숭배의 춤. 그러므로 하나님은 그렇게 말씀하실 수밖에 없었다.

하나님이 선언하신 그 칼-느부갓네살-은 마침내 결국 지독하게 잘 갈린 처형(處刑)의 칼 노릇을 했다. 마지막으로 남았던 남왕국의 목을 동강 내고 예루살렘 성전 가슴에 불을 질렀다. 왕들은 귀를 막았지만 하나님은 예레미야 7장, 여호야김 왕 재위 4년에 이미 예루살렘 멸망을 결정하셨다. 여호야김이 하나님의 경고적 예언이 담긴 예레미야 예언의 두루마리 책을 불살라 버렸을 때, 하나님은 이미 예루살렘을 치는 칼, 즉 느부갓네살이라는 이름의 당시 최고의 명검(名劍), 최고의 야전 사령관을 가차 없이 대기시키고 있다. 느부갓네살이 오고 있다.

바벨론의 그 남자가 이 땅을 넘어올 것이다. 그리고 그 주민들을 경악의 풍경으로 만들 것이다(예레미야 25:9).

그것은 사실로 드러났다. 기원전 598년 느부갓네살은 수천 명의 전사를 이끌고 예루살렘에 등장했다. 제2차 침공이다. 전사들은 창, 단도, 초승달 모양의 검, 방패로 무장한 보병, 활쏘는 자로 구성된 정예 특공대였다. 그들은 탄탄하게 짜인 전열(戰列)로 예루살렘을 집중 공략했다. 한때 강성했던 유다의 마지막 요새인 그 예루살렘을 말이다.

시드기야 왕 통치 9년 10월 10일, 느부갓네살은 다시 예루살렘 성벽을 포위했다. 제3차 침공이었다. 끔찍한 포위 작전은 1년 반 동안 계속됐다. 그때까지도 시드기야는 야훼 하나님이 아닌, 수많은 우상들이 제시하는 날조된 희망에 실컷 유린당하고 있었다. 마침내 예루살렘 성 안은 포위 작전으로 식량이 바닥났다. 바벨론 군대는 성벽을 뚫고 예루살렘으로 진군했다. 기원전 586년 시드기야 통치 11년의 일이다.

왕 시드기야와 그의 군부는 주저 없이 야반도주했다. 그 밤 왕의 도주로(逃走路)는 이렇다. 그는 우선 실로암 연못 근처에 있는 왕의 동산 쪽으로 갔다. 예루살렘 남쪽과 두 성벽 사이에 있는 성문을 통과해 예루살렘 성을 빠져나갔다. 그리고는 동쪽 요단강 골짜기를 향해 미친 듯 도주했다. 바벨론 군대가 즉시 추격하지 않았을 리 없다. 시드기야가 체포된 것은 여리고 근처 벌판이었다. 시드기야 체포 때 왕실 근위병들은 이미 왕을 버리고 모조리 달아나 버렸다.

체포된 시드기야는 느부갓네살에게로 끌려갔다. 느부갓네살은 그때 수리아 립나에 있었다. 립나엔 소위 느부갓네살의 전범재판소가 있었다. 그가 직접 시드기야를 심문했다. 시드기야의 눈앞에서 그의 두 아들은 가차 없이 처형됐다. 유다 지도층들도 동시에 처형됐다. 시드기야는 두 아들과 자기 군신들이 느부갓네살에 의해 처형되는 것을 두 눈으로 직접 목격해야만 했다. 느부갓네살은 시드기야의 바로 그 두 눈의 안구(眼球)마저 창(槍) 끝으로 찍어내게 했다. 두 눈을 뽑아버리는 체벌 방식은 당시 국가 내란, 국가 반역자에게 규정된 처형법이었다. 눈알이 뽑힌 시드기야는 쇠줄로 결박된 채 바벨론으로 끌려갔다. 무려 1500킬로미터의 사막을 끌려가 바벨론 감옥에 내던져졌다. 그 감옥에서 시드기야는 사망했다.

그 멸망의 밤, 시드기야가 주저 없이 버리고 야밤도주했던 예루살렘도 바벨론 정복군에 의해 처형, 대학살이 예정돼 있었다. 바벨론 전군(全軍)에 예루살렘 말살(抹殺) 작전이 명령된 것이다. 그들은 우선 예루살렘 왕궁과 민가에 불을 질렀다. 그리고 마침내 예루살렘 성전에도 불을 질렀다. 그들은 알고 있었다. 그 예루살렘 성전이야말로 유대 정신의 심장이라는 것을. 그렇다. 그들은 여호와의 성전도 불태웠다. 예루살렘 온 도시가 미친 듯 불탔다. 예루살렘 성벽, 즉 이스라엘 왕국을 지켜온 성벽마저 허물어버렸다. 예루살렘의 함락이다. 기원전 586년 4월 9일의 일이다.

느부갓네살은 예루살렘 성전의 예배 기구들, 황금, 순은, 청동으로 빚어지고 세공된 성전 보물, 즉 이스라엘 왕국 최고의 보물들을 치밀하게 약탈했다. 그 중 황금과 순은으로 제조된 신성한 제사 기구들은 왕의 근위대장 느부사라단이 직접 선별, 약탈, 바벨론으로 공수했다. 그는 느부갓네살 왕 최측근 특수부대장이었다. 그는 성전의 국보급 보물뿐 아니라 성전 제사장, 군부 고위 관리, 지방 유지들도 소위 근동 국제전범재판소 노릇을 했던 립나로 우송했고, 느부갓네살 법정에서 모두 처형해버렸다.

예루살렘 성전에서 약탈해 간 전리품의 지독하게 자세한 목록을 읽는 것은 가슴 아프다. 그것은 그 약탈이 얼마나 총체적인 작전인지 증명해준다. 솔로몬 성전은 다윗 왕조 최고의 국부(國富)의 장소였다. 솔로몬 성전의 제사 기구들이란 당대 최고의 멋진 선박, 즉 페니키아 갤리선에 실려 들어온 오빌의 정금, 순은, 상아, 백향목들로 이루어진 그야말로 왕국 최고의 보물들이었다. 그 예배와 경배의 제사 기구들이 이제는 신성한 제단과 보관함으로부터 사정없이 끌어내어져 전리품으로 전락한 채 사납게, 폭력적으로, 신성 모독을 당한 채 바벨론 제국 국부의 일부가 되기 위해 끌려가고 있는 것이다. 솔로몬 성전 지성소를 섬기던 신성한 성전 기구들, 지성소 법궤 위에서 무릎을 꿇은 채 법궤를 지키던 저 찬란한 두 황금 천사-케루빔-도 납치되고 없었다. 절멸(絶滅)이었다.

성전과 지성소가 불탈 때, 그들은 왕국과 선민 전체가 불타버리는 것을 알았다. 영원불멸일 줄 알았던 야훼 하나님의 성전도 약탈당하고 불타버릴 수 있다는 것, 그것은 확실히 민족의 사고(思考)를 뛰어넘는 경악이었다. 멸망이 아니라 차라리 학살이었다. 성전이 약탈당하고 불타던

날, 이사야 예언자가 왕조의 멸망을 경고한 지 약 100년, 예레미야가 민족의 각성을 외치기 시작한 지 약 40년 되는 시점이었다.

예레미야애가는 그래서 사망한 왕국 이스라엘이 부르는, 창자가 끊어지는 단장(斷腸)의 노래다. 여호야김은 예레미야가 적은 하나님의 예언의 두루마리를 불태워버리기까지 하지 않았던가. 예루살렘에선 그야말로 장례 행렬에서 흩날리는 조기, 즉 만장(挽章)이 흩날린다. 사망한 자에 대한 슬픔을 한지나 비단에 적어 깃발처럼 만든, 장례 행렬과 상여 맨 앞에서 펄럭이던 그 처절한 만장 말이다. 그야말로 희망의 영점 지대, 절망의 '그라운드 제로'였다.

11

예루살렘 절멸(絶滅) 작전

솔로몬 성전을 불태워 버리기 전, 느부갓네살이 심복인 왕실 재무장관과 함께 예루살렘에 등장한 것은 그가 얼마나 침착하고 계산적이며 탁월한 정복자였는지 증명해준다. 우선 성전 약탈이 있었다. 그 다음 성전을 불태웠다.

이집트 전투 승리 이후 느부갓네살은 여세를 몰아 주변국 정벌에 나섰다. 정벌의 프로젝트 중 남유다 왕국, 즉 예루살렘이란 보석도 있었다. 그는 정복 전쟁 중 수많은 전리품을 약탈했는데, 그것은 정복자의 권리이고 정복의 이유이기도 했다. 당시 남유다를 포함한 주변국들에게 거둬들이는 조공도 바벨론 국부에 한 몫을 했다. 정복은 또한 거침없이 무역항들을 소유하는 일이었다. 지중해, 홍해, 소중한 유프라테스강조차도 세계 무역의 결정적 항구들로 기능했다. 황금, 순은, 상아 같은 귀중품뿐 아니라 양탄자, 비단, 도자기, 당대 최고의 향수들인 향유들이 항구의 명성을 빛냈다. 바벨론 무역을 통해 부유층이 생겨나고, 부유한 외국인 이민자들이 거주를 갈망하는 바벨론시가 눈부신 국제 도시가 될 것은 뻔한 일이었다.

당시 느부갓네살은 자기 왕실의 고관들, 즉 수석비서관, 의전비서관, 개인 교사까지 모두 동행하고 예루살렘에 등장했다. 느부갓네살은 그때 이미 유다 왕국의 완전 정복, 이스라엘 민족의 약 400년간 메트로폴이었던 예루살렘의 정복을 완료한다는 계획을 갖고 있었다. 특히 이스라엘 민족의 심장이고 뇌실(腦室)인 예루살렘 성전을 불태워 완전 절멸시킨다는 것이 정복 작전의 핵심이고 드라마였다. 그렇지 않고서는 그의 핵심 심복인 왕실 재무관(財務官)까지 동행했을 이유가 없다. 독일어 성경 루터본엔 '왕국 수석재무관'까지 동행했다고 번역하고 있으니 말이다.

구체적으로 말한다면 왕국 수석재무관 수행 기능 중엔 박물관장 역할도 있었다. 추측하자면 느부갓네살은 남유다 왕국 최종 정복 작전 속엔 예루살렘 성전, -어쩌면 메소포타미아 일대엔 소문난, 전설적인 보물 창고였을 수도 있다 이스라엘 최고의 성소, 최고의 박물관, 최고의 보물 창고인 예루살렘 성전의 모든 소장품들 중 탁월한 것들은 모두 탈취하기로 계획되어 있을 수도 있었다. 그 일을 위해 느부갓네살은 소위 전리품 전문가인 왕실 재무관까지 수행하고 예루살렘에 도착했던 것이다.

그는 알고 있었다. 예루살렘 성전은 유대 민족의 종교적 정신적 절정, 정화, 유대 민족 DNA의 보고(寶庫) 자체라는 것을 말이다. 그는 또 알고 있었다. 예루살렘 성전만 완전 파괴할 수 있다면 이스라엘은 끝장이라는 것을. 예루살렘 성전을 불질러 이스라엘의 숨통을 끊어버리겠다는 것 말이다. 왕실 수석재무관 등이 예루살렘 성전의 보물들, 정금과 순은, 상아와 청동으로 제작되고 세공된 성소용 예배 도구들을 전리품으로 전광석화처럼 노획한 뒤, 성전을 불태워 재(災)로 만들어 버리겠다는 매우 정확한 절멸(絶滅) 작전서를 손에 쥐고 있었던 것이다.

아니, 바벨론 국가 문서 서고엔 이미 히스기야 왕 시절 외교 보고서가 보관돼 있었던 것이 분명했다. 그 외교 문서의 시작은 이렇다.

> 그때 바라단의 아들인 바벨의 왕 므로닥 발라단은 사신과 서신을 보냈다. 그는 들었다. 히스기야가 중병에 걸렸었고 다시 건강해졌다는 것을. 히스기야는 그 특사(特使)에게 남유다 왕국의 보물 창고를 보여주었다. 금, 은, 향신료, 명품의 기름들, 국가의 군수품 창고와 무기 저장소까지 활짝 열어젖혔던 것이다. 놀랍지만 그때 히스기야는 바벨에서 온 그 특사에게 보여주지 않은 것이 없었다. 당시 그는 바벨의 호의와 동맹 가능성에 목말라 있었으니까.

이후 예언자 이사야가 히스기야를 찾아가 묻는다.

> 그 특사들이 당신께 무엇이라고 하던가요. 그리고 그들은 어디서 왔던가요.

> 아주 먼 나라, 바벨에서 왔다.

> 그들은 당신 왕국에서 대체 무엇을 보았나요.

> 그들은 모든 것을 보았다. 내 왕궁에 있는 모든 것을. 왕궁과 국가 보물 중 그들이 보지 않은 것은 없다.

그때 이사야가 말한다.

보십시오. 이제 당신 조상이 지금까지 모아 쌓아둔 모든 보물들이 바벨로 차압되고 빼앗겨 모두 옮겨질 날이 반드시 올 것입니다. 그 날에 그 어떤 것도 남지 않을 것입니다.

이사야가 다시 말한다.

그리고 당신이 낳은 자식들, 후손들은 모두 끌려가 바벨 왕의 왕궁 직원들, 왕궁의 관리자들이 될 것입니다. 하나님이 내게 그렇게 말씀하셨습니다.

12
:

하나님의 명검(名劍) 엑스칼리버
- 느부갓네살

    남유다 마지막 왕 시드기야의 도주 기록은 그들이 왜 멸망해야만 했는지, 선민 이스라엘이 대체 어디까지 전락(轉落)해 있는지에 대한 알리바이, 아니, 차라리 검사의 기소문(起訴文) 같은 것이다. 나는 독자로서 시드기야의 도주를 조금도 미화하지 않은 채 적어내려간 예레미야에게 존경을 표한다. 사실상 그것은 정직한 보고라기보다는 차라리 유대 민족 치부(恥部)에 대한 자기 해부라고 말하는 것이 옳다. 그 치열한 자기 해부가 내겐 이후 다니엘서라는 망명 문학(亡命文學)의 시작이고 미덕(美德)이다.

    하나님은 느부갓네살의 손에 다윗 왕조의 마지막 보루이며 영광인 예루살렘 성전 지성소로부터 시작해 하나님을 모시던 법궤의 황금 그룹, 황금 성전 기구들을 전리품 자루와 수레에 처넣는 일까지도 허락하셨다. 그야말로 하나님은 '불멸의 황금 문자'로 적은 선민과의 계약 문서도 사정없이 무효화시키는 것처럼 보였다. 하나님은 예루살렘 하나님 성전에 대한 불멸성, 다윗 왕조에 대한 불멸성 같은 이스라엘 민족의 지반(地盤)을 가차 없이 둘러 엎으셨다. 그 불멸성에 대한 믿음은 믿음이 아니라 미신(迷信)이 되어 가고 있었으니까. 솔직히 하나님은 자신의 본질이 불멸(不滅)하므로 불멸성 같은 것을 뒤집어 엎으시는 혁명적 사건은 오직 그분만이 할 수 있는 일이었다. 예루살렘 성전이 불탔을 때, 아니, 야훼 하나님의 지상의 집인 성전도 사람의 손, 그것도 침략자의 손에 불탈 수 있다는 사실에 이스라엘 민족은 경악했다. 다윗 왕조가 멸망하고, 불멸일 줄만 알았던 왕국 무대의 휘장이 처형대인 길로틴처럼 민족의 목을 내려쳤을 때 그들은 거의 혼절했다. 바벨론 포로로 내몰릴 때 그들은 거의 민족적 뇌사(腦死) 상태였다. 성전이 불타자 당연히 다윗 왕조는 멸망했다. 이스라엘 민족은 국가 멸망, 패전국, 절대 항복의 상황에서 다시 포로라는 이름의 전쟁 노예, 강제 노역자만도 못한 패전국의 무능한 국민으로 내몰렸다. 남유다 왕국 멸망의 날, 즉 다윗 왕조 멸망의 날은 다시 말하지만 기원전 586년 4월 9일이었다.

하나님의 손에 의한, 예루살렘이라는 이름의 '제2의 에덴에서의 추방'은 그렇게 닥쳤다. 그리고 자기 선민들을 가차 없이 전쟁 포로로 내어주셨다. 에덴으로부터의 가차 없는 추방이었다. 포로로 끌려갈 때 그들은 거의 혼절 상태였다.

선민 이스라엘의 마지막 왕국 남유다의 수도인 예루살렘은 그렇게 총체적인 파괴를 겪으며 돌연 비어갔다. 선민 이스라엘은 예루살렘이란 황홀한 장소로부터 강제로 끌어내어져 아라비아 사막을 건너 바벨론이란 낯선 장소로 가차 없이 추방당하고 있는 것이다. 예루살렘이라는 이름의 이스라엘 민족의 국가적 에덴으로부터의 추방은 시간의 뺨을 내갈기듯 그렇게 왔다. 물론 3차 바벨론 포로기 이후에도 소규모의 4차 포로기가 이어지긴 했다. 예루살렘에는 대개 가난한 유대인들, 포도원과 농토을 일구는 일꾼들만 남았다. 왜냐하면 유다의 들판에서 생산되는 과일들은 바벨론에선 기꺼이 필요한 것이었기 때문이다. 아브라함 자손의 자격으로 하나님으로부터 받은 선물, 가나안에서의 다윗 왕국과 국토는 그렇게 비어갔다.

멸망 전 선민 유대 민족은 하나님의 민족이 되길 거부하거나 포기했었다. 하나님에 대한 믿음에 관한 한 그들은 천천히, 고집스럽게, 악착같이 썩어갔다. 거침없이 타락했고 부패했다. 하나님의 왕좌는 더 이상 예루살렘에 없었다. 아니, 그들은 지상에서의 하나님의 현존의 장소인 예루살렘 성전이 불타 없어질 수 있다는 것을 상상도 하지 못했었다. 그것은 민족 최고의 공포였다. 예루살렘엔 유령처럼 굉음과 비명만 남았다.

다시 말하지만 예루살렘 성전이 불탄 것은 느부갓네살의 광기 때문이 아닐 수도 있다. 느부갓네살이 그들을 포로라는 이름으로, 승전의 알리바이로 강제로 끌고간 것이 아니었을 수도 있다. 하나님의 계획과 허락이 아니었다면 느부갓네살, 자기 시대 최고의 야전 사령관, 최고의 정복자라 할지라도 하나님 선민의 머리카락 하나 건드리지 못했을 수도 있다. 느부갓네살의 손을 빌려 하나님은 자신의 성소를 가차 없이 불태워, 무효화시키셨다고 말하는 것이 옳다. 하나님은 채찍을 들고 그것도 3차에 걸쳐 자신의 장자인 유대 민족을 그렇게 지상의 가나안으로부터 가차 없이 내쫓아 버리고 있다. 에덴으로부터의 추방 다음에 온, 유대 민족의 정수리를 내리친 가나안으로부터의 추방이었다.

2016년, 독일 시사 주간지 「슈피겔」의 바벨론 특집의 표제는 이렇다.

느부갓네살, 그는 하나님의 검인가.

이 글에서의 검(劍)은 정복 전쟁용 살상무기 이상의 그 무엇이다. 역사의 복판에서 역사의 공간을 내리 친, 운명의 검, 가령 아더 왕의 '명검 엑스칼리버', 니벨룽엔의 노래 속의 지그프리드의 '명검(名劍) 발뭉' 같은 그런 구체적 칼의 이름이 아니다. 하나님께 불복종하는 자신의 장자 이스라엘 민족의 허리를 잘라내는 하나님의 손에 들린 심판의 칼의 이름, '그것이 인간 느부갓네살인가' 하는 엄숙한 질문이다.

사실상 느부갓네살은 2차에 걸쳐 예루살렘 성전 보물을 전리품으로 갈취, 바벨론으로 가져와 자신들의 신전 창고에 넣어두었다. 그는 그 성전 보물은 곧 이스라엘 민족의 정신, 뇌, 심장인 것을 알았다. 아니, 그 이상이다. 그는 자신의 적국이며 정복국인 이스라엘의 유일신 야훼를 전리품으로 탈취, 자기 왕국의 신들의 창고에 던져 넣고 있는 것이다. 당시 메소포타미아에서의 정복 전쟁은 종종 신들의 전쟁이기도 했다. 일신교 야훼의 이스라엘과의 전쟁은 이데올로기적으로 본다면 일신교와 다신교, 일신론과 범신론의 전쟁일 수밖에 없었다. 느부갓네살은 과연 야훼 하나님의 손에 들린 검이었는가.

느부갓네살은 그렇게 왔다. 느부갓네살이란 이름의 장검(長劍)이 그렇게 다윗 왕조의 목숨을 베어내고 있다. 느부갓네살이라는 이름의 독화살이 왕국의 숨통을 끊어버렸다. 유대 민족은 그렇게 느부갓네살이란 이름의 독배(毒盃)를 마셨다. 기원전 586년 4월 9일의 일이다.

13

예루살렘, 상복(喪服)을 입다

아아, 솔로몬 성전, 그 성전 터가 유대 민족에겐 대체 어떤 곳이란 말인가. 민족의 분만대(分娩臺), 민족의 산실(産室)이 아니었던가. 우상 숭배 속에서도 여전히 이스라엘 민족의 심장이고 자부심이었던 솔로몬 성전은 그렇게 갔다. 모리아산 번제단 위에 세워진 솔로몬 성전, 그러나 아브라함이 그 제단에 쏟았던 그 절대 충성, 절대 복종의 시간은 그렇게 갔다.

다니엘서 1장 무대 뒤에선 예레미야애가라는, 상복을 입은 예루살렘의 조기(弔旗)가 펄럭인다. 다윗의 문장(紋章)은 불타버리고 멸망이라는 국가 장례식의 만장만이 펄럭인다. 국가 멸망의 서곡은 그렇게 연주되었다. 동시대에 남유다 왕국 멸망에 관한 한 그 경고의 봉화(烽火)를 들어올린 것은 예레미야였다.

중요한 것이 있다. 예루살렘 성전이 불타버리던 날, 즉 예루살렘 성전이 지성소까지 약탈당해 제사 기구들은 시날 땅 바벨탑 터의 신전으로 실려 나가고 성전 건물은 불태워졌을 때 하나님은 이미 지상에 있는 야훼의 집인 그 성전에 계시지 않았다. 에스겔서 11장이 그 보고서이다. 11장의 보고는 아직 성전이 불타버리기 이전이었다. 성전 방화와 성전 소멸에 관한 보고는 33장에 등장하니 말이다. 하나님은 예루살렘 성전이 불타기 전, 자신이 이미 그 성전을 떠나셨음을 환상 속에서 에스겔에게 보여주신다.

이스라엘 하나님의 영광이 그룹들의 보좌를 타고 (솔로몬) 성전의 동문을 통과해 성전 구역을 떠나가셨다.

그 환상을 통해 바벨론 포로 에스겔은 하나님의 영광이 스스로 예루살렘 성전을 떠나 바벨론으로 오신 것을 알았다. 포로가 된 자녀 이스라엘이 있는 바벨론, 포로가 된 그들 복판으로 오신 것이다. 이집트 노예 시절 강제 노역자였던 이스라엘 민족 복판으로 오셨던 것처럼.

선민이며 장자이고 제사장인 이스라엘 민족의 주저없는 우상 숭배가 솔로몬 성전을 불타게 했다. 그럼에도 야훼 하나님은 포로가 된 이스라엘 민족, 새 시대의 파라오인 느부갓네살의 강제 노역자로 전락해 버린 그 모욕의 장소, 그 포로들의 아버지가 되시기 위해 바벨론에 오셨던 것이다. 하나님이 이미 떠나 버리신 텅 빈 성전이었으므로 느부갓네살은 그 성전을 약탈, 방화할 수 있었던 것이다. 성전 앞에도 우상의 신상들을 세우고 제사장과 장로들이 그 우상을 뜨겁게 숭배하는 신성 모독으로 가득 찬 그 솔로몬 성전을 하나님은 기꺼이 버리셨다. 지상에 있는 자신의 집인 솔로몬 성전을 버리고 바벨론으로 오신 것이다. 그러니 느부갓네살과 그의 야전 사령관 특수 부대는 결국 하나님이 떠나버린, 본질적으로 텅 빈 성전을 약탈하고 불태웠을 뿐인 것이다.

느부갓네살이 정복국의 엘리트 그룹을 골라 인질로 잡아 바벨론으로 끌고 온 것은 그가 이미 자기 제국의 내용을 채울 매우 구체적 설계도를 가지고 있었음을 증명한다. 그는 예루살렘에서 성전의 황금 기구와 그 도시의 엘리트라는, 한 왕국의 본질과 정수(精髓)에 손을 댄다. 느부갓네살은 알고 있었다. 유대 민족의 선민의식과 자부심, 그리고 그들이 지적(知的)인 민족이라는 것을. 지적인 것은 바벨론 민족도 마찬가지였다. 그럼에도 불구하고 그것은 지금까지 정복자들이 해 온 해묵은 용병술이었을 뿐이었다. 그것은 세속 도시들이 예외 없이 사용하고 있는 불문율이다. 그들은 정복해버린 국가, 손에 넣어버린 국가 속에서 가차 없이 그 정수를 낚아챈다. 남유다 왕국의 정신적 심장은 예루살렘 성전이었다. 성전 지성소를 드나들면서 사용했던 예배용, 경배용 황금 그릇들, 그리고 그 민족이 자부심으로 길러낸 엘리트들, 그것이 느부갓네살이 생각하는 유대 민족의 정수, 유대의 황금이었다. 그렇게 함으로써 느부갓네살은 가차 없이 젊은 엘리트들이라는 남유다 왕국, 즉 유대 민족의 미래를 차압하고 있다.

기원전 588년 10월 10일부터 시작된 느부갓네살의 제2차 예루살렘 포위 공격으로 인해 성 안의 예루살렘 시민들은 속절없이 기아로 죽어갔다. 포위되었다는 것, 그것은 곧 완전 감금을 의미한다. 시민들은 성문

출입이 철저히 차단된 공포적 포위 작전 속에서 성 안으로 들어오는 모든 보급이 끊기자 속절없이 기아라는 지옥 속으로 빠져 들어갔다. 그것은 마치 제2차 세계 대전 절정인 1942년, 참혹한 스탈린그라드 전투를 생각나게 한다. 전투지 스탈린그라드에서 독일 제6군은 소련군에게 포위당했다. 그들은 그 포위 상황을 '거대한 가마솥 안에 갇힘'이라고 표현했다. 도시 스탈린그라드에 철저하게 포위당한 채 보급난은 심해지고 물자의 항공 보급마저 완전 실패했을 때 군인들은 속절없이 기아 속에서 죽어가야만 했던 것 말이다. 단지 5개월 동안 무려 40만 명이 전사했다. 예루살렘 포위 작전은 무려 30개월간 계속됐다. 결국 예레미야는 느부갓네살에 의해 완전 포위된 예루살렘 성 안에서 이렇게 탄원한다.

여호와여, 보소서, 돌아보소서. (...) 아낙네들은 배고파 애지중지하던 어린 것들의 살덩이를 뜯어먹고 있습니다.

14

압송(押送)의 길
- '전갈들의 바다'를 건너서

　다니엘이 제1차 포로기에 포로 신분으로 예루살렘을 떠날 때, 이제 왕국의 멸망은 불보듯 뻔한 것이었다. 그들은 예루살렘을 떠나 요단강과 다마스커스를 거쳐 다시 저 남쪽 아라비아 사막으로 내몰리면서 이미 상복을 입은 도시 예루살렘을 보았다. 포로 신분으로 적국 바벨론으로 끌려가는 그들 가슴 속엔, 왕국의 멸망을 예견하는 불길함 때문에 이미 조기가 펄럭였었다.

　예루살렘에서 바벨론까지의 포로의 길은 엄청난 거리였다. 그들이 아라비아 사막을 관통하는 직진 길을 택하지 않았기 때문에 더욱 그렇다. 21세기의 거리 측정만으로도 예루살렘에서 이라크의 바그다드까지는 직선거리 871킬로미터이다. 바그다드는 고대 바벨론으로부터 약 90킬로미터 떨어져 있다. 예루살렘에서 바그다드 차도(車道) 이동거리만 해도 무려 1197킬로미터이다. 차도가 아닌 당시 도보로 거리 약 1500킬로미터라는 것이 일반적 추측이다. 결국 이스라엘 민족은 예루살렘으로부터 약 1500킬로미터까지를 걸어서, 적어도 쇠줄과 포승에 묶여 가차 없이 끌려갔던 것이다. 패전국 포로들을 포승줄에 묶어 그것도 도보로 무려 1500킬로미터 거리를 끌고가는 그 굴욕적, 모욕적, 절대 항복의 드라마가 정복국 바벨론은 필요했다.

끌려간 망명지 바벨론에 도착했을 때 이스라엘 백성들은 알았다. 그것은 단순히 전쟁의 승전과 패전의 문제가 아닐지도 모른다는 것을 말이다. 그것은 하나님이 자기 민족에게 내린 대심판이었다는 것을 말이다. 예루살렘 성전의 불타버림, 다윗 왕조의 막을 내림, 밧줄에 묶여 우상들의 도시, 우상들의 밀림으로 소문난 바벨론까지 끌려옴, 이것은 바벨론 정복 전쟁의 결과만은 아닐 수도 있다는 것 말이다. 예루살렘 성전의 불멸성, 다윗 왕조의 영원성이라는 철석같은 믿음도 결국 이스라엘 민족의 미친 가상(假想)으로 끝장났을 때 그들은 그 사건 뒤에서 어른대는 계시의 예감 같은 것을 보았다. 포로로 잡혀갈 때 예루살렘으로부터 바벨론까지의 강제 압송 루트 중 하나는 이렇게 추정된다.

예루살렘-사마리아-메깃도-리블라-하맛-아낫-지파르-바벨론

대체 바벨론으로 끌려가는 이 충격적 사건, 이 역사적 재앙의 주인은 누구인가. 이스라엘 민족으로서 우리는 과연 끌려가는 것인가, 추방되고 있는 것인가. 구토처럼 치밀어 오르는 질문들, 그것이 무려 1500킬로미터 포로의 길 내내 그들을 내리치고 있는 격렬한 멀미의 정체였다. 과연 이 역사적 지진의 주인은 누구인가. 야훼 하나님인가, 느부갓네살인

가. 우리는 느부갓네살에 의해 도살당할 가축처럼 끌려가는 것인가, 아니면 야훼 하나님에 의해 예루살렘이란 이름의, 선민에게 주신 가나안, 그 찬란한 요람으로부터 추방당하고 있는 것인가. 예루살렘은 가나안의 정점(頂點), 가나안의 꽃이 아니었던가. 예루살렘, 그것은 에덴동산의 대체물이 아니었던가. 예루살렘 출신 엘리트들은 그 1500킬로미터짜리 미로(迷路)에서 그 의미에 대한 질문 때문에 실컷 멀미를 했다. 사막엔 '전갈들의 바다'라 불리우는 소름끼치는 사지(死地)의 구간도 있었다. 압송의 길에선 쓰러지면 끝장이었다. 쓰러진 자들은 사막 위에서 독수리, 전갈, 하이에나의 밥으로 던져줄 것이 뻔했으니 말이다.

전쟁 포로란 인간 전리품이란 물건에 대한 이름뿐이지 신분(身分)이랄 것도 없었다. 그것은 인간이 아니라 전리품처럼 분류되고, 번호가 매겨지고, 개인이 아니라 떼로 취급된다. 역사가들은 그들이 포로의 신분으로 바벨론으로 끌려갔다고 적고 있다. 다니엘서 전체의 주어가 바벨론 제국, 혹은 느부갓네살이라면 그것은 바벨론 포로가 맞다.

그러나 다니엘서 전체의 주어(主語)는 야훼 하나님이라는 것이 독자인 우리의 생각이다. 더구나 다니엘서는 홀로 독립해 서있는 젊은 나무가 아니다. 다니엘서는 그렇게 독립할 생각도 없다. 다니엘서는 미시적(微視的) 관점이라 하더라도 적어도 이사야서, 예레미야서, 에스겔서와 힘껏 포옹하고 있다. 그 예언서들이 다니엘서 최전방에 배치돼 있다. 그리고 학개, 스가랴, 에스라, 느헤미아가 제2진으로 후방에 도열해 있다. 그러므로 다니엘서는 탁월한 예언서들의 총보(總譜) 안에서 이해되고 재해석되기 위해 그곳에 서있다.

다니엘서는 이 심각하고 탁월한 예언서들의 심포니 속에서 솟아오른 탁월한 독주(獨奏), 가령 피아노나 바이올린의 카덴차, 즉 절정 속에 터져 나온 찬란한 독주(獨奏), 젊은 절창(絶唱)의 장이다. 아니, 나는 감히 그것은 예언서 속의 탐미적인 4중주-다니엘과 세 친구가 연주하는-라고 말하고 싶다. 그리고 그 4중주 뒤에 느부갓네살, 나보니두스, 벨사살, 다리오, 키로스가 부르는 격렬한 크레센도적 아리아들이 들려온다.

다니엘서의 주어는 야훼 하나님이다. 하나님이 주어라면 '전쟁 포로'라는 붉은 문신 도장이 찍힌 채 바벨론 포로로 끌려가는 그 역사적 사건, 즉 다니엘과 세 친구, 에스겔, 에스라, 느헤미야 등 모두가 예외 없는 포로였다. 그것은 하나님의 관점에선 이스라엘 민족에 대한 예루살렘으로부터의 추방(追放)이다. 에덴동산에서의 추방 같은 것 말이다. 예루살렘-한때 이스라엘 선민들에겐 야훼 하나님의 현존이 있는 영원불멸의 에덴-으로부터의 가차 없는 추방 말이다. 그것은 곧 민족의 에덴인 예루살렘과 에덴의 정점(頂點)-하나님의 법궤-으로부터의 추방, 즉 제2의 에덴으로부터의 추방이었다. 그것은 정신적 지진이고, 민족의 발 밑 지반(地盤)이 무너지는 그야말로 완전 절망의 시간, '제로 아우어'(Zero hour)였다.

기원전 605년, 다니엘과 세 친구가 예루살렘을 떠나 포로의 길을 떠날 때 그들의 신분은 정복국 바벨론의 포로, 인질, 전쟁 노예였다. 그들은 조국 예루살렘에서 적국(敵國) 바벨론까지 사막으로 이루어진 무려 1500킬로미터의 거리를 포승에 묶인 채, 반복되는 승리로 의기양양한, 방금 이집트 카르케미스 전투까지 해치운, 그래서 당시 최고의 제국들인 이집트, 앗시리아를 모두 손에 넣은, 그리고 홍해로 가는 황금 길 남유다마저 혼절시킨 바벨론 제국의 모욕을 받으며 그렇게 끌려갔다. 예루살렘을 떠날 때 그들은 가죽 샌들을 신고 있었지만, 바벨론에 도착했을 때는 이미 샌들 같은 것은 사라진 피맺힌 맨발이었을 수도 있다. 정복자들은 가능한 한 포로들을 공포 속에서 가축 몰이 하듯 끌고 갔을 것이다.

제1차 포로 때 승자 바벨론도 사실상 그들의 승리를 아직 정리하지 못한 상황이긴 했다. 다음 전쟁에서도 승리할런지 장담할 수 없는 신생 왕국이었다. 그런 이유로 그들은 포로들을 좀 더 극적으로 위협함으로써 그들의 정복 드라마를 좀 더 압도적이고 폭력적인 것으로 연출할 필요가 있었을 것이다.

15

전령사(傳令使)가 들고 온 흉보(凶報)

바벨론으로 끌려온 지 19년, 조국 이스라엘의 멸망 소식은 바벨론에도 날아왔다. 에스겔 33장에선 마치 우체부 같은 한 전령(傳令)이 닥친다. 흉보를 들고 온 전령의 노크 소리다.

> 우리가 포로로 끌려온 지 11년째 되던 해 10월 5일의 일이다. 어떤 사람이 와서 말했다. '예루살렘 도성(都城)이 함락됐다!' 그는 예루살렘이 불타고 멸망할 때 살아남아 그곳을 도망쳐 나온 사람이었다.

다윗 왕조의 멸망은 그렇게 왔다. 아름다운 선민, 빼어난 영광의 광채가 있던 한 왕국의 사망 선고는 그렇게 닥쳐왔다. 다니엘과 그의 세 친구는 물론 소위 바벨론 포로 공동체, 바벨론 망명 공동체도 그 멸망의 소식을 들었을 것이다. 그들도 예루살렘 성전이 불타 없어지고 소멸,

절멸할 수 있다는 사실에 경악했다. 그들은 야훼 하나님의 지상의 집인 예루살렘 성전은 이 세상의 질료가 아닌, 하나님의 질료, 즉 영원(永遠), 불멸(不滅), 같은 것으로 건축되었다고 믿었던 것이다. 그것은 애초 인간이 만질 수 있는 세상의 질료들로 건축된 것이 아니었다. 다윗이 열정을 쏟아 준비하고 솔로몬이 페니키아 티레의 히람 왕이 보낸 명장들을 모아 건축하긴 했지만 세상 질료가 아닌 하나님의 질료, 꿈의 질료들을 그들은 만졌고 그것으로 예루살렘 성전을 건축했다고 믿었던 것이다. 예루살렘 성전은 더도 덜도 아닌 이스라엘 민족 영혼 위에 놓인 왕관이고 면류관이었다. 하나님의 성전, 하나님의 왕조, 하나님의 선민 같은 것은 '신성불가침(神聖不可侵)의 특권'으로 무장돼 있다고 그들은 생각했었다.

예루살렘을 떠날 때 그들은 이제 하나님이 선민 이스라엘뿐 아니라 이스라엘 민족에게 온 세계, 즉 열방이라는 하나님의 구원의 계획에 대한 확장(擴張)된 혁명적 테마를 다루게 되실 것이라는 사실을 까맣게 모르고 있었다.

다니엘서를 읽으며 우리는 하나님이 선민 이스라엘뿐 아니라 열방 중 하나인 바벨론도 하나님의 자녀 중 하나라는 테마를 부여잡아야만 한다. 하나님은 자신이 선민 이스라엘뿐 아니라 열방 중 하나인 바벨론, 페르시아, 그리스, 로마까지도 구원의 대상이라는 그분의 플랜을 향해 거침없이 행진하고 계셨다. 결국 그 일은 서기 313년, 로마 제국 콘스탄틴 황제가 기독교를 공인하고, 서기 380년, 테오도시우스 황제가 특별 칙령을 발표해 기독교를 로마 제국의 국교(國敎)로 선포하는 지점까지 밀어붙이고 계신 것이다.

유대 민족의 선민의식. 요나서 속에서 우리는 요나가 보여 준 평균적 선민의식을 본다. 강대국 신앗시리아에 대한 그의 세계관은 이스라엘 민족이 얼마나 자신들만이 하나님의 선민이라는 특권 의식과 양보할 수 없는 자부심을 소유했는지 보여준다. 그러나 하나님은 니느웨라는 당시 최고의 자부심에 찬 대도시가 왕으로부터 시민, 가축까지 거의 완전한 회개 의식을 보여주는 기적의 사건을 제시하신다. 그 사건을 통해 하나님의 장자이며 제사장 나라인 이스라엘의 자부심과 특권 의식이 이제 다른 국가들, 즉 유대인들이 소위 이방인(異邦人)이라고 적대시하는 다른 열방들로 확장될 것이라는, 하나님의 거대한 플랜에 익숙해지게 하실 필요가 있으셨는지도 모르겠다. 그들은 복의 근원으로서의 선민이라는 선민의 원리, 선민의 정체를 알기까지 좀 더 반복되는 시행착오를 겪어야만 했다.

역설적으로 망명의 시간은 신학적으로 차라리 특권이 부여된 시간이었다. 그들은 예루살렘으로부터 바벨론까지 추방된 후에야 비로소 바벨론으로부터 약 1500킬로미터의 떨어진 거리를 갖고 선민 이스라엘을, 선민의 영광스런 요람인 예루살렘을, 그리고 그들 주인인 야훼 하나님이 대체 누구신지를 재해석해 나가기 시작했던 것이다.

16

예언자들의 황금 하프

2022년 12월 6일, 베를린 독일 오페라하우스에서 쥬세페 베르디의 오페라 '나부코' 공연이 있었다. 나부코(Nabucco)란 느부갓네살의 이태리식 이름이다. 물론 나는 이 오페라의 스토리텔링에 동의하지 않는다. 그러나 어떻든 '나부코'의 무대에서 관객들은 적어도 망명 중인 유대 민족이 그들에게 닥친 재앙-바벨론 포로-을 어떻게 재해석하는지를 추적해 볼 수 있다. 무대가 오르면 예루살렘 시민들은 모두 검은 상복을 입었다. 그들은 솔로몬 성전 앞에 서있다. 예언은 선포됐다.

내가 이 도시를 느부갓네살에게 주리라. 그리고 이 도시를 불사르리라.

그렇다. 그들의 자랑이었던 솔로몬 성전 앞이다. 독일 오페라하우스는 그 솔로몬 성전의 무대 장치를 하나님의 거대한 법궤, 거대한 방주(方

舟) 모양으로 제작했다. 그 법궤의 한 면이 열리면 법궤는 문득 헬리콥터 모양의 일간지 신문사 윤전기(輪轉機) 같은 모습으로 변신한다. 물론 그 형상을 윤전기라고 간주한 것은 내 개인적 고집이다. 예언대로 솔로몬 성전은 느부갓네살의 손아귀에 떨어져 불탈 것이다. 그렇다면 제3차 침공인 기원전 586년경이 분명하다.

놀라운 것은 그 법궤, 즉 헬리콥터의 프로펠러 모양을 한 그 윤전기가 계속해서 호외(號外), 즉 속보(速報)를 토해내고 있다는 것이다. 히브리어로 작성된 호외를. 그것은 적어도 이사야, 예레미야 같은 예언자들이 예루살렘의 심장, 즉 왕들과 시민들을 향해 쏘아댔던 문자로 된 수많은 예언들, 황급한 예언적 경고들이다. 결국 프로펠러 모양의 윤전기로부터 소나기처럼 쏟아져 내리는 모국어로 된 호외, 속보, 전단지들이 눈보라처럼 무대를 뒤덮는다. 그것은 하나님의 경고의 예언을 전하는 예언자들의 몸부림이다. 다시 무대 휘장 위로 독일어와 영어 자막이 뜬다. ('나부코' 원작은 물론 이태리어이다.)

여호와께서 결정하셨다. 이 도시를 느부갓네살에게 줄 것이다.

객석에서 보면 프로펠러 모양의 윤전기 속에서 끊임없이 인쇄되어 천공에 휘날리는 호외와 그 위에 적힌 문자들은 마치 오선지 위에 황급하게 그려넣은, 아직 잉크도 마르지 않은 수백 개의 음표(音標) 같다. 나는 무대 위의 그 법궤를 프로펠러 모양의 거대한 20세기 윤전기로 간주해 버린다. 진실의 문자, 현실과 타협 없는 비평을 토해내는 매체로서의 미디어, 하나님의 말씀의 보관소로서의 법궤 말이다. 그렇다. 무대에 등장한 1백 명 넘는 예루살렘 시민들은 이미 검은 상복을 입고 있다. 그들의 가슴에선 남유다 왕국, 즉 다윗 왕조 멸망을 알리는 조기(弔旗)가 펄럭이겠지.

베르디의 '나부코' 속에서 느부갓네살은 복합적인 메소포타미아 정복 제국 지배자들의 초상을 한몸에 담고 있다. 앗시리아의 아슈르바니팔, 바벨론의 느부갓네살, 다가올 왕국 페르시아의 키로스 2세에 이르는 3인의 초상이 그의 안에서 어른댄다. 어떻든 오페라 '나부코' 속의 정치 이데올로기는 어차피 야훼 하나님과 세속 도시 바알의 싸움이다. 정복 왕 느부갓네살은 알고 있었다. 정복자가 된다는 것, 그것은 결국 피의 계단을 오르는 일이다. 상복을 입은 예루살렘 시민들은 노래한다.

시온은 피와 눈물의 바다로 추락할 것이다.

그때 무대 앞, 오케스트라 박스 안에서 두 대의 금빛 하프가 연주한다. 나는 그것을 예언자의 테마라고 간주한다. 두 대의 금빛 하프는 두 명의 예언자 이사야와 예레미야일 수 있다. 시민들은 유배지인 망명의 땅 유프라테스 강변에서 예언자의 그 금빛 하프를 미친 듯 그리워한다. 예루살렘 시절 왕과 시민들에게 예언자들의 경고는 독약 같았다. 그러나 솔로몬 성전까지 불타버린 왕국의 절멸 속에서 그들은 이사야, 예레미야의 그 아픈 예언들이 황금 하프로 연주하는 야훼 하나님의 경고라는 것을 검은 상복 속에서 또렷이 안다. 그래서 상복을 입은 채 그들은 하나님의 목소리, 예언자들의 음성을 미친 듯 그리워하며 통곡한다. 그들은 합창한다.

아아, 예언자들의 황금 하프는 왜 더 이상 연주되지 않는가.

17

희망의 영점(零點) 지대

　남유다의 망국(亡國)은 마치 1945년 5월 8일, 제2차 세계 대전 패망 후 조건 없는 절대 항복 문서에 서명한 이후 독일에 닥친 바로 그 시간의 이름 스툰데 눌-희망의 영점 지대-, '제로 아우어(Zero Hour)'라는 절망의 시간의 이름을 생각나게 한다. 시간이 멈춰버린 지점, 절대 항복 문서와 절대 폐허 위의 독일. 절멸 같은 절대 폐허의 그 시간을 독일 문학은 '벌채(伐採)의 시간', '나신(裸身)의 시간'이라고 불렀다. 민둥산 혹은 헐벗은 몸의 시간인 것이다. 그 시간 속에서 태어난 문학을 독일인들은 '벌채 문학', '폐허의 문학'이라고 불렀다. 희망이 멈춘 그 지점에서 희망 없음을 문자로 기록, 해부해 나가기 시작한 것, 그것이 독일어권 문학, 47그룹의 탄생이다.

　히틀러는 1945년 4월 30일, 베를린 지하 총통 벙커에서 권총 자살 했다. 히틀러 사망과 함께 1933년 권력 장악 후 12년간 계속된 나치 독재는 끝장이 났다. 히틀러가 곧 나치 독재이고 그가 곧 제2차 세계 대전의 선동자이고 방화자라면 히틀러의 죽음으로 독일이 제2차 대전의 패전국인 것은 자명한 것이었다. 1945년 5월 7일, 독일 국방군 최고사령부 상급대장 알프레드 요들은 랭스에 있는 연합군 최고사령부에서 '조건 없는 항복문서'에 서명했다. 다음날 5월 8일, 또 하나의 항복식이 있었다. 그것은 스탈린의 요구였다. 베를린에 있는 소련군 사령부에서 독일 3군 총사령관 빌헬름 카이텔이 '절대 항복 문서'에 서명했다. 항복 문서와 함께 제2차 세계 대전은 끝이 났다. 6백만 명의 유대인이 학살됐고 약 7천만 명이 그 전쟁으로 사망했다.

히틀러가 자살한 1945년 4월 30일부터 항복 문서에 서명하는 5월 8일까지의 일주일 동안 패전국 독일 시민들은 그야말로 생애 최악의 공황(恐慌)을 살았다. 유럽 참전국들에게 매년 5월 8일은 위대한 '유럽전승기념일'이고 독일에겐 '절대 항복의 날', '나치 독일 멸망의 날'이다. 히틀러 자살로부터 항복 문서 서명까지의 그 7일간을 작가 에리히 케스트너는 이렇게 적고 있다.

이제 '더 이상 아님'과 '아직은 아님'이라는 시간의 갈라진 틈 사이, 즉 당황과 기대, 체념과 마지막 끈을 붙잡는 히스테리적 시간이었다.

항복 문서 서명 후 독일은 점점 알아갔다. 히틀러 나치 독재의 시간 동안 국가의 주인이었던 나치 엘리트들은 인류를 상대로 대체 무슨 일을 저지른 것인가. 그들은 알았다. 세상의 모든 희망이 정지해 버린 영(零)의 시간, 즉 '제로 아우어'가 전범국 독일에 닥쳐왔다는 것을. 결국 전후 독일을 덮친 것은 그들이 저지른 것이 제2차 세계 대전이라는 도덕적 대참사, 도덕적 대재앙이었다는 소름끼치는 각성이었다. 길고 혹독한 '탈(脫)나치화' 작업은 그렇게 시작됐다.

시드기야와 느부갓네살 사이에 절대 항복 문서 서명 같은 것은 없었다. 자살 대신 도망한 시드기야가 잡혀 느부갓네살의 전범 재판정 앞에 섰을 때 그의 두 아들이 처형되며 흘린 처형의 피, 시드기야의 두 눈이 뽑힐 때 쏟아진 붉은 피, 그것이 바로 조건 없는 절대 항복 문서에 찍힌 붉은 인장이었다. 아니, 예루살렘 성전을 절멸시킨 그 방화(放火)의 불, 그것이 항복 문서의 붉은 서명이었다. 그리고 유대 민족에겐 희망이 정지해 버린 그 시간, 희망의 지반(地盤)이 꺼져내려 버린, 희망이 멈춰버린 영(零)의 시간, 폐허의 시간, 제로 아우어(Zero hour)가 닥쳐왔다.

18

젊은 화산(火山)들
- 다니엘과 세 친구

다니엘은 다윗 혈통이었다. 그의 세 친구도 마찬가지였다. 바벨론으로 끌려올 때 그들 나이는 밝혀진 것이 없다. 추측컨대 채 20살이 되지 않은 나이였다. 성경학자들은 그들 나이를 15세에서 17세 사이로 추측한다. 왜냐하면 다니엘은 바벨론에서 망명의 전 구간(區間)인 약 70년을 살아남았기 때문이다. 그는 70년간, 망국인 남유다 왕국의 왕족으로서, 야훼 하나님의 자녀로서 자기 몫의 햇불을 가차 없이 들고 있는 젊은 화산(火山)이었다. 그는 하나님의 계획을 깊이 들여다본 자였다.

출애굽 때의 일이다. 전승에 의하면 이집트의 파라오는 출애굽하는 유대 민족 중 젊은 그룹만이라도 이집트에 잡아두려고 했다. 준수한 외모의 젊고 재능 넘치는 엘리트들이 선별 기준이었다는 것이다. 느부갓네살도 마찬가지였다. 무엇보다 젊은 엘리트들, 국가 미래의 최전선에 있는 젊은이들을 바벨론화(化)시킨다면 자신의 정복사는 탁월하게 진행될 수 있다고 느부갓네살은 생각했다. 제1차 포로기 때 유대인 포로의 선별 기준은 이렇다. 왕족, 귀족, 상류 계급 출신이어야만 했다. 젊고 외모가 준수해야만 했다. 영리하고 유능한 자여야만 했다. 그들이 젊은 청년들을 원했던 것은, 그들은 새로 빚어내 바벨론화시킬 수 있는 싱싱한 질료였기 때문이었다. 그들은 성인이 된, 그래서 바벨론식으로 빚어내기 어려운 화석화(化石化)된 장년들과는 달랐으니까. 선발된 자들은 그렇게 바벨론 제국이라는 세속 도시의 아가리 속으로 끌려 들어갔다.

그즈음 바벨론 왕국은 왕국에서 제국으로 야심에 찬 확장 중이었다. 느부갓네살은 이미 앗시리아, 이집트 같은 거대 왕국들을 손에 넣었다. 이제 정복 전쟁이라는 이름으로 크고 작은 왕국들을 수집해 나가는 중이었다. 제국에 필요한 것은 인재였다. 그것이 제왕 느부갓네살이 사람을 고르는 방식이고 신념이었다. 얼마나 많은 숫자의 청년기의 젊은 남자들이 제1차 바벨론 포로로 선별되어 바벨론으로 끌려왔는지는 알 수 없다.

얼마나 황급한 징집이었는지, 다니엘과 세 친구에 대한 자세한 이력(履歷)조차도 기록되어 있지 않다. 그러나 네 청년의 이름은 그들 부모와 가문의 이력을 폭로한다. 다니엘-하나님은 나의 재판장이시다, 하나냐-하나님은 은혜자이시다, 미사엘-누가 하나님과 동일하단 말인가, 아사랴-하나님은 나의 도움, 같은 것 말이다.

그 유대인들의 이름은 이제 바벨론적 이름으로 가차 없이 바뀌어야만 한다. 공개적인 신분 세탁, 유대인에서 바벨론인으로 건너뛰어야 하는 현기증 나는 과정이 기다리고 있다. 그 개명(改名) 작업, 그것은 느부갓네살의 정복 프로그램의 핵심이었다. 많은 정복자들이 그렇게 함으로써 패전국의 정신을 전리품으로 만들어 사용했다. 개명 작업과 함께 다니엘과 세 친구는 자신들의 이름 속에 문신처럼 새겨져 있던 야훼 하나님에 대한 흔적을 절삭, 폐기시켜야만 했다. 선민 이스라엘 DNA에 대한 박멸과 소멸의 시간은 그렇게 왔다.

이제 그들은 개명 작업을 통해 다른 이름, 다른 존재의 옷을 걸쳐야만 한다. 그것은 무슨 예명이나 필명 같은 것도 아니었다. 그것은 낯선 바벨론 신들의 이름을 걸치는 것이며 바벨론 신들의 자식으로 다시 태어나는, 포로 된 자들에게 강요된 입양 예식 같은 것이었다. 개명 작업은 거절 할 수 없는 것이었다. 그리하여 그들은 벨사살, 사드락, 메삭, 아벳느고라는 새 이름으로 개명되고 입력된다. 그들 이름 속엔 낯선 신 바알, 바벨의 태양신 라하, 바벨의 비너스신 메삭, 바벨의 신 네고의 이름이 얹혀진다. 그들의 새 이름은 야훼 하나님의 이름을 잃고 적국의 신 바알, 라하, 메삭, 네고를 외투처럼 입는다. 개명 때 그 네 명의 아름다운 청년들이 존재의 경악을 경험했다는 것을 우리는 상상할 수 있다.

이제 느부갓네살이 납치하다시피 끌고 온 살아있는 전리품, 젊고 아름답고 재능에 찬 엘리트들을 빚어가야 할 시간이다. 그들은 강제로 선택되어 살아있는 전리품으로서 끌려왔다. 조국 남유다의 심장인 예루살렘을 떠나 적국의 심장인 바벨론으로 왔다. 패전국의 엘리트들인 그들은 이제 3년간 정복국의 교육을 받고 정복국의 관료가 되어야만 했다. 새 언어, 새 이름, 새 음식을 통해 자신의 정체성을 바꾸는 프로그램이 시작됐다. 이름은 존재의 옷, 존재의 증명이다. 개명 작업을 통해 유대인에서 바빌로니아인이 되는 것은 의무였고, 또 살아남기 위한 존재 조건이었다. 생존과 실존을 위해 그들은 유대인에서 바빌로니아인으로 사정없이 건너뛰어야만 했다.

느부갓네살은 우리가 생각했던 것보다 더 필연적으로 많은 숫자의 엘리트들이 필요했을 것이다. 당시 엘리트들이란 문자를 아는 인간, 문자를 알고 기록할 수 있는 인간, 문자의 집합, 기록을 통해 왕국의 현재와 미래를 판독해 내는 집단의 이름이었다.

가령 그 시절로부터 30여 년 전 니느웨 왕궁에 제국 도서관을 갖고 있던 아슈르바니팔 왕이 설형 문자로 된 돌판 문서집과 그가 소장한 길가메시 신화가 적힌 돌판을 읽고 해독해 국가 최고 엘리트인 천문학자, 사관(史官)들과 토론을 벌일 정도의 실력을 갖게 되었다는 전승은 유명하다. 아슈파니발이 문자에 대한 이해가 깊었다는 것은 당시 최고 권력자조차도 문자에 통달하는 것이 드물었다는 의외의 반증이기도 하다. 어차피 고대 계급 사회 속에서 문자, 문서, 경전의 한 부분이라도 읽고 쓰고 저작, 해독할 수 있는 신분은 귀족 엘리트 계급일 수밖에 없었다. 사실상 문자로 기록되고 기술됨으로써 세상의 실체들은 비로소 또렷이 그 모습을 드러낸다. 문자 속에서 추상은 구상이 되고, 그 본질과 실체를 드러내며, 만지고 분석하고 예비할 수 있는 미래, 소위 문명(文明)이 된다.

하나님의 계명이라는, 돌판에 새겨진 하나님의 문자를 받은 이후부터 이스라엘 민족의 문자에 대한 감수성과 신념은 차라리 그들 혈관을 흐르는 유전자였다. 예루살렘 출신 엘리트라면 어쩌면 당시 유프라테스강 서쪽 영토인 레반트 지역 최고의 문자 귀재(鬼才)들이었을 수도 있다. 느부갓네살이 예루살렘 포위 작전 후 제1차 포로 목록에 귀족 출신의 청년들을 넣었다는 것은 그가 꿈꾸는 그의 왕국의 질(質), 왕국의 청사진을 보여준다.

느부갓네살은 알았다. 남유다 최고의 보물 창고, 그것은 예루살렘 성전, 그것도 지성소 앞 중앙 성소 백향목 상자 속에 보관된 황금의 예배 도구들과, 문자로 훈련된 예루살렘의 젊은 귀족 엘리트들이라는 것을. 다윗의 시편들과 솔로몬 저작(著作)에 대한 전승들은 이미 소문난 것이었다. 예레미야도 하나님께로부터 받은 예언을 필경사(筆耕士) 바룩에게 받아 적어 완성한 문집(文集)의 소유자였다. 그런 이유로 느부갓네살은 예루살렘 엘리트들을 '문자의 보고(寶庫)'로 간주했을 수도 있다. 그것이 그가 예루살렘 귀족, 젊은 엘리트들을 제1차 바벨론 포로 명단에 적어 넣었던 이유일 수도 있다.

이후 느부갓네살이 그의 43년 통치 기간 동안 그의 건축물마다 얼마나 많은 금석문(金石文)을 새겨 후세에 남기게 했는지를 생각한다면 그는 문자의 힘, 문자의 권력을 아는 남자였다. 수많은 문서들, 숫자들, 계약들, 법령과 칙령들, 조약 문서들. 그 모든 것이 국부, 즉 국가 존속을 위해 필연이었다.

19

두 개의 허리케인 사이에서

아니, 느부갓네살은 문자 속에서 차라리 '영원(永遠)'을 보았다고 나는 말하고 싶다. 느부갓네살의 정신적 멘토는 구바빌로니아 건국 왕 함무라비였다. 아니, '함무라비 코덱스'라고 불리우는, 검은 현무암 위에 또박또박 새겨진 문자의 향연-'함무라비 법전'-이었다. '함무라비 코덱스'가 느부갓네살 시대까지 무려 1천 년 이상을 회자(膾炙)되는 그 문자의 힘 속에서 그는 시간과 찰나를 뛰어넘는 문자의 힘, 그 초월의 마력, 불멸의 힘을 분명히 보았던 것이다. 결국 그의 선택은 옳았다. 그에게 소중한 것은 예루살렘 성전의 황금 예배 기구들, 그리고 남유대 왕국 최고의 살아 있는 재산인, 문자에 익숙한 귀족 계급의 청년 엘리트들이었다. 다니엘과 세 친구가 바벨론으로 끌려올 때 그들은 예루살렘에서 이미 13세에 성인식을 마치고 이스라엘 공동체의 성인 자격을 얻은 법적 성인들이었다.

정복국 바빌로니아는 종교적으로 매우 특별한 곳이었다. 그야말로 우상들의 시장(市場)이었다. 바벨론은 그야말로 수많은 신들을 모시는 신전의 메카였다. 국가 신인 마르둑을 제외하고도 이슈카르, 난냐, 신(sin) 같은 신들의 성전으로 가득했다. 주요 신들의 거대한 신전만도 42개, 크고 작은 신전 약 1천 개로 이루어진, 그야말로 신들의, 우상들의, 신전의 정글이었다.

다니엘과 세 친구는 알았다. 예루살렘과 바벨론이 얼마나 다른 두 개의 소우주인지 말이다. 그들은 자신들의 젊은 존재 속에서 용암처럼 치밀어 오르는 그 장대한 하나님의 힘, 그 장대한 전율을 가차 없이 부여잡았다. 용암처럼 치밀어 오르는 하나님의 힘, 그것은 차라리 장대한 현기증이었다. 그들 안에서 대결의 힘이라는 새 차원이 솟아오르고 있었다.

왕의 식탁에서 음식과 음료를 배급받는 일은 인간 개조(改造)의 섬칫함이 있다. 그것은 인류학자 제임스 조지 프레이저의 명저 『황금 가지』 속에 등장하는 공감 주술(共感呪術) 같은 것일 수도 있다. 그렇게 함으로써 느부갓네살이 길러낼 엘리트들은 정신적, 육체적으로 그의 분신이 되어간다. 예루살렘에서 그들이 타협 없이 준수했던 음식 정결법에 의하면 더욱 그렇다. 더러운 것과 정결한 것, 신성한 것과 불경한 것들에 대한 규정 말이다. 그 정결법은 하나님으로부터 왔다. 우상 숭배의 나라 바벨론의 식사는 유대 민족의 음식 정결법과는 다른 상징과 다른 문법이 놓여 있었다. 그들은 바벨론 왕의 음식을 몸 안에 넣는 것을 강요받았을 때 그것이 바벨론인이 되어가는 치밀하고 확실한 인간 개조의 과정이라는 것을 알았다. 아니, 그 음식들은 바벨론 국가 신 마르둑에게 드려졌던 음식이라는 것을 알았을 때 그들은 결단해야만 했다.

가령 가축의 피는 가축의 영혼이므로 가축의 몸을 피와 함께 먹지 말라는 것이 유대인 음식 정결법이었다. 목 졸라 죽인 육류, 피에 절은 고깃덩이 같은 것 말이다. 인간은 생명의 주인이 아니었다. 오직 하나님 만이 모든 생명의 주인이었다. 인간은 결코 동물들의 영혼인 피까지 먹어 치워서는 안 되었다. 인간에게 먹을 것을 제공함으로써 인간을 살게 하는 가축, 짐승들의 생명에 대한 정중한 경의, 감수성이 그곳에 있었다. 더구나 피는 죄의 메타포이기도 했다. 찬란한 세속 도시, 우상의 도시인 바벨론에서 정결함과 더러움, 성스러운 것과 부정한 것에 대한 구분은 달랐다. 모든 것이 가차 없이, 주저 없이 뒤섞이는 카오스에 그들은 주목했다.

그들은 찬란하고 엄중한, 그러나 난잡하고 부패하고 부도덕한 바벨론 왕궁과 문화 속에서 스스로 신앙적 나실인이 되기로 결심했다. 자신들을 우상과 세속의 메카인 바벨론과 구분시킨 것이다. 위험하기 짝이 없는 딜레마 그리고 밸런스, 그것은 마치 줄타기 같은, 신앙과 신념의 곡예였는지도 모르겠다. 유일신 야훼 하나님을 믿는 예루살렘 출신 청년들에게 그것은 치명적인 도전이었다. 그들은 신속하게 깨달았다. 이제부터 삶의 모든 걸음이 대결의 장이 될 것이라는 것을.

바벨론의 언어와 문자도 곧 다신교의 우상들이 뒤섞인 세속 도시의 문법의 옷을 입고 있었다. 유대 청년들의 삶의 보고인 전승된 하나님의 말씀은 그들에겐 여전히 유대인들의 정신 창고였다. 성스러운 문서였다. 유대 민족의 정신적 본질, 정신적 유전자였다.

그렇다. 다니엘과 세 친구는 두 개의 뜨거운 저기압, 두 개의 허리케인 사이에 옷자락을 펄럭이며 서있었다. 무신(無神)과 만신(萬神)이라는 두 개의 허리케인 말이다. 예루살렘 시절, 그들은 수많은 이방신들 때문에 야훼 하나님까지 버렸던 동족의 무신(無神)-하나님 없음-이란 극단을 경험했다. 이제는 바벨론이란 이름의 우상의 시장, 즉 만신의 세계에서 살아야 한다. 그들은 알았다. 자신들이 무신에서 만신이란 허리케인 블랙홀로 사정없이 밀려 들어가고 있다는 것을. 그것이 바벨론 포로라는 미궁의 정체였다.

20

기도
— 하나님의 지성소(至聖所) 아래서 부르는 세레나데

왜 다니엘서의 다니엘과 세 친구는 이사야, 예레미야, 에스겔처럼 혼자가 아니고 복수(複數)였을까. 다니엘과 세 친구에게 기도란 과연 무엇이었을까.

그들은 소위 바벨론 제국 느부갓네살 왕립 학교 출신들이었다. 제국 최고의 인재들을 키워내겠다는 그 왕립 학교는 강의실도 기숙사도 적어도 전설적인 그 찬란한 느부갓네살 왕궁 권역 안에 있었을 가능성이 높다. 그 왕궁 권역은 바벨론 건축의 꽃, 건축의 정점인 이슈타르 성문과 곧바로 연결되어 있다. 바벨론의 건축학적 프롤로그는 제국 광장과 이슈타르 성문이다. 그리고 에필로그, 즉 그 정상, 그 클라이맥스, 그 도착점은 바벨탑과 마르둑 신전이다. 모든 건물은 그렇게 이슈타르 성문으로부터 시작해 상승(上昇)의 길을 간다. 그 상승의 정점, 그것이 바로 바벨탑과 마르둑 신전 권역이다. 다니엘과 세 친구가 그 왕궁 권역에서 바벨론 제국 최고의 지성들에 의해 바벨론 엘리트로 교육되는 특권을 얻은 것은 사실이다. 그러나 그곳이 아무리 왕궁 권역이라 하더라도 그들 신분은 패전 국가의 포로였고 인간 전리품이었다. 왕궁 권역이라해도 그들 상황은 본질적으로 '적(敵)과의 동침'이었다.

그들은 예루살렘을 향해 창문을 열고 하루 3번씩 정시 기도를 드렸다. 예루살렘이란 곧 예루살렘 성전을 의미한다. 그들 기도의 본질은 무엇이었을까. 야훼 하나님을 향한 기도라는 이름의 우선순위, 그것은 사실상 세속 도시 바벨론에 대한 그들의 고요하지만, 타협 없는 도발(挑發)이었다. 어느 날부터인가 그들은 알았다. 그들이 매일 예루살렘을 향해 창문을 열었다고 해도 예루살렘 성전은 이미 거기 없었다. 성전 없는 예루살렘이 과연 예루살렘일 수 있는가. 야훼 하나님의 지성소, 그분의 현존과 현현(顯顯)이 없는 예루살렘이 과연 예루살렘일 수 있는가. 그럼에도 불구하고 왜 그들은 예루살렘을 향해 창문을 열어 놓았던 것일까. 기도 때마다 어김없이 예루살렘을 향해 창문을 열었던 그 네 남자, 그것은 아직도 그곳에 예루살렘 성전이 있다고 굳게 믿는, 믿음의 안간힘, 미신, 광신이었을까. 그 네 남자에게 예루살렘은 더 이상 지상의 장소가 아니었다. 그들은 예루살렘 성전, 하나님의 현존의 장소가 아니라 야훼 하나님을 향해 창문을 연 것이다.

다니엘과 세 친구가 불타버린 치욕의 예루살렘을 향해 문을 열 때, 이제 그들은 하나님을 향해 문을 연다. 그렇게 함으로써 그들은 하나님의 현존, 지성소를 악력(握力)을 다해 부여잡는다. 이후 예루살렘은 멸망했고 하나님의 성전은 불타 절멸했지만 그곳은 영원히 하나님의 소유다.

그 누구도 하나님의 손으로부터 예루살렘을, 선민 이스라엘 민족을 빼앗을 수는 없다. 하나님의 인장이 찍힌 하나님의 소유는 정복하고, 빼앗고, 납치할 수 있는 그 무엇이 결코 아니라는 것을 그들은 알고 있었다.

그럴 때 예루살렘은 비로소 다른 차원(次元)을 입는다. 그들은 슬픔 속, 통한의 검은 눈물 속에서, 갈갈히 찢기고 타버린 창자로부터 기어오르는 검은 눈물 속에서 알았다. 예루살렘, 아니 정확히 말한다면 예루살렘 성전은 그들이 다시 돌아가야 할, 다시금 쟁취해야 할 장소, 제2의 에덴, 유일한 유토피아라는 것을. 그때 그들은 예루살렘을 더 이상 예루살렘이 아니라 '시온(Zion)'이라고 부르기 시작했다. 시온은 유대 민족의 재탄생, 재생, 부활, 다시 태어남의 새 이름이다. 예루살렘 최고의 메타포이다. 그것은 바벨론에 의해서 예루살렘 성전이 불탔을 때, 망국의 슬픔, 실향의 비명 속에서 더욱 또렷해졌다.

솔직히 기도는 우리가 하나님께 드리는 소원과 탄원의 행위만은 아니다. 물론 탄원의 기도, 중보 기도의 힘은 압도적이다. 그러나 기도 속에서 우리는 안다. 우리가 삶을 위해 드리는 구체적 기도 제목들은 기도 속에서 돌연, 번번히, 그 의미를 잃어버린다는 것을. 그럴 때 기도는 기꺼이, 차라리 길을 잃는다. 그리고 우리는 안다. 돌연 오직 하나님께 영광과 찬양만을 드리고 싶다는 우리 안의 비장하고 청청한 열망을. 우리는 어느날 문득 우리의 그 길고 긴 기도 제목들 속에서 남루한, 속절없는, 저속한, 뻔뻔한, 마치 식량 창고 앞에서 매일 배급표 한 장을 구걸하기 위해 서있는 좌초한 낙오자 같은 우리를 본다.

21

어느 새벽의 퍼포먼스

독일 라이프치히 시절, 유명한 음악당, 라이프치히 게반트하우스 부근 자유교회에 나가 단 하루도 빠지지 않고 새벽기도를 드렸었다. 독일은 새벽기도회가 없는 곳이어서 나는 교회로부터 정문 열쇠 등을 받아 본당 예배실에서 혼자 새벽기도를 드렸다.

어느 새벽 나는 늘 그렇듯 본당 예배실에서 기도 중이었다. 기도 속에서 나는 문득 바로 그 본당으로 들어오기 직전 넓은 전실(前室)에 서있는 또 하나의 나를 보았다. 나는 등에 엄청난 짐을 지고 있었는데 그것은 커다란 그물망 같은 곳에 담긴 잡동사니들이었다. 그물 속의 그 짐들은 매우 많고 높아 특별히 높은 건물 천정에 그 끝이 닿을 지경이었다. 내가 걸을 때마다 그 잡동사니들은 서로 부딪치며 비명 같은 쇳소리를 냈다. 이상한 것은 내 키의 두 배가 넘는 엄청난 짐이었음에도 결코 무겁지 않았다는 것이다. 커다란 그물망 같은 곳에 담긴 채 그 형태를 모두 드러내고 있는 것은 사실상 모두 찌그러진 냄비들, 본 재료에서 잘려나온 경박한 양철 조각들, 의미 없이 수집된 본체의 부품들, 허망한 용수철들, 문짝의 경첩 같은 것들이었다.

그것들은 그물망 속에 잘 챙겨진 채 내가 걸음을 옮겨 놓을 때마다 멋대로 부딪치며 산만한 소음을 내고 있었다. 허리까지 굽혀야만 했다. 무겁지는 않았지만 내가 수집해 넣은 그 폐품들의 종류와 분량이 대책 없이 많았기 때문이었다. 지금도 그 그물망 속의 폐품들이 왜 통 무겁지는 않았는지 의문이다. 그리고 왜 그 소리는 내가 걸음을 옮길 때마다 그토록 소란했는지 스스로 민망했다. 그리고 나는 알았다. 그것이 내가 새벽 기도 때마다 등에 짊어지고 온 나의 길고 긴 목록의, 무위미한, 찌그러진, 중고의, 형편없는, 빈 쇳소리를 내는, 기도 제목들이었다는 것을 말이다. 그렇다. 내 등 뒤에서 속절없이 쩔렁대는 그것이 소위 내 생의 기도 제목들이었다. 그것이 길고 긴 내 기도 제목 목록의 정체였다.

매일 새벽이면 라이프치히 자유교회 본당에서 나를 기다리시는 하나님은 새벽 정문을 열고 들어오는 유일한 자, 모든 폐품을 알뜰하게 그물망에 채워 짊어지고 들어오는, 그 쩔렁대는 소리를 들으신다. 그것이 소위 새벽기도라는 이름으로 교회 본당에 등장하는 내 입장 예식이다. 그렇다. 그 자가 온다. 그 넓은 문을 간신히 통과할 정도로 엄청난 폐품을 등에 지고, 전실을 간신히 통과해 본당으로 입장한 후 본당 제단 십자가와 가장 가까운 지정석에 앉아 자신이 짊어지고 온 기도 제목이란 이름의 저 길고 긴 목록, 저 긴 폐품 목록을 한두 시간씩 풀어헤칠 바로 그 인간이 오고 있다.

나는 지금도 아주 명확하게, 그 새벽 내 귀를 울렸던 그 속수무책의, 폐품들의 쩔렁거림을 듣는다. 내가 악착같이 수집한 그 폐품들, 냄비 조각과 철사들, 나사들이 부딪치면서 내는 그 공허한, 맹랑한, 처연한 쩔렁거림을. 기도의 본질은 사실상 다급한, 필연적인 그 긴 기도 제목들이 아닐 수도 있다.

나는 감히 말할 수 있다. 다니엘과 세 친구의 기도란 하나님께 길고 절박한 그들의 기도 제목, 민족을 위한 중보 기도의 제목을 반복해 쏟아 놓는 것만이 아닐 수도 있다. 그것을 뛰어넘는 그 무엇이 있었다. 그렇다. 그들에게 기도란 예루살렘을 향해 창문을 열고 하나님의 음성을 듣는 것이었다. 정시 기도 때 그들은 어김없이 창문을 열어놓고 젊은 청력을 다해 살아계신 하나님의 음성, 하나님의 말씀에 귀를 기울였다.

22

박쥐의 청력(聽力)

베를린 필하모니 소속, '카라얀 아카데미'의 젊은 지휘자 크리스티안 블렉스가 데뷔 콘서트를 앞두고 했던 인터뷰를 읽은 적이 있다. 그는 베를린 필하모니 수석 지휘자의 젊은 조수이기도 하다. 블렉스는 말한다.

지휘자에게 필요한 것은 '박쥐의 청력'이다.

그리고 다시 말한다.

나는 저명한 수석 지휘자들의 보좌 조수로서 필하모니 음악당 청중석에 앉아 모든 것을 메모해 왔다. 총보(總譜)를 앞에 펼쳐두고 1백 명 넘는 연주자들의 연주 중에서 이상한 것, 화음, 소리, 조화, 울림, 음향, 반향, 선율, 멜로디 등을 빠짐없이 기록하는 것 말이다. 그러기 위해 지휘자는 박쥐의 청력이 필요하다. 나는 그것을 음악의 거장(巨匠)들로부터 금언(金言)으로 받았다.

그렇다. 그 젊은 지휘자는 말한다. 자신의 청력으로 기록한 그 메모들이 결국 그 필하모니의 질(質)을 증명하는 문서(文書)라고 말이다.

본질은 '총보와 박쥐의 청력'이다. 다니엘과 세 친구에게 기도란 본질적으로 '박쥐의 청력'으로 하나님의 음성을 경청(傾聽)하는 일이었다. 그들이 반드시 예루살렘을 향해 창문을 열고 기도했다는 그들 기도 예식의 양보할 수 없는, 죽음도 각오하고 타협하지 않았던 그 기도의 전범(典範). 그들은 그렇게 함으로써 역사의 주인이신 하나님께서 가차 없이 이루어 가시는 인류 구속사(救贖史)의 총보를 이해해 나가기 원했다. 그들이 박쥐의 청력을 갖지 않았더라면, 하나님의 역사 통치의 총보를 이해하지 못했더라면, 그들이 이후 불가마에서, 사자 굴에서, 그토록 청청하고, 아름답고, 찬란한, 눈부신 인간들, 믿음의 기념비, 믿음의 '큰 바위의 얼굴'이 될 수 있었을까.

1930년대, 과학자들은 수천 마리의 박쥐들이 서로 뒤엉켜 있어도 그중에서 자신이 발사한 신호, 즉 초음파를 정확히 구별해낸다는 것을 발견했다. 그렇다. 박쥐는 사람의 귀로는 도저히 들을 수 없는 초음파를 활용한다. 그 청력을 통해 사물과 거리를 가늠하고 가야 할 방향을 찾는다. 코나 입으로 초음파를 발사하고 되돌아오는 메아리를 정확히 감지해 위치를 파악하는 식이다. 박쥐는 또한 귀를 옆으로 움직이는 행위로 초음파 신호 때 발생하는 잡음을 줄여 음파 탐지 능력을 높인다. 과학자들은 박쥐의 귀가 가진 그 기적적인 청력 연구를 통해 드론의 미래를 개발한다.

박쥐는 가장 복잡한 환경 속에서도 무언가를 기획하고 실천할 수 있는 아주 복잡한 메커니즘을 갖고 있다. 따라서 박쥐의 비행의 비밀을 이용하면 복잡한 상황 속에서도 자유자재로 대처할 수 있는 전투기를 만들 수 있다는 것이다. 박쥐가 일반 조류와는 완전히 다른 항공역학 시스템을 갖고 있는 것도 바로 그 기적적인 청력 때문이다. 항공역학자들은 결국 박쥐의 기적적인 청력 회로와 날개의 촉각 회로를 연구해 첨단 전투기에 사용하는 길에 몰두하고 있다는 것이다. 물론 2019년부터 시작해 온 인류를 공포 속에 몰아넣었던 코비드19로 인해 박쥐는 악명을 얻긴 했지만 말이다.

예루살렘 성전의 불타버림으로 상징되는 다윗의 왕조 멸망으로 다니엘과 세 친구에겐 대낮도 사실상 칠흑 같은 어둠, 절대 절망의 시간이었다. 그것이 바로 다니엘과 세 친구가 창문을 열고 기도드리던 바로 그 시간의 기후였다. 물론 그들이 바벨론에서 포로의 신분으로 최초로 기도하던 날, 예루살렘은 아직 불타지 않고 있었다. 그러나 그들은 알고 있었다. 조국의 심장 예루살렘의 멸망은 이미 예정돼 있다는 것을. 이후 들려온 불타버린 예루살렘 성전의 소식, 그것은 기원전 6세기 유대 민족을 내리친 원폭(原爆)과도 같은 희망 없음, 희망이 멈춘 영(零)의 시간, 소망의 제로점이었다. 그들이 그 절대 절망이라는 민족 최고의 암흑 속에서 했던 최초이자 최후의 결단, 그것이 바로 하나님을 향해 창문을 여는 일이었다. 그 절대적 암흑 상황 속에서 그들의 귀는 하나님의 음성을 경청하기 위해 박쥐의 청력을 획득해 갔다.

그들은 하나님을 향해 창문을 열고 정시 기도라는 예식의 이름으로 하나님의 음성을 들었다. 오직 그들의 젊은 청력 전체를, 그들 오감 전체를 모아 박쥐의 청력으로 하나님의 음성을 경청했다. 그것이 그들이 이후 불가마와 사자 굴을 뛰어넘어 하나님의 황홀한 응답의 지점까지 가차 없이 비상(飛翔)하는 방법이었다.

다니엘과 세 친구들에게 있어 예루살렘을 향해 창문을 열고 기도한다는 것, 그것은 곧 바벨론 포로라는 시퍼런 고독 속에서 박쥐의 청력을 다해 하나님의 음성을 경청하는 것이었다.

23

신바빌로니아 건국 왕, 나보폴라사르

    기록에 의하면 나보폴라사르는 기원전 626년 11월 6일 왕위에 올랐다. 그의 이름 나보폴라사르는 '어느 무명자(無名者)의 아들'이라는 뜻이다. 허무에 가득 찬 그 이름은 그가 스스로 작명(作名)했다는 설이 있다. 그 이름 속에선 야망을 가진 자로서, 그러나 자신은 결코 왕족도 귀족도 아니며 무려 1천 년 이상 정복당한 채 망국(亡國)을 사는 자의 고독한 자기 정체성에 대한 분노가 펄럭인다.

    그는 앗시리아 왕 신사리이슈쿤의 야전(野戰) 사령관이었다. 그래서 앗시리아 왕국의 약화, 왕국의 황혼을 눈치챘다. 그는 결국 자기 군주인 왕을 배신하기로 결심한다. 그는 신속하게 메데와 연합 동맹 관계를 맺었다. 두 진영 간의 동맹은 나보폴라사르가 자신의 장남을 메데 왕 아스티아게스의 딸 아미티스와 결혼시키는 정략 혼인으로 신뢰의 인장(印章)을 찍었다는 설이 있다. 나보폴라사르에 대한 다른 기록도 있다. 그는 앗시리아 제국의 지배지인 남바벨론의 총독으로 임명된 칼데아인이었다.

당시 총독이란 지위는 사실상 군부 총사령관을 의미했다고 했다.

　동맹의 맹약이 이루어지자 그들은 가차 없이 앗시리아의 수도 니느웨를 침략, 점령해 버린다. 이후 님로드를 평정했고, 석 달간의 위협적인 포위 공격을 통해 앗시리아를 완전히 굴복시켰다. 당시 앗시리아는 오래 전 구바빌로니아를 정복했던 막강한 제국이었다. 나보폴라사르는 구바빌로니아가 조국인, 망국의 한을 잊은 적이 없는, 조국 독립에 관한 한 깨어있는 바벨론 남자였다. 그는 '함무라비 코덱스'로 불리우는 탁월한 법전으로 유명한, 함무라비 왕의 구바빌로니아의 전성기, 그 잃어버린 왕국을 결코 잊지 않고 있었다.

　다시 말하지만 엘리트 사령관이 아니었다면 나보폴라사르는 자신이 섬기는 제국, 자신에게 사령관 임명장을 내린 나라 신앗시리아 제국의 황혼(黃昏), 치명적 균열, 치명적 경사(傾斜)를 읽어내지 못했을 것이다. 그는 바로 그 앗시리아 제국으로부터 임명된 총독, 왕의 군부 사령관이었다. 거대 제국의 그 치명적 황혼, 그 균열, 그 경사를 발견하는 순간 그의 안에서 바벨론의 피가 들끓었다. 운명적 타이밍을 알아챈 것이다. 그는 신속하게 메데와 동맹을 맺고 연합군 형태로 앗시리아를 내리쳐 멸망시켰다. 결국 앗시리아 통치자가 남긴 모든 것들을 파괴, 절멸시켰을 때 야심가인 그는 알았다. 자신이 결국 잃어버린 왕국, 바빌로니아를 다시 개국(開國)해야 할 운명에 놓였다는 것을. 그것이 신(新)바빌로니아 왕국의 건국(建國)이다. 칼데아인인 그로서는 사실상 구바빌로니아 왕국의 독립일 수도 있었다. 그는 그렇게 모반(謀反)을 통해 신바빌로니아 왕조를 개국한다. 이집트, 앗시리아를 정복하고 신바빌로니아 제국이 건국의 문을 열어젖히는 역사의 장관(壯觀)이 펼쳐진 것이다. 그가 건국한 새 왕국이 신바빌로니아라고 명명된 것은 결코 우연한 일이 아니다. 그것은 자기 조상의 왕국을 멸망시키고 먹어치웠던 앗시리아에 대한 장쾌한 복수였다. 기원전 626년의 일이다.

어떻든 팔레스타인과 메소포타미아라는 우주를 압도하고 있던 두 마리의 용-이집트와 앗시리아-을 두 부자나보폴라사르와 느부갓네살-가 정복해버렸다. 이제 바벨론의 세상이 오는 것은 자명한 일이었다. 이후 앗시리아 정복을 완료하는 데까지는 17년이 더 걸렸다. 나보폴라사르는 앗시리아 왕국의 마지막 수도인 니느웨를 접수한다. 니느웨가 멸망할 때 그곳 시민들은 이미 요나가 전한 하나님의 경고 같은 것은 까맣게 잊은 후였다. 기원전 612년, 신바빌로니아 왕국의 앗시리아 완전 정복은 그렇게 니느웨의 죽음 위에서 완료된다. 앗시리아의 꽃이고 보석이며 자부심 자체였던 제국의 마지막 수도, 그 찬란한 니느웨시(市)의 절멸 위에서 피어난 꽃, 그것이 바벨론이다. 기원전 609년 나보폴라사르는 아직도 남아있는 앗시리아의 모든 정부 잔여 세력을 소탕함으로써 앗시리아 정복을 완료한다.

승자인 나보폴라사르는 연합국 메데와 앗시리아 제국을 나눠 갖는 것을 잊지 않았다. 나보폴라사르가 메소포타미아의 대부분을 자지했다. 메데 왕국은 앗시리아 북부를 할당받았다. 나보폴라사르가 정복한 앗시리아는 그저 단촐한 왕국이 아니었다. 앗시리아에 대한 승리는 곧 앗시리아 제국 전부를 손에 넣었음을 의미했다. 앗시리아는 전쟁의 장인(匠人)으로 불리웠다. 주변 국가들을 완전한 전투, 잔혹, 응징의 법칙으로 압도했던 그 섬칫한 정복 제국의 종말을 완료한 것이 나보폴라사르였다. 이후 신바빌로니아 제국의 수도 바벨론에 있는 마르둑 신전인 지구라트에서 발굴된 금석문(金石文)에 나보폴라사르는 이렇게 새겨놓고 있다. 그것은 사실상 그의 유언이었다. 다시 한번 여기 적는다.

> 나는 나의 왕국을 사랑하는, 그리고 앗시리아를 뒤집어 엎은 나부와 마르둑의 명령을 받았다. 그들은 매번 내게 명령했다. 바벨탑, 나의 이 새 왕국이 개국되기 이전 세워진 후, 미완성인 채, 턱없이 약해진, 그래서 지금 무너져가는, 지하 세계에 가슴이 놓일 정도로 단단하게 기초된, 그리고 그 첨부가 하늘에 닿도록 계획된, 그 바벨탑을 재건(再建)하라는 재촉을.

이 건국 왕의 유언은 곧 그의 국가 신바빌로니아의 이데올로기가 되었다. 신바빌로니아의 국가 이데올로기, 그것은 바벨탑이었다. 신바빌로니아 건국과 함께 바벨탑이라는 거대 광증(巨大狂症)의 깃발이 다시 펄럭인다.

24

아슈르바니팔의 제국(帝國) 도서관

나보폴라사르가 정복한 신앗시리아는 사실상 팔레스타인과 메소포타미아라는 우주를 압도하고 있던 두 마리 용-이집트와 신앗시리아-중 하나였다. 기원전 722년, 이미 북왕국 이스라엘을 멸망시킨 전쟁의 장인, 섬칫한 정복 제국이 바로 앗시리아였다. 전술에서 특히 잔혹했던 앗시리아가 나보폴라사르의 침공 아래 멸망한 것은 역사적 의외(意外)였다. 대영박물관 근동관의 앗시리아 회랑(回廊)은 사실상 앗시리아 왕 아슈르바니팔의 전당(殿堂)이라고 해도 과언이 아니다. 이 왕에 대한 거대한 스케치 릴리프(부조)가 멸망 당시 지정학적으로 남왕국 유다를 포위하고 있던 제국들-이집트, 앗시리아, 바벨론-의 만만치 않음을 밀고하고 있다.

신앗시리아 제국 아슈르바니팔 왕은 제국의 새 수도인 니느웨에 왕궁을 건립했다. 니느웨는 산헤립 왕 시절 천도(遷都) 작업으로 신앗시리아 제국의 새 수도가 되었다. 그때 니느웨는 15개의 성문을 가진 메트로폴로 격상되었다. 앗시리아의 국가 신은 민족의 창조신인 앗수르였다.

그 왕궁 중정(中庭)에 거대한 왕궁 도서관-역사가들이 '제국 도서관'이라고 부르는-을 세울 때만 해도 앗시리아는 자기 제국의 멸망 같은 것은 상상도 하지 못하고 있었다. 물론 그의 선왕(先王)들, 가령 티글라트 필레세르와 사르곤 2세도 왕궁 권역에 소규모 도서관을 갖고 있긴 했다. 그러나 아슈르바니팔의 도서관엔 당시의 프린트 미디어, 즉 문자로 된 장서(藏書)인 점토(粘土) 설형 문자판 2만 5천여 점이 수집, 보관돼 있었다. 그는 정복 전쟁 중에도 정복한 식민지 국가와 적국의 주요 도서 진본(珍本)들을 선별해 수집했다. 저 유명한 '앗시리아본(本) 길가메시 서사시', 메소포타미아의 창조 서사시인 '에누마 엘리시' 원본도 그곳에 소장되어 있었다. 수천 년 이후 제국 도서관 유적지에서 그 점토판 문서들이 발굴됐을 때 고고학자들은 그 제국 도서관의 규모와 소장품의 수준에 놀랐다. 천문학, 점성술, 서사적 중요 장서들엔 예외 없이 소장자인 아슈르바니팔 왕의 이름이 낙인(落印)돼 있었다고 했다. 앗수르 제사장들은 왕의 명령과 청탁에 의해 그가 원하는 소중한 저서들, 희귀본(稀貴本)들을 구해 니느웨 제국 도서관으로 보내는 일을 감당했다. 물론 정복 전쟁 중 적국의 중요한 장서와 자료들을 약탈해 온 것은 당연한 일이었다.

그는 책, 즉 점토 설형 문자판들의 수집가만은 아니었다. 그는 앗시리아 왕들 중 유일하게 수메르어와 아카드어의 문자 해독(解讀) 능력자로 알려져 있다. 니느웨 왕궁 내정에 건축한 제국 도서관 살롱에서 당시 석학들과 마주앉아 책-점토판 문서들-에 대해 치열한 논쟁을 벌일 정도로 엘리트였던 이 남자 아슈르바니팔. 한편 그는 전쟁에서 패배한 왕의 목을 베어와 그의 북왕궁 정원 정원수에 걸어두었던 남자였다. 그 거대한 아슈르바니팔 왕의 정원도(庭園圖)-벽면 부조, 소위 돌에 새긴 거대한 돌 병풍-은 런던 대영박물관 근동관 입구에 전시돼 있다. 아슈르바니팔의 북왕궁 릴리프라고 불리우는 정원도의 내용은 이렇다.

> 왕 아슈르바니팔과 왕비 아슈르사라트는 그의 북왕궁 정원에서 향연을 즐기고 있다. 그 향연은 기원전 653년에 있었던 틸투바에서의 격전 승리를 자축하기 위한 것이다. 정원 종려나무와 넝쿨 식물들 속에서 새들은 날고 메뚜기도 뛴다. 악사들은 배경에 자리 잡았고 왕의 식탁엔 진수성찬에 그 해 수확한 포도주가 놓여 있다.
> 문제는 정원 풍경 왼쪽 종려나무에 걸려 있는 한 남자의 참수(斬首)된 목이다. 참수된 목의 주인은 방금 아슈르바니팔 왕이 전투에서 패배시킨 엘람의 왕 테움만이다. 칼로 잘린 적장의 목은 격전과 승리의 증명으로서, 그리고 앗시리아에 반항하는 모든 자들에 대한 경고의 종(鍾), 경고의 사이렌으로서 그렇게 걸려 있다. 탁월한 디테일을 보여주는 그 벽의 부조는, 그것이 전쟁의 장인이라고 불리웠던 제국 앗수르의 파라다이스, 앗수르의 평화관을 보여준다. 그들은 향연을 즐긴다. 식탁 뒤쪽 나뭇가지에 적국 왕의 참수된 목을 걸어놓은 채.

그는 기원전 669-631년에 통치했다. 그 후 앗시리아는 문득 휘청댔다. 이후 겨우 세 번의 의미 없는 왕위 바뀜이 있었고 그렇게 15년의 세월을 허송하더니 결국 기원전 612년 앗시리아의 찬란한 도시 니느웨는 바벨론의 건국자 나보폴라사르에 의해 함락, 멸망했다.

25

유대 민족의 운명, 느부갓네살 2세

나보폴라사르에겐 적어도 세 아들이 있었다. 그중 장남이 느부갓네살 2세였다. 그의 이름 느부갓네살은 '나부 신께서 내 장남을 수호하신다'라는 뜻이었다. 나부 신은 왕을 예고하는 자, 즉 '킹메이커'의 신이다. 느부갓네살의 이력은 이렇다. 그는 우선 우르크 신전의 문지기였다. 말하자면 당시 국가 수도경비사령부 장교 같은 것이었다. 20세 때 그는 자기 생애 최초로 대군을 지휘했다. 기원전 620년부터 부친 나보폴라사르에 의해 군부의 총사령관에 임명돼 이미 정치적 수업을 시작했었다. 기원전 605년, 그는 쇠약해진 부친을 통해 왕국 군부 최고 지휘 통수권을 양도받았다.

바로 그해 이집트가 느부갓네살을 전쟁의 적수로 불러냈다. 그해 느부갓네살은 이집트 파라오인 네코의 군대가 카르케미스에 주둔하고 있다는 정보를 들었다. 당시 왕세자였던 느부갓네살은 거침없이 그리로 군대를 몰고 출정했다. 당시 이집트는 북시리아와 팔레스타인를 점령,

통치 중이었다. 이집트는 그때도 여전히 대국이었다. 느부갓네살은 유프라테스강 안에 있는 북시리아의 도시 카르케미스 전투에서 감히 파라오 네코와 당당하게 맞붙었다. 그곳은 이집트 군대의 거대한 방어 시설과 축성이 있는 주요 주둔지였다. 그 전투에서 느부갓네살은 참혹한 대학살을 통해 이집트의 파라오를 대패시키고 승리함으로써 용장(勇將)이라는 개인사의 알리바이를 열었다. 대국 이집트의 철저한 참패였다. 그 미친 혈투는 열왕기하에도 등장한다.

애굽 왕이 다시 그 나라에서 나오지 못했으며, 이는 바벨론 왕이 애굽 하수에서부터 유프라테스 하수까지, 애굽 왕에게 속한 땅을 다 취했더라(왕하 24:7).

이집트의 참패였다. 이집트 군대 일부는 남서부로, 남은 군대는 카르케미스로 도주해버렸으니까. 느부갓네살은 하마까지 추적했다. 그곳에서 이집트의 대군을 완전하게 섬멸했다. 이 압도적이고 파괴적인 패배로 인해 이집트는 거대한 지역을 포기해야만 했다. 이후 잠시 가자 지역을 재탈환하긴 했지만 결국 이집트는 그야말로 급격하고 재앙적인 몰락의 길을 걸었다. 신왕국 바빌로니아의 파죽지세의 정복력은 절정을 향해 달렸다. 느부갓네살은 그 힘을 몰아 이집트와 앗시리아 주변국들에 대한 정벌에 나선다. 그 정벌 정책엔 예루살렘이 있는 남유다 왕국도 포함돼 있었다.

그 역사적인 카르케미스 승전 1주일 후인 기원전 605년 8월 9일의 일이다. 바벨론으로부터 미친 듯 달려온 한 전령(傳令)이 느부갓네살에게 그의 부친 나보폴라사르의 사망을 알렸다. 느부갓네살은 그때 아직도 전쟁 현장에서 승리의 전리품을 선별하던 중이었다. 당시 정복국이 피정복국, 즉 승자가 패자로부터 거둬들이는 전리품은 정복 국가의 국부(國富)를 위해 필수적인 것이었다.

부왕의 사망을 알리는 전령의 깃발, 그 조기(弔旗)가 채 접히지도 않았을 때 그는 군대와 전리품을 남겨둔 채 왕궁이 있는 바벨론으로 황급히 돌아갔다. 그것은 아라비아 사막이라는 거대한 휴지(休止)와 침묵(沈默)의 공간을 관통해야 하는 난코스였다. 그를 동행한 것은 아주 작은 그룹의 핵심 정예 수행조(修行組)들이었다.

그는 약 11일의 낮과 밤을 약 1500km에 달하는 구간을, 구간의 성격에 따라 명마(名馬)와 낙타를 번갈아 타며 적어도 하루에 100km 이상을 달리는 강행군을 감행했다. 길의 구간 중엔 거의 통행 불가능한 '무정한 사막'-전갈들의 바다-이라는 구간까지 존재했다. 목적지인 새 제국의 수도 바벨론, 부왕 나보폴라사르의 임종의 침대가 있는 바벨론에 도착해서야 그는 알았다. 그가 왕좌에 오르는 데 불복하는 무리도, 군부도, 정적(政敵)도 단 한 사람도 없다는 것을. 그는 이미 부왕에 의해 철저하게 왕의 수업을 마친 황태자였고, 적어도 니느웨 함락이라는 대업 이후 부왕과의 공동 통치 기간까지 완료해 낸, 그야말로 실전을 거쳐 치열하게 준비된 왕이었다. 그는 그렇게 새 제국 바빌로니아의 제2대 단독 통치자가 됐다. 그리고 영광과 자부심에 찬 그의 43년간의 통치의 해는 그렇게 막을 올렸다.

그의 대관식(戴冠式)은 새 왕조의 수도인 바벨론의 그 마르둑 신전에서 거행됐다. 대관식 기도 순서에서 그는 마르둑 신 앞에 이렇게 서약했다.

'바벨론을 반드시 장엄한 도시로 만들겠다.'

이 대관식 약속을 그는 일생을 바쳐 지켰다. 그렇게 함으로써 그는 신바빌로니아 왕국의 제2대 왕 느부갓네살 2세로서 고대 세계사의 신성(新星), 고대 메소포타미아의 전설적 파라오로 등장했다. 다시 말하지만 느부갓네살이 대관식을 끝내고 왕홀을 손에 잡았을 때 그의 안에는 이집트의 왕인 전설적인 파라오들과 수메르 신화의 살아있는 영웅 길가메시 왕, 그리고 바벨론의 국가 신 마르둑의 합성된 자화상(自畵像) 속에서 우왕좌왕하고 있었다. 어떻든 그는 바벨론의 왕이 되었다.

그의 대관식 축제 중에도 패배한 이집트인과 시리아와 팔레스타인 주민들은 전쟁의 장인인 그가 새로운 왕에 즉위하는 것을 방해하기 위한 복수를 시도했다고 전해진다. 그러나 그에 의해 훈련된 정예 부대들은 복수전의 최전선에서 신속하고 완전하게 그들을 막아냈다. 이후 느부갓네살은 예외 없이 승리를 거듭했다. 승리 후 공물 바치기를 거부하는 속국(屬國)들, 즉 유사(類似) 식민지들, 예를 들어, 이집트 왕을 전격 체포하기도 했다. 결국 당시 최고의 장애물이었던 이집트-시리아-팔레스타인 동맹도 가차 없이 공물을 바치는 의무를 받아들였다. 이후 남유다 왕국은 투쟁조차 포기한 채 전투 없이 공물(供物)을 바쳐야 하는 속국 신세가 됐다. 그러나 그때까지만 해도 예루살렘은 아직 불타지 않고 남아있었다.

이집트 주요 지역을 정복한 바벨론은 이제 왕국이 아니라 제국으로 태어난다. 마치 찰나 속에서 전광석화처럼 태어나 번쩍이는 세계 강국이 된 것이다. 느부갓네살이 통치하고 있는 그 제국은 다니엘서의 예언에 등장하는 4대 거대 제국 중 순금 머리에 속하는 첫 제국으로 그렇게 세계사에 등장하고 있는 것이다.

그는 정복한 국가와 도시로부터 가차 없는 조공 협약을 맺었고 그 조공으로 국가의 창고를 채웠다.

느부갓네살은 그의 제국을 43년간 통치했다. 통치 기간 동안 그는 21세기에도 여전히 바래지 않는 바벨론 영광의 모든 것을 이루어낸 세기적(世紀的) 인간이었다. 지금까지 경탄하는 바벨론의 모든 기념비적 건축물들과 전설적인 국부(國富), 그것이 느부갓네살의 업적이었다. 바벨론이 곧 느부갓네살이었고, 느부갓네살이 곧 바벨론이었다.

26

느부갓네살의 신관(神觀)
- 바벨론 신년 축제

이 지점에서 신바빌로니아 제국의 심장부인 수도 바벨론시에서 매년 새해 닛산달 제1일에 거행됐던 신년 축제인 '아키투 축제 예식'에 관해 설명할 필요가 있다. 장엄한 왕의 대관식 이후 신바빌로니아 제국을 43년간 통치하면서 바벨론 제국의 번영을 클라이막스까지 끌어올린 느부갓네살의 비범한 시간을 이해하기 위해 신년 축제 의식을 설명하는 것은 필수적이다.

바벨론시는 신바빌로니아 제국의 통치와 행정의 중심이었다. 그 바벨론시의 두뇌는 바벨탑이었다. 성경 속에서 미완성으로 끝장이 난 바벨탑, 님로드 왕이 건축했다고 전해지는 그 탑은 무너진 채 폐허가 되어있었다. 바벨탑의 재건과 보수 작업은 건국 왕 나보폴라사르의 최대 열망이었다. 그의 열망은 유언의 형태로 느부갓네살에게 상속됐다. 그것은 마치 예루살렘 성전 건축이 다윗에 의해 솔로몬에게 상속된 것을 기억나게 한다. 느부갓네살이 이후 그의 우주가 된 바벨론시의 거창한 건축 프로젝트 중 가장 먼저, 가장 정열을 쏟아 몰두한 것이 바로 바벨탑 재건 작업인 것은 결코 우연이 아니다.

바벨탑은 높이 92미터, 4면이 모두 92미터의 정방형으로 이루어진 5층짜리 탑이었다. 바벨탑은 바벨론시에서 가장 장대한 건축물이었다. 그 장대함 때문에 30킬로미터 떨어진 곳에서도 그 탑을 볼 수 있었다는 것이다. 더 중요한 것이 있다. 느부갓네살은 그 5층짜리 탑 위에 다시 2층짜리 높은 신전을 세웠다는 것이다. 그것이 이후 '7층짜리 바벨탑'으로 불리운 이유였다. 그것은 바벨론 신들의 왕인 마르둑, 국가 신이며 동시에 수도 바벨론 신인 마르둑에게 바쳐진 신전이었다. 사람들은 그것을 바벨탑 위에 바쳐진 봉헌물, 즉 건축물로 된 왕관(王冠), 혹은 화환(花環)이라고 명칭했다. 건국 왕 나보폴라사르가 소망했고, 그 아들 느부갓네살이 재건하고 복원하여 기원전 6세기의 유프라테스 강가에 다시 등장한 그 바벨탑이라는 이름의 마천루, 사람들은 그 신전을 에테멘앙키라고 명명했다. 느부갓네살은 이렇게 명문(明文)을 남겼다.

에테멘앙키의 그 첨단(尖端), 하늘의 높이와 감히 경쟁하는 그 위에 내가 손을 얹노라.

에테멘앙키-바벨탑-의 첨단, 하늘 높이 치솟아 올라 감히 하늘과 경쟁하는 건축학의 그 고도(高度), 그 높이, 그것이 바로 기원전 6세기의 마천루(摩天樓)이다. 참고로 신들의 숫자가 많아 우상의 숲을 이루고 있는 바벨론의 신들 중 가장 유명하고 중요한 신은 단연 마르둑이다. 그는 번영과 풍요의 신이다. 나부 신은 마르둑의 아들이다. 그는 문자(文字)의 신이며 지혜의 신으로서 사실상 마르둑과 같은 계급이다. 그것은 마치 이집트의 압도적인 신 오시리스와 아들 호루스의 관계다. 그리고 매우 특별한 바벨론의 여신, 이슈타르가 있다. 그는 하늘의 여신, 사랑의 여신, 전쟁의 여신, 특히 전사(戰士)들의 수호 여신이다. 바벨탑은 느부갓네살의 건축 프로젝트 중 가장 소중한 것이었다. 그 전역(全域)이 마르둑을 위한 신성한 신전 영역이고 성소였다. 그 영역은 앞에 서술한 그 찬란한 제국 광장, 즉 국가 행사용 대광장으로부터 시작된다. 그 국가 행사, 축제 행렬은 모두 신들과 왕들에 대한 경배 의식을 위한 것이었다.

이후 통치 43년간 이스라엘 민족의 운명이 될 느부갓네살의 신관(神觀)은 이렇다. 바벨론 신관에 의하면 왕 느부갓네살의 지위는 결코 신들 위에 있지 않았다. 그는 건축 프로젝트를 통해 자신이 마르둑 신의 종(從)으로서 그의 명령을 수행하는 것으로 간주했다.

바빌로니아 왕국 신년 축제인 아키투 축제는 무려 11일간 거행됐다. 왕은 물론 11일간 계속되는 그 바벨론 신년 축제의 주인공이었다. 그러나 축제 제5일째 느부갓네살은 마르둑 신상 앞에서 수석 제사장에게 그의 통치권의 상징을 넘겨주어야만 했다. 통치권의 상징이란 가령 왕관, 보검(寶劍), 옥새(玉璽) 같은 것이었다. 그 신년 축제의 통치권 상징은 대개 왕홀이었다. 그는 수석 제사장의 손에 자신의 왕홀을 넘겨주며, 다시 왕권을 하사하기를 애원해야만 했다. 아니, 수석 제사장이 왕에게서 사납게 왕홀을 빼앗는다. 수석 제사장의 손, 그것이 바로 마르둑 신의 손이었다. 특이한 것은 왕의 왕홀이나 전투 때의 왕의 지휘봉은 언제나 마르둑의 아들인 나부 신의 신전에 보관되었다는 사실이다. 그런 이유로 신년 축제를 위해 왕홀은 매년 나부 신전으로부터 가져와야만 했다. 나부 신전은 다른 도시 보르디파에 있었다. 그것은 예식을 통해 나부 신전에서 바벨론 마르둑 신전으로 운반되어야만 했다.

왕홀을 빼앗는 의식이 끝나면 돌연 충격적인 장면이 연출된다. 수석 제사장은 매우 세차게 왕-느부갓네살-의 뺨을 내리쳤기 때문이다. 세차게 내갈기는 것 말이다. 그것은 지난해 왕이 저지른 모든 죄들에 대한 유죄 판결이며 형벌이다. 그러면 느부갓네살은 모든 참석자-국민-가 보는 앞에서 자신의 죄를 고백하는 공개적 모욕의 시간을 가진다. 그 후 깊은 참회의 고백이 쏟아진다. 그리고는 새로운 1년을 위해 마르둑 신이 내리는 용서와 은혜, 즉 왕에 대한 대사면(大赦免)의 시간이 온다. 그제서야 느부갓네살은 수석 제사장으로부터 왕권의 상징인 왕홀을 되돌려받는다.

바벨론 고고학적 발굴 과정에서 손잡이에 마르둑 신의 상징인 용의 머리로 장식된 왕홀이 발견됐다. 그 용은 이슈타르 성문, 거대한 벽 위에 새겨진 신화적 동물과 같은 모습이다. 기린 모양을 한 그 용은 마르둑 신의 문장(紋章)이다. 마르둑은 혼돈의 용인 티아마트를 이긴 후 정식으로 바벨론 국가의 국가 신으로 인정됐다. 그 후 용은 마르둑의 상징 문장이 되었다.

제6일의 의식도 중요하다. 왕은 마르둑 신상의 두 손을 부여잡은 채 그 신이 다시 신전에 정주(定住)하기를 요청하고 초대한다. 의식 마지막엔 신상들을 앞세운 채 이슈타르 성문의 시작인 제국 광장을 행진해 이슈타르 성문을 통과한 후 마르둑 신전까지 동행하는 길고 긴 행렬 예식을 거행한다. 그렇게 함으로써 느부갓네살은 매년 자신이 마르둑 신의 인정을 받은 정통한, 입증된, 마르둑 신의 대표자이며 대리자임을 국민 앞에 선포할 수 있는 알리바이를 완성해 갔던 것이다.

　결국 바벨론시에서 새해마다 11일에 걸쳐 거행된 신년 예식은 마르둑 신 앞에서 매년 느부갓네살이 치러내야 했던 왕으로서의 새 임명식이었다. 마르둑 신 앞에서 행하는 그 거창한 신년 예식을 느부갓네살은 그의 통치 기간 동안 적어도 40번 이상 치러냈음을 기억할 필요가 있다. 바벨론시의 거대한 건축물의 왕관인, 지구라트라고 불리는 바벨탑, 그것이 그의 영혼, 그의 신관(神觀)의 핵심이었다는 것의 증명이다. 그리고 매년 신년 축제에 사용했던 그 유명한 제국 광장과 이슈타르 성문, 그리고 신년 축제 신전은 사실상 위대한 신전 지구라트-바벨탑-를 끌어안고 있는, 건물의 형태로 연주하는 신과 인간 왕의 종교적 포옹(抱擁), 그리고 대사면의 건축학적 심포니였다.

27

느부갓네살의 우주(宇宙)

- 바벨론시(市)

　마르둑 신전에서 거행된 왕의 대관식이 끝났을 때 그는 부왕에 의해 탄생된 젊은 새 왕국의 내용을 채워야 하는 정복자이며 설계자였다. 느부갓네살에겐 자신이 되어야 할 왕의 전형(典型)이 필요했다. 그는 아마도 기원전 13세기, 이집트 신왕조 제19왕조의 제3대 왕인 파라오 람세스 2세에게서 영감을 얻었을 수도 있다는 것이 독일 시사 주간지「슈피겔」의 2016년 특집 기사의 추정이다. 람세스 2세는 66년간의 통치 기간 동안 나일 강변에 거대한 대도시를 건축한 왕이었다. 더구나 그는 통치 기간 동안 스스로 신(神)의 위치에 오른 전설적인 파라오였다. 그는 자기 왕국 도처에 거대한 조각상들을 세우게 했다. 그것은 평균 일천 톤 무게였다. 건축에 대한 그의 광중은 그동안의 모든 기록과 상상력을 깨는 데 도취되어 있었다. 그는 찬란한 새 수도를 세웠고 수도의 이름을 피-람세스(Pi-Ramsse) 즉, '람세스의 집'이라고 명명했다. 그의 왕국은 곧 그의 우주(宇宙)였다.

바로 그 건축 광 아래서 강제 노동자로 사용되었던 노예가 히브리인, 즉 이스라엘 민족이었다. '히브리' 라는 뜻은 강제 노역자들, 즉 최하급 노예라는 뜻이다. 어떻든 느부갓네살은 자신이 직접 군부 총사령관으로 출정했던 이집트 정복 전쟁 중 기원전 13세기, 이집트에 세운 람세스 2세의 거대한 신상들과 건축물, 파라오 자신의 기념물들을 목격하고 경험했었다. 약 600년 전 람세스 2세가 디자인한 그 강한 도시의 모습이 부친이 건국한 신바빌로니아 제국의 내용을 채우는 영감(靈感)으로 작용했던 것이다. 이집트 제국의 영광을 신바벨론 제국의 모형과 영감으로 선택했을 수도 있다는 역사적 가정(假定) 말이다. 통치 기간 43년 동안 느부갓네살은 탁월한 통치자, 군 통수권자, 장대한 도시 건축자였다. 그는 바벨론의 모든 도시들에 신전들을 짓게 하고 운하들을 건설했다. 저 명성 높은 메데 성벽, 전설적인 이슈타르 성문, 고대 세계 불가사의로 기록된 바벨론 왕궁과 공중 정원의 건설자가 바로 그였다.

『기원전 5세기 메소포타미아』라는 육중한 책이 있다. "기원전 500년부터 알렉산더 대왕까지의 미술"이라는 부제가 붙어 있다. 그 책의 갈피 속엔 고고학적 발굴로 밝혀진 당시 거대한 제국의 수도인 바벨론시에 대한 놀랍도록 자세한 보고서가 등장한다. 구체적으로 말한다면 그 책 속엔 근동 고고학자 에크하르트 웅어 교수가 그린 당시 바벨론시의 아틀라스, 즉 지도가 들어 있다.

웅어에 의하면 바벨론시는 직사각형 모양의 계획 도시였다. 도시 한 가운데로 왕국의 운명이며 축복인 유프라테스강이 흘렀다. 그 강을 중심으로 도시는 강동(江東)과 강서(江西) 지역으로 나뉘었다. 왕궁과 신전들은 모두 강의 동쪽에 위치해 있었다. 유프라테스강을 복판에 두고 분할된 바벨론시의 강동과 강서 지역 위엔 7개의 자연석 기둥으로 이루어진 120미터짜리 석교(石橋)가 떠있었다. 그 아름다운 석교가 바벨론시의 강동과 강서 지역을 연결했다. 그야말로 생명 줄기인 그 강 위에 떠있는 석교는 당시 문명으로는 유일한 것이었다. 그것은 건국 왕 나보폴라사르의 건축 프로젝트 중 하나였다.

유프라테스강 동쪽 연안 한복판에 우선 지구라트, 즉 바벨탑이 있었다. 바벨탑의 영역은 매우 넓다. 그 오른쪽, 즉 지구라트 입구 앞면에 조성된 언덕에 국가의 주신 마르둑의 신전이 따로 있었다. 지구라트 영역 동쪽엔 바벨론시의 중앙로인 소위 국가 행사 광장로, 제국 광장(帝國廣場)이라고 불리우는 거대한 대로가 펼쳐져 있었다. 바벨론 제국의 위용을 전시하고 과시하는 매우 긴, 북쪽으로부터 남쪽으로 거침없이 뻗은 거대한 제국 광장 말이다. 그 제국 광장의 북쪽 끝엔 닌마하 신전이 있다. 닌마하 신전 바로 뒤쪽에 소위 바벨론시의 북대문(北大門)인 거대하고 현란한 이슈타르 성문이 솟아있다. 남쪽 끝 정점엔 닌투라 신전이 있고 그 신전 뒤에 바로 바벨론시의 남대문인 거대한 우라쉬 성문이 있다. 바벨론 동대문의 이름은 마르둑 성문이다. 바벨탑에서 동쪽 마르둑 성문에 이르는 대로의 이름은 마르둑 대로이다.

그 유명한 느부갓네살 왕의 왕궁, 왕궁이라기엔 차라리 황궁(皇宮)인 그의 레지던스는 유프라테스 동쪽 강안에 놓여 있었다. 삼겹으로 두른 성벽은 도시의 심장이고 보물 창고인 그 황궁을 태아처럼 힘껏 포옹하고 있었다. 왕궁은 따로 요새를 쌓아 완벽한 이중 방어벽을 갖추고 있었다. 왕궁은 한 개의 정문(正門)과 두 개의 측문(側門)으로 이루어져 있다. 왕만이 사용하는 정문 대로는 느부갓네살의 왕좌가 있는 왕궁 알현실(謁見室)로 이끈다. 알현실은 사방 60미터의 넓이였다. 그는 그곳에서 공식 업무를 보았다. 왕의 집무실이기도 한 그곳은 황금색과 터키색으로 장식된 느부갓네살의 상징, 생명나무들, 사자 조각들로 가득 찼다. 왕궁 앞에서 유프라테스강의 강폭은 가장 넓게 흐른다. 느부갓네살 왕궁은 바벨론 제국 광장 대로 그리고 이슈타르 성문과 붙어있었다.

바벨론 왕성 맞은 편엔 공중 정원이 있었다. 그것은 이슈타르 성문과 닌마하 신전 사이에 있었다. 그 유명한 공중 정원은 이슈타르 성문과 제국 광장 대로가 마주치는 바로 그 비범한 지점에 독립적으로 건축되어 있었다. 바벨론은 기원전 6세기의 맨하탄이었고 공중 정원은 거대한 기둥들이 떠받치고 있는 그야말로 천공에 걸려 있는 공중 낙원이었다. 바위, 폭포, 분수가 장치됐다. 강으로부터 소위 인공 수로를 통해 그 물을 공중 정원, 테라스까지 끌어올리는 건축술의 극치였다. 유프라테스 강물은 그 마천루까지 악착같이 기어올라가 왕비를 위로해야만 했으니까. 그것이 느부갓네살이 산악 지방인 메데 출신의 왕비에게 마련해 준 고향 메데의 복원(復元)이었다.

영국인 고고학자 스테파니 델리는 고대 세계 7대 불가사의 중 하나인 전설의 공중 정원은 사실상 느부갓네살이 아니라 니느웨 제국, 즉 앗시리아 제국 최고 전성기의 왕 아슈르바니팔의 건축물이라고 주장한다. 대영박물관은 바로 앗시리아 왕 아슈르바니팔의 유적의 보고(寶庫)이다. 그 왕의 궁전 벽에 새겨진 정원의 자세한 명품 부조(浮彫), 그것이 바로 전설의 공중 정원 스케치라는 것이다. 그녀는 요즘도 그것을 증명하기 위해 바벨론과 니느웨의 광활한 폐허를 꼼꼼하게 탐사하고 있다는 기사가 종종 출몰한다.

유프라테스강의 동쪽 강안(江岸)은 아라히투라고 불리웠다. 그 강안에서부터 제국 광장에 이르는 바벨론시의 절반은 왕국과 신전이 차지하고 있었다. 북쪽의 왕궁과 공중 정원을 제외하면 시내 심장부엔 바벨탑인 지구라트와 신성한 문, 신성한 집으로 구성된 성소(聖所) 지역과 마르둑 신전, 굴라 신전, 니누르타 신전, 나부 대로(大路) 지역으로 그야말로 신들의 영토였다.

유프라테스 서안(西岸)은 소위 신도시(新都市)였다. 그곳엔 거대하고 사치스런 정원 지대가 있었다. 북쪽의 니나 신전, 그 아래 배치된 아다드 신전, 아다드 성문, 아다드 대로, 남쪽 상부의 슈미쉬 신전, 슈미쉬 성문, 그리고 남쪽 하부에 묘지 구역인 왕가의 영묘(靈廟) 영역이 자리잡고 있었다. 지도의 외곽엔 중요한 운명의 장소들, 유프라테스강, 티그리스강, 아라비아사막, 홍해, 그리고 오른쪽에 언젠가 바벨론의 목을 베고 역사의 근무 교대를 할 페르시아 제국의 도시 수사(Susa)가 아른댄다. 유프라테스강의 바벨론, 티그리스강의 앗시리아, 홍해의 이집트. 이 모든 제국들의 이름은 단 한 번도 고대 유대 민족의 운명에서 사라진 적이 없었다.

28

.
.
.

전쟁의 여신, 푸른 스카프를 두르다
- 바벨론 이슈타르 성문

그 유명한 바벨론 메데 성벽은 무려 3겹짜리 견고한 성벽이었다. 그것은 바벨론 제국을 영원한 제국으로 만들겠다는, 결코 신흥 세력에 먹히지 않겠다는 느부갓네살의 갈망의 증명이었다. 중요한 것은 그 철통 같은 메데 성벽을 다시 유프라테스강으로부터 끌어들인 군사용 방어 해자(垓字)로 둘러싸게 했다는 것이다. 북경의 자금성을 방문하면 인상적인 것이 자금성을 끌어안고 있는 바로 그 작은 해자다. 자금성 고궁박물관 연구원은 그 해자를 성호(城湖)라고 명칭한다. 그러나 바벨론 성벽의 규모를 생각한다면 바벨론 해자 공사 규모는 그야말로 건설이 아니라 역사(役事)였다. 느부갓네살의 계획 도시 바벨론의 건축학적 영감이 이집트 정복 때 그가 목격한, 람세스 2세의 장대한 이집트 건축물들이었다는 것을 추측하면 바벨론시가 당시 세계 최고의 거대 도시, 거대 건축물들의 전시관이었다는 것은 이해할 수 있는 일이다.

그 성벽으로 들어가는 장대한 성문들도 당연하지만 신들의 이름을 달고 있었다. 마르둑 성문, 이슈타르 성문, 쟈바바 성문, 우라뉴 성문 등이 그것이다. 그중 그 화려한 도시의 중심축(軸)은 왕국 위용의 현장인 바벨론 제국 광장을 이끄는 푸른 터키빛 이슈타르 성문이었다. 전설적인 스카이블루와 황금 채색을 입힌, 유약 바른 찬란한 벽돌의 건축적 망토를 입고 있는 느부갓네살 건축 프로젝트의 정화(精華)인 이슈타르 성문 말이다.

그 성문의 거대한 벽엔 신들의 상징이며 수행 동물이 살고 있다. 마르둑 신과 폭풍과 번개의 신들의 포효하는 사자상, 용상, 황소상이 황금 채색 벽돌로 부조돼 있었으니까. 그 찬란한 우상들의 위용(威容)은, 허무한 우상들이라고 간주하기엔 너무 찬란했고 너무 탁월했다. 더구나 바벨론은 그 장대한 건축물 위에 찬란한 색깔을 입혔다. 적어도 섭씨 1500도 불가마에서 구워낸 당시 최첨단의 건축 재료, 즉 유약을 입힌 채색 자기 벽돌로 이슈타르 성문은 옷을 입었다. 찬란한 코발트빛 코트를, 아니, 사막 위로 내리꽂히는 정오의 태양 아래서 빛을 토하는 거대한 푸른 스카프를 둘렀다는 말이다. 그리고 그 위에 숨막히는 스타카토처럼 탁월한 황금빛 채색 벽돌로 부조된 거대한 신의 동물들이 그 푸른 몸 판 위를 당당히 행진한다. 그것도 모두 오직 한 방향으로 말이다.

그렇다. 가차 없는 전진(前進), 그리고 영원불멸, 그것이 느부갓네살의 도시 바벨론의 이데올로기이다. 이슈타르 성문은 느부갓네살 건축 미학의 웅변(雄辯)으로 거기 서있었다. 바벨론시 최고의 공간인 제국 광장 앞에. 그리고 그 푸른, 찬란한, 탁월한, 차라리 마법적인 광장과 성문을 통해 그 도시의 육체와 정신은, 바벨론 최고의 마천루인 마르둑 신전, 그리고 바벨탑 지구라트로 향한다. 하늘로 이끄는 길이다. 바로 그 하늘, 그것이 이슈타르 성문을 두르고 있는 그 푸른 코발트빛 자기 벽돌의 존재 이유다. 그 푸른 도자기 벽돌은 한 장 한 장 하늘의 푸른 창공을 품고 있는 하늘의 원자(原子)다.

그들이 당시로서는 상상도 할 수 없는 첨단 기술로 그토록 푸른 유약 바른 채색 벽돌을 만들어 낸 것은, 그리고 그것을 이슈타르 성문이라는 건축물로 된 여신의 몸에 찬란하게 입혔던 것은, 바벨론 최고의 학문이 천문학, 점성술(占星術)이었다는 것을 생각한다면 결코 놀라운 일이 아니다. 그때 그들이 이미 하늘의 12개 성좌(星座)의 체계를 만들어 냈다는 것을 생각한다면 더욱 그렇다. 이슈타르 성문, 즉 그 거대한 이슈타르 여신이 푸른 코발트빛 면사포, 푸른 베일을 두르고 있었다는 것은 바벨론 건축 최고의 미학적 결산(決算)이다. 중요한 것은 그 이슈타르 성문이 바벨탑으로 가는 길, 그 상승(上昇)의 길의 입구였다는 것이다. 바벨탑, 그 지구라트, 그 건축물의 문신(文身)은 분명하다. 바벨탑의 웅변(雄辯)은 이것이다.

너희도 신(神)처럼 되리라.

고대 바벨론과 앗시리아 점토판에는 당시 바벨론시가 모두 10개의 관할 구역으로 이루어져 있다고 쓰여 있다. 이 도시의 수많은 성문들은 각각 다른 신들의 이름이 명명(命名)되었다. 다시 말하지만 바벨론시는 적어도 43개의 주요 신전과 무려 1천여 개의 일반 신전을 품에 안고 있는 그야말로 신들의 도시, 우상의 도시, 우상들의 정글이었다. 물론 대부분은 국가 신인 마르둑에게 헌정(獻呈)된 것이었다.

바벨론은 기원전 6세기의 판테온, 즉 모든 신들을 위한 만신전(萬神殿)이었다. 예루살렘이 오직 유일신 야훼의 우주였다면 하필 그들이 끌려간 종착역인 바벨론은 다신(多神)들의 시장(市場), 우상들의 메카, 그야말로 만신전이었다. 유대인들은 가나안의 꽃, 최고의 요람이었던 예루살렘으로부터 추방되어 신들의 향연장, 포효하는 우상들의 정글 속으로 내던져진 것이다. 놀랍지만 바로 그때 바벨론시는 소위 유프라테스강 번영기를 맞고 있었다. 그곳엔 부두, 방파제, 선창들이 국제화를 위해 이미 건설, 확장 중이었고, 국가 신 마르둑의 신전 앞엔 다시 바벨탑이라고 불리우는 마르둑의 지구라트가 기원전 6세기의 마천루(摩天樓)로서 버티고 있었다.

느부갓네살과 바벨탑과의 조합, 느부갓네살이 바벨탑을 재건해 가면서 그가 스스로 바벨탑, 즉 인간신이 되어가는 것은 전혀 이상한 일이 아니었다. 이슈타르 성문은 그가 건축물의 형태로 만든, 자기에게 스스로 씌운 푸른 면사포 휘날리는 왕관일 수도 있다. 다니엘서가 진행되면서 결국 그는 시날 땅이 아닌 두라 평야에 황금 신상을 세운다. 그 신상은 마르둑, 나부, 아카드, 신(sin) 같은 그 어떤 남성 신의 이름 같은 것이 전혀 명명돼 있지 않다. 적어도 주요 신전만 해도 45개, 일반 신전 1천 개가 넘는 신전의 밀림인 바벨론이 아닌 두라 평지에 세운 그 거대한 무명(無名)의 황금 신상의 이름, 그것은 바로 느부갓네살이다. 느부갓네살은 그렇게 인간신이 되어갔고, 다니엘과 세 친구가 그 인간 신과 대결해야 하는 시간이 임박한 것은 필연적인 일이었다.

29

베를린 페르가몬박물관, 바벨론을 품다

　　독일 베를린시의 화관(花冠)이 내겐 시 복판에 있는 '박물관 섬'이다. 박물관 섬은 슈프레강 남쪽에 놓인 거대한 박물관들의 콤플렉스, 박물관들의 영지(領地)이다. 페르가몬박물관, 보데박물관, 신(新)박물관, 구(舊)박물관, 구(舊)미술관, 베를린돔, 베를린포럼 등을 모두 끌어안고 있다. 난 박물관 섬에 자주 간다. 박물관 섬에 들어서면 멸망한 제국들의 노래가 들려온다. 박물관 섬 동쪽에 페르가몬박물관이 있다. 페르가몬박물관에선 멸망한 고대 앗시리아 제국, 고대 바빌로니아 제국, 고대 그리스와 만난다. 페르가몬과 처마를 마주하고 있는 신박물관에선 멸망한 고대 이집트 제국, 고대 그리스 제국, 고대 트로이 제국을 만난다. 신박물관 앞은 구박물관이다. 그곳엔 고대 그리스 제국, 고대 로마 제국이 안치돼 있다. 내게 페르가몬박물관 근동관은 복원해 세운 장대한 이슈타르 성문 때문에 바벨론 고고학의 메카 중 하나이다. 런던 대영박물관의 근동 아시아관이 앗시리아 제국의, 그리고 파리 루브르박물관이 고대 근동-메소포타미아-의 또 하나의 메카인 것처럼 말이다.

　20세기 초, 독일 제국은 자신의 왕립박물관들을 근동 아시아로부터 발굴해 온 놀랍고 경이적인 고고학적 유물들로 채우고 싶어 했다. 19세기 중엽, 대영박물관과 루브르박물관이 성취했던 그 문화적 거사(擧事)들처럼 말이다. 당시 황제 빌헬름 2세의 열망도 한 몫 했다. 그는 독일 제국 제3대 황제였고 동시에 프로이센 왕국의 제9대 국왕이었다. 그는 독일 제국의 마지막 군주였다. 학계도 학문적으로 영국, 프랑스가 이룬 고대 근동에서의 고고학 성과에 대한 경쟁심, 명성에 대한 절박함과 열망이 있었다. 당시 고대 바벨론은 약 2400년간 이라크 영토 붉은 사막 아래 매장되어 있었다. 그 영토는 16세기부터 이미 오스만 왕국에 속해 있었다. 영국, 프랑스는 이미 그곳에서 고대 바벨론 유적 발굴 작업을 시작하고 있었다.

　1840년, 영국과 프랑스는 이미 신앗시리아의 중심 도시였던 니느웨, 님로드 등에서 성공적인 발굴 작업을 이루어냈다. 발굴품들은 거창한 운반 작업을 통해 파리, 런던으로 수송됐다. 루브르뿐 아니라 대영박물관도 그들의 전시 예술을 통해 고대 근동 역사에 대한 놀라움과 경이를 연출, 세계에 공개했다. 특히 발굴된 설형 문자 점토판들의 내용들은 구약 성경과 동시대의 텍스트들로서 기독교적 유럽 학계에 비범한 충격을 던졌다. 1870년대 미국 팀까지 발굴에 나서자 독일은 조급해졌다.

　프로이센은 독일 근대사 중 빛과 그림자로 뒤엉킨 왕국이었다. 어떻든 프로이센적 유전자인 왕실의 야심과 추진력에 의해 근동학자이며 건축가인 로베르트 콜데바이가 이라크로 파견된 것은 1897년이었다. 콜데바이는 말한다.

> 1897년, 내가 처음으로 이라크의 바벨론 폐허에 도착했을 때, 고대 바벨론은 수의(壽衣)를 두른 채 약 2400년짜리 깊은 지층으로 된 영락(零落)한 관(棺) 속에 누워있었다.

그가 다시 말한다.

> 나의 첫 바벨론 체류인 1897년 6월과 두 번째 체류인 12월, 나는 체류 현장 지층 깊이 24미터에서 산산히 부서져 파편이 된 벽돌들의 잔해를 발견했다. 특이한 것은 그 벽돌들이 그 몸에 아주 작은 푸른 얼룩, 아련한 잉크빛 푸른 반점(斑點)들을 갖고 있다는 것이었다. 나는 잔해들 몸의 그 잉크빛 상처(傷處)에 주목했다.

    1897년, 콜데바이와 근동학자 에드하르트 자하우는 지금의 이라크 지역에 대한 광범위한 기초 탐사를 끝내고 베를린으로 귀국했다. 왕립박물관들의 품격에 맞는 메소포타미아 지역의 본격적인 발굴 작업을 제안하기 위해서였다. 그때 콜데바이가 이라크의 사막으로부터 휴대하고 온 것은 단지 3개의 유약 바른 잉크빛 채색벽돌 파편뿐이었다. 그는 그것을 책상 위에 올려놓았다. 그리고 말했다. 그런 조각들로 약 2400년 전 고대 바빌로니아의 시간을 일깨우는 거대한 벽돌 부조 작품을 복원해 낼 수 있다고. 프랑스 학자들이 루브르박물관 안에 페르시아의 도시 수사(Susa)를 복원해 낸 것처럼 말이다. 그의 제안은 확신에 찬 것이었다.
    1897년 여름, 이라크의 모래 먼지 지층에서 발견한 벽돌 파편을 보았을 때 콜데바이는 그 작은 잉크빛 조각 저 너머에 있는 위대한 전설, 그리고 성경 속에서 반복해 등장하는 전설의 바벨론 성벽, 혹은 바벨론 성문을 예감했다. 그때 그는 이미 고대 세계 7대 불가사의로 불리우는 바벨론의 아우라를 그 폐허의 파편, 파편의 아련한 잉크빛 상처로부터 읽어냈던 것이다.

1898년, 베를린의 유대인 거상(巨商) 제임스 지몬(1851-1932)이 학술적 동지들과 함께 독일 제국 프로이센 왕국 산하에 '독일동방학회'- DOG/Deutsche Orient Gesellschaft-를 설립했다. 지몬은 당시 황제 빌헬름 2세와 매우 절친한 논객이었다. 동방학회의 과제는 분명했다. 우선 메소포타미아의 두 개의 대하(大河), 즉 티그리스강과 유프라테스강이 있는 곳, 그리고 이집트를 탐사한 후, 그 발굴품과 유적들을 무상으로 베를린 왕립박물관들에 제공한다는 것이었다. 지몬의 재정적 후원과 후견으로 최초의 팀이 준비 탐사를 위해 즉시 파견되었다. 결국 다음해인 1899년 독일 제국 동방학회의 이름으로 바벨론 발굴이라는 거대한 프로젝트가 시작된다.

그 바벨론 프로젝트의 단장은 물론 콜데바이였다. 콜데바이와 독일 제국 동방학회의 만남은 행운이었다. 그 유약 입힌 잉크빛 자기 벽돌 파편 세 조각, 벽돌의 몸에서 발견된, 마치 2400년 된 상처로 신음하는 듯한 그 작은 잉크빛 반점으로부터 바벨론 발굴은 시작되었다. 그렇다. 모든 것은 단지 유약 입힌 콜데바이의 그 석 장의 잉크빛 채색 벽돌 파편으로부터 시작됐다. 그것이 지금 베를린 페르가몬박물관 근동 아시아관에 버티고 선 고대 바벨론 왕국의 장대한 '이슈타르 성문 복원'의 시작이다.

단지 석 장의 코발트빛 파편이 거대한 기념비가 되는 기적의 시작은 그렇게 왔다.

1899년, 3월 22일, 콜데바이 고고학 팀은 바벨론에 도착한다. 작은 인원으로 구성된 팀이었다. 도착 나흘 후부터 이미 발굴 작업이 시작됐다. 당시 독일 제국과 오스만 제국과의 좋은 외교 관계 덕택으로 고고학적 계약, 즉 발굴된 것들에 대한 소유권 분배 계약은 잘 이루어졌다. 발굴 장소는 당시 아주 외만 사막의 한 부분이었다. 우선 숙소와 창고를 짓는 일이 중요했다. 최초의 팀은 소규모의 콜데바이 고고학 팀과 250여 명 가량의 원주민 노동자들로 구성되었다. 그들은 당시 보기 드문 독일제 오토바이를 타고 광활한 발굴 현장을 감시했다.

바벨론 존재 당시 중심 도시만 해도 2,5제곱킬로미터였던 그 거대 도시를 모두 발굴한다는 것은 불가능한 일이었다. 콜데바이 팀은 해부학적 지도를 가진 채 우선 가장 중요한 지점으로 추측되는 발굴 범위에 미친 듯 집중했다. 가장 먼저 24미터 깊이에 이르는 모래와 쓰레기 더미를 없애야만 했다. 그 모래와 쓰레기들을 운반해 내기 위해 야전용 선로가 세워져야 했을 정도였다.

독일 발굴 팀이 집중했던 것은 바벨론 역사 중 함무라비 전성기부터 느부갓네살 전성기 중 기원전 6세기, 기원전 600년경이라는 시간이었다. 즉 기원전 600년경 느부갓네살 2세의 시기에 해당하는 지층(地層)을 발견하는 일에 집중했다. 즉 신바빌로니아의 존재 기간 전후인 약 100년에 집중했다는 것이다.

콜데바이에게 이라크에서의 바벨론 유적 발굴 작업은 약 2400년 전인 기원전 6세기, 43년간 바벨론 제국을 통치해 온 느부갓네살과의 대결이었다. 그에게 푸른 반점의 그 벽돌 파편, 그것은 곧 기원전 6세기, 그 거대한 전설의 도시 바벨론을 43년간 통치한 건축 광 느부갓네살의 꽃인 '이슈타르 성문의 꿈을 꾸고 있는 파편'이란 이름의 알리바이였다. 반복해서 광택을 입힌 벽돌 조각들이 계속 발굴되었다. 그리고 그 유약 바른 소위 채색 자기 벽돌들은 이미 수 세기를 지나면서 소금기가 있는 대지, 그 지면에 놓인 채 해체, 분해가 위협되고 있는 상태였다. 이후 콜데바이는 알게 된다. 느부갓네살의 이슈타르 성문 건축은 당시 각각 3차에 걸친 건축 플랜에 의해 이루어졌다는 것을. 콜데바이가 갈겨 쓴 메모 한 쪽은 이렇다.

이슈타르 성문

1차 공사/ 동물 조각들, 그리고 유약을 사용하지 않은 벽돌 사용

2차 공사/ 동물 조각들, 그리고 유약 바른 벽돌 사용

3차 공사/ 전체, 유약 바른 채색 벽돌 작업

발굴 현장엔 당시 콜데바이의 수제자이며 조수였던 발터 안드라에가 있었다. 그는 건축가이며 소묘(素描) 화가였다. 그의 과제는 수많은 채색 자기 파편들이 당시 과연 무엇을 남기려고 하는지를 해독해 스케치해 내는 일이었다. 그는 1년 내내 그 파편 조각들을 조립해 모든 과정을 정밀하고 집요하게 스케치해 나갔다. 그는 말한다.

1천여 개 이상의 벽돌 파편을 일일이 맞춰 보고나서야 나는 이슈타

르 성문 벽에 부조된 한 마리 사자의 모습이 과연 어떠했는지 그 신비한 퍼즐의 종합을 그려낼 수 있었다. 그 조각들은 하나하나 땅 속에서 발굴된 후 마치 그들의 권리를 외치는 것 같았다. 모든 조각은 내게 크기를 측정해 기록해 달라고, 자기 자리를 찾아 그 의미를 발견해 달라고 발언하는 것만 같았다. 사자 한 마리의 실루엣을 정확히 파악하는 데 필요한 벽돌 파편이 무려 1천여 장이었다. 1천여 장 파편의 퍼즐 속에서 바벨론 신들의 상징 동물들은 비로소 우리에게 자기 본래의 실루엣을 밀고(密告)해 주었던 것이다.

그렇게 해서 이슈타르 성문 벽에 부조되었던 바벨론 신들의 상징이며 동행자인 용, 사자, 황소들에 대한 정밀한 스케치가 탄생했다. 그 동물상들은 신들의 상징은 물론, 포효하는 바벨론 왕의 권력의 증명이기도 했다. 그때가 사실 동방학회, 박물관장, 근동 연구가들, 연구원들 그리고 큐레이터들이 감히, 집요하게 고대 바벨론을 임신한 시기였다. 임신기의 입덧은 고요하지만 격렬했고 매순간 기대와 실망, 꿈과 악몽을 미친 듯 오가는 널뛰기 같은 현기증의 나날이었다.

고고학적 발굴 현장에서의 문제는 그곳의 대부분의 조형물들은, 사실 굽지 않은 진흙 벽돌로 되어 있어 형태들이 거의 남아있지 않다는 것이었다. 남은 것이라곤 오직 잉크빛 혹은 코발트빛 유약을 칠해 구워낸, 아직도 2400년간의 광채를 품고 있는 서슬퍼런 귀족적 벽돌들의 잔해였다. 중요한 것은 발굴 팀이 발굴 과정에서 손에 들어온 코발트빛 유약 처리된 그 채색 벽돌 조각들이 고대 역사 속에서 어떤 역사적 의미를 품고 있는지 단번에 알아챘다는 사실이다. 그들이 그 파편들의 발굴 장소, 발굴층 연대를 꼼꼼하게 기록해 두었음은 물론이다. 그 벽돌 조각들, 거의 쓰레기의 몰골을 하고 있는 그 파편들은 베를린 동방학회로 보내지기 위해 차곡차곡 나무 상자에 넣어 포장됐다.

발굴 작업들을 통해 고대 바벨론 폐허의 지층으로부터 캐내어져 우선 수집된 약 800통의 나무 상자의 파편, 폐기물-그 중 대부분은 코발트 빛 유약 벽돌의 파편들이 도시 국가 바벨론의 재현을 꿈꾸듯 누워있었다. 제3 시기의 그 푸른, 혹은 황금빛의 채색 도기 조각들이 모래사막 속에서 캐어져 올라온 것이었다. 800개의 상자-바벨론 고고학의 진주들는 사실상 폐허에서 길어올린 허무하고 비참한 쓰레기 모양을 하고 있었다. 그것은 베를린으로 수송되는 것이 허락되었다. 허락 조건은 이러했다. 복원된 한 부분의 부조물을 바그다드와 이스탄불로 되돌려준다는 것이었다. 지금으로서는 상상도 할 수 없는 협약이었다. 지금은 합법적이지 않아 보이지만 당시는 그것이 합법이었다. 더구나 당시 이라크는 1932년 이전까지 영국령(領)의 우산을 쓰고 있는, 아직 주권 국가가 아니었다.

그즈음 발굴 성과에 대한 소식이 베를린에 전해졌다. 지층 24미터 깊이에서 발굴 팀들은 바벨론 성 앞 장엄한 행렬 거리, 즉 바벨론 제국의 국가 광장 길의 흔적들, 조각, 파편들을 발견했다는 보고였다. 그것은 놀랍지만 전설처럼 전해오는, 장대한 이슈타르 성문이라는, 제국의 정점(頂点)인 광장이고 행차 길이었다. 그것은 느부갓네살 왕의 도시 바벨론의 본질적인 황금 왕관 즉 마르둑 신전의 한 부분이나 다름없지 않은가. 그것만으로도 이미 엄청난 성공이었다.

그렇다. 발굴 현장, 지층 24미터 깊이에서 발굴, 수집된 벽돌 조각의 파편들은 무려 수백만 점이었다. 콜데바이와 안드레아스가 꿈꾸는 자들이 아니었다면 그 조각들은 단지 큰 산을 이루고 있는 쓰레기더미에 불과했다. 당시 이라크 영토의 주권자인 오스만 왕국조차도 대체 독일 고고학 팀이 발굴해 낸 그 채색기벽돌의 엄청난 쓰레기더미가 과연 박물관적으로 무엇이 되어 줄 수 있을지 매우 허무한 심정이었다. 어떻든 유적지 발굴 파편들이니 영토소유자 오스만 왕국과 독일 제국 발굴 팀은 그 쓰레기더미라는 가면을 쓰고 있는 고대 바벨론의 꿈 조각들을 약정서에 따라 서로 분배했다.

1903년, 우선 두 척의 배가 399개의 나무 상자를 싣고 독일 항구에 들어왔다. 399 상자 속엔 온통 유약을 발라 구어낸, 기원전 600년의 아득한 광채를 품고 있는 코발트블루의 벽돌 조각들과 약간 다른 성격의 유물들로 기득 차 있었다. 이후 다시 선명하고 화려하게 채색 벽돌 파편들로 가득찬 536 상자가 도착했다. 수송을 위해 8개의 차량이 달린 열차가 필요했었다. 그리고 열차에서 다시 선박으로 베를린에 도착했다. 엄청난 분량의 파편을 담은 상자들. 그 파편들을 과연 어떻게 박물관 내부에 전시할 것인가가 문제였다.

베를린에 도착한 벽돌의 파편들은 전쟁과 세월 속에서 그 바벨론을 짓밟고 간 시간들, 가령 바벨론-페르시아-그리스-로마라는 이름의 정복 제국들에게 가차 없이 밟힌 채 혼절한 사막의 땅에서 실려 온 절규일 수도 있었다. 거대한 제국의 멸망의 비명과 요염한 잉크빛 파편들이 뿜어내는 시간의 증언들에 숨을 불어 넣는 일, 그것은 그야말로 광적인 인내

심, 미친 상상력을 요구하는 고고학적 실험이었다.

베를린 동방학회 측의 실망이 매우 컸다. 바벨론 제국의 거대한 고대 입상이나 황금빛 예장품을 기대했던 베를린 동방학회는 형편없이 작은 조각들, 옛 바벨론 성벽을 구성했던 쓰레기 더미 모양을 한 파편 조각들 더미에 실망했다. 그것이 긴 시간 그곳에서 머물렀던 고고학 팀의 추수의 결과라는 데 우울하기까지 했다. 황제와 학회의 비범한 지원에도 불구하고 바벨론 탐사품 속에는 그토록 소망하던 스펙타클한 박물관적 드라마를 연출해 줄 탁월한 발굴품 같은 것은 아예 없었으니 말이다.

1906년 6월 1일, 황제 빌헬름 2세 앞에 당시 소위 '바벨론의 용 복원과 재구성'이라는 모형안이 제시됐다. 황제는 기뻐했다. 그러나 그도 그 시점에서 거대한 바벨론의 이슈타르 성문이 복원되어 박물관 안에 우뚝 서게 되리라는 것은 상상하지 못했다.

우선 그 399 상자를 가득 채우고 있는 셀 수 없이 많은 파편들은 일일이 세척되어 하나하나에 어김없이 번호가 매겨졌다. 이후 5백여 상자의 파편들이 도착했다. 수십만 조각들에 번호가 매겨지고 종이 봉지 속에 일일이 묶여 봉함된 것이다. 그 파편들은 봉지 속에 분류되어 봉함된 채 그 박물관 속에서 가능한 한 기원전 600년, 그 이슈타르 성문을 이루었던 바로 그 자리, 2400년 전 그 자리, 그 퍼즐에 놓이는 기적을 꿈꾸고 있었다. 놀랍지만 그것이 페르가몬 근동아시아 박물관의 기본 보물이 되었다. 그 399개의 상자 속의 잘게 부서진 푸른빛 파편들이 지금은 박물관 속에 이슈타르 성문과 바벨론 제국 광장의 길이라는 박물관 속 드라마가 되어 우뚝 서있다. 전문가들은 그것이야말로 기원전 600년전, 느부갓네살의 광적인 건축학적 야망과, 20세기 초 베를린 박물관 사람들의 미친 열정이 만들어낸 예술적 합작품이라고 말한다.

파편들은 탈 염분 작업을 위해 엄청난 숫자의 나무 물통 속에 일일이 담겼다. 그 고단한 수공업은 근동아시아 박물관 부속 건물에서 시행되었다. 바벨론 탐사는 베를린 박물관이 수행한 발굴 작업 중에서 가장 많은 노동과 경비가 들어간 그야말로 비싼 프로젝트였다.

1917년, 1차 대전이 터지고 영국 군대가 바벨론에 접근하던 날들까지 콜데바이 팀은 발굴 작업을 계속했다. 전쟁 발발로 결국 팀은 바벨론 발굴 현장을 떠났다. 콜데바이는 20년간 단 한 번의 휴가도 없이 바벨론뿐 아니라 메소포타미아 문명의 운명적인 장소들, 앗수르, 우룩의 발굴에도 몰두했었다. 그의 아랍어 지식, 고고학, 건축학 전공 지식 등 모든 것이 당시 독일 고고학 발굴 팀의 지휘자로서는 매우 이상적이었다. 1차 대전 말 그가 베를린으로 돌아왔을 때 고고학 세계는 역사적 상상력과 집념을 동시에 지닌 그 고고학자로 인해 20년 전보다 훨씬 더 많은 바벨론과 느부갓네살에 대한 지식을 갖게 되었다고 학계와 신문들은 보도했다.

20년간 바벨론 발굴 작업 후 독일로 돌아왔을 때, 지인들은 그가 더 이상 독일인이 아니라는 것을 알았다. 그는 지층 24미터 아래서 바벨론을 탐사하는 동안 이미 아라비아 원주민이 돼 있었다. 그는 셈족 사람처럼 말하고 웃고 제스처를 보냈다. 사막 지층의 바벨론이 그를 그렇게 변화시켰다. 바벨론 발굴자로 불리우는 콜데바이는 1917년까지 독일 발굴 팀의 이상적인 수장이었다.

콜데바이에겐 개인적 열망이 있었다. 독일 고고학 팀의 발굴 기간 동안 유럽 기독교인들에겐 한 가지 희망이 있었다. 그 발굴 팀에 의해 구약성경의 기록들, 즉 유프라테스 강변에 세운 전설의 도시인 바벨론에서 일어난 사건의 현장들이 또렷이 증명되길 원했던 것이다. 콜데바이는 여행자들의 그런 희망을 실망시키지 않기 위해 발굴 터의 한 구덩이를 '다니엘의 사자 굴'이라고 말하고 벽돌 굽는 터를 '세 친구들의 불가마'라고 얘기할 수 있는 날을 열렬히 고대했다. 사실 기독교계의 그 목마른 기대, 즉 그 지층 24미터 아래서 '다니엘의 사자 굴'이나 '세 친구의 불가마 터'를 발견하는 기적 같은 것은 이루어지지 않았다. 1925년 2월 4일, 그가 사망했을 때 제자들은 회상했다. 21세기 시민 중 콜데바이 만큼 바벨론과 느부갓네살을 집요하게 추적한 사람은 없었다고.

1928년, 이라크의 바벨론 폐허에서 1천 조각의 파편 퍼즐 속에서 사자상을 그려낼 수 있었던 안드라에는 선임자 콜데바이를 이어 프로이센 제국 페르가몬박물관 근동(近東)관 관장으로 임명됐다. 폐허의 사막과 육지의 지층으로부터 섬세하게 발로 수집된 채색 유약 벽돌의 파편들이 베를린에서 긴 방부 작업을 거쳐 일일이 손으로 수행하는 분류 작업이 시작된 것도 그때였다. 정말이지 수년간의 방부 작업과 다시 그것을 분류하는 수공업이 계속된 것이다. 그는 그야말로 열렬하게, 고집스럽게 그 작업에 몰두했다. 페르가몬박물관은 건축 기간 동안 고고학적 상상력 속에서 완성되어 가는 전설적인 이슈타르 성문 때문에 건축 설계도를 바꿔야만 할 정도였다. 페르가몬박물관은 그 건물 안에 장대한 이슈타르 성문과 그 문 앞에 펼쳐진 장엄한 바벨론 제국 광장까지 품어야 했기 때문이었다.

발굴된 수많은 파편 조각들로도 맞춰지지 않는 신성한 동물의 부조 부분을 대체 어떻게 복원해야 할 것인지, 박물관 내 전문가들의 심각한 의견 충돌이 있었다. 그 갈등이 극도에 달하자 황제는 학술회의를 열었다. 전문가, 관계자 모두를 초대하고 바벨론 이슈타르문의 성스러운 동물들 부조를 과연 어떻게 복원해야 할 것인가 하는 토론의 장을 열었다.

그 자리에서 안드레아는 자기 의견을 관철시킬 수 있었다. 그는 황제에게 그 파편들을 갈아내고, 그 위에 그려 넣음으로써 완성시키는 데 반대한다고 말했다. 그는 파편의 부족한 부분의 그 빈자리를 솔직하게 그대로 남겨두고 원형의 모습을 그대로 노출시키길 원했던 것이다.

결국 그가 이라크 바벨론 폐허의 사막 먼지 속에서 그려냈던 그의 스케치로부터 탄생한 이슈타르 성문, 실제 크기의 복원 작업이 계속됐다. 조각가와 도자기 전문가, 각 분야의 탁월한 공예인들이 참여했다. 도자기 작가는 그녀의 공방에서 찬란한 터키빛으로 옷을 입은 바벨론 채색 벽돌을 분석했고, 그 벽돌을 재현해 구어내야만 했다.

1930년, 베를린 페르가몬박물관 근동관에 거대한 크기의 스카이블루 빛 이슈타르 성문이 복원돼 우뚝 섰다. 나는 스카이블루의 채색 벽돌이라고 쓰고 있지만 사실 그것은 오션블루, 즉 대양(大洋)빛 블루이거나 코발트블루에 가깝다. 그러나 의미상 그것은 스카이블루가 맞다. 건축주 느부갓네살은 그 거대한 성문에 하늘의 빛을 입히길 원했으니까. 복원된 이슈타르 성문은 당시 느부갓네살이 그토록 추구했던 바벨론 건축 미학(美學)의 정수였다.

2400년 전 느부갓네살이 만들어낸 기적이었던 그 이슈타르 성문. 그 성문은 바벨론 제국의 국가 신인 마르둑의 신전으로 가는 '상승(上昇)의 길'의 시작, 즉 프롤로그였다. 마르둑 신전은 그 프롤로그의 도착점이고 정점(頂點)이고 클라이막스였다. 한 고고학자는 그것이 바벨론 제국이 세운 '하늘의 길'이라고 말한다. 그 말은 맞다. 그 정점에 마르둑 신전과 느부갓네살이 재건한 기원전 6세기의 마천루(摩天樓)-바벨탑-가 있었다. 그 푸른 자기 벽돌을 내가 반드시 스카이블루라고 적어야 하는 것도 그런 이유이다. 이슈타르 성문을 장식하고 있는 코발트빛 찬란한 채색 벽돌, 그것은 하늘을 담고 있다고 발굴자 콜데바이도 장담했으니 말이다.

2400년 전 바벨론 제국의 신들, 마르둑, 이슈타르, 나부들의 상징이며 동행자로서 그들의 카리스마를 포효했던 사자상들은 산산조각이 난 채 파편이 되어 지층 깊은 곳에 매장돼 있었다. 아아, 문제는 그 파편들 속에서 발견된 우연 같은 그 푸른 반점이었다. 2400년이란 시간의 폭력에 나가떨어진 것 같은 그 푸른 멍자국, 그러나 콜데바이의 입체적 영감(靈感)은 그 푸른색이 아마도 코발트빛일 것이라고 진단했다. 그리고 그가 들고 온, 산산히 깨어진 파편 몇 조각과 그 파편 귀퉁이의 그 아련한 푸른 반점이 가리키는 2400년 전의 미학(美學)에 주저 없이 자금을 대기로 결정한 독일 제국 황제 빌헬름 2세의 만남은 결국 1930년, '베를린 속의 바벨론'이라는 이슈타르 성문 복원의 기념비적 기적을 낳고 있는 것이다.

1930년부터 이슈타르 성문은 복원된 채 독일 베를린 페르가몬박물관 근동관 심장부에 우뚝 서있다. 바로 그 성문에 새겨진 명문(銘文)의 파편으로 콜데바이는 그것이 이슈타르 성문임을 확신할 수 있었다. 그 명문은 이렇다.

> 느부갓네살 2세, 바빌로니아의 왕, 나보폴라사르의 아들, 내가 그이다. 이슈타르 성문, 그것은 내가 푸른빛 유약으로 구워낸 채색 벽돌들로 나의 신, 나의 주인인 마르둑을 위해 건설했다. 장대하고 용맹한 구릿빛 동물들, 압도적인 힘을 지닌 용의 형상, 나는 그것들을 그 성문의 입구에 우뚝 세워놓았다. 석회암 판들로 나는 황소의 조각을 새겨 넣었다. 마르둑, 나의 고귀하신 주인이시여, 영원한 삶을 내게 선물로 주소서.

30

인간신(人間神)의 아고니
- 황금 신상

느붓갓네살이 대체 언제 그 황금 신상을 세우게 했는지 확실치 않다. 그의 재위 18년째라는 설이 유력하다. 그는 적어도 유대 민족에겐 운명의 해인 기원전 605년, 이집트에도 있었다. 그는 그곳에서 분명 람세스 2세가 건축한 거대한 신상들을 보았을 것이다. 람세스 2세는 그의 통치 기간 동안 상상을 초월하는 거대한 규모의 건축물들을 세우게 했다. 더 중요한 사건이 있다. 다니엘서 2장에서 느붓갓네살의 꿈에 등장한 거대한 신상에 대한 다니엘의 해석은 이렇다.

> 왕이여, 그 신상의 머리는 순금으로 만들어져 있습니다(단 2:32).

다니엘은 말한다.

> 순금으로 만들어진 그 신상의 머리는 바로 느붓갓네살 왕, 당신을

가리키는 것입니다. 당신께서 다스리는 이 제국이 그 순금처럼 막강하다는 것을 보여줍니다(단 2:38).

그 꿈의 해석을 통해 다니엘은 그렇게 느부갓네살에게 역사의 주인이신 야훼 하나님의 전능을 알렸고, 느부갓네살은 그렇게 소문으로만 듣던 야훼 하나님을 만났다. 중요한 것은 그것이 다니엘의 바벨론에서의 결정적인 정치적, 종교적 데뷔 무대가 되었다는 사실이다.

어쩌면 그 꿈의 해석이 느부갓네살의 두라 평원 황금 신상 건립에 영감(靈感)을 준 것일 수도 있다. 마침내 그는 꿈의 해석에서 등장한 신상과 순금이라는 키워드 속에서 자기 권력의 절정과 왕국의 영원성에 대한 결정적 확신을 얻었을 가능성도 있다. 어차피 그에게선 이미 자기 영광과 권력에 만취된 도취의 알콜 냄새가 난다.

다니엘의 예언 중, 느부갓네살은 자신과 자신의 왕국이 '순금 머리 신상'이라는 해석에 취해있었다. 제3장에 이르면 느부갓네살은 과연 자신이 누구인지를 주저 없이 노출시킨다. 그는 그의 세계, 그의 우주 안에서 모든 영광과 존경을 자신의 것으로 만들지 않으면 견딜 수 없을 정도로 자기 업적, 자기 권력에 만취되어 있었다. 그것이 그의 광증의 시작이었다. 그 황금 신상의 규모는 그야말로 거대한 것이었다. 높이 30미터, 넓이 3미터였다.

그렇다. 이제 그 두라 평야에 광기에 찬 아담 하나가 서있었다(아담을 인간이라고 번역한다면 말이다). 본질적으로 말한다면 하나님께로부터 받은 시한부(時限附) 권력을 사용해 자신의 신상(神像)을 세우는 인간이 있다. 말하자면 두라 평야에 세운 그 거대한 황금 신상, 그것은 느부갓네살이라는 이름의 바벨탑이었다. 지상의 왕들은 어느 지점에선가 하나님의 권위를 뛰어넘어 자신의 바벨탑을 또렷하게 세운다. 그즈음 그는 자신의 새 왕국, 신바빌로니아에 대한 구체적 무대 장치가 필요한 시점이었다. 예루살렘 성전에서 약탈한 성전 기구라는 전리품을 하필 바벨탑의 고향, 시날 땅에 있는 바벨론 신들의 창고에 보관했다는 그 보고로부터 느부갓네살은 세속 도시의 대리자, 대표자가 되기로 운명지어져 있었는지도 모르겠다.

이상도 하지, 이제 막 완성이 끝난 거대한 황금 신상, 느부갓네살 왕, 수천 명의 고관, 왕실 오케스트라라는 두라 평야에 준비된 거대한 낙성식(落成式) 무대 옆에 불가마가 놓여 있는 느부갓네살의 무대 장치 말이다. 애초 무슨 목적이었는지 모르지만 불가마엔 이미 불길까지 모두 준비돼 있었다. 준비된 불길 온도가 얼마나 높았는지는 알 길이 없다.

중요한 것은 불가마는 당시 바벨론 첨단 건축술의 총아였다는 것이다. 그들은 당시 벽돌 굽는 기술만으로도 모자라 그 벽돌에 유약을 입혀, 도자기급 푸른 채색 벽돌과 황금빛 에나멜 벽돌을 구어냈었다. 그 벽돌로 그들은 그들이 열광하는 전쟁의 여신 이슈타르의 코발트빛 성문을, 그 코발트빛 몸판에 황금 채색 벽돌로 새겨넣은 신들의 상징-용, 사자, 황소들을 부조해 넣었다. 유약 입힌 채색 벽돌, 채색 도기를 만들어내는 첨단 기술. 그 에나멜 벽돌들은 적어도 1500도의 불길을 유지하는 불가마-기원전 6세기의 용광로-에서 찬란한 빛으로 구어져 나와 신전과 공중정원에 채색 옷을 입힘으로써 바벨론 제국에 폭팔적인 광휘(光輝)와 섬광(蟾光)을 불어넣었던 것이다.

이집트 전쟁에서의 승리, 그것은 느부갓네살에겐 경이로운 징조였다. 그는 자신이 이집트라는 그 오래된 제국, 그 노회한 사막의 쟈칼 같은 노제국을 이길 수 있다고 생각하지 못했을 수도 있다. 영원한 승자로 간주됐던 이집트의 정복 전쟁 중, 그는 아마도 자신이 이집트를 정복할 경우, 그 거대한 제국이 자신의 제국의 모델이 되어야 한다고 생각했을 수도 있다. 이집트와의 전투 때 그의 부왕 나보폴라사르는 전군(全軍)에서 가장 정예한 부대를 장남 느부갓네살에게 맡겨 특수전을 치르게 했었다. 그 유명한 이집트 카르케미스 전투에서 느부갓네살이 이집트의 파라오 네코를 격퇴, 참패시켰을 때 바벨론에 들어설 거대한 바벨탑, 거대한 개선문격인 이슈타르 성문의 건축은 이미 예정돼 있었는지도 모른다. 어떤 의미로든 정복 전쟁 현장에서 느부갓네살이 목격했던 이집트 제국의 거대한 건축물들은 거의 모두 신들의 집인 신전이었다. 이집트처럼 바벨론도 수많은 신들의 전당(殿堂), 만신전(萬神殿)이 될 운명은 그때 이미 내적(內的) 스케치가 끝나있었다.

두라 평야라는 광대한 무대 복판에 세워진 30미터 높이의 거대한 황금빛 신상. 느부갓네살은 하나님이 그에게 부여한 시한부적인 역사적 배역을 자신의 것으로 만들어 버렸다. 그 낙성식이 느부갓네살에겐 소위 신민으로부터 절대적 충성 서약을 받아낼 수 있는 무대였을 수도 있다. 통치 18년차 제국에선 아마도 군주와 신하 간의 그런 장대한 예식의 비준(批准)이 필요했을 수도 있다. 특히 신바빌로니아 같은, 왕국이 아닌 제국에선, 다국적, 다문화로 뒤엉킨 복합 사회에선 군주에 대한 절대 충성이라는 통합 예식은 하나의 필연일 수도 있다. 그것이 당시 신바빌로니아 제국으로서도 결코 양보할 수 없는 시대적 필연, 시대적 욕구였을 수 있다. 그러나 그 황금 신상은 스스로 신이 되고자 하는 느부갓네살의 거대하고 찬란한 황금빛 마스크라는 사실까지 숨길 수는 없었을 것이다. 낙성식의 시작이다. 의전관이 소리친다.

명령이다. 이곳에 있는 모든 자들은 바로 그 황금 신상 앞에 무릎을 꿇으라, 너의 존재 전체를 엎드리라, 경배하라, 결코 예외 같은 것은 없다.

거창한 낙성식, 그 행사 의식은 결코 이상한 것이 아니다. 그 황금 신상-느부갓네살의 화신(化神)-은 그야말로 그의 장대한 업적을 상징하는 자기 보상적 사건으로, 그 장대한 신상에 걸맞는 놀랄만한 의식이 필요했다. 더구나 그의 왕국은 이제 수집품처럼 정복 국가가 늘어나면서 이미 광대한 제국이 되어있었다. 그러니 그가 정복한 국가, 속국들의 모든 고관들도 참석했을 것이 분명하다. 다니엘서가 왜 그토록 길고 긴 고위 관리들의 참석자 명단을 나열했는지에 대한 이유가 분명 있을 것이다. 종교, 정치, 국방, 법률, 행정부의 모든 관리들은 그야말로 느부갓네살 자신인 바로 그 신상 앞에 엎드려야만 했다. 그 낙성식이라는 이름의 국가 행사를 통해 자신의 업적과 부(富), 절대 권력 앞에 절대 경의를 표하며, 새롭게 충성을 받아내고, 자신의 능력을 다시 한번 경의와 경악 속에서 전시하는 퍼포먼스가 필요했다.

그 엎드림은 단순한 군신(君臣)의 충성(忠誠) 관계를 뛰어넘어 이제 '경배(敬拜)의 관계'가 되었음의 증명이었다. 그는 스스로 인간신이 돼 있었다. 그렇다. 그는 지금 신하의 절대 복종이 아니라 자신을 왕이 아닌 신으로 선포하는 숭배 예식, 경배 예식을 거행하고 있는 것이다. 그렇게 함으로써 그는 자신을 마침내 신으로 선포하고 있다. 인간은 누구나 자기 교만의 높이만큼 하나님과 떨어져 있다. 교만의 높이가 곧 하나님과의 거리이다. 느부갓네살은 지금 역사의 주인인 하나님이 그에게 준 권력과 시간을 자기 개인의 것으로 탈취하고 있다. 나는 그것을 차라리 인간 신이 된 절대 권력자의 아고니-비명(悲鳴), 절대 권력자의 엑스터시-만취(滿醉)-라고 말하고 싶다. 그것이 바로 인간이 좌초하는 지점이다. 그리고 이제 왕실 오케스트라의 음악이 울린다. 신호로서, 그것은 인간 사육을 위한 완벽한 연출처럼 보인다.

다니엘의 세 친구-사드락, 메삭, 아벳느고-에겐 바로 그 불가마가 바벨론이었다. 그날 느부갓네살이 내린 그 화형(火刑) 명령이 아니더라도 그들은 이미 바벨론이라는 불가마, 절망이란 이름의 화형(火刑) 아래 살고 있었다. 그래서 다니엘 4장 속에서 우리는 다니엘서라는 거대한 액자 속에 또렷이 장치된 다니엘의 세 친구와, 불가마 사건이라는 작은 액자를 본다. 바벨론과 느부갓네살이라는 거대한 제국과 제왕이라는 액자 속에 돌연 장치된 불가마와 아름다운 세 청년이라는 액자를 말이다. 다니엘의 세 친구는 그날 이미 30대 중반의 고급 관리였다. 그럼에도 불구하고 나는 그들을 감히 세 청년이라고 부른다. 그들 존재를 채우고 있는, 하나님에 대한 청청함 때문에 내게 그들은 영원한 청년이다.

31

초월자의 암호(暗號) 그리고 레비아탕

다시 말하지만 느부갓네살이 두라 평원에 거대한 황금 신상을 세운 것은 통치 18년째였다. 제국의 번영은 절정에 이르렀다. 경쟁자 메데 왕국도 이젠 더 이상 그를 불안하게 하지 못했다. 황금 신상은 느부갓네살에겐 그의 승전비, 그의 개선문 같은 것이었다. 국가 신 마르둑에게 바치는 신상이 아니라 신바빌로니아 제국 역사를 새로 써가는 자신에게 바치는 개인 바벨탑이었다. 황금 신상은 그의 통치 절정에 자기 개인을 찬양하는 바벨탑으로 거기 있었다. 그는 그렇게 자기 생애 최고의 시간을 통과, 자축하고 있다. 바벨탑의 이데올로기는 자명하다.

너도 신처럼 되리라.

최초의 바벨탑 건축주인 님로드 왕도 바벨탑을 하늘까지 쌓아올림으로써 하나님과 결전(決戰)할 생각이었다. 피터 브뤼겔의 명화 '바벨탑' 속에는 바벨탑 6층쯤 되는 곳엔 이미 탑의 고도(高度)-반드시 하늘까지 닿으려는-를 알리는 백합빛 새털 구름 한 자락이 걸려 있다. 그것이 하나님께 도전했던 최초의 마천루의 시작이다. 하나님이 그 건설 현장의 언어를 뒤섞어 놓으심으로 미완성으로 끝장난다. 그날로부터 느부갓네살이 그 탑을 다시 재건할 때까지 탑은 폐허 속에서 그 첨탑을 묻은 채 마멸되어 갔다. 시날 평야의 그 바벨탑을 수리, 재건한 것은 느부갓네살이었다. 그렇게 함으로써 그는 기꺼이 바벨탑의 건축주 님로드의 후계자가 된다. 이제는 시날 평야가 아니라 두라 평야다. 두라에 자신을 위한 기념비, 제2의 바벨탑인 거대한 황금 신상을 세운다. 그 크기는 너무 거대해 신상(神像)의 제작이라기보다 차라리 신상의 건축이다. 시날이 아닌 두라에 세운 기원전 6세기의 마천루의 낙성식, 제막식이다. 그 제막식엔 느부갓네살 제국을 이루고 있는 모든 피지배국 대표들도 참석해 있었을 것이다. 다니엘서 속에서 그들은 나라들, 각 언어를 말하는 자들로 출석자 명단에 적혀 있다.

황금 신상에 절하라.

이 지점에서 느부갓네살에게선 로마판 느부갓네살인 칼리굴라적 광기가 느껴진다. 그렇다. 그는 스스로 인간신이 돼 있었다. 느부갓네살이 바벨론이고 바벨론이 곧 느부갓네살이었다. 왕이 곧 국가인 것이다. 이럴 때 토마스 홉스의 저서 『레비아탕』(리바이어던, 1651) 속의 도발적 명제(命題)이며 테제, '국가는 레비아탕인가'가 생각난다.

그 테제-정(正)-의 맞은 편에 눈부신 세 청년이 옷깃을 펄럭이며 안티테제-반(反)-으로서 서있다. 느부갓네살은 하나님의 검(劍)으로서 왔다.

그리고 그 세 청년은 시퍼렇게 갈린 기도의 검으로서 선 채 느부갓네살의 급소(急所)를 사정없이 내리친다. 바벨론이라는 우상(偶像)의 정글 속에서 세 청년은 이미 우상의 정체가 무엇인지 알아버렸다. 인간은 자기 욕망, 자기 공포만큼 신(神)들을 만들어낸다. 매 욕망, 매 공포에서 신들이 태어난다. 바벨론이 신들의 정글이 된 것은 그곳이 인간 욕망과 공포의 거대한 게토였기 때문이다.

두라 평원에 선 거대한 황금 신상 속에서 세 청년은 인간 느부갓네살과 인간신 느부갓네살 사이에 운명적 분열(分裂)이 오고 있음을 보았다. 희랍어로 분열은 '쉬조(Schizo)'이다. 그 분열로부터 정신 분열증-쉬조프레니(Shizophrenie)-가 왔다. 세 청년은 느부갓네살에게서 그 분열을 보았다. 그의 존재가 부서지는 파편을. 그것이 인간이 괴물이 되는 지점이다. 다니엘서 다음 장에서 우리는 결국 정신 분열이 닥친 느부갓네살을 죽은 자들의 게토, 동굴 무덤 앞에서 발견할 것이다.

세 청년은 기도 속에서 박쥐의 청력을 다해 초월자(超越者)의 암호(暗號)를 경청하고 해독해 낸 자들이었다. 그들은 두라 평야의 황금 신상 속에서 느부갓네살의 정치적 포르노, 느부갓네살 통치 철학의 외설스런 춘화(春畵)를 읽어내고 있다. 아니, 절대 권력자 레비아탕을 보고 있다.

불가마를 평일보다 7배나 뜨겁게 하라.

느부갓네살의 명령 속에서 그들은 결사적으로 카인의 완장(腕章)을 차고 절규하는 악성 공격자 느부갓네살의 치명적인 무력감을 간파(看破)한다.

32

불가마 속에서 부르는 절창(絶唱)

거대한 평원에 모인 그 엄청난 숫자의 참가자들이 신상 앞에 엎드렸다. 적어도 1천 명은 넘었을 것이다. 그 세 남자만이 세 그루 나무처럼 우뚝 서있었다. 그야말로 직립(直立)해 있었다. 그들은 그저 무명(無名)의 시민들도 아니었다. 주목받는 예루살렘 출신의 엘리트 행정관들이었다. 그들은 소위 그 제국의 왕립 대학에서 특수 교육을 받고 선택된, 왕이 신임하는 관료들이었다.

그저 짧은 순간이었다. 그 순간만 잠시 무릎 꿇으면 될 일이었다. 다른 사람들은 그렇게 했다. 국가로부터 수여된 관직이 그들에게 고개 숙이기를 요구하고 있었다. 관직을 받을 때 그들은 국가 바벨론에 충성, 복종하겠다는 직업 선서 같은 것도 했을 것이다. 왕의 명령이 곧 국가의 법이었다. 아니 적어도 국가 통치자의 명령이었다. 연대(連帶)에게 내려진 강제(强制)였다. 더구나 느부갓네살이 국가 신 마르둑의 현신이라는 것은 바벨론 세계에선 이미 공공연한 것이었다.

　그들 3인의 청년들 존재 속에 들이닥친 자기 정당화도 있었을 것이다. 가령 이런 변명 같은 것 말이다. '우리가 오늘 저 황금 신상에 무릎 꿇고 목숨과 관직을 유지한다면, 우리는 바벨론이라는 적국(敵國)이며 동시에 망명지인 이곳에서 하나님의 선민인 동족들에게 훨씬 더 유익한 일을 할 수 있을 것이다.' 그들 내면에서 울렸던 이 변명을 지성적인 그들은 근거가 충분한 수사를 동원해 만들어 낼 수도 있었을 것이다.

　바벨론 남자들-그들의 경쟁자들-에겐 절호의 기회였다. 불안과 위협이 지배하는 곳엔 반드시 스파이들이 있다. 그들은 주저 없이 고발한다. 그들의 고발, 고소는 느부갓네살의 자부심, 그의 통치관을 사정없이 건드렸다. 그들은 왕에게 기억시킨다.

　　왕이여, 그들은 당신에 대한 존경심이 전혀 없습니다. 그들은 황금 신상 낙성식에 참석했습니다. 그러나 당신 앞에 복종하길 거절합니다.

　　그들은 당신의 신들, 우리의 신들에게 경배하지 않습니다. 그들은 우리의 신, 당신의 신, 즉 지상의 신들이 아닌, 자신들만의 하늘의 신을 모십니다.

　　그들은 결코 황금 신상에 경배하지 않습니다. 그들의 경배는 하늘에 계신 그들의 유일신 야훼에게만 가능합니다.

우리는 놀란다. 그 세 유대인 청년이 망명의 땅에서 당시 지상 최고 제국의 통치자의 명령을 감히 거절하는 것을. 아아, 그들에겐 타협, 절충, 순응, 합병 같은 세속적, 외교적, 차선(次善) 같은 것은 아예 없었다. 그들은 생존을 위해 합법과 불법 사이의 수상한 영역, 그 어떤 회색(灰色) 지대를 선택할 수도 있었다.

느부갓네살은 그 세 남자가 자신이 스스로 국가의 고위 관직으로 임명한 3인이라는 것을 알았다. 느부갓네살은 최고의 인재들을 원했고, 자신에게 절대 복종을 요구하는 것은 왕립 학교 등을 통해 그들을 왕국 재목(材木)으로 길러낸 자신의 권리라고 생각했는지도 모르겠다. 느부갓네살은 극도의 분노와 배신감에 휩싸였다. 이 지점에서 바벨론 남자들, 경쟁자들의 시기심과 느부갓네살의 분노는 맞아 떨어진다. 느부갓네살은 이미 한 제국의 왕, 그리고 세 청년은 그가 정복한 땅에서 끌고 온 살아있는 전리품인 포로 신분이었다. 어차피 그의 거대한 제국의 한 부품(部品)에 불과한 존재들이었다.

느부갓네살은 그 황금 신상의 정체에 대해 말한다. 그 황금 신상 뒤엔 바벨론의 신들이 서있었다. 그것은 마르둑, 이슈카르, 신, 난냐그 모든 것을 합친, 그야말로 바벨론 우상의 총체, 소위 황금으로 휘두른 바벨론의 서있는 만신전(萬神殿)-판테온-이었다. 아니, 그 황금 신상은 바벨론의 모든 신의 마스크를 쓰고 있는 금칠이 된, 스스로 신이 된 느부갓네살의 황금 마스크였다.

그들이 문득 느부갓네살에 대한 개인 숭배와 왕명을 거역하고 있다. 그것은 거의 국가 전복(顚覆)과도 같은 정치적 지진이었다. 왕의 면전에 대고 선포되는 야훼 하나님에 대한 신앙 고백, 그것은 느부갓네살에 대한 최고의 반역이었다. 왕립 대학 출신의 지성파 관리가, 그것도 적어도 1천 명의 고급 관중과 왕실 오케스트라 앞에서 터져 나온 정치적 반항, 반기, 지진이었다. 그 장려한 황금 신상과 화형장인 불가마가 동시에 존재해 있는 무대 상황, 황금 신상과 화형장이 동시에 준비된 그 낙성식장은 마치 초현실주의적인 설치 미술을 보는 듯한 대결의 섬칫함을 느끼게 한다.

느부갓네살은 세 청년에게 자신에 대한 충성을 증명할 다시 한번의 기회를 준다. 다시 불복할 때 내릴 심판을 언급하며 협박한다. 불복에 대한 처형의 방법은 화형, 즉 불가마 용광로에서의 화형이었다. 불가마는 이미 준비돼 있었다. 이미 불길이 널름대고 있었다. 한 곳에선 황금으로 장식된 거대 신상이 태양에 빛났고 반대편에선 화형장의 불, 법정의 용광로가 불을 토하고 있었다. 느부갓네살은 이미 준비되어 있는 자신의 경악할 화형 도구, 용광로라는 벌의 규정에 대해 다시 한번 확인해 주고 있다. 그리고 질문한다.

너희는 너희를 구해 줄 다른 신이 있다고 믿고 있는 것이냐(단 3:15).

과연 그런 신이 존재하느냐. 너희를 나 느부갓네살의 손에서 구해낼 수 있는, 그런 구조자로서의 신이 과연 존재하기는 하는가. 독일어 성경은 '구조자'가 아니라 좀 더 본질적인 심화된 명사를 사용한다. 즉 '구조자(Retter)'가 아니라 '구원자(Erretter)'라고 번역함으로써 주저 없이 참을 수 없는 구약의 본질-메시아-을 폭로하고 있다.

느부갓네살의 그 질문은 출애굽 사건 때 모세에게 던졌던 이집트의 파라오 람세스 2세의 질문을 기억나게 한다.

> 여호와 하나님이 대체 누구란 말이냐. 알지도 못하는 그의 말을 듣고 내가 이스라엘을 내보내겠느냐. 나는 여호와를 모른다(출 5:2).

느부갓네살이 바로 그 재앙적 질문을 한다. 그 질문을 함으로써 그는 하나님께 거침없이 도전한다. 그는 세 청년의 주인, 야훼 하나님이 갖고 있는 지상의 모든 통치권에 대한 예감 같은 것은 아예 없었다. 그는 이미 신의 정수이며 고유 영역인 전능(全能)을 자신의 것으로 만들어 버렸으니까. 그 질문은 그야말로 하나님에 대한 우회 없는 습격이다.

10여 년 전 앗시리아 왕 산헤립도 비슷한 말을 토했다.

> 나의 열조가 진멸한 열국(列國)의 모든 신 중에 누가 능히 그 백성을 내 손에서 건져낼 수 있었단 말이냐. 너희 하나님이 능히 너희를 내 손에서 건지겠느냐.

이집트 파라오 람세스 2세, 앗시리아 왕 산헤립, 신바빌로니아 왕 느부갓네살, 그들은 노골적으로 똑같은 지점에서 똑같은 재앙적 질문, 재앙적 웅변을 토해놓고 있다.

느부갓네살이 그 웅변을 토하는 순간, 그것은 이제 더 이상 느부갓네살과 세 청년의 대결이 아니다. 차원은 급히 하나님과 느부갓네살의 대결로 옮겨간다. 독일식 표현대로라면 그것은 더 이상 세 청년의 문제가 아니라 그야말로 소위 '결정권자(決定權者)'의 문제가 된 것이다. 공은 세 청년이 아니라 결정권자에게로 넘어간 것이다. 그토록 중대하고 본질적인 문제가 돼버린 것이다. 그 말을 토하는 순간 느부갓네살은 치명적일 정도로 자신을 과대평가하고 있었다. 거대한 평원, 거대한 황금 신상, 1천 명의 신하와 외교 사절들, 그의 음성을 대신한 왕실 오케스트라의 팡파레, 국가 최대 규모의 낙성식(落成式)이 아닌가.

'너희를 과연 누가 구조할 것인가'라는 질문은 이 지점에서 사실상 '너희를 과연 누가 구원할 것인가'의 차원으로 단번에 뛰어넘는다. 그것은 다신(多神)의 문제가 아니라 신 없음, 즉 무신론자(無神者)의 질문이다. 질문자 스스로 자신을 높이고, 그 자신이 신이 되려 하고 있다. 사실 이것은 이미 구약 성경 창세기 공간에서의 최대의 테마이다. 에덴동산에서 최초의 인류에게 뱀은 말한다.

너희도 신(神)처럼 되리라.

그야말로 하나님에 대한 도전의 원형(原形)이다. 에덴동산에서 뱀의 입으로 토해진 이 질문, 이 웅변은 이후 소위 세속 도시의 정복자들인 람세스 2세, 산헤립, 느부갓네살의 입을 통해 번번히 변주(變奏)된다. 천문학자 칼 세이건은 그의 저서에서 그것을 차라리 '에덴의 용'이라고 부른다.

두라 평야에서 거행된 느부갓네살의 황금 신상 낙성식은 바벨론의 실제적 신인 느부갓네살에 대한 거대한 충성 서약의 장이었다. 제국 통치에 자신감이 붙은 느부갓네살의 자기 권력에 대한 중간 점검 같은 것이었다. 황금 신상, 그 신상은 구체적으로 마르둑, 이슈타르, 나부 같은 그들 신들의 이름이 아예 명명되어 있지 않을 정도로 그는 대담해졌다. 그러나 초대된 신하들, 외교관들은 알고 있었다. 그 황금 신상이 바로 느부갓네살이라는 것을. 어떻든 그의 절대 교만과 불안이 교차하는, 미스테리와 히스테리가 격렬하게 뒤섞인 국가 행사의 시간이었다. 그 순간이 바로 토마스 홉스가 말한 '국가는 레비아탕인가'의 지점이었다. 불안 속에서 인간은 순종적이 된다. 불안을 주사(注射)할 때 인간은 매우 다루기 쉬워진다. 인간이 신을 향해 할 수 있는 그 마지막 말까지 토해낸 느부갓네살에게 몰아친 분노는 대단한 것이었다. 사실상 바벨론의 대표 신들의 조합(組合)으로 거기 우뚝 서있었지만 황금 칠이 된 그 신상, 그것은 곧 느부갓네살 자신이었다.

그 낙성식에서 느부갓네살이 장치한 불안과 공포의 소도구(小道具)들을 보라. 화형장(火刑場), 화형터, 불가마, 화형식용 장작더미. 불가마 속에선 이미 1천도를 넘는 불길이 널름대고 있었다. 그것은 매우 확실하고 가차 없는 처형, 화형을 암시하고 있었다.

민족마다 그 시대의 불가마, 그 시대의 화형장은 늘 있었다. 시대마다 화형장과 불가마, 화형터 장작더미는 늘 준비되어 있었다는 말이다. 서기 1세기, 로마 제국 시대 때 초대 교회 교인들은 메시아 예수에 대한 신앙 때문에 십자가형에 처해졌다. 순교자들은 십자가 위에서 아직 숨이 끊어지지 않은 상태로 불에 당겨진 채 그대로 불타는 횃불이 되어 로마의 밤을 밝히는 데 사용됐다. 가령 그 유명한 네로의 궁전 밖을 밝혔던 인간 횃불, 인간 가로등이 되어 불탔어야만 했다. 요한계시록에서 마지막 바벨의 시간이라고 말한 그 재앙적 불가마는 늘 있었다.

이제 세 청년이 느부갓네살의 그 질문에 대답할 시간이다. 놀랍지만 그들은 매우 침착했다. 그들은 알았다. 그날 그 황금 신상과 1천 명의 참가자들, 바벨론 제국의 대표자들 앞에서 벌어진 그 낙성식의 정체를. 그것은 자신들의 싸움이 아니라 하나님과의 전투라는 것을. 그들은 알았다. 하나님은 지금, 자신이 위탁한 왕국들을 자기 업적과 전리품으로 여기는 느부갓네살과의 중간 계산이 필요하다는 것을. 논쟁 같은 것은 필요하지 않았다. 타협 같은 것은 없었다. 생의 마지막 신앙 고백의 순간이 다가오고 있었다. 그들의 입장은 마치 시멘트처럼 완강했다.

하나님과 바벨론 제국, 하나님과 느부갓네살의 싸움의 시작이다. 그렇다. 모두가 무릎을 꿇고 존재를 납작하게 엎드린 그 장대한 풍경 속에 무릎을 꿇지 않고 꼿꼿하게 서있는 세 그루의 젊은 상록수, 젊은 백향목들이 있다. 그들의 대담한, 무릎 꿇지 않음은, 용기는, 절개(節槪)는 그야말로 충격이었다. 그들은 지금 사람의 원리(原理)가 아니라 하나님의 원리를 선택하고 있었다. 그들은 자신들이 유일신 야훼의 자녀임을 선포했다. 숨기지 않았다. 그러나 그들을 기다리고 있는 것은 불가마였다.

그 불가마의 구조는 이렇게 상상된다. 그것은 위가 열린 거대한 원통의 형태를 지녔을 수 있다. 측면엔 개구부(開口部)가 있다. 그곳으로 불 때는 재료를, 그리고 불 속에서 용해돼 버린 물질들을 이끌어 낼 수 있는 개구부 말이다. 또 다른 한 쪽엔 용광로 안의 상황을 파악하고 점검할 수 있는 관찰창이 있었을 것이다. 다른 옆 문으로는 산소를 넣어주는 풀무 역할의 송풍구 장치도 있었을 것이다. 그래야만 용광로의 불을 계속해서 부추키며 최고의 고열로 불길을 유지할 수 있었을 것이다. 그것은 아주 거대한 불가마, 기원전 6세기의 거창한 용광로였을 것이다. 세 청년을 한꺼번에 밀어 넣을 수 있는.

　세 청년은 자신들의 개인 믿음에 의지하지 않았다. 이것은 이미 믿음의 주역, 수장(首長)인 하나님의 문제, 그분의 영역이다. 인간 개인이 저항할 수 있는 차원을 뛰어넘고 있다. 그들은 지금 광대한 평원, 당시의 건축 규모를 뛰어넘는 거대한 황금 신상, 적어도 1천 명의 바벨론 국민의 대표자, 혹은 1천 명의 적(敵)으로 변해버린, 그리고 당시 초강대국의 왕과 초법적인 화형 도구인 거대한 용광로를 배경으로, 마치 세 그루의 청청한 젊은 상록수, 젊은 백향목처럼 거기 우뚝 서있었다. 나무의 향기가 살균 역할을 한다는, 죽어도 썩지 않는다는 그 기적의 나무, 그 나무로 솔로몬이 여호와의 성전을 지었다는 순결과 절개의 나무 백향목처럼 말이다.
　그러나 구체적으로 말한다면 그들은 그저 평균 키에 평균적 몸집을 가진 예루살렘 출신의 청년 3인이었다. 그들 앞에 거대 평야, 거대 신상, 거대한 숫자의 대표자들, 거대한 제국, 거대한 권력의 왕, 거대한 크기, 거대한 기능으로 완벽하게 준비된 화형대인 불가마라는 이름의 거대한 운명이 아가리를 벌리고 있었다.

　하지만 그들에겐 또 다른 거인(巨人), 지상 역사의 주인인 초월자 야훼 하나님이 있었다. 하나님이 그들에게 주신 믿음의 불가사의를 그들은 알고 있었다. 그 압도적인 재앙적 상황에서 그들은 가차 없이 본질-야훼 하나님-을 부여잡았다. 눈에 보이는 세상의 실상이 아니라 망국과 패전국의 포로 신분-유배 망명자(亡命者)-이라는 극한 상황 속에서 매일 기도 속에서 자신들의 실존과 상황을 보고 드렸던 그분, 망국, 패전국이라는 재앙의 극한 상황 속에서 그들이 의지했던 이 세상의 유일한 실상인 그 본질-하나님-을 부여잡았다. 그것이 내가 그날 이미 30대 중반 나이의 세 친구를 감히 세 청년이라고 부르고 있는 이유이다. 그들 안에 밀림처럼 들어찬 하나님에 대한 그 청청함에 나는 옷깃을 여민다.

본질을 이해하고나면 그들에겐 모든 것이 분명해진다. 시간과 역사의 주인이 누구인지 알고 나면 모든 것이 분명해진다. 그 위협적인 상황, 그 으르렁대는 거창한 인간 권력, 공포적 상황으로 설계된 그 상황 위에 분명 다른 지배자가 있다. 그들은 이제 궁극적으로 거대한 광기로 둘러싸인, 숨막히는 재앙의 불길이 널름대는 그 상황에 답변해야만 했다. 그들이 대답한다.

> 왕이시여, 왕께서 우리를 불가마에 내던지신다고 해도 우리는 그 금신상에 절 할 생각이 없습니다. 우리가 섬기는 하나님께서 우리를 구하실 마음이 있다면 왕께서 우리를 활활 타는 불가마에 집어던진다 할지라도 우리를 거기서 건져내 주실 것입니다(단 3:17).

> 왕이시여. 내 하나님이 우리를 구원하시든, 구원하지 않으시든 한 가지는 분명합니다. 한가지만은 요지부동입니다. 우리는 그분을 믿습니다. 우리는 당신의 신에게 절하지 않을 것입니다.

그리고 다시 삼중창처럼 말한다.

> 설령 우리들의 하나님이 불타오르는 용광로에서 우리를 구하지 않으실지라도, 우리는 절대 왕이 세우신 금신상에 꿇어 엎드려 절하

지 않겠습니다(단 3:18).

이 말이 그들 신앙 고백의 절정이었다. 그 신앙 고백 속에서 풍겨오는 향기, 야훼 하나님에 대한 찬가가 들려온다. 그때 그들은 알았다. 매일 기도드리면서 반복해 확인하고 행복해 했던 그것을. 그렇다. 우리는 하나님께로부터 와서 하나님께로 돌아간다. 그것이 인간 삶의 시작이고 출발이다. 망명지 바벨론에 있다 하더라도 우리는 에루살렘으로부터 온 것이 아니라 하나님께로부터 왔다. 그분이 우리의 궁극적 고향이다. 바벨론도 재앙과 처형의 장소가 아니라 하나님께로 가는 여정(旅情)의 한 지점이다. 불가마에서 미친 불길이 널름거린다고 해도 그것은 그 여정에 설치된 무대 장치 이외의 아무것도 아니다. 인간이 사는 이유, 그것은 오직 하나님께 영광 돌리기 위한 것이다. 독일어 관용구가 생각난다.

'만약' 혹은 '그러나' 같은 것은 없다(ohne wenn und aber).

그 절명의 순간, 죽느냐 사느냐의 순간, 그들에겐 '만약', '그러나' 같은 것은 아예 없었다. 그들은 뒤돌아보지 않는다. 이미 망명지에서도 그들이 결코 양보하지 않았던, 아니 망명의 시간이었으므로 더욱 기도에 철저했던 그들 기도의 응답을 이제 추수할 때가 되었다. 그들에게 확실한 것이 있었다. 그것이 죽음이든, 구원이든 그것은 결코 느부갓네살로부터 오지 않는다. 죽음도 구원도 모두 하나님의 권한이다. 그들은 광기에 찬 그 거대한 무대와 광폭에 찬 왕, 공포에 찬 불길로 널름대는, 방금 끌려온 지상의 지옥인 불가마, 그 용광로 앞에서 가차 없이 그 본질-하나님-을 부여잡았다.

그 위기의 순간, 아름다운 세 청년이 불가마 속으로 밀어 넣어지는 그 완전 재앙의 순간까지도 하나님은 느부갓네살에게 아무것도 하지 않으셨다. 천둥이 내리치거나 공포의 모래바람이 낙성식장 왕실 오케스트라단의 연주단(演奏壇)을 뒤집고 느부갓네살의 왕홀과 뺨을 내리치는 그런 가시적 기적 같은 것은 결코 일어나지 않았다. 세 청년의 죽음을 불사한 짧고 눈부신 신앙 고백이라는 장대한 선포에도 느부갓네살의 분노와 그의 분노만큼 타고 있는 용광로를 멈추게 하는 그 무엇도 일어나지 않았다.

그렇다. 느부갓네살에게 절호의 기회였을 수 있다. 1천 명 제국 대표들 앞에서 자신과 자신의 신들을, 끝없이 그 이름을 나열할 수 있는 복수(複數)의 신들을, 아니, 인간신인 자기 자신을 모욕한 그 세 청년의 공개적 신성 모독에 본때를 보여줄 수 있는 절호의 기회 말이다. 그러나 3인은 파악하고 있었다. 느부갓네살에게 제국과 권력을 위탁한 분이 누구인가를. 자신들이 느부갓네살에게 임명되어 관직을 사는 사람이듯, 느부갓네살을 제국의 왕으로 임명(任命)한 존재가 있다는 것을. 하나님께로부터 위임받은 한시적인 권력으로 느부갓네살이 그 대평원에서 만들어내는 광기에 찬 너절한 스펙타클에서 풍겨오는 절대 권력의 치기(稚氣)와 무대 장치의 허무를 그들은 꿰뚫고 있었던 것이다.

이제 느부갓네살은 1천 명 참석자, 아니 1천 명의 관객이 돼버린 그들 앞에서 자신이 뱉어낸 협박을 실현해야만 했다. 이제 세 청년은 더 이상 엘리트 관료가 아니라 용광로라는 이름의 화형대 앞으로 체포되어 끌려온 3인의 현장범이었다.

불가마를 평일보다 7배나 더 뜨겁게 하라.

느부갓네살의 명령이다. 그의 분노는 7배라는 절대치까지 맹렬하게 불탔다. 이미 적어도 내부 온도 섭씨 1천 도였을 그 용광로는 절대치까지 맹렬하게 불탔다. 그렇다. 두 개의 맹렬한 불, 느부갓네살이라는 이름의 분노의 불길, 그리고 용광로라는 이름의 맹렬한 불길이 마주보고 타올랐다. 저만치 황금 칠 신상도 직각으로 내리 꽂히는 메소포타미아의 정오의 태양 속에서 불길처럼 번쩍거렸을 것이다.

불가마의 불길을 7배나 더 강하게 하라는 명령은 사실상 불가마와는 아무 상관이 없었을 수도 있다. 일반 상태인 섭씨 1천 도만 해도 불가마는 인간을 당장 불길로 먹어 삼키는 화형엔 충분한 온도였다. 그러나 7배라는 그 명령 속에서 그의 분노는 말하고 있다. 저 3인을 7배는 더 처참하게 태워버리고 파괴해 그 존재 자체를 무효화하고 싶다는 폭력적 광기 말이다.

전문가들은 7배나 더 뜨거운 불가마가 처형당하는 자들에게는 차라리 축복이라 말할 지경이다. 덜 뜨거운 불가마에선 절명할 때까지 고통의 시간이 더 길어질 수도 있다는 것이다. 불길을 더 뜨겁게 하느라 그의 왕실 정예 부대의 맹장(猛將)들이 타죽었다. 어떻든 느부갓네살에게 인간은, 자신의 경호 장교들도 그저 재료, 부품에 불과할 뿐이었다. 그것이 정복자 느부갓네살의 인간관이었다. 1천 명의 관객 중 단 한 사람도 느부갓네살의 광기에 이의를 제기하지 않았다. 왕의 수행 부대 정예 장교들도 침묵했다. 세 청년의 예정된 죽음, 예정된 화형식에도 이의를 제기하는 사람은 없었다. 더구나 불가마라는 화형에 처해질 자들은 예루살렘에서 끌려와 엘리트 교육을 받고 자신들이 누릴 수 있는 고위 관직까지 차지해버린 유대인 인재들이었다.

그렇다. 세 청년은 포승줄에 묶인 채 끌려왔다. 그리고 가차 없이 불가마 최고의 온도로 불타오르는 용광로의 개구부를 통해 완력으로 밀어넣어졌다. 고등 관리의 관복을 입은 채로 말이다. 그 용광로는 방금 정예부대의 맹장들을 태워 삼킴으로써 불가마 최고의 불길과 화형장으로서의 악마적 기능을 당당히 입증한 후였다. 불가마는 느부갓네살의 명령에 의해 불의 먹이로 던져지는 예루살렘 출신 세 청년들을 먹어치울 악마적 화력(火力)의 알리바이를 이미 끝냈다. 이제 그들을 얼마나 삽시간에, 얼마나 완전하게, 숯덩이로 만들어 버릴 수 있는가만이 문제였다. 아마도 밀어넣는 순간 불길은 그들을 단숨에 삼켜 세 청년의 목덜미를 물어뜯고 숯덩이나 재(災)로 만들어 버릴 것이 분명했다. 더구나 세 청년은 밧줄로 꽁꽁 묶인 채였다. 불가마가 아니라 세 청년이 산 채로 재가 되는 화장장(火葬場) 풍경이다. 불은 최고의 온도였다. 독일어 성경은 그것을 차라리 백열(白熱)-Glut-이라고 적고 있다.

느부갓네살은 광기에 찬 힘찬 불길이 그 세 청년의 젊은 생명을 단번에 삼켜버리는 최강의 절대적 폭력, 최고의 엑스타시를 기대했다. 그의 분노만큼, 불길도 최고의 광기로 타올랐다. 그럴 때 불가마는 당장 용광로라는 악마적 차원으로 건너뛴다.

33

불가마 속의 춤 그리고 앙리 마티스의 '더 댄스'

모세는 그날 감히 하나님께 하나님의 이름을 묻고 있다.

사람들에게 나는 당신을 대체 누구라고 말해야 합니까.

그것은 곧 '하나님, 당신은 대체 누구십니까'라는 하나님의 정체성을 묻고 있는 것이다.
독일어 성경의 번역은 이렇다.

하나님은 대답하신다. 너희 이스라엘 민족에게 말하라.
나는 너희를 위해 바로 그곳에 있는 자이다.

그곳(da)-당신이 사랑하는 자가 있는 바로 그곳-이라는 뜻이다. 독일어 da는 마법적 용어다. 우리가 현재 존재하는 바로 그곳, 공간과 시간을 모두 포함한 것이 da이다. 사랑하시는 그 세 청년이 있던 바로 그곳-그 불가마, 그 용광로 속으로 그분이 오셨다. 그리고는 사랑하는 세 청년과 함께 불 속을 걸으신다. 청년 3인을 묶고 있던 포승은 풀렸다. 그분의 현존, 그분의 임재엔 속박 같은 것은 없다. 해방자 하나님, 구원자 하나님이 거기 계신다.

그렇다. 포승은 벗겨졌다. 백열의 불길도 제4의 남자-하나님의 아들-의 임재 순간, 청년 3인을 결코 태우지 못했다. 청년 3인은 하나님의 아들이 용광로로 오신 것을 분명히 목격했다. 그들은 불 속을, 절대 자유의 몸이 되어 걸었다. 그 돌연한 백열 속의 산보, 아니, 그것은 차라리 불 속의 춤, 불 속의 윤무(輪舞)였다.

이 장면 앞에 서면 삼십여 년 전, 소련 해체 직후 찾아간 페테르부르크의 에르미타주 박물관이 생각난다. 그 도시는 그때 막 레닌그라드라는 혁명적 이름을 버리고 다시 옛 이름, 즉 성(聖) 베드로의 도시-상트 페테르부르크-라는 이름을 되찾은 때였다. 아직 에르미타주는 박물관 입장이 불규칙적이고 주요 소장품들이 자주 비공개일 때였다. 방문객이라고는 없던 날, 개인적으로 소정의 입장료를 지불하고 들어가 발견했던 그 명작, 앙리 마티스의 '윤무(輪舞)- 더 댄스-(The Dance, 1910)'-의 충격을 잊을 수 없다. 상층 어느 전시실 북쪽 벽면을 가득 채웠던 그 침묵의 춤, 마티스의 '윤무'. 다섯 명의 사람이 손을 잡고 둥글게 돌며 춤을 추고 있는 윤무의 장면, 춤추는 그 5인은 이미 거대한 캔버스 위에 있지 않았다. 그들은 캔버스라는 국경, 경계, 한계, 마티스의 우주인 그 공간을 뛰어넘어 천상의 리듬 속에서 약동한다. 그들의 윤무 뒤로 마력적인 터키빛 광채가 캔버스의 절반을 압도하고 있었다. 귀로에 탐미적인 네바 강변에 선 채 나는 오직 그 마티스의 윤무를 보기 위해 다시 페테르부르크에 올 것을 열망했었다.

　그날 바벨론 제국, 두라 평원 왕좌 저편에 설치돼 있던 화형장인 그 불가마, 그 용광로 안에서 문득 세 청년과 제4의 남자-하나님의 아들-의 불 속의 윤무가 이루어진다. 치열한, 백열이 되어 타고 있던 불들은 그 윤무 때 저만치 비켜선 채 문득 백열의 벽(壁)이 되어주고 있었다. 이 고요, 이 평화, 이 해방, 이 응답, 이 미학, 이 치열한 신의 사랑은 눈부시고 찬란하고 형형하다.

　아아, 하나님은, 하나님의 아들인 그 제4의 남자는, 용광로 밖에서 그 세 청년을 구조하실 수도 있었다. 아아, 하나님은 차라리 하늘에서 불을 내려 그 거대한 평원, 황금 칠 신상, 느부갓네살, 불가마, 그리고 청년 3인을 고발한 자들을 단숨에 파괴, 몰살시켜 버리실 수도 있었으리라. 그것이 광기에 찬 파괴자 느부갓네살을 상대하시는 하나님의 방식으로는 훨씬 더 쉽고 극적인 방법일 수 있었다. 그러나 하나님은 문득 아주 다른 방법을 선택하신다. 그 백열의 용광로 속으로 3명의 고독한 청년을 직접 찾아오신 것이다. 이것은 내겐 찬란한 충격이다.

　하나님은, 예수님은, 천사 미카엘을 보내지 않으셨다. 그분은 직접 느부갓네살의 용광로인 불가마 속으로 오셨다. 예수님의 전능(全能)을 생각한다면 그분은 신성 모독자이며 가해자인 느부갓네살과 그의 군신들을, 평원에 선 채 미친 듯 번쩍이는 그 황금 신상을 단번에 내리치시는 것이 오히려 쉬웠을 것이다.

　히브리어 성경 번역본들은 다니엘서 3장 23절에서 곧장 24절로 이어진다. 그러나 그리스어 성경은 24절 이후, 그 사이에 51-90절까지가 이어진다. 라틴어 성경도 마찬가지다. 용광로 속의 윤무 중 용광로 속에서 부르는 세 청년의 찬가, 송가(頌歌)가 그것이다. 청년 3인이 부르는 불 속에서의 3중창 말이다. 다시 말하지만 저 유명한 불가마 속에서의 세 청년의 찬가는 단지 구약 성경 그리스어 판본, 라틴어 판본을 통해서만 전승되었다. 히브리어 성경은 23절에서 24절로 곧장 연결된다. 그래서 그 사이에 등장하는 51절에서 91절까지의 본문은 오직 희랍어 성경과 라틴어 성경 속의 순서에만 일치한다. 그리스어 판본에 등장하는 다니엘서 3장 51절과 90절까지의 그 찬가는 숨이 막힌다. 독일어권 성서협회 성경본을 번역해보면 이렇다.

세 친구는 하나님을 찬양했고, 찬미했고, 영광을 돌렸다. 그 세 친구는 마치 단 하나의 목소리인 것처럼 이렇게 노래했다. 백열의 불가마 속에서.

즉 풀무불, 용광로, 불가마 속에서 적어도 1천 도 불길을 걷어차고 솟아오르는 그 미성(美聲), 그 절창(絶唱). 불가마라는 이름의, 벽돌이 아니라 인간을 굽고 있는 그 학살의 화형장(火刑場)인 1천 도 화력의 용광로 속에서 세 남자는 이렇게 찬양했다는 것이다.

너 하나냐, 아사랴, 미샤엘아,
야훼 하나님을 노래하라, 그를 영원토록 찬미하라.
왜냐하면 그는 우리를 죽음의 폭력, 무덤의 폭력으로부터 단번에 낚아채셨고,
그는 우리를 불타며 널름대는 미친 불로부터 지켜 보관하셨다.

> 하나님께 감사하라.
> 그는 우리에게 완전하도록 선한 분이시고
> 우리를 향한 그의 사랑은 죽어도 포기되지 않는다.
> 유일하게 진실하신 하나님을 찬양하라, 그를 찬미하고 그에게 감사를 쏟으라.
> 왜냐하면 하나님의 사랑은 죽어도 포기를 모르며
> 그 사랑은 영원 속에서도 도무지 종말을 모른다.

이것은 그 세 청년이 그들 인생 속에서 부를 수 있는, 하나님께 드리는 최고의 찬가이다. 내게 그 찬가는 문자로 읽을 수 있는 인간 최고의 절창(絶唱)이다. 이런 아름다운 윤무, 찬양과 화답의 경지, 신과 인간이 나누는 이 사랑의 미학(美學) 앞에서 모든 만물은 외경감으로 기립(起立)해야만 한다.

그리고 이제 우리에게 익숙한 24절이 출현한다. 느부갓네살은 경악했다. 자리에서 튕기듯 뛰어올랐다. 그리고 도열한 신하들에게 물었다.

> 우리가 그 세 남자를 포승에 묶어 불 속으로 던져 넣지 않았던가.

> 물론입니다.

그들이 대답했다. 그러자 느부갓네살이 외친다.

> 그러나 난 지금 저 불 속에서 네 사람이 걸어 다니는 것을 똑똑히

본다. 모든 포승줄은 이미 풀려져 있고, 격렬한 미친 불들은 그들에게 그 무엇도 가(加)하지 못하고 있다. 그들을 삼켜 버리지도 태우지도 못하고 있다. 아아, 그리고 그 네 번째 남자는 마치 신들의 아들과 같다.

낙성식장에서 화형장으로 변해버렸던 행사장 위로 전율과 경이가 덮친다. 느부갓네살이 말한다.

아아, 그들은 포승줄로부터 저토록 자유롭다. 미친 불길도 그들 앞에 속수무책이다.
제4의 남자(Der Vierte)는 마치 신들의 아들과 같다.

바로 느부갓네살 왕이 각혈하듯 토해낸 이 전율의 고백, 불가마 앞에서 터져 나온 그의 비명과 경악, 그 불가마, 당시 바벨론의 보석인 유약 바른 코발트블루의 찬란한 채색 벽돌과 황금빛 에나멜 기와를 구어내던 기원전 6세기의 용광로 불꽃 앞에서 터져 나온 당대 최고의 제왕 느부갓네살의 전율에 찬 목격담, 증언을 우리는 듣는다.

불가마 속에서 그 세 청년은 증언한다. 우리는 하나님 곁에 남는다. 우리의 충성이 대가를 치르더라도, 심지어 불가마 속에 던져지는 화형식, 불가마 속에서 인간 기왓장이 되도록 철저하게 타버린다 해도 우리는 하나님께 충성한다. 우리의 신앙은 만약 하나님께서 우리를 돕지 않고, 우리를 구원하지 않으신다 하더라도 유효하다. 하나님의 구원이라는 보상과 관계없이 우리는 그분을 믿는다. 믿음은 보상, 상금, 성공과 관계없이 완전 자유다. 하나님에 대한 우리의 충성은 그런 암시적 거래에 예속되어 있지 않다. 목적에 목을 매는 합목적적 유효함으로부터 우리는 자유하다. 하나님의 사랑이 조건이 없듯 우리의 믿음도 조건 없는 믿음, 즉 인간의 합목적성을 박차고 도약한다. 그것이 그 세 청년의 믿음의 차원이다.

그들의 고백에서 우리는 믿음의 순결, 향기, 완성을 본다. 그 믿음은 하나님을 사랑하는 그 자체만으로 이미 완성이다. 용광로의 기적의 절정은 바로 그 믿음 자체였다. 그들은 믿음의 본질인 해방과 자유에 도착해 있었다. 사형 선고도, 화형의 풍경도, 불가마의 혹독함도 그 어떤 협박도 그들이 하나님을 사랑하는 그 미친 순결을 조금도 적게 할 순 없었다. 그래서 그들의 절창이 솟구쳐 오른다. 조건 없는 하나님의 사랑에 대해 조건 없는 충성으로 응답했던 그들의 절창이. 그것이 기원전 600년경, 그들이 하나님을 향해 바친 믿음의 아가(雅歌), 죽음 앞에서 불렀던 그들 생애 최고의 '백조(白鳥)의 노래'였다.

34

제4의 남자

그렇다. 불가마 관찰창을 들여다본 느부갓네살이 발견한 것은 포승에 묶여 용광로 속에 내던져진 세 청년의 불탄 시신이 아니었다. 밀어 넣자마자 불의 먹이가 되어 백열 속에 재(灾)가 돼버린 3인의 불탄 시신이 아니었다. 용광로 속의 풍경은 매우 달랐다.

느부갓네살은 산 채로 용광로 안을 천천히 걷고 있는 사람들의 윤무를 보았다. 놀라운 것은 그들은 더 이상 포승에 묶인 고독한 3인이 아니었다. 포승줄은 풀렸고 그들은 자유로운 모습으로 천천히 용광로 안을 걷고 있었다. 더 놀라운 일은 또 하나의 존재가 그들 곁에서 함께 걷고 있다는 사실이었다. 그 청년 3인이 아닌 제4의 남자가 거기 있었.

그렇다. 그 제4의 남자가 문제였다. 신의 아들과 같은 모습을 한 그 남자. 그 불 속, 그 시간, 지상 최고의 재앙인 그 불가마 속에서 그 고독한 3인과 함께 천천히 불 속을 걷고 있는 그 제4의 남자 말이다. 충격적인 것은 세 청년과 제4의 남자가 그 미친 불길 속에서 전혀 타지 않고 있다는 사실이었다. 너무 뜨거워 창백한 백열이 된 그 불길은 웬일인지 도무지 그들을 먹어치우지 못하고 있었다.

세 청년 중 그 미친 백열에 옷자락이 탄 사람은 단 한 사람도 없었다. 그들의 포승줄, 그 사슬은 다 어디로 갔는가. 그들 옷자락은 단 한 곳도 타지 않았다. 그들 머리카락 하나도 타지 않았다. 그 어떤 세상적, 학문적 논리도 그 완전 기적의 장면을 설명해 낼 수 없었다. 제4의 남자의 현존, 제4의 남자의 임재만이 모든 것을 한꺼번에 가능하게 했다.

사형 도구였던 백열의 불길들은 그들에게 명령된 파괴성과 악마성을 멈춘 채 물러나 벽이 되거나 차라리 커튼이 된 채 숨을 죽이고 있었으니까. 폭력, 증오, 협박, 우상 숭배를 강요받는 그 악마적 공간인 불가마 속에서 세 청년은 포승이 풀린 채 완전 해방과 완전 자유의 몸이 되어 윤무, 아니 차라리 비상(飛翔)하고 있었다. 불가마의 백열 속에서 벌어진 제4의 남자와 세 청년의 찬란한 축제였다.

그제서야 느부갓네살은 그 현장이 자신과 세 청년의 신인 야훼 하나님과의 싸움인 것을 알았다. 절대 항복 이외엔 자신이 살아 남을 수 있는 다른 출구가 없다는 것을 느부갓네살은 알았다. 적어도 다니엘 3장에 관한 한 느부갓네살은 그 세 남자의 하나님을 찬양하고 입을 닥친다. 그가 야훼 하나님을 지상 최고의 신이라고 찬양했을 때, 그에겐 아직 다신(多神)의 이데올로기가 남아있었다. 하나님은 유일신이 아니라 그가 알고 있는 수많은 신들 중 가장 탁월한 신이라는 것 말이다. 그에게 야훼 하나님은 이 지점에서 '사드락, 메삭, 아벳느고의 하나님'으로 명명된다.

제4의 남자-하나님 아들-의 임재, 그의 현존이 있는 곳에선 당장 속박은 풀어지고 해방과 구원의 장이 펼쳐진다. 지상 최고의 가치인 해방, 자유, 사랑, 축제가 거기 있었다. 내 이름은 "나는 너희가 있는 바로 그곳에 있는 자이다"라고 선언했던 하나님은 그 세 남자가 있었던 바로 그곳 용광로, 화형의 처형장인 그곳, 바벨론의 불지옥이었던 그곳으로 주저 없이 오셨다. 백열 속에서 포승이 풀어지고 제4의 남자인 하나님의 아들과 함께 걷는 그 순간이 그 세 청년 생애 최고의 축제가 아니었을까. 그들은 그렇게 극도로 달궈진, 백열이 널름대는 용광로 속에서 제4의 남자인 해방자 예수, 구원자 예수-메시아-를 만난다.

세 청년을 화형으로 완전하게 태워 없애겠다는 느부갓네살의 목적은 보기 좋게 좌초됐다. 그는 두 번이나 반복해 세 청년의 하나님을 최고의 신, 최상급의 신이라고 경탄한다. 그는 유일신 하나님의 그 절대적 힘이 그의 논리와 신조(信條)의 뺨을 갈기는 순간을 경험했다. 그는 제4의 남자가 보여 준 그 완전한 사랑, 그 전능한 사랑에 충격을 받았다. 목숨을 내놓은 세 청년의 절대 복종에 절대 사랑으로 화답한 하나님의 사랑은 그에겐 새 차원의 그 무엇이었다.

그렇다. 그들이 백열로 무장된 극형의 화형장인 불가마에 포승에 묶인 채 던져지기까지도 하나님은 모습을 드러내지 않으셨다. 그러나 세 친구는 매일의 기도 속에서 이미 하나님의 본질을 보았고 하나님의 음성을 박쥐의 청력으로 경청했었다. 그들의 믿음은 이미 하나님이 그들을 구하시든, 구하지 않으시든 아무 상관없는 경지까지 가 있었다. 그들은 악착같이 지켜낸 그들의 기도 시간 속에서 이미 충분히 하나님의 본질, 하나님 사랑의 원리와 완전하고 탐미적인 사랑의 미학까지 알아버렸다. 그러니 그토록 장렬한 신앙 고백이 터져 나올 수 있었던 것이다.

제4의 남자가 불가마 속으로 오신 기적은 다니엘서에 기록되어 있는, 기원전 6세기의 시간 속에 봉인(封人)되어 있는 근사한 기록, 불가마 속에서 터져 나오는 아름다운 찬가로 끝나는 사문서(死文書)가 결코 아니다. 제4의 남자의 그 완전한 사랑은 기원전 6세기에 있었던, 그러나 지금은 화석(化石)이 돼버린 고대 문서 한 페이지 같은 것이 결코 아니다. 그것은 바로 21세기 세 청년, 21세기 시민인 우리들의 이야기이다. 우리 생의 불가마이고 용광로인 불행, 절망, 질병, 이별, 슬픔, 고독, 죽음들. 그럴 때 하나님의 아들인 제4의 남자는 바로 그 시간 우리의 용광로 밖이 아닌 용광로 안으로 가차 없이 입장(入場)하신다.

35

두 개의 식탁, 두 개의 축제

이 지점에서 가나의 혼인 잔치의 하객이었던 나사렛 예수를 생각한다. 결혼 잔치용 포도주가 떨어졌다. 예수의 모친 마리아가 아들 예수에게 말한다. 예수는 그때 제자들과 함께 하객(賀客) 자격으로 그곳에 있었다.

저희에게 포도주가 없다.

그러자 예수가 대답한다.

여자여, 그것이 나와 무슨 상관이 있습니까. 내 때가 아직 이르지 않았습니다(요 2:4).

가나의 혼인 잔치 절정에서 오간 어머니와 아들 간의 이 대화는 영원히 해석되지 않는 신비의 암호(暗號)처럼 들린다. 혼인 잔치를 치르는 그

집에 잔치용 포도주가 떨어진 것과, 내 때가 아직 이르지 못했다는 예수의 말씀 사이를 채우고 있는 비의(秘意)는 대체 무엇일까. 그럼에도 불구하고 예수는 가차 없이 그 혼인 잔치를 위해 그의 기적을 베푸셨고 그 혼인 잔치를 최고의 기쁨으로 완성시키신다. 그의 때가 아직 이르지 않았다고 선언하셨음에도 불구하고 말이다.

오래 전 예루살렘에서 시외버스를 타고 혼자 나사렛에 도착했을 때는 자정이었다. 예약한 숙소로 가기 위해 가판대를 모두 접은 천막으로 된 길고 긴, 불꺼진 나사렛 복판 시장 골목을 혼자 통과하던 밤이 기억난다. 이튿날 오후 버스를 타고 가나에 갔었다. 나사렛 언덕의 그 긴 경사를 통과해 저지대인 가나로 내려갈 때 비탈진 들판엔 이스라엘의 탐미적인 야생화, 양귀비 꽃들이 우루루 피어있었다.

가나 혼인 교회에 들어갔을 때 그곳에선 마침 스페인에서 특별 여행을 온 여행자들의 소위 '리마인드 웨딩 예식'이 거행되고 있었다. 가나 혼인 교회는 프랑스 교단 소유였다. 많은 중년의 여행자들은 그곳에 와서 그들 생애 다시 한번 예수 앞에서 자신들의 혼인 확인식을 갖는다. 가나 저편 인근 고속도로엔 갈릴리 호수 즉 게네사렛 호수행 버스들이 달린다. 갈릴리 호수에 이르면 해변 식당들이 여행자들을 위해 끝없이 '베드로의 도미'를 굽는 냄새가 풍겨온다. 사나운 모래들로 이루어진 해변, 사람들은 기꺼이 그곳을 호수 대신 갈릴리 바다라고 부른다.

그 갈릴리 바다에서 나는 가나 혼인 잔치로부터 시작해 이제 갈릴리 바다의 아침 정찬의 주빈으로 오신 예수님을 본다. 가나 혼인 잔치는 예수님 공생애 시작에 놓여 있다. 그의 삶은 결코 축제일 수 없는, 이 지상에 사람의 몸으로 오신 메시아의 삶, 즉 인간 나사렛 예수로 시작해 메시아인 예수 그리스도로 확장되는 메시아의 삶이었다. 갈릴리 바다를 배경으로 열린 그 아침 정찬에서 주빈인 예수님은 부활하신 예수님이었다.

세례 요한의 참수(斬首), 유다의 배신, 베드로의 배신과 통곡, 예수님의 십자가 처형에도 불구하고 요한복음은 내겐 단연코 '축제(祝祭)의 복음'이다. 요한복음의 시작인 프롤로그엔 가나의 혼인 잔치가 놓여 있다. 그리고 에필로그엔 갈릴리 해변에서의 아침 정찬이라는 축제가 놓여 있다. 축제로 시작해 축제로 완성되는 복음, 그것이 요한복음이다. 부활하신 예수님이 자신의 식탁으로 다시 한번 제자들을 초대하시는. 요한복음은 그래서 내겐 축제의 장이다.

그들이 (갈릴리) 바닷가 언덕에 닿아보니 숯불 위에 생선이 놓여 있고 떡도 있었다. 예수님이 말씀하셨다. 방금 잡은 생선을 몇 마리 가져오너라. 기적의 그물엔 153마리의 큰 생선들이 담겨 있었다(요 21:9-11).

갈릴리 해변의 그분은 가나 혼인 잔치 때처럼 나사렛 예수는 아니었다. 그분은 이제 메시아, 즉 예수 그리스도였다. 독일 교회는 나사렛 예수와 예수 그리스도를 그렇게 조심스럽게 구분한다. 최초의 복음서인 마가복음 저작 연대는 대개 주후 60-70년으로 추정된다. 마지막 복음서인 요한복음 저작 연대는 주후 90-110년으로 추정된다. 평균적으로 계산해도 적어도 두 복음서 사이엔 30-40년간의 간격이 있다.

요한복음 1장의 그 탁월한 신학, 가나 혼인 잔치라는 프롤로그로 시작해 갈릴리 해변에서의 아침 정찬이라는 그 탐미적인 축제의 에필로그로 끝나는 문학적 백미(白眉), 그것이 내겐 요한복음이다. 이 복음서 저자는 이미 나사렛 예수-예수의 십자가 처형-부활하신 메시아라는 구약과 신약의 총보(總譜)를 관통하는 거시안적 안목과 차원을 보여주고 있다. 왜냐하면 요한복음은 최초 복음서인 마가복음으로부터 무려 30년 후에 탄생했기 때문이다. 이미 다른 복음서들-공관복음-의 건축 위에서 탄생한 복음서의 백미(白眉)이기 때문이다. 중요한 것은 요한복음 프롤로그에 등장하는 가나 혼인 잔치에서의 그 말씀이다.

어머니, 그것이 나와 무슨 상관이 있습니까. 내 때가 아직 이르지 않았습니다.

그럼에도 불구하고 예수는 주저 없이 물을 포도주로 만드시는 기적으로 가나에 사는 한 소시민의 혼인 잔치가 그 가문 최고의 풍요로운 축제가 되도록 선물해 주셨다.

기원전 6세기, 바벨론 두라 평야에 설치된 그 불가마 속에 하나님의 아들, 예수가 오셨다는 것은 비논리적일 수 있다. 예수는 신약이라는 시간 속에서 오시도록 예정된, 구약이라는 시간 속에서 예언된 메시아이다. 그러니 구약 성경의 시간은 예수의 시간이 아닐 수도 있다. 그럼에도 불구하고 두라 평야의 그 불가마 속에 오신 분, 제4의 남자는 하나님의 아들-예수 그리스도-이라고 나는 믿는다.

'다니엘의 세 친구, 그리고 느부갓네살의 그 불가마, 그것이 대체 나와 무슨 상관이 있단 말인가. 아직은 내 때가 이르지 못했다. 내가 등장할 시간이 결코 아니다'라고 예수께서 말씀하셨을 리 없다. 예수님은 즉시 그곳에 오셨다. 예수님은 즉시 그 불가마로 오셨다. 그것이 예수님의 사랑의 경지이고 차원이다.

요한복음 1장의 그 탁월한 프롤로그를 생각한다.

> 태초에 말씀이 계시니라. 이 말씀이 하나님과 함께 계셨으니 이 말씀이 곧 하나님이시라. 그가 태초에 하나님과 함께 계셨고(요 1:1-2) 천지가 창조되기 전, 아무것도 존재하기 전 말씀이 계셨다. 이 말씀은 그리스도이시며 그리스도는 하나님과 함께 계셨다. 그분은 천지가 창조되기 전부터 이미 계셨다.

용광로의 기적은, 세 청년이 기도라는 찬란한 갑옷으로 무장되어 있음으로 얻은 쟁취이다. 그리고 그들의 믿음은 결국 느부갓네살로 하여금 야훼 하나님을 찬양하는 기적을 만들었다. 다니엘만 탁월한 믿음과 능력의 소유자였던 것은 아니다. 그의 세 친구도 견고한 믿음의 확신자들이었다. 느부갓네살의 입장에서 본다면 그 세 청년은 느부갓네살과 바벨론에 의해 유대 민족의 이방신으로 간주된 야훼 신앙의 확신범(確信犯)들이었다.

그들은 하나님이 그들을 세우신 바로 그 지점, 국가적 낙성식이라는 그 지점, 거대한 평원, 황금칠한 거대 신상, 1천 명의 제국 관리들, 왕홀을 잡고 있는 절대 권력의 왕, 그리고 위협적인 모습의 불가마 화형장이라는 자랑과 공포가 교차하는 그 장대한 무대 장치 앞에서 그들이 해내야 할 하나님에 대한 믿음을 증명해냈다. 그것은 결코 강요된 것이 아니었다. 그들은 느부갓네살과 거래와 협상의 악수를 할 수도 있었다. 그렇게 해서 당시 주지사급의 관직도 보존하고 목숨도 건지는 생존의 출구는 충분히 열려 있었다. 그들 선택의 문제였다.

느부갓네살이 그토록 거대한 황금 신상을 세우고 그 신상의 마스크를 쓴 채 스스로 신이 되어가고 있을 때도 하나님은 그의 얼굴을 드러내지 않으셨다. 몰아치는 변덕, 그것은 독재자의 전유물이다. 독재자들의 속성을 말할 때 반드시 등장하는 독일어 형용사가 있다. 바로 unberechenbar이다. 계산할 수 없는, 예상할 수 없는, 추측불가능한, 종잡을 수 없는, 산산히 부서진 가치들의 괴기한 합성물, 독일인들에겐 그것이 독재자이다. 그 편집증, 과대망상증의 통치자, 그가 느부갓네살이다.

그날 그 대평원에서 왕실 오케스트라의 연주가 울려 퍼졌을 때 절대복종하여 무릎을 꿇고 엎드린 사람 중, 대체 몇 명의 유대인이 있었는지 알 수 없다. 유감스러운 것은 다른 유대인들에게 우상 숭배-황금 신상에 절하라는 선포는 이미 그리 낯선 것이 아니었다는 패러독스다. 그들은 이미 조국 남유다에서 하나님의 심판의 법정격인 바벨론으로 끌려온 것이다. 그때 검사 기소문 속에 적힌 유대 민족의 죄목(罪目)은 '우상 숭배'였으니까. 우상 숭배란 애초 조국에서부터 실컷 익숙한 것이었다. 좀 더 구체적으로 말한다면 나라가 우상 숭배로 부패되기 시작한 것은 이미 솔로몬 왕 때부터였고 멸망 때까지 악착같이 썩어 들어갔다. 그러니 당시 우상 숭배에 관한 한 유대 민족은 이미 상습범(常習犯)이었다.

문제는 이 3인의 엘리트들이 무릎을 꿇지 않았다는 것이다. 포복하지도 않았다는 것이다. 동조하지 않은 채 우뚝 서있었다. 대평원을 배경으로 서있는 세 그루의 상록수처럼. 그들은 내심으로, 독백하듯 작은 데시벨로 '아니오'라고 말한 것이 아니었다. 그들은 포복한 '예스맨(yes-man)'들의 정글 속에서 '아니오'라고 말하는 발언자로서 우뚝 서있었다. 그들은 그렇게 세 그루 상록수에서 세 그루 거인이 되어갔다.

정말이지 그래서는 안 되는 것이었다. 함께 포복하지 않았다는 것은 그들에게 행운, 영광, 미래인 그들의 관직만을 포기해야 하는 것이 아니었다. 복종의 거부는 단지 목숨으로만 값을 치를 수 있는 최고의 국가적 범죄였다. 바벨론적 신성 모독에 이제는 이미 스스로 인간신인 느부갓네살의 권위, 그의 등에 칼을 꽂는 명예 살인, 공개 살인 같은 대참사였다. 그들은 그때 하나님의 지성소, 법궤 속 돌판에 새겨진 십계명 제1조를 가슴에 문신처럼 새겨 품고 있었다.

나 이외에 다른 신을 섬기지 말라.

야훼 하나님의 충성에 관한 한 그들은 양보할 수 없는 젊은 확신범들이었다. 느부갓네살에겐 어차피 유대인들의 유일신 야훼는 패배한 신, 유효 기간이 끝난 신이었다. 예루살렘 성전은 자신이 이미 파괴했고, 그것도 모자라 불태워 버렸었다. 그에 대한 예배와 경배용 황금 성전 기구들은 자신이 압수해 바벨론 신전 창고에 던져 넣은 지 오래였다. 그것이 그가 정복국의 신들을 삭제해 버리는 방법이었을 수도 있다. 그러니 그 유일신이 유대 민족을 구조해 낼 수도 없었을 것이다. 느부갓네살은 자신이 남유다 왕국을 정복했을 때 그 민족의 유일신 야훼도 정복했다고 굳게 믿었었다. 느부갓네살에게 있어 신은 어쩌면 거래 가능한, 처리 가능한, 소유하고 정복할 수 있는 그 무엇이었는지도 모르겠다. 아니 당시 정복자들은 그 민족을 정복하면 그들의 신들도 정복한 것이라는 것, 그것이 정복의 원리, 정복의 문법(文法)이었다.

> 왕이여. 내 하나님이 우리를 구원하시든, 구원하지 않으시든 한 가지는 분명합니다. 한가지만은 요지부동입니다. 우리는 그분을 믿습니다. 우리는 당신의 신에게 절하지 않을 것입니다. 세상 모든 것이 우리를 대적해도, 세상 모든 것이 그분을 대적해 말한다 해도 그분은 우리의 하나님으로 남아계십니다.

이것은 참으로 세 청년이 그들 생애 토할 수 있는 최고의 아가(雅歌)이다. 처연한 심정으로 말한다면 그것은 동시에 그들이 토한 유언(遺言)이었다. 그들이 이 지상에서 부르는 마지막 노래, 즉 '백조의 노래' 말이다.

여기서 신앙의 기막힌 본질이 등장한다. 신앙은 언제나 그 어떤 기대, 보상(報償)과 집요하게 연결되어 있다. 믿는 자에게 형통함도 함께 온다. 이것이 지금까지 이스라엘의 하나님에 대한 신앙의 대헌장(大憲章)이었다. 인간은 항상, 자신들이 신 앞에서 올바로 행할 때엔 그것에 대한 대가, 보호, 수호가 있다고 믿었다. 신앙 속에서 인간은 항상 그 경배, 그 충성에 따른 개런티, 즉 상(賞), 보상, 보장을 기대한다. 풍성한 추수, 평안에 관한 축복이라는 대가로서의 보상 말이다. 믿음은 정말이지 늘 보람 있고, 쓸모있고, 보상이 되어야만 하는 것으로 간주되었다. 그러나 세 청년의 신앙은 이미 그런 식의 인간적 수학을 초월해 버렸다. 그리고 고백한다.

> 그분이 우리를 구출하시든, 구출하시지 않든, 그분은 우리의 하나님이십니다.

단 하루도 거르지 않고 하나님께 드렸던 기도, 그것은 이제는 멸망한 예루살렘 성전 중앙성소의 창문 아래서 그들-다니엘과 세 청년-이 영혼의 목청을 다해 하루 세 번씩 하나님께 드렸던 사랑의 세레나데였다. 예루살렘으로부터 바벨론으로 황황히 끌려오던 날 그들의 지참금이란 야훼 하나님뿐이었다. 야훼 하나님이 그들 생의 유일한 자본금이었다.

36

불가마 속의 성만찬

예수께서 큰 길로 내려가시다가 마태라는 사람이 세관에 앉아 있는 것을 보고 '와서 내 제자가 되라'고 말씀하셨다. 그러자 마태는 일어나 예수를 따라나섰다. 그런 뒤 어느날 예수께서 제자들과 같이 마태의 집에서 식사를 하시게 되었다. 그 자리엔 세리, 이방인이 손님으로 와 있었다(마 9:9).

마태는 세리였다. 세리라는 직업 때문에 사회적으로 죄인으로 간주된 채 사회 안이 아닌 사회 밖의 인간으로 분류되고 낙인찍힌 자였다. 이방인들도 마찬가지였다. 그러나 예수님은 바로 그 밖에 있는 자들, 철저한 아웃사이더들과 함께 주저 없이 그들 식탁에 앉으셨다. 그리고 기꺼이 그곳 만찬의 주빈이 되신다. 자신의 식탁으로 낙인찍힌 채 사회 밖으로 내쫓긴 자들을 기꺼이 초대하신다. 만찬이다. 메시아 즉 그리스도가 만찬의 주빈이시니 그 만찬은 당장 '성(聖)만찬'으로 격상된다.

불가마 속으로 오신 예수님-그것은 불가마의 백열 속에서 예수께서 다니엘의 세 친구에게 베푸신 성 만찬이다. 백열 속에서 선 채로, 윤무 속에서 거행되는 찬란한 성만찬 말이다. 기도의 응답이란 예수의 식탁에 초대된다는 것이다. 예수의 식탁, 그것은 그의 현존만으로도 늘 성만찬이다.

느부갓네살의 식탁, 그것은 다니엘과 세 친구에게 적과의 동침이었다. 그들은 그 식탁에서 느부갓네살의 이데올로기를 마신다. 7층짜리 고층 지구라트인 마르둑 신전을 거쳐온 음식들로 차려진 식탁-독배(毒盃)다. 그것이 그들이 느부갓네살의 식탁을 거부한 이유였다.

인간에겐 누구나 '세속의 독배'와 '예수의 성만찬' 사이에서 결단해야 하는 그 시간이 온다.

37

생(生)의 절창(絶唱)
- 백조(白鳥)의 노래

슈베르트의 연가곡 '백조의 노래'가 있다. 2022년 2월, 베를린 필하모니 실내악 연주홀에서 바리톤 크리스티안 게르하허와 피아니스트 게롤드 후버의 슈베르트의 연가곡 '백조의 노래' 공연이 있었다. 작품명은 연가곡, 즉 연작(連作)이라고 되어있긴 하다. 그러나 사실상 슈베르트의 마지막 유작(遺作) 14곡을 모아 오스트리아 출판업자 하슬링어가 소중한 이름을 붙인, 음악사의 보석, 그것이 '백조의 노래'이다. 즉 죽음의 자리에서 부르는 생의 마지막 노래, 생애 가장 아름다운 절창이라는 뜻이다.

그 연가곡 중 제4번이 바로 그 유명한 스탠헨, 창문 아래 서서 부르는 작은 아리아, 즉 세레나데이다. 다니엘과 세 청년은 매일 하루 세 번씩 예루살렘을 향한 문을 열어놓고 기도했다. 기도할 때 그들은 열어놓은 그 창문을 뛰어넘어 예루살렘 성전 중앙성소 창문 앞, 하나님의 현현이 있는 지성소와 가장 가까운 그 창문 아래서 그들의 세레나데, 그들 생애 절창을 불렀다. 그것이 그들에겐 기도였다.

불가마는 이미 준비되어 있었고 미친 불길은 다시 7배나 거세지며 완벽한 화형장으로서 아가리를 벌린 채 거기 놓여 있었다. 세 청년은 이미 죽음을 각오하고 있었다. 그들이 느부갓네살에게 선포했던 말-만약 하나님이 그리 아니하실지라도-은 그들의 장엄한 신앙 고백이다. 참으로 놀랍다. 그리고 곧 세 청년이 이 지상에서 토해 낸 마지막 말, 즉 유언, 마지막 아리아, 곧 백조(白鳥)의 노래가 시작된다. 죽음 앞에서 부르는 하나님을 향한 그들 생의 마지막 절창, 백조의 노래 말이다. 다시 한번 그 백조의 노래를 여기 적는다.

너 하나냐, 아사랴, 미샤엘아
야훼 하나님을 노래하라, 그를 영원토록 찬미하라.
왜냐하면 그는 우리를 죽음의 폭력, 무덤의 폭력으로부터 단번에 낚아채셨고
그는 우리를 불타며 널름대는 미친 불로부터 지켜 보관하셨다.

하나님께 감사하라.
그는 우리에게 완전하도록 선한 분이시고
우리를 향한 그의 사랑은 죽어도 포기되지 않는다.
유일하게 진실하신 하나님을 찬양하라, 그를 찬미하고 그에게 감사를 쏟으라.
왜냐하면 하나님의 사랑은 죽어도 포기를 모르며
그 사랑은 영원 속에서도 도무지 종말을 모르기 때문이다.

예수, 그는 흥해야 하겠고 나는 쇠해야 하리라.

세례 요한의 이 선언은 웅장한 신앙 고백, 탁월한 찬가이다. 아니, 세례 요한이 부른 백조의 노래다. 메시아로 오신 하나님의 아들 예수에 대한 이만한 찬가(讚歌)를 우리는 들어본 일이 없다. 그 신앙 고백을 하는 순간, 그의 하나님에 대한 믿음은 문득 완성된다. 그 이후 그가 참수되어, 헤롯의 잔칫상 위에 포도를 담았던 은쟁반에 그의 잘린 목이 놓인다고 해도 아무 상관없는 일이었다.

히틀러 암살 모의로 체포되어 감옥에서 사형을 기다릴 때, 사형수 신분의 나치 저항 신학자 디트리히 본 회퍼는 베를린 소재 게슈타포 감옥에서 이렇게 썼다.

> 주님, 당신은 우리에게 그 무거운 잔(盞)을 건네십니다.
> 고통의 쓴 맛, 그 비통함이 잔의 가장자리까지 완전하게 들어 찬,
> 우리는 그것을, 손 같은 것 떨지 않고, 감사함으로 받습니다.
> 그 잔은 당신의, 완전하도록 선하신 사랑의 손으로부터 오는 것을 알기 때문입니다.

옥중에서 탄생한 이 글은 1944년 12월, 베를린 소재의 한 게슈타포 감옥에 수감돼 있던, 본 회퍼 생애 마지막 신학적 텍스트, 그야말로 본회퍼가 예수께 드리는, 생의 마지막에 부른 백조의 노래이다. 20세기 순교자 본 회퍼는 이미 자기 앞에 놓인 사형이라는 독배를 당당히 마실 준비가 되어 있었다. 그 잔은 고통의 쓴 맛이 잔의 가장자리까지 빽빽하게 들어 찬 절대 고통의 잔이었다. 그러나 그는 자기 앞에 놓인 독배가 완전한 정의와 참 지독한 사랑으로 절절 끓는 예수의 손으로부터 그에게 건네지

는 잔(盞)임을 확신한다.

'선하시고 전능하신 손, 그 비범한 품에 포옹되어'로 시작되는 그의 이 시는 작곡가 오토 아벨이 멜로디를 붙였다. 기독교 찬송가 65장에 등장하는 이 찬송은 독일인들이 뼈저리게 사랑하는 찬양 중 하나로 불려진다. 특히 신년 예배의 찬가, 유아 세례 가족 찬가, 매장 예식의 찬가로도 불려진다. 사람들은 안다. 그것이 본회퍼가 죽음 전 예수께 드렸던 '백조의 노래'라는 것을.

본 회퍼는 시퍼런 고독 속에서 태어난 그 빼어난 옥중의 원고 집필 넉 달 후, 홀로센뷔르크 강제수용소 사형대에서 참수형으로 처형됐다. 그가 암살하려 했던 히틀러 자살로부터 약 20일 전의 일이었다. 20세기 베를린 게슈타포 감옥과 처형장 홀로센뷔르크 강제수용소가 그의 생의 불가마였다. 그의 목을 가차 없이, 확실하게 조여오며 그의 생명을 끊어버릴 참수용 밧줄이 걸려 있는 형장의 마지막 나무 계단을 올라서며 그는 친구에게 말한다.

이제 시작이다.

1945년 4월 9일, 본 회퍼의 나이 39세였다.

욥의 신앙 고백도 차라리 백조의 노래다.

하나님, 저는 발가벗은 채로 이 세상에 왔습니다.
그리고 발가벗은 채로 이 세상으로부터 갑니다.
하나님은 제게 모든 것을 주셨습니다. 그러니 당신은 가져갈 권리

> 도 있으십니다.
> 나는 당신을 찬양할 것입니다. 당신께서 내게 무엇을 행하시든(욥 1:21).

백조의 노래, 그것이 바로 한 인간 속의 하나님에 대한, 백열(白熱)처럼 타오르는 믿음과 확신이 감히 인간의 한계를 초월하는 지점이다. 그렇다. 그 세 청년은 그렇게 당시 지상 최대 강국인 바벨론이라는 현실을, 국경을, 불가능을 뛰어넘고 있다. 느부갓네살의 입장에서 보면 그 세 청년은 바벨론으로 끌려온, 소수 민족 출신의 포로로서, 자신들의 유일신 야훼에 대한, 침착하나 맹렬한 현행범이고 악성적인 확신범이었다. 감히 바벨론의 국가 신 마르둑과 인간신인 느부갓네살에게 던진 도전장, 전쟁 선포 같은 것이었다.

청청한 세 청년은 불 속에서 죽어도 타지 않는 세 그루 백향목으로 서 있다. 다윗 왕조 본토였던 예루살렘으로 대표되는 선민의 영토-북이스라엘, 남유다시절, 예루살렘 성전이 시퍼렇게 건재했던 그 시절에도 받으실 수 없었던 순결한, 백열 같은 신앙 고백을, 하나님은 망명지 바벨론에서 받고 계신 것이다. 그들의 하나님에 대한 믿음은 불가마의 백열보다 더 뜨거웠으므로 그들은 그 백열을 이겼다.

그것은 이후 로마라는 이름의 대제국과 대결해야 했던, 예수 그리스도의 처형과 예수의 부활 후 초대 교회 성도들의 눈앞에 세워진 장대한 기념비, 다니엘과 세 친구의 이름으로 쓰여진 기념비였을 수도 있다. 초대 교회 성도들은 예수에 대한 믿음에 관한 한 예수가 유일한 메시아라는 그 확신을 결코 양보하지 않은 채 순교(殉教)의 길을 갔다. 믿음 속에서 오직 예수만을 직시했던, 살 길을 향해 세속과 타협하기 위해 눈동자를 굴리지 않았던, 아름답게, 치명적으로 눈멀었던 사랑의 순애보(殉愛譜)인 백조의 노래들이 거기 있다.

38

불가마 속에서의 혼례(婚禮)

　자신들 몫의 벌, 처형장, 화형장으로 오신 하나님의 아들 앞에서 세 청년이 얼마나 당황했을지 우리는 안다. 그리고 곧 절대 평화, 절대 사랑의 희열의 순간이 왔다. 느부갓네살은 세 친구와 한 남자가 불길을 거닐고 있다고 썼다. 나는 이렇게 말하고 싶다. 그것은 산보가 아니라 차라리 춤이었다. 그들은 예수와 함께 춤추고 있었다. 마티스의 춤-윤무-와 같은. 예수의 사랑은 그 백열보다 더 뜨겁고 더 현란했다.

　느부갓네살은 그 용광로를 평일보다 7배나 뜨겁게 하라고 했다. 평일보다란 그들이 그 불가마에서 벽돌을 구어낼 때의 온도로 추측된다. 용광로의 불길은 뜨겁다 못해 백열(白熱)이 됐다. 느부갓네살은 모르고 있었다. 용광로의 불길이 백열이 되었을 때 그 백열보다 더 뜨거운 백열, 하나님의 아들이 오고 있다는 것을.

하나님의 아들은 가차 없이 그 백열로 입장하셨다. 그리고 그는 그의 존재 속에서 펄럭이는 인간에 대한, 젊은 세 청년에 대한 사랑의 펄럭임, 백열처럼 타올라 펄럭이는 그 사랑을 결코 감추지 않으셨다. 세 청년은 그렇게 그들 생애 최고의 사랑의 절정, 사랑의 엑스터시를 경험했다. 그들은 그렇게 경련을 일으킬 정도로 최대치까지 달궈진, 백열(白熱)이 널름대는 용광로 속에서 백열보다 더 백열인 예수를 만난다. 구원자이며 해방자인 예수를.

황금으로 주조된 신상-느부갓네살-은 어차피 건축 광이었다. 그가 세운 황금 신상이 아니라 그 자신이 스스로 살아있는 기념비, 살아있는 신이었다. 느부갓네살의 건축물들, 기념물들은 점점 거대해져 간다. 신들의 이름으로 자신의 기념비를 만들어 세우는 일이 시작된 것이다. 소위 자기 영광의 불멸화(不滅化) 작업에 빠져든다. 유일신인 하나님을 믿는 예루살렘 출신의 그 세 청년에겐 느부갓네살의 신들, 즉 마르둑, 이슈타르, 신(Sin), 나나, 즉 태양의 신, 풍요의 신, 사랑의 신, 달의 신 같은 '피조물적(被造物的) 신'은 필요하지 않았다.

대평원의 이름 두라는 아람어로 성벽으로 둘러싸인 장소, 즉 산들 사이에 놓여진 거대한 평지를 의미한다. 그것은 사실 고유 명사가 아닐 수도 있다. 그런 지형이면 대개 두라라고 불렀고 그런 형태의 평원은 여러 곳에 존재했다.

그가 그 거대한 평원을 선택한 것은 그 거대한 황금 신상이 더 잘 보이게 하기 위함이었을 것이다. 그것도 수도 바벨론의 근교, 산을 두르고 있는 거대한 계곡 평원을 선택해 세워졌다. 들어선 황금 신상이 모든 방향에서 가장 잘 보이는 최적의 장소였다. 대평원이니 장애물 없이 쏟아지는 근동 지방의 그 현란한 태양이 그 황금칠된 신상의 정수리에 부딪쳐 만들어내는 광채는 그야말로 장렬한 것이었을 것이다. 느부갓네살에겐 그것이 바로 바벨론의 영광, 곧 물화(物化)된, 시각화된 느부갓네살의 영광 자체였을 것이다. 신상은 황금으로 옷을 입고 있었다. 당시 최고의 제국 바벨론의 부(富)의 과시, 곧 통치자 느부갓네살의 부와 그의 왕국의 영광의 알리바이로서 그곳에 서있었다.

솔로몬을 기억하자. 그는 이미 역사의 기억 창고로 사라졌지만 예루살렘 성전 건축에 황금을 사용함으로써 이스라엘 왕국의 절정을 알렸다. 솔로몬의 황금으로 건축된 솔로몬 성전은 불탔다. 솔로몬 왕궁도 불탔다. 예루살렘 성전보다 더 크고 화려했던, 어쩌면 더 많은 황금이 사용됐던 그 왕궁 말이다. 아양떨 듯 성전 곁에 바짝 들이대고 건축되었던 그 왕궁 말이다. 그 세 청년 앞에 다시 그 찬란한 악몽인 테마 '황금'이 등장해 버티고 있다.

불타는 가시떨기 나무, 하나님은 그 모습으로 모세 앞에 나타나셨다. 그것이 하나님이 모세를 초대하신 최초의 초대(招待) 장면이다. 그것이 하나님께서 손수 마련하신 모세와의 첫 상견례(相見禮)였다. 하나님은 불 속에 계셨지만 타지 않으셨다. 어떤 불꽃도 하나님을 삼킬 수 있는 불길이란 없다. 그리고 그 본질, 그 예수께서 세 청년의 불 속으로 오셨다. 용광로로 입장하셨다. 백열처럼, 일곱 배나 더 뜨겁게 한, 불타오르는 백열의 사랑의 불을 가지신 채. 예수님은 바로 그 백열 속으로 오셨다. 그리고 그 불 속을 세 남자와 함께 걸으셨다. 경악과 절규가 아닌, 꿈같은 황홀의 박자, 경탄의 템포가 거기 있었다. 시상 최고의 경악과 폭력이 숨을 멈춘, 충성과 구원, 사랑과 구원의 위대한 화답, 위대한 윤무(輪舞)가 거기 있었다. 지상과 천상의 위대한 화음(和音)이 거기 있었다.

다시 말하지만 예수님은 천사 미카엘을 보내지 않으셨다. 그것이 그분에겐 가장 쉬운 방법이었음에도 불구하고 말이다. 그분은 기꺼이 직접 그 불가마 속으로 오셨다. 그 시간은 느부갓네살의 시간이 될 뻔 했다. 1천 명의 문무백관과 외교관들 앞에서 자신의 압도적인 권력과 통치의 절정과 공포를 동반한 카리스마를 유감없이 과시할 수 있었으니까. 가령 그 세 청년이 불가마 속 백열에 삽시간에 먹힌 채 세 개의 숯덩이, 혹은 세 줌의 재로 변해 버리는 압도적 학살과 경악 말이다. 그러나 그것은 돌연 세 청년의 시간이 되었다.

아름다운 신부(新婦)인 세 청년에게 신랑(新郞) 예수는 그렇게 오셨다. 그리하여 세 남자는 백열 속에서 천상(天上)의 템포를 따라 걸었다. 행진했다. 그것이 불가마 속에서 거행된 탐미적인 신앙의 혼례(婚禮)의 광경이었다. 세 남자의 사랑에 대해 사랑으로 화답한 예수와의 백열 같은 사랑의 혼례였다. 신부인 세 청년은 그렇게 노래했고 신랑 예수는 그렇게 화답했다. 그러므로 느부갓네살이 본 것은 불가마 백열 속에서 거행된 사랑의 혼례였다. 사랑의 찬가, 사랑의 절창이었다. 느부갓네살을 화형장 백열 속으로 찾아와 그 화형장을 혼례장으로 만든 그 손님, 그 기적의 존재를 그는 '제4의 남자'라고 불렀다. 그리고 그는 말했다.

그는 신의 아들과 같도다.

그래서 불가마, 사자 굴에 대한 리포트는 기원전 6세기, 적국인, 정복국인 바벨론 한복판에서 기도라는 이름의 문자(文字)로 적은, 기원전 6세기의 시간 속에 적어 넣은 찬란한 사랑의 찬가, 위대한 아가서(雅歌書)이다.

그들은 그렇게 하나님을 사랑했고 하나님은 주저 없이 불가마 속까지 오셔서 그들과 함께 백열(白熱)의 불 속을 걸으심으로써 그의 사랑을 증명하셨다. 그것이 내겐 기원전 6세기에 있었던 예수님과 세 청년의 백열 속의 산보(散步), 백열 같은 사랑의 기념비, 사랑의 오벨리스크이다. 그 날 대평원 두라에 세워진 것은 느부갓네살의 황금 신상을 내리치고 세워진 예수 그리스도의 사랑의 오벨리스크-금자탑-이다.

39

모든 순간은 영원(永遠)의 원자(原子)다

 2009년 11월, 독일 라이프치히대학 개교 600년 기념행사 중 하나로 열린 어느 학술 대회가 생각난다. 철학자 에른스트 블로흐 국제 학회에서 주최한 학술 대회 '희망의 원리, 그 희망의 형이상학'이 그것이다. 사흘간 열린 이 국제회의의 마지막 강연자는 튀빙겐대학 신학자 위르겐 몰트만이었다. 출세작 『희망의 신학』의 저자인 그는 '희망이란 곧 경계(境界)를 뛰어넘는 것'이라는 제목의 탁월한 강연을 했다. 그 강연은 그가 재해석해 낸 '21세기적 출애굽이란 대체 무엇인가'였다. 작가인 내겐 신랄한 도전(挑戰)이었다. 폐막 강연은 대학 총장실이 있는 행정 본부 2층에서 열렸다. 에른스트 블로흐의 '희망의 원리(1954)'가 몰트만의 출세작 '희망의 신학(1964)'에 결정적, 운명적 영향을 준 것을 생각한다면 몰트만이 초대된 것은 매우 당연한 일이었다.
 국제 학회 폐막 후 평가 모임은 대학 행정 본부 뒤쪽 모퉁이에 있는 아일랜드식 '더블린 펍'에서 이루어졌다. 나도 동료 교수들과 함께 그 평가 모임에 참석했다. 내용상 스몰 토크 파티였다. 나는 바로 몰트만의 옆자리에 동석했다. 그가 수많은 한국 출신 제자들을 갖고 있는 것은 이미 잘 알려진 일이었다. 토론 중 테마 '예수의 재림(再臨)'이 등장했을 때 그의 인상적인 발언을 했다. 몰트만 교수는 '예수의 재림(再臨)'이란 용어는 잘못된 표현이라고 단언했으니까.

예수의 재림이란 말은 잘못된 것입니다. 그것은 시간적으로 얼마간의 예수의 부재(不在)를 전제(前提)하기 때문입니다.

인간이 사용하는 재림이란 말 속엔 분명 '지금'과 '그때' 사이의 시간적 간격이 존재한다는 것이다. 그 시간적 간격이 그 기간 동안 예수의 부재를 연상시킨다는 것이다. 몰트만에 의하면 예수는 단 한 번도 우리의 시간 속에서 부재였던 적이 없었다는 것이다. 예수는 단 한 순간도 불출석(出席)의 존재가 아니다. 그리스도는 본질상 항상, 예외 없이 우리 곁에 계신다. 그러므로 재림이란 표현은 적절치 않다는 것이다. 예수는 앞으로, 그 어느 때, 그 미래에 오시는 것이 결코 아니다. 모세에게 하셨던 하나님의 자기 이름에 대한 명백한 선언처럼 말이다.

나는 너희를 위해 지금 여기 있는 자이다.

더블린 펍에서 나올 때 몰트만 교수는 내게 '튀빙겐 내 집에 잠시 내려오시오.' 했다. 나는 가겠다고 말했다. 집에 돌아와 나는 그의 저서 '희망의 신학'을 다시 펼쳤다. 2차 대전 전투 현장에 징집됐고, 전쟁 말기 전쟁 포로가 되어 수용소에 감금되었던 함부르크 출신의 그 작은 키의 남자, 참전군인용 귀향 열차 창문으로 완전 폐허가 된 희망 영점 지대의 조국을 확인했던 젊은 전쟁 포로, 창백한 패잔병(敗殘兵)이었던 그가 이후 1964년, 저서 '희망의 신학'을 쓴 것은 정말이지 필연이었다. 그날 나는 희망의 신학의 페이지들 속에서 신학자 몰트만을 본다. 그는 적고 있다.

신약 성경에서 옛 것과 새 것 사이에는 예수 그리스도의 죽음이 서 있다.

그는 또 적는다.

인간의 모든 순간은 (하나님의 시간인) '영원(永遠)의 원자(原子)'다.

40

'황무지' 속의 '제3자'는 누구인가

시(詩)로 쓴 20세기 예언서 T.S. 엘리웃의 '황무지(荒蕪地)', 제5장, '우뢰가 말한 것'은 이렇다.

항상, 그대와 나란히 걷는,
그 제3자는 누구인가.
세어보면 합쳐서, 그대와 나, 둘 뿐인데
그러나 저 하얀 눈길을 내다보면
항상 그대와 나란히 걷고 있는 또 한 사람이 있다.

갈색 망토를 휘감고, 머리를 싸맨 채
발자국 소리도 없이
그것이 남자인지 여자인지 나는 모르겠다.
그러나 그대 곁에 있는 자, 누구인가.

엘리엇의 시 '황무지'의 이 지점은, 엘리엇이 남극 탐험대의 보고서에 영감을 받아서 쓴 글이다. 그는 그것이 색클튼 탐험의 하나로 기억된다고 적고 있다. 이 시에 대한 엘리엇의 원주(原註)는 이렇다.

> 다음 몇 행은 남극 탐험대의 이야기에 영감을 얻어 쓴 것이다. 어느 탐험인지는 잊었다. 아마도 색클튼 탐험 가운데 하나로 생각된다. 탐험대원들은 극도로 피로했을 때 실제 그들 수효보다 '한 사람이 더 있다.'는 환상과 확신이 끊임없이 그들을 따라다녔다고 한다. 그것은 엠마우스(엠마오)로 가는 여행에서의 예수와 두 제자를 상기시켜 준다.

영국의 어니스트 새클턴은 1907-1909년과 1914-1916년에 이르는 최초의 남극 대륙 횡단 시도팀을 이끌었다. 제1차 탐험은 아문젠 최초 남극점 정복 이전의 일이었다. 남극은 지구 최남단의 대륙으로 그 한 가운데 남극점이 있다. 남극은 지구상에서 가장 추운 지역이다. 남극 대륙은 18세기까지 아직 발견되지 않은, 인간이 살지 않는 미지의 땅으로 남아 있었다. 남극은 지구상에서 최후까지 남겨져 있던 미지의 대륙이었던 것이다.

남극 탐험은 18세기부터 시작됐다. 1911년 12월, 노르웨이 탐험가 로알 아문센이 남극점을 최초로 정복한 것은 기념비적인 일이다. 당시 남극 탐험은 극도로 위험한, 그야말로 죽음의 탐험이었다. 수많은 사람들이 그 탐험에서 목숨을 잃은 것은 자명한 일이다. 가령 영국의 로버트 스코트 팀은 두 번째로 남극점 정복에 성공했지만 귀로에 악천후로 탐험대 전원이 사망했으니 말이다.

새클턴 탐험대의 최초의 남극 대륙 횡단 도전은 당시 불가능한 미친 도전처럼 보였다. 그 탐험 팀이 그들의 탐험용 이동 수단이며 유일한 안전지대, 즉 베이스 캠프 같은 탐험의 배 '인듀어런스 호(號)'가 난파되는 재앙을 겪었을 때 결국 극한 상황이 닥쳤다. 그들은 이제 탐험이 아니라 생존을 위해 영하 80도가 오가는 남극 대륙을 단지 걸어서 횡단해야만 하는 것은 피할 수 없는 일이었다. 그야말로 인간 생존엔 적대적이고 악마적인 극심한 추위, 악천후, 배고픔, 고립이라는 극지(極地)의 극한적 상황과 대결해야만 했다. 결국 28명의 탐험대원이 뿔뿔히 흩어진 채 무려 634일을 견뎌냈다. 소규모 그룹으로 흩어진 채 생존을 위한 죽음의 행진을 계속했다는 말이다.

그때, 그 죽음의 행진 때, 저만치 그들과 나란히 걷고 있는, 동료대원도 아닌 제3자가 있었다. 매 그룹마다 예외없이, 저만치 그들과 나란히 겪는 그 제3자를 경험했다. 아무도 그 제3자가 누구인지 몰랐다. 세어보면 합쳐서 그대와 나, 둘 뿐이었다. 그러나 저만치 항상 그대와 나란히 걷는 또 한 사람이 분명 있었다. 그는 갈색 망토를 입고 머리를 싸맨 모습이었다. 그는 발자국 소리도 없었다. 그 제3의 인물이 남자인지 여자인지도 몰랐다. 그러나 분명하게 있는 그 제3자, 그대 곁에 있는 자가 있었다. (탐험 기록-위대한 성공-의 기록 속에서)

엘리옷이 기록한 바로 그 제3자가 분명 있었다. 엘리옷은 바로 그 제3자가 엠마오의 두 제자 곁에서 낙심에 찬 귀향의 길을 계속 함께 걷고 있던 바로 그분임을 암시한다. 그 제3자는 예수 그리스도였다. 결국 자신들이 아닌 그 누군가인 제3의 남자, 죽음의 남극 횡단 내내 자신들을 끝없이 동행하고 있었던 그 제3의 남자가 그들을 살렸다. 결국 28명의 대원 전원은 살아서 영국으로 돌아왔다. 무려 634일만의 생환이었다. 엘리옷은 바로 그 새클턴의 1차 탐험의 기록에서 영감을 받아 그의 시 황무지의 바로 그 지점을 썼다.

시로 쓴 20세기의 예언서 '황무지' 속에서 하나님의 아들 예수 그리스도는 다시 20세기 남극 탐험 때의 그 놀라운 제3자로 등장한다. 기원전 6세기 바벨론 두로 광야, 고독한 세 청년의 백열 같은 불가마 속으로 오셨던 그 제4의 남자, 느부갓네살이 하나님의 아들 같다고 외쳤던 바로 그 예수 그리스도 말이다.

41

불의 바다와 거목 부상(扶桑)의 동거(同居)

　이럴 때 중국 신화집 산해경(山海經) 속에 등장하는, 불 속에서도 결코 타지 않고 서있는 유일한 나무 한 그루가 생각난다. 나무의 이름은 '부상'이다. 그 나무는 펄펄 끓는 열 개의 태양이 그 가지에서 몸을 기댄 채 잠드는 거목(巨木)이다. 그 나무의 가장 윗가지엔 한 개의 태양, 즉 내일 아침 저 동쪽으로 떠오를 내일 분(分)의 태양이 휴식하고 있다. 부상나무가 있는 곳은 양곡이란 이름의 고대 중국 우주의 바다이다.

　산해경은 중국 고대 신화집이며 지리서다. 라이프치히대학 유학 시절 나는 대학 중앙도서관 2층 고서본실에서 1800년대 독일어로 해석된 산해경 고서본을 특별 대출해 본 적이 있다. 물론 유럽 대학의 산해경 연구는 프랑스 파리에서 먼저 시작되었다. 내가 서울에서 처음으로 산해경 한글 번역본을 읽은 것이 1985년 민음사 판이다. 산해경 해경(海經) 속 해외동경편 11장은 이렇다.

흑치국 아래 양곡(暘谷)이 있다. 양곡 위에는 부상(扶桑)이 있는데 이곳은 열 개의 태양이 목욕을 하는 곳으로 흑치의 북쪽에 있다. 물 가운데 큰 나무가 있는데, 아홉 개의 태양은 아랫가지에 있고 한 개의 태양이 그 윗가지에 있다.

회남자(淮南子) 제3권 천문훈(天文訓)에도 양곡-불의 바다- 한 가운데 우뚝 서있는 부상나무가 등장한다. 나는 회남자를 기원전 200년경, 고대 중국 한나라 시절, 전승 수집가인 지식인들의 앤솔로지, 혹은 고대 중국판 '데카메론'으로 간주하고 읽는다. 물론 내 개인적 판단이다.

태양은 양곡에서 나와 함지에서 목욕을 하고 부상의 들을 지난다. (태양이) 부상에 오르면 그것을 날이 새는 녘-새벽-이라고 부른다.

해경 속 해내경 34장은 이렇다.

제준(帝俊)이 예에게 붉은 활과 흰 주살을 하사했다. 그것으로 하계(下界)를 도와주게 하니 예가 비로소 하계의 온갖 어려움을 없애고 구제해 주었다.

주석(註釋)은 이렇다.

예는 동이(東夷) 민족의 주신이다. 그래서 이예라고 한다. 그는 동시에 떠올랐던 열 개의 태양 중 아홉 개를 제준이 준 활과 화살로 격추시켰다. 그의 처(妻)의 이름은 상아(嫦娥)이다. 상아는 서왕모(

西王母)에게서 얻어 온 불사약을 훔친 후 달로 도망갔다.

바로 그 해내경 38장에 이르면 중국의 시간의 신 '열명(噎鳴)'이 등장한다. 그는 일년 열두 달을 낳은 고대 중국의 '시간(時間)의 신(神)', 고대 중국판 '크로노스'의 이름이다.

고대 중국인들은 이 세상엔 십일(十日), 즉 열 개의 태양이 있다고 믿었다. 그 10개의 태양은 바로 중국 신화의 시원(始原)인 제준과 희화 사이에서 출생한 열 아들이다. 그 10개의 태양 중 매일 한 개의 태양만이 동쪽으로 떠올라 지상에 빛을 주기로 약속된 것이었다. 그들 순서에 따라 말이다. 그럴때면 9개의 태양은 모두 부상나무 아랫가지에 자기 자리를 잡은 채 휴식했다. 말하자면 열 개의 태양은 자신들의 순서가 오면 동쪽에 떠올라 세상을 비추는, 그날 분의 자신의 당직(當直)을 수행한 것이다.

어느 날 문득 그들은 아버지 제준을 향해 반란, 쿠데타를 일으킨다. 하루에 10개의 태양이 동시에 떠올라 제준이 통치하는 세상을 삽시간에 태워버리기로 모의한 것이다. 그 반란의 날, 그 10개의 태양이 동시에 떠올랐을 때 세상은 삽시간에 불타오르기 시작했다. 회남자(淮南子) 제8권 본경훈(本經訓)은 10개의 태양의 반란, 태양들의 쿠데타에 대해 이렇게 적고 있다.

요 임금 시대, 10개의 태양이 함께 떠올라 곡식들을 불태우고 풀과 나무를 말라죽게 했다. 백성들은 먹을 것이 없었다. (...) 백성들에게 해로움이 되었다. 요 임금은 명궁(名弓) 예를 시켜 10개의 태양을 쏘아 맞히게 했다.

그때 명궁인 이예가 제준이 하사한 활과 화살로 한 개의 태양만을 남겨두고 9개의 태양을 격추시킴으로써 세상을 구한다. 그것이 지금 우주에 한 개의 태양만이 존재하는 이유라는 것이다.

양곡은 열 개의 태양이 목욕을 하는 우주적 바다이다. 열 개의 태양의 목욕으로 그 바다는 늘 펄펄 끓는, 그야말로 불의 바다, 백열의 바다이다. 그리고 그 거대한 바다 한 가운데 한 그루의 장대한 거목(巨木)이 우뚝 서있다. 그 나무의 이름은 부상이다. 불바다와 나무는 그렇게 동거(同居)한다. 1천 도가 훨씬 넘는 용광로의 백열 속에서도 타지 않았던 느부갓네살 앞의 그 세 청년들은 내게 바로 그 부상나무를 생각나게 한다.

여름이면 베를린 하펠강 위에 아름다운 여름 성좌들이 떠오른다. 이따금 그 성좌들 사이에서 백조좌(白鳥座)를 찾으려고 애썼던 적이 있다. 은하수 위에 거대한 날개를 펼친 백조의 모습을 한 백조좌 말이다. 사람들은 백조좌를 북십자성이라고 부르기도 한다. 그렇다. 다니엘과 세 친구는 구약 성경이라는 탁월한, 광활한, 찬란한 푸른 천공 위에 떠있는 순결하고 탐미적인 그 성좌, 특등성(特等星) 백조좌이다.

제 2 부

다니엘서 42-77편 단상

42

느부갓네살 실종 사건

어느 날 느부갓네살이 그의 우주이며 개인 신전인 왕궁으로부터 순식간에 사라져 버리는 사건이 발생했다. 엄청난 정복 전쟁을 모조리 승리하고 메소포타미아라는 우주 속에서 명성을 얻은 그의 생의 절정에서 일어난 일이었다. 그 사건 직전 그가 건축 광으로서 자기 업적인 현란한 공중 정원 테라스, 아니, 찬란한 그의 왕성 테라스에 서있는 것을 본 사람이 있었다. 그런데 그가 갑자기 사라져 버린 것이다. 그는 이후 광인(狂人)이 되어 들판에 버려진 채, 추측건데 저주받은 자들의 게토인 무덤용 동굴 앞, 폐기된 맹수 같은 모습, 네 발로 기어가고 있는 처참한 몰골로 발견되었다. 그렇다. 그는 광인이 되었고, 왕좌로부터 끌어내어졌으며 인간 사회로부터 가차 없이 추방당했다. 그는 소처럼 풀을 뜯었고 유기(遺棄)된 짐승처럼 네 발로 기었다. 하나님이 그의 통치 절정에 세기(世紀)의 인간 느부갓네살로부터 이성(理性)을 차압해 버리신 것이다. 그 상태는 약 일곱 때 동안 계속되었다. 당시 셈법에 따르면 실질적 기간은 3년

반이라는 해석이 있다.

다니엘의 꿈의 해석 때 느부갓네살이 하나님께서 시간과 역사의 주인이라는 것을 알았으면 좋을 뻔했다. 하나님은 그때 이미 메소포타미아 지역의 지상 권력에 대한 재편(再編)을 감행하고 계셨다. 그가 대평원에 세운 그 거대한 황금 신상은 사실상 황금 칠을 해 만든 느부갓네살 자신의 바벨탑이다. 그는 그날 그 현장에서 그렇게 거대한 황금 칠 신상의 마스크를 쓴 채 스스로 신으로 등극하고 있다.

사실상 그 사건 이전 하나님은 그에게 무려 12개월 간의 각성의 시간을 주셨었다. 그러나 그는 자신이 이룬 제국과 업적에 대한 자기도취와 자기 황홀에 만취된 채 하나님 심판에 대한 최후통첩을 놓쳐버린 것이다. 1년간의 유예 기간이 지났던 그 지점, 느부갓네살은 자신이 건축한, 당시 세계 최고의 찬란한 궁전인 바벨론 왕궁 테라스, 기원전 6세기 펜트하우스 전망대에 서있었다. 그는 독백한다.

내가 왕성으로 세운 바벨이여. 내 권력과 권세의 강력함으로, 그리고 나의 영광을 찬미하기 위해 내가 세운 바벨이여.

그가 새겨넣게 한 금석문(金石文)대로 모든 영광의 중심에 느부갓네살, 그가 있었다. 사실상 바벨론의 주신들, 피조물인 태양, 달, 별, 풍요, 사랑, 전쟁, 사랑의 신 등으로 분류된 바벨론의 주신들은 더 이상 그의 신이 아니었을 수도 있다. 초강대국의 한 제왕의 독백 혹은 방백 속에서 우리는 안다. 그는 이제 한 제국의 왕이 아니라 신이 되어가고 있다는 것을. 자기 업적과 행운에 도취한, 교만과 자만에 중독된, 기원전 6세기 메소포타미아 최고의 대도시인 바벨론 최고의 왕궁 발코니에서 자신의 발아래 있는, 자신이 창조해 낸 자기 우주인 바벨론 전역을 내려다보고 있다. 왕국 전체가, 메소포타미아라는 우주 전체가 자기 발아래 있다. 자기 탄성이 터져 나온다. 스스로 신이 되어가는 거대한 인간 독수리 한 마리가 거기 있다. 그러나 우리는 이렇게 말해야만 한다. 그는 지금 자기 발아래 있는 모든 것을 보고 있다. 그러나 그는 지금 모든 것을 보지 못하고 있는 맹인(盲人) 독수리였다. 그 모든 것의 제공자인, 역사의 주인인 하나님을 보지 못하고 있다는 의미에서 그는 치명적 맹인이다.

그 황홀한 순간, 막 스스로 신이 되어가는 그 변형의 순간, 하늘로부터 한 음성이 도착한다.

그 나무를 베어 버리라(단 4:14).

그리고 그는 당장 파면됐고 왕좌와 왕궁으로부터 끌어내어졌고 추방됐다. 그의 황홀한 소우주 바벨론으로부터 하나님에 의해. 그는 소처럼 풀을 뜯었고 그의 온 존재는 하늘로부터 내리는 이슬에 속수무책으로 젖었다. 머리는 마치 독수리 깃털처럼 자랐고 손톱은 새의 발톱처럼 휘어지게 자랐다. 그 모욕적이고 치욕적인 광경, 그 시대 최고의 초강대국 통치자의 모습은 그러했다. 돌연 인간에서 들짐승이 되는 추락이다. 하나님 앞에서 자기 검열(檢閱)이 없는 자는 멸망하는 짐승과 같다.

하나님은 자기도취에 빠진, 자신이 스스로 신이 되어 가는 인간을 그의 생의 절정, 왕국의 절정 속에서 그의 육체가 아닌 정신을 내리치셨다.

정신이야말로 창조의 하나님의 숨, 하나님의 호흡의 거주지였다. 그것이 인간과 짐승을 구분하는 것이었다. 하나님은 번개처럼 그의 정신을 내리치셨다. 그가 스스로 자신에게 황홀해 있는 바로 그 찰나에 말이다.

기원전 6세기, 역사의 주인이신 하나님께서 느부갓네살에게 배당하신 배역은 하나님의 손에 들린 이스라엘의 검이었다. 그 검의 배역을 하나님이 다시 자신의 검으로 내리치신 것이다. 하나님의 판결은 가차 없다. '그 나무를 베어버리라.' 거목(巨木) 느부갓네살은 당장 베어졌다. 그는 광인이 되었다. 인간이 아니라 짐승이었다. 그것이 하나님이 그에게 내리신 가차 없는 탄핵(彈劾), 왕좌로 부터의 축출이었다.

그것이 그의 수성(獸性)에 대한 하나님의 화살이다. 요한계시록 속에서도 적그리스도는 반복해 짐승의 형상으로 상징된다. 하나님 앞에서의 교만, 자기도취는 사실상 과대망상증, 더도 덜도 아닌 파라노이드-병적 망상증-이다. 그의 현기증 나는 상승과 추락, 그는 당대 최강국의 왕좌에서 저주받은 게토인 무덤 동굴로 들어찬 들판을 기어다녀야만 하는 짐승으로까지 추락했다. 그 낙차(落差)에 현기증이 느껴진다. 그렇다. 그는 과대망상증으로 바벨론 제국 최고 어의(御醫)들이 있던 제국 의료원(醫療院)에 있었던 것이 아니었다. 그의 광중은 이미 인간 의사가 치료를 시도해 볼 수 있는 상태가 아니었다. 그것은 하나님으로부터 온 탄핵(彈劾)으로서의 병이었다. 그를 고칠 수 있는 명의(名醫)라면 하나님밖에 없었다.

어쩌면 그의 상승, 그의 자기 황홀은 바벨론 제국 국가 신의 신전인 7층짜리 지구라트, 마르둑 신전보다 더 높았을 수도 있다. 느부갓네살은 자기 제국 심장인 바벨론 복판에 세운 자신의 바벨탑-왕궁과 공중 정원-의 고도에서 지상의 가장 낮고 척박한 들판의 지면(地面)까지 추락했다. 그는 그렇게 유기된 짐승이 되어 지면을 기어다니고 풀을 뜯어먹으며 허기를 채우고 사정없이 이슬에 젖었고 머리와 손발톱이 자란 채 포복하며 일곱 때-3년 반의 시간-를 살았다. 더 낮아질 수 없을 때까지 낮아졌고 더 수치스러울 수 없는 정도로 낮아졌다. 그보다 더 낮은 것이 있다면 무덤뿐이었다.

느부갓네살은 소위 두 번째 꿈, 땅 한가운데 거대한 나무 한 그루와 하늘의 순찰자-한 거룩한 자의 꿈을 통해 분명 하나님의 음성을 들었다. 하나님은 순찰자를 통해 이렇게 말씀하셨으니까.

그 나무를 베어 버려라(단 4:14).

그 꿈에 대한 다니엘의 명료한 해석도 있었다. 꿈 속의 그 거목은 바로 느부갓네살이었다. 그가 통치하는 제국은 번영의 절정에 도착해 있었다. 그러나 이제 곧 하나님의 판결이 있을 것이다. 꿈의 해석자 다니엘은 느부갓네살 자신의 회개는 필연적인 것이라고 경고했었다. 그 꿈의 해석 이후 느부갓네살에겐 그래도 아직 12달의 시간이 남아있었.

그 충격적인 추락 이전 느부갓네살이 이슈타르 성문에 새겨 넣게 한, 소위 그가 작곡한 금석문-축문(祝文)-은 이렇다.

아아, 저 먼 나라들, 외진 산맥들, 바다의 상류부터 하류까지, 험란한 도로, 폐쇄된 좁은 협로들. 매번 그 일보(一步)와 디딤이 내겐 난관이고 저항이었다. 물 없는 그 길들, 목마름의 갈증으로 가득했던 그 길들을 나는 통과했다. 그리고 불복종하고 저항하는 모든 것들을 사정없이 도륙(屠戮)했다. 그리고 셀 수 없이 강력한 적들을 포로로 잡아 굴복시켰다. 바로 그 나라, 그 왕국을 내가 당당히 다스렸고 그래서 내 백성들이 넘쳐흐를 정도로 풍요, 번영하게 했다.

그것이 생의 절정에서 느부갓네살이 자신을 향해 불러댄 자기 찬가(讚歌)였다. 존재가 터질 듯 토해져 나온 자기도취, 자기 황홀이었다. 당시 그는 자신이 최강국의 능력에 찬 지배자라는 사실을 죽어도 부인할 수 없었다. 그는 그 찬가를 바로 그 왕궁 테라스에서 불렀을지도 모르겠다. 자기 왕국을 왕국 최고의 높은 왕성 테라스에서 내려다보며 부른 찬가 말이다. 시대의 기적이라고 명명된 그 왕성, 그 공중 정원, 아니, 바벨론 자체가 그의 바벨탑이었다. 기원전 6세기에 세운 그의 마천루(摩天樓)였다. 그리고 그는 곧 그 바벨탑, 그 마천루로부터 내던져진다. 광인이 되어. 그의 자기 찬가는 그쳤다.

하나님은 4번이나 반복해 그를 방문하셨었다. 가령 하나님은 다니엘서 최초의 꿈에서 느부갓네살을 만난다. 채색 벽돌 굽는 불가마에서도 하나님은 다시 느부갓네살을 만난다. 느부갓네살을 왕좌에서 끌어내어 들판에 산 짐승으로 내던지시는 그날까지 말이다.

그의 광증의 시간이 닥친다. 그의 광기는 결코 상징이 아니다. 잔인한 현실이었다. 그의 존재의 뺨을 내리갈기는 따귀 말이다. 느부갓네살이 꿈을 꾸고, 다니엘이 해석한 꿈 속에서 순금 머리가 바벨론 왕국이었다.

그 왕국을 정복과 번영의 절정에서 지상의 바닥까지 내던질 수 있는 분이 하나님이었다. 그것은 테라스에서였다. 아마도 그가 건축한 공중 정원 테라스, 거대한 계단식 정원인, 저만치 유프라테스강으로부터 물줄기를 끌어올려 분수대의 물줄기로 솟아오르게 한 기적의 건축물. 그것은 사실 말이 왕궁이지 그가 자신과 자신의 아내에게 선물한 느부갓네살 개인 신전이었다.

다시 말하지만 애초 높이 솟은 거대한 나무와 순찰자에 대한 다니엘의 꿈 해석이 있었다. 높고 거대한 신상, 이번엔 높이 솟은 거대한 나무이다. 그것이 거대한 신상이든, 거목이든 모두 통치와 번영의 절정에 있던 느부갓네살의 황홀한 개인사, 혹은 그의 바벨론 우주에 대한 클라이막스에 대한 자화상일 수 있다. 그날 그는 바벨론 제국, 바벨론시, 최고의 장소, 바벨론의 왕성이거나 공중 정원 테라스에 있었을 가능성이 높다. 아니, 정치적 반역, 쿠데타가 있었는지도 알 길 없다. 어떻든 그는 그 어떤 압도적인 힘에 의해 그의 왕조로부터 사납게 끌어내려진 후 일곱 때, 혹은 당시 셈법으로 3년 반 동안 왕홀을 빼앗긴 채 왕좌에 부재 중이었다. 그것이 느부갓네살 부재, 실종 사건에 관한 얘기다. 이것이 그의 후대 왕인 나보니두스의 악성병과 뒤섞인 실록, 혹은 에피소드라는 것이 고고학자들의 추정이기도 하다.

광인 느부갓네살의 광기는 이미 두로의 황금 신상 때부터 입증되었다. 그 광기는 느부갓네살 정도의 권력자라면 그의 통치 스타일, 그의 카리스마, 특권, 마력 등으로 해석될 수도 있다. 그러나 그의 자기도취는 결국 광기의 경계를 부수고 광인으로 추락했다.

그 말이 아직 그의 입술에 있을 때 하늘로부터 한 음성이 들려왔다.

너 느부갓네살 왕, 너의 통치권은 빼앗길 것이고 사람들은 너를 인간 사회, 영광의 도시 바벨론으로부터 내쫓을 것이고 추방시킬 것이다. 너는 들짐승들과 함께 살게 될 것이다. 너는 수소처럼 풀로 배를 채울 것이다. 7개의 시간 동안 그렇게 될 것이다. 네가 알게 될 때까지, 가장 높으신 이가 자기가 원하는 자에게 통치권을 위탁하신다는 것을(단 4:25).

당시 세계 최강자의 이 유명한 추락 사건 뒤엔 대체 무슨 알레고리가 숨어 있는 것일까. 그는 사실상 그의 통치 기간 동안 바벨론을 번영의 절정까지 이르게 한 정치와 정복의 장인(匠人)이 아닌가. 정치, 종교, 경제, 모든 분야에 번영과 풍요가 넘쳤다. 국방도 치안도 좋았다. 난공불락이라는 세 겹짜리 바벨론 성벽과 그것을 푸른 혁대처럼 둘러싼 유프라테스강의 신성한 강물로 만든 군사용 해자(垓字)까지 있었다. 바벨론은 불멸의 도시라고 선포하고 싶을 지경이었다.

43

배 속에 용암(熔岩)을 임신한 자

    1795년, 영국 화가 윌리엄 블레이크는 왕좌로부터 황야에 내던져진, 멸망하는 짐승, 느부갓네살을 화폭 속에 그려넣었다. 그림 속의 느부갓네살은 더 이상 황금으로 된 왕좌, 황금 왕홀의 소유자는 아니다. 그는 왕좌에서 끌어내어져 지상 최고의 음지, 무덤 동굴이 있는 공동묘지 구역에 내던져진 경악의 모습을 하고 있다. 그는 일단 더 이상 직립(直立) 인간이 아니다. 그는 짐승이 되어 벗은 몸에 네 발로 지상에서 가장 험한, 저주의 땅을 기어가고 있다. 중요한 것은 그의 두 눈동자이다. 그는 더 이상 스스로 황금 신상을 세운 후 다니엘의 세 친구에게 으르렁대며 화형을 협박하던 인간 맹수가 아니다. 그의 두 눈과 입은 하나님의 처벌에 대한 경악과 충격으로 절규를 넘어 혼절과 파국 직전의 참혹을 그대로 드러낸다. 블레이크의 느부갓네살의 초상을 보고 있으면 사망 선고보다 더 가혹한, 탄핵에 처해진 한 피조물의 파국(破局)이 읽혀진다.

    그의 긴 수염은 자라버린 머리카락과 함께 소나기처럼 쏟아져 땅에 닿아있다. 그의 안면(顔面)은 마치 경악의 마스크를 쓰고 있는 것 같다. 자신이 혐오의 대상이라는 사실 자체에 질려있는, 하나님 앞에서의 그의 무력감과 공포, 경악은 역력하다. 그는 항복할 수 있는 상태조차 아니다. 그는 그렇게 하나님의 심판의 맷돌에 가차 없이 갈리우고 있다. 내팽겨 짐의 낙인이 찍히고 폐기돼 버린, 인간 사회로부터 철저히 추방된, 아니, 자신에게 언도된 절망과 저주에 그대로 응고돼 버린 초상, 절망과 저주에 마비돼 버린 인간의 순간과 찰나의 초상이 거기 있다. 그것이 광인의 수준까지 저주받은 느부갓네살을 화폭에 정지시켜 놓은 화가 블레이크의 다니엘 4장 재해석이다.

하나님의 탄핵의 기한이 찼을 때 그는 통치자인 자신 위에서 자신을 통치하는 전능자 하나님이 계심을 알고 그 자각을 고백한다. 그 각성 속에서 그는 하나님을 만졌고 그를 찬양했다. 하나님은 그의 고해(告解)를 접수했다. 그 후 하나님으로부터 차압당했던 영혼과 이성(理性)을 돌려받았다. 그는 그렇게 다시 한번 최고의 신 야훼 하나님을 오관(五官)으로 절절하게 경험했다. 다시 왕좌로 돌아왔고 왕국의 왕홀을 돌려받았다. 하나님의 사면(赦免)과 복권(復權)은 그렇게 왔다.

중요한 것은 복권 후 그는 겨우 수년간 통치하다 사망했다는 추측이다. 하나님의 사면과 복권 이후 그의 통치는 내리막길을 걸었다. 치세(治世)의 절정 같은 것은 결코 다시는 오지 않았다. 느부갓네살은 기원전 562년 10월 2일, 사망했다. 그의 나이 68세였다. 그것이 기원전 605년에 시작해 562년에 막을 내린, 43년간 느부갓네살 통치 시대의 종막(終幕)이었다. 바벨론 통치 43년 만의 일이었다. 사망 원인은 몇 년간 계속된 그의 중병이었다. 어떻든 43년의 통치 기간 동안 느부갓네살이 곧 바벨론이었고 바벨론이 곧 느부갓네살이었다.

사망할 때 느부갓네살은 아들이며 황태자인 아멜 마르둑에게 잘 조직된 제국을 상속해 주었다. 아들이 그의 왕홀을 물려받은 것이다. 그러나 그는 겨우 2년 남짓 왕좌에 있었다. 기원전 560년, 그의 매부 네르갈 샤레제르가 그를 암살하고 왕위에 올랐다. 도살 같은 암살이었다. 역사가들은 그를 왕좌 유괴범이라고 쓰고 있다. 햄릿의 부친을 죽이고 왕좌와 왕비를 동시에 가로 챈 왕권 찬탈자, 바벨론판 클라디우스이다. 죽음의 침상에서 느부갓네살은 모르고 있었다. 그가 영원할 것이라고 철썩같이 믿고 스스로 황홀해 했던 그 거대한 바벨론 제국의 목숨이 그의 사후 겨우 23년의 시한부로 예정되어 있었다는 것을 말이다.

왕좌를 위한 암살과 도살, 반역의 쿠데타가 반복됐다. 6년 후인 기원전 566년, 나바시 마르둑이 왕권을 잡는다. 그도 다시 몇 개월 후 암살당한다. 그는 어차피 정치적 통치권이 없는 꼭두각시 왕에 불과했었다. 그를 암살한 자는 나보니두스였다. 그는 그렇게 쿠데타를 통해 왕을 암살하고 피 묻은 손으로 왕위에 오른다. 기원전 566년의 일이다.

이후 유대인 구전(口傳)은 매우 음산한 전설을 전한다. 느부갓네살의 후계자인 그의 아들 아멜 마르둑은 극도의 불안에 시달렸다. 그는 죽은 아버지가 다시 살아 돌아올 수도 있다는 공포에 빠졌다. 그래서 사망한 부친 느부갓네살의 무덤을 열고 그 시신을 꺼냈다. 그리고는 그 시신을 300개의 토막으로 잘게 썰은 후 300마리의 독수리를 풀어 먹이로 던져 주었다는 것이다. 300마리의 독수리가 세기의 영웅 느부갓네살을 그 위장 속으로 처넣었다는 것이다. 그는 그만큼 부친 느부갓네살을 두려워

했다는 것이다. 사람들은 느부갓네살을 '배 속에 용암(鎔巖)을 임신한 자'라고 불렀다는 것이다.

느부갓네살 사후 바빌로니아는 더 이상 그가 자신의 영광에 몸을 떨며 황홀해 하던 그 절정의 광채를 누리지 못했다. 아니, 바벨론은 더 이상 바벨론이 아니었다. 말하자면 바벨론은 느부갓네살에게 내려진 '하나님의 탄핵(彈劾)'을 시작으로 이미 멸망의 길을 갔다고 보는 것이 옳다. 그것은 느부갓네살 사후 겨우 23년간에 이르는, 멸망으로 가는 절벽 같은, 하강(下降)하는 에스컬레이터의 시간이었다.

느부갓네살은 바벨론의 수많은 기념비적 건축물마다 자신의 이름을 지문처럼 새겨 넣었다. 이후 고고학자들은 바벨론의 수많은 역사적 건축물의 파편들로부터 느부갓네살이 그 건축물 혹은 기념비에 직접 서명(署名)한 수많은 금석문(金石文)들을 발견했다. 그 시퍼런 자만과 자기도취의 문자들은 명문(銘文)-금석문(金石文)-으로 남아 바벨론 고고학적 발굴 현장에서 끝없이 발견된다. 바벨론 혹은 느부갓네살이라는 이름의 우주(宇宙). 느부갓네살이라는 이름의 현상(現象). 그는 더 이상 기원전 6세기 바벨론의 왕이라는 역사적 시간의 액자(額子) 속에 갇혀있지 않고 있다. 느부갓네살, 그는 21세기 유럽 문화 속에서도 여전히 살아있는 세속 도시의 대표자, 세속 도시의 현상(現象)으로 존재한다

44
:
:

런던, 테이트브리튼
- 윌리암 블레이크의 느부갓네살

2020년 2월, 런던에 들렀을 때, 테이트브리튼미술관의 소문난 소장품인 윌리암 블레이크의 그림들은 없었다. 블레이크의 전시실로 가려면 일층 중앙홀의 기막힌 명작, 야곱 엡스타인의 거대한 설화 석고 조각 '야곱과 천사, 1940'을 지난다. 난 의도적으로 반드시 그 조각상 앞을 지난다. 얍복강 이편에서 천사와 씨름하던 야곱의 그 시퍼런 고독이 그 설화 석고 조각상 안에서 뜨겁게 꿈틀거린다.

나를 축복하지 않는다면 결코 당신을 놓아주지 않겠다.

야곱의 이 '인간 선언'은 매번 내 가슴을 친다. 런던에 오면 내가 가장 먼저 반복해 달려가는 곳이 바로 테이트브리튼미술관이다. 난 바로 야곱의 그 존재 증명의 고백, 그 조각품을 보고 싶어 갈증을 느낀다. 야곱의 벌거벗은 뒷모습, 그리고 나부끼는 머리카락에 거대한 날개를 달고 있는 천사, 그 둘은 서로 격하게 부여잡는 전투, 포옹을 하고 있다. 나를 축복하시지 않으면 나는 결코 당신을 놓아주지 않겠다. 그래서 그 조각품은 내겐 사실상 씨름이 아니라 그대로 정지된 기도의 초상(肖像)이다. 그것은 내게 테이트브리튼의 박동치는 심장이다.

소위 윌리엄 블레이크의 방은 그 조각품을 지나 오른쪽으로 간다. 오른쪽 모서리를 끼고 돌면 이층으로 올라가는 아주 좁은 계단 몇 칸이 숨어 있다. 계단 입구엔 이렇게 쓰여 있다.

'윌리엄 블레이크의 작품관'.

거대한 미술관의 참 외롭고 좁은 계단을 오를 때 아름답다. 닫혀있는 두 장의 나무 문을 밀고 들어서면 고요한 초록 방이 등장한다. 그곳에서 방문자들은 블레이크의 소중한 작품 몇 점을 볼 수 있다.

그해 2월, 그 방의 문을 밀고 들어갔을 때, 블레이크의 그림들은 단 한 점도 없었다. 죠지 리치몬드의 1825년작 '양치는 자 아벨'이 있었다. 궁륭 모양의 푸른 하늘에 청명한 상현달이 걸려 있었고 아벨은 나뭇가지 아래 앉아있었다. 들판엔 달빛 아래 잠을 청한 양떼들이 보였다. 그 곁에 리치먼드가 종이 위에 그린 잉크화 습작 '예수와 사마리아 여인'이 있었다.

그날 늘 브레이크의 초록 방을 지키고 있던 중년의 미술관 남자 직원은 보이지 않았다. 그 고요한 방 저만치 몇 개의 의자에 나눠 앉은 교수와 학생들. 런던 어느 대학의 예술사 수업이 진행되고 있었다. 교수가 내게 물었다.

당신은...

내가 말했다.

블레이크 작품을 찾고 있습니다. 가령 느부갓네살, 혹은 뉴턴 같은...

그가 말했다.

유감스럽게도...

그가 말했다.

특별전(特別展)을 위해 특별관에 가 있습니다.

1년 전 봄, 내가 그 미술관에 들렸을 때 그 초록 방의 미술관 남자가 내게 말했었다.

내년 9월에 다시 오십시오. 우리는 그때 개막(開幕)할 블레이크 특별전을 준비하고 있어요.

유감스럽지만 난 그해 9월, 런던에 갈 수 없었다. 초록 방을 나와 미술관 지층 후문 입구로 갔을 때, 난 막 공연이 끝난 무대 같은 전시장 입구에 섰다.

윌리암 블레이크 특별전 / 11. Sep. 2019- 02. Feb. 2020

내가 런던에 오기 보름 전, 특별전은 이미 막을 내렸다. 미술관 직원은 내게 특별전시장의 전시 작품들이 다시 겨우 한 층 위에 있는 블레이크의 초록 방으로 돌아가려면 적어도 3개월이 걸린다고 했다. 그가 말했다.

봄의 절정인 5월에 오시면 당신은 블레이크의 초록 방으로 돌아가 걸려 있는 블레이크를 분명 다시 보시게 될 겁니다.

나는 왜 그 특별전에 갈 수 없었을까. 베를린에서 런던은 비행기로 겨우 110분 거리가 아닌가. 내 일상은 늘 왜 그토록 무의미하게 바쁜 것일까. 1795년, 블레이크는 2개의 명작을 그려냈다. '느부갓네살'과 '뉴턴'이 그것이다.

그해 2월 그 저녁, 내가 런던 소호를 지날 때 아무도 모르고 있었지만 이후 온 지구를 적어도 2년 이상 봉쇄시킬 무서운 적(敵)-코로나이 런던에도 진군하고 있었다. 2020년 4월 7일, 화요일, 나는 내 작업실에서 W. 콜함머출판사의 윌리암 블레이크 화집(畵集)의 페이지들을 넘기며 원고를 써야만 했다.

2023년 7월 10일, 헐레벌떡 달려간 런던 빅토리아역 부근 강변 부두 밀방크의 테이트브리튼미술관은 코로나 이후 소장품에 대한 소규모 배치 변경이 눈에 띄었다. 윌리암 블레이크의 7a 전시실엔 그의 작품, 마호가니 위에 잉크와 템페라로 그린 '노아와 사탄', '뉴턴' 등 탁월한 성서의 재해석 명작들이 특별 전시의 외출로부터 돌아와 자신의 방에서 다시 광채를 토하고 있었다.

45

느부갓네살에 대한 두 개의 입장

예술사가들은 블레이크가 그의 명작 느부갓네살을 그린 것은 1795년에서 1805년 사이였을 것이라고 추측한다. 그 그림이 세상에 알려진 것은 1939년이었다. 블레이크는 그때 약 2400년 전 하나님을 모르는, 그러나 하나님에 의해 제국과 제국의 왕이 된 한 인간 느부갓네살이 결국 포획되어 사정없이 들판에 내던져진, 하나님에 의해 폐기된 맹수의 모습을 그려냈다. 블레이크는 알고 있었다. 하나님에 의해 제국의 왕좌에서 광인이 되어 들판에 내팽겨진 느부갓네살, 그가 바로 바벨론 우상 숭배의 제사장, 바벨론 문화의 정수, 그 자체였다는 것 말이다.

뉴욕 메트로폴리탄박물관 소속 근동학자 마이클 세이무어는 윌리암 블레이크가 1795년에 그린 느부갓네살의 초상, 즉 무덤 동굴 앞 들판을 배경으로 제국의 왕에서 폐기된 짐승으로 전락해 네 발로 기고 있는 느부갓네살의 초상이 구약의 다니엘서와 나보니두스 왕의 전승이 합쳐진,

즉 두 왕에게 내린 저주에 대한 두 개의 기록의 액화(液化), 혹은 융합이라고 해석한다. 블레이크의 작품 속에서 느부갓네살은 인간에서 야생 짐승으로 변용해 버린 저주에 찬 모습이다. 맹수의 발톱, 독수리의 발톱처럼 자라버린 엄지와 검지 발가락으로 자신의 격렬한 절망을 들어 올리고 있는 완전한 허무가 거기 있다. 머리와 수염은 자라서 그가 받치고 있는 엎드린 두 팔 사이로 흘러나와 하수처럼 흐르고 있다. 그의 무릎은 광야가 아니라 그를 삼킬 듯 아가리를 벌리고 있는 무덤 동굴 앞을 기어가고 있다. 그렇다. 그는 생의 절벽 앞에 서있다. 그의 눈은 수천 톤짜리 공포를 담고 있다.

주목할 것은 1805년, 블레이크는 바로 명화(名畵) '느부갓네살'의 짝 그림을 그렸다는 사실이다. 그것이 바로 유명한 작품 '뉴턴'이다. 저 유명한 만유인력(萬有引力)의 수학자 아이작 뉴턴(1643-1727)의 초상(肖像) 말이다. 느부갓네살과 뉴턴은 말하자면 짝 그림이었다. 이 두 그림에 대한 세이무어의 해석은 흥미롭다. 세이무어에 의하면 느부갓네살이 그의 영광과 교만 속에서 잃어버린 것은 바로 이성(理性)이었다. 진정한 유일신을 인식하는 것, 신의 통치력과 그 통치의 원리와 방식을 이해하는 것, 그것이 블레이크에겐 바로 인간 이성이었다. 블레이크에게 광기란 이성이 부재중인 인간 상태를 의미했다. 그리고는 작품 느부갓네살 작업 이후 돌연 작품 뉴턴을 그려냈던 것이다. 느부갓네살과 뉴턴 말이다. 세이무어에 의하면 뉴턴은 이성의 선발주자다. 블레이크가 그의 연작시집『천국과 지옥의 노래』속에 느부갓네살과 뉴턴을 나란히 그려 배치시킨 것은 느부갓네살이 잃어버린 바로 그 이성을, 바로 뉴턴을 상징하고 있다는 것이다.

뉴턴은 거대한 산과 하나가 돼버린 바위 위에 앉아 몸을 구부린 채 목재 콤파스로 흰 캔버스 같은 헝겊 위에 그려진 삼각형을 측량하고 있다. 삼각형은 곧 성삼위일체 하나님의 상징이다. 느부갓네살이 한순간 제국의 제왕 자리에서 끌어내어져 들판에 내던져졌던 시간, 그는 스스로 반신(半神)이거나 아니면 느부갓네살이란 이름의 신(神) 자체였다. 하나님이 그를 제왕의 왕좌에서 끌어내 내동댕이친 것은 그의 정치적 포악함, 폭군, 폭정 같은 것이 아니었다는 것이다.

그리고 블레이크는 성삼위일체 하나님의 본질을 측량하겠다고 목재 콤파스를 들이대는 17세기 인간 뉴턴의 합리, 이성의 콤파스를 들고 신의 영역을 측량하려는 근시안적인 인간 초상 뉴턴을 나란히 그려내고 있다. 기원전 6세기의 인간 느부갓네살도, 서기 17세기의 인간 뉴턴도 하나님이 대체 누구인지 모른 채 네 발로 땅을 기어가고, 땅에 코를 박은 채 하나님의 본질을 측량해 정답을 얻으려고 몰두하고 있다는 것이다.

그렇다. 그때 블레이크의 시간은 1805년경이었다. 18세기에서 19세기의 시대를 여는 시간의 강을 건너며 그는 이성, 합리의 이름으로 성삼위일체라는 하나님의 본질을 긴 콤파스로 측량하고 있는 수학자 아이작 뉴턴을 그려내고 있다. 불가능하고 의미 없는, 무의미하고 어리석은, 지상과 천상의 차원을 콤파스로 측량하고 있는 뉴턴의 그 초상이 바로 인간이 새로 찾은 신처럼 떠들어대고 있는 '인간 이성'이라는 이름의 합리주의, 17세기 초 뉴턴의 시대정신이었다. 인간 이성으로 초월적 존재인 신의 정체를 풀어가는 방식의 예정된 좌초(坐礁)를 블레이크는 그리고 있다. 세이무어는 그것이 당시 물밀 듯이 유럽 사회 속으로 물결쳐 들어오는 합리주의-뉴턴-에 대한 블레이크의 사회 비평이라는 것이다.

중요한 것은 블레이크의 그림 속에서 느부갓네살도, 뉴턴도 하나님 앞에서 모두 발가벗고 있다는 사실이다. 하나님 앞에서 벌거벗겨진 두 인간-기원전 6세기의 느부갓네살, 기원후 17세기의 뉴턴-을 나란히 등장시켜 놓음으로써 그들 뒤로 예언대로 가차 없이 닥쳐오고 있는 완전한 약속의 세계-바벨론도 런던도 아닌-새 예루살렘을 블레이크는 열망하고 있다는 것이다.

런던 세인트 판크라스 기차역과 어깨를 나란히 하고 있는 대영도서관 입구 광장엔 거대한 6톤짜리 청동 조각상 한 점이 서있다. 스코틀랜드 출신 조각가 에두아르도 파오로치의 작품 '블레이크적(的) 뉴턴(1995)' 그것이다. 사람들은 그것을 '나신(裸身)의 아이작 뉴턴'이라고 부른다. 그 조각품은 블레이크의 뉴턴으로부터 영감을 받아 탄생했다. 파오로치는 이렇게 썼다.

나는 인간 블레이크와 그의 작품 '뉴턴'으로부터 동시에 영감을 받았다.

즉 블레이크 작품 속의 시학과 뉴턴의 과학으로부터 들이닥친 영감이 서로 연결되고 서로 독립되어 있는 경이를 본다는 것이다. 그는 그 영감과 경이에 조각이라는 육체를 주었다는 것이다. 대영도서관 측은 블레이크와 파오로치의 조각 '뉴턴' 속에서 끝없이 진리를 찾는 탐구적 인간의 모습, 그것이 바로 대영도서관 설립 정신에 맞는 상징물이라는 입장이다. 참고로 파올로치의 '뉴턴'의 그 눈은 미켈란젤로의 다비드의 눈을 가져왔다고 알려져 있다. 어떻든 파올로치는 인간의 시학과 과학의 합

일을 블레이크의 뉴턴에서 본다는 것이다.

런던에 가면 나는 이따금 그 대영도서관 열람실에 들러 여행 중 추수한 메모들과 책들을 투명 봉지에 담아들고 올라가 정리한다. 브렉시트 완료 전만 해도 유럽 거주 증명만 있으면 열람실 사용이 가능했었다. 그의 작품 '느부갓네살'과 '뉴턴'은 내겐 1795년, 블레이크가 출산한 이란성 쌍둥이다. 열람실을 나와 다시 뉴턴 조각상 앞을 지날 때-뉴턴은 21세기에도 여전히 엎드린 채 왼손에 콤파스를 들고 오른손의 긴 검지로 그려진 삼각형을 누른 채 삼위일체 하나님의 본질을 측량하고 있다-두 그림 속에서 울려오는 블레이크의 웅변을 듣는다. 세이무어에 의하면 블레이크의 두 명작, '느부갓네살'과 '뉴턴' 뒤에선 바벨론이란 명칭이 반복해 출몰하는 요한계시록의 새 예루살렘적 예언이 울려 퍼지고 있다는 것이다.

윌리암 블레이크는 하나님 앞에서 결국 지상의 최저 지점, 문자 그대로 지상의 가장 밑바닥까지 추락한 채 네 발로 기어가고 있는 느부갓네살을 그림 속에서 시각화시켰다. 그럴 때 블레이크의 작업 속에선 왠지 법정화가(法庭畫家)의 법정 스케치 냄새가 난다. 그것은 내겐 블레이크가 만든 느부갓네살의 정지된 화석(化石)이다. 그것이 런던에 갈 때마다 내가 매번 테이트브리튼의 그 녹색 방-블레이크 작품관-을 찾는 이유이다. 다시 말하지만 블레이크에게 만유인력의 수학자 아이작 뉴턴은 이성주의, 합리주의, 이성론의 상징이다. 오늘도 대영도서관 앞에선 수학자 뉴턴이 바위에 앉은 채 상체를 굽히고 인간 이성이라는 이름의 콤파스로, 지상에 그려진 삼각형, 즉 삼위일체 하나님을 측량하고 있다.

내게 대영도서관이 소중한 이유는 또 있다. 대영도서관은 세계에서 가장 오래된 신약 성경인 시나이 사본-코덱스 시나이티쿠스-을 소장, 전시하고 있기 때문이다.

로마 황제 콘스탄티누스는 기독교를 국교로 선포한 후, 그리스어 성경 50권을 제작해 로마 제국 중요 교회들에게 보급하라는 명령을 내렸었다. 그 필사본에 대한 황제의 직접 명령을 받은 것이 바로 가이사랴의 성경학자 유세비우스라고 전해진다. 그렇게 해서 세계에서 가장 오래된 신약 성경 필사본이 4세기 무렵 편찬 제작된 것이다. 이 필사본, 코덱스 시나이티쿠스의 특징은 신약 성경 전체가 모두 기록돼 있다는 것이다. 그 속에 물론 신약 성경 최초의 복음서인 소중한 마가복음도 등장하고 있다.

발견자 티셴도르프는 자신이 발견한 시나이 성경 필사본 중 347페이지에 이르는 양피지를 러시아 황제 알렉산더 2세에게 증정했었다. 이 사본은 당시 러시아 심장부였던 레닌그라드에 보관됐었다. 1933년, 소련의 스탈린이 이것을 대영박물관에 팔았다. 당시 판매가는 10만 영국 파운드였다.

2023년 7월 10일, 소위 '포스트코로나' 시간 속에서 방문한 런던 대영도서관은 활기로 넘쳤다. 나는 지층을 통과해 2층 열람실과 구분돼 있는, 도서관 보물 창고인 1층 갤러리로 갔다. 코덱스 시나이티쿠스는 바로 그 보물들의 전시관 전실, 심장부에 놓여 있다. 그것은 파리 루브르의 '모나리자'처럼 방탄유리 갑옷을 입고 있지도, 베를린 신박물관의 왕녀 네페르티티 흉상처럼 저만치 천공에 안치돼 있지도 않은 채 유리관 속에 전시돼 있다. 수많은 진귀 장서-성서-들, 문자들, 채색들을 보호하기 위한 매우 낮은 명도(明度)의 조명 때문에 공간은 신성한 카타콤베적 고요로 충만하다. 코덱스 시나이티쿠스는 송아지 가죽 위에 필사된 성서라고 하지만, 송아지 가죽이라기보다는 차라리 장인의 손을 거친 황홀한 크림색 수제(手製) 비단 같은 모습을 하고 거기 있다.

시나이로부터 온 이 책은 가격을 매길 수 없는 지상의 보물이다.

주저 없이 그렇게 시작되는 해설문이 인상적이다. 유리관 속에 펼쳐져 전시된 페이지는 누가복음 1장 26-38절이라는 해설이 붙어있다. 하나님의 전령, 가브리엘 천사가 인류-마리아-에게 들고 온 메시아의 수태고지(受胎告知) 장면이라는 것이다. 인류 최고(最古)의 성경 필사본인 코덱스 시나이티쿠스 앞에 서면 메시아-예수-의 오심을 알리는 가브리엘 천사의 문자로 된 트럼펫 소리-수태고지-와, 21세기 역병인 코비드19에 냅다 따귀를 맞은 채 자기 교만과 자기모순에 경기(驚氣)를 해대는 우리들 호모사피엔스의 딸꾹질 소리가 교차한다.

46

하나님의 가택수색(家宅搜索)
- 나보니두스 왕

　절대 권력자 느부갓네살의 사망 후 그의 소중한 황태자 아멜 마르둑이 왕좌에 오른 지 2년 만에 매부 네르갈 사레제르에게 암살당했을 때 바벨론 왕국의 23년 시한부 목숨은 이미 퇴로(退路) 없는 멸망의 테마를 연주하고 있었다. 당시 왕위 찬탈자도 그의 왕좌를 겨우 4년밖에 지키지 못했다. 후임자 라바시 마르둑은 즉위 겨우 몇 달 만에 역시 찬탈에 의해 실각했다. 암살당한 것이다. 그것이 기원전 556년, 암살자 나보니두스 왕의 등장이다. 놀랍지만 느부갓네살 사후 바벨론 제국은 힘을 잃기 시작했다. 아들과 사위로 이어지던 왕권이 나보니두스-벨사살 대리 왕 체제로 이어지면서 제국 멸망의 징조들이 어른댄다. 어떻든 느부갓네살이 사망한 기원전 562년으로부터 제국 멸망인 기원전 539년에 이르는 23년 간 한복판에 서있는 것은 나보니두스 왕의 존재이다. 나보니두스는 벨사살 왕의 부친이다.

나보니두스는 기원전 556년, 왕으로 즉위했다. 유감스럽게도 그는 왕의 혈통이 아니었다. 그는 전임자를 살해하고 왕이 된 사람이었다. 그의 동맥 속엔 소위 푸른 피, 즉 왕의 혈통 같은 것은 없었다. 혈통 같은 것, 왕의 정통성 같은 것은 만들어내면 될 것이었다. 그는 느부갓네살의 딸과 결혼함으로써 느부갓네살이라는 바벨론 제국 최고의 혈통에 승차(乘車)한다. 그는 그렇게 느부갓네살의 사위가 되고 그의 아들 벨사살은 느부갓네살의 손자가 된다. 그렇게 함으로써 그는 왕의 혈통이라는 계보를 만들어낸다.

혈통보다 더 중요한 것이 있었다. 그는 바벨론이 아니라 앗시리아에서 성장한 남자였다. 왕이 되자 그는 돌연 느부갓네살이 섬겨온 종교관에 반기를 들었다. 즉 바벨론의 영원하고 강력한 국가 신 마르둑에 대한 왕으로서의 맹세를 과감히 거절한 것이다. 그는 자신이 청년기부터 간직해 온 신, 왕의 혈통과는 아무 상관없는 자신을 바벨론 제국의 왕이 되게 해 준 바로 그 신-달의 신인 신(Sin)-을 버리지 않았다. 국가의 주신인 마르둑 대신 감히 달의 신을 예배하기 시작한 것이다.

즉위하자 그는 돌연 바벨론의 꽃인 수도 바벨론 대신 아라비아 사막의 오아시스 도시인 타이마(Tayma)를 잠정적 새 수도로 정했다. 매년 신년 초에 수도 바벨론에서 거행되는 국가 신 마르둑에 대한 제사에 왕이 참석해야만 하는 것은 엄중한 불문률이었다. 그러나 그는 바벨론 대신 주저 없이 타이마에 정주했으므로 마르둑의 제사는 더 이상 거행될 수 없었다. 그것은 국가 바벨론과 수도 바벨론 전체에 닥친 충격적인 정치적, 종교적 스캔들이었다.

그렇다. 위대한 국가 신 마르둑에게 바치는 제사의 축제, 매년 신년 행사로 열리는 아키투 축제에 나보니두스는 참석하지 않았다. 나보니두스의 이런 종교성이 마르둑 경배자들, 즉 종교 엘리트들인 사제들, 전통주의자들의 분노를 일으켰다. 마르둑 신봉자들은 결국 나보니두스와 마르둑에 대한 여러 편의 예언의 글을 남겼다. 마르둑 대신 달의 신인 신을 주신으로 바꾸어 섬긴 나보니두스에 대한 마르둑의 분노가 이후 페르시아 왕 키로스의 바벨론 정복으로 닥쳐왔다는 것이 전통주의자들의 해석이다. 노골적으로 말한다면 마르둑이 페르시아 총사령관 키로스를 바벨론으로 초대해 바벨론을 멸망시켰다는 것이다.

앗시리아 연구가 어빙 횡켈의 가설은 다르다. 횡켈은 대영박물관 근동관 설형 문자 해독자이다. 어느 날 나보니두스에게 불치의 악성 종양이 덮쳤다는 것이다. 아니, 왕좌에 오른 후 나보니두스는 돌연 매우 잔인한 악성병의 습격을 받았다는 것이다. 쿠데타를 통해 선임 왕을 살해하고 쟁취한 왕좌였다. 왕통의 합법성을 만들기 위해 느부갓네살 왕의 딸과 결혼까지 했던, 그의 왕좌는 그가 만들어낸 완전 범죄 같은 작품이었다. 악성병의 습격을 받았다고 하지만 왕인 그가 왜 수도 바벨론을 떠나야 했는지에 횡켈은 주목한다. 어떻든 그가 바벨론을 떠나 타이마로 스스로를 유배시켰던 데엔 필연적 이유가 있었다는 것이다. 즉 왕인 그가 바벨론을 떠난 것엔 강요된 그 어떤 운명적 상황이 있었다는 것이다.

나보니두스는 바벨론의 통치 왕으로서 자신의 의무를 잊은 자로 간주되었다. 왜냐하면 그는 국가 신 마르둑 경배를 게을리했거나 거부, 외면했고, 자부심 강한 국가의 자랑스런 심장부 바벨론시를 버리고 아라비아 사막에 있는 그 장소, 오아시스가 있는 타이마로, 오직 자신의 신인 그 달의 신에 대한 숭배 때문에 떠나버린 왕이었기 때문이었다. 더구나 그는 아무런 감정적 가책도 없었다는 것이다. 그가 떠나버린 바벨론시는 그에 의해 임명된 아들 벨사살이 대리 왕으로서 바벨론에 남아 왕국의 일을 집행할 수 있도록 위임했다. 공동 왕정이라는 통치 형태는 그렇게 왔다. 도시 하란의 돌비에는 고대 아람어로 된 나보니두스의 금석문이 적혀 있다는 것이다.

> 나는 병으로 두드려 맞은 채, 병이 내게 준 무서운 타격(打擊)으로 7년간 그야말로 뻗어 있었다. 나는 나의 신들, 금, 은, 나무, 돌, 흙으로 빚은 신들에게 맹렬하게 기도했다.

아람어는 바벨론 왕국의 공용어, 일상 언어였다. 참고로 행정 문화엔 엘리트의 언어인 아카드어가 사용됐다. 당시 이집트, 페르시아, 그리스, 인도 등의 상류층과 지식인들이 바벨론으로 건너와 유학(留學)했다. 특히 바벨론은 당시 학문의 집대성이라고 불리우는 바벨론 점성학의 전당, 점성학의 메카였다.

횡켈의 가설은 충격적이다. 그는 나보니두스에게 닥친 운명의 악성 종양, 그것이 '문둥병'이었을 것이라고 적고 있다. 나보니두스는 바벨론을 떠난 것이 아니라 왕권의 정점인 빼어난 바벨론을 떠나 스스로를 아라비아사막 타이마에 유배(流配)시켜야만 할 끔찍한 필연성이 있었다는 것이다. 그는 자신에게 닥친 문둥병 환자의 모습으로 국가를 위해 막대하게 소중한 마르둑 신년 경배 현장, 즉 새해 첫날인 닛산의 달 제1일에 거행되는 아키투 축제 같은 공공 예식에 모습을 드러낼 수는 없었다는 것이다. 횡켈은 나보니두스가 왕을 위한 모든 영광과 사치가 완료돼 있는 그 영광의 무대, 당시 세계 최고의 정치 무대인 바벨론을 떠나 스스로를 유배시킬 수밖에 없었다고 적는다. 타이마라는 장소는 그가 스스로 선택한 유배지이며 자기 망명(亡命), 자기 내적 통곡의 장소였다는 것이다.

나보니두스의 고독한 아라비아 사막에서의 10년간의 정주는 그래도 영원한 의문이다. 당시 수도 바벨론은 지상에서 가장 찬란한 도시였다. 세계 최초로 황홀한 도시 국가 문명이 만개한 곳이었다. 그가 그 찬란한 바벨론을 떠나 굳이 고독한 아라비아 사막 도시로 간 데는 이유가 있다는 것이다.

횡켈은 반복해 주장한다. 나보니두스에게 돌연 악성병이 닥쳤다는 것이다. 그것은 아마도 악성 종양, 악성 질병으로 가차 없이 파괴돼 버린 외모(外貌)로 마르둑 숭배 문화의 꽃인 신년 제사 의례인 아키투 축제를 위해 온 국민 앞에 등장할 수 없었다는 것이다. 대제국 바벨론의 왕임에도 불구하고 자신에게 닥친 재앙을 암시하는 운문시를 그는 여러 서판에 남겼다. 결국 그는 자신이 숭배하는 달의 신을 부여잡고 고독한 땅, 오지 같은 아라비아 사막으로 스스로 귀양을 떠났다. 자신을 스스로 최고의 영광과 왕좌가 있는 도시 바벨론으로부터 격리시켰다는 것이다. 비록 오아시스 도시이긴 했지만 고독한 아라비아 사막의 도시 타이마의 유배 10년은 바로 대제국의 왕 나보니두스의 역설적인 운명을 암시한다.

그에게 닥친 악성병, 불치병이라는 재앙의 역설에 대해 알 리 없는 바벨론 국민들과 종교 엘리트들에게 그는 바벨론 국가의 주신 마르둑 경배를 소홀히 하고, 감히 바벨론을 버리고 사막으로 떠나버린, 왕의 의무에 태만한 군주로 간주된 것이다. 나보니두스가 바벨론을 버리고 사막으로 떠난 후 설상가상으로 바벨론에 가뭄이 닥쳤다. 가뭄-기근-죽음이라는 악순환 속에서 바벨론은 그야말로 재앙 속으로 침몰하고 있었다. 놀라운 것은 바벨론이 슬픔의 도시가 되어도 나보니두스는 바벨론으로 돌아오지 않았거나 돌아오지 못했다는 것이다. 다시 한번 나보니두스의 금석문을 적는다.

나는 병으로 두드려 맞은 채, 병이 내게 준 무서운 타격(打擊)으로 7년간 그야말로 뻗어 있었다. 나는 나의 신들, 금, 은, 나무, 돌, 흙으로 빚은 신들에게 맹렬하게 기도했다.

그에게 닥친 질병은 어떤 이유로든 그의 외모를 확실하게 망가뜨렸다는 것이다. 그의 외모를 가차 없이 망가뜨린 그 악성병 때문에 그는 특히 엄중하도록 중대한 국가적 최대 축제이며 의식인 장대한 아키투 신년 축제-마르둑 경배의 최대 종교 의식-에의 절정에 참여, 그 예식을 주관할 수 없었다는 것이다. 그 예식은 바벨론 시민, 국민은 물론 각 정복국과 조공국의 외교 사절도 참석했던 초대형 국가 행사였다. 어떻든 그는 왕국 심장부이며 왕국의 영원한 자랑인 바벨론을 떠나 아라비아 사막 저편 타이마로 갔다. 달의 신에 대한 경배를 핑계로 말이다. 횡켈의 가상에 의하면 나보니두스는 문둥병의 재앙 속에서 사막의 고독 속에서 10년간 달의 신의 사면(赦免)을 기다렸다는 것이다. 그는 금, 은, 돌, 나무, 흙으로 자신의 신을 만들었고 그러면서 스스로 녹초가 되어가고 있었다는 것이다.

런던 대영박물관 근동관 입구엔 나보니두스 왕의 모습이 새겨진 우아한 흑석 기념비 한 점이 전시돼 있다. 그는 제국의 왕을 상징하는 대제(大帝)의 왕홀을 쥐고 있다. 그의 머리 위로 달의 신인 신(Sin)과 태양의 신 이슈타르가 조각되어 있다. 이상한 것은 달은 크게, 태양은 작게 조각되어 있다는 사실이다. 나보니두스는 긴 의상을 입고 한 손엔 긴 왕홀을 쥐고 있다. 왕홀의 끝 봉우리엔 달의 상징이 달려있다. 바로 이 달, 태양보다도 더 크게 부조된 그 둥근달의 상징에 주목할 필요가 있다. 그는 기념비 속에서 긴 예복을 입고 눈을 부릅뜬 채 나란히 부조된 달, 이슈타르, 그리고 태양을 바라보고 있다.

어떻든 나보니두스는 달의 신을 자신의 주신으로 삼았다. 그 일로 국가 신 마르둑을 섬기는 제사장 그룹, 종교 엘리트들과 적대 관계가 된 것이다. 결국 나보니두스는 무려 10여 년간 수도 바벨론에 머물지 않고 아라비아 사막 도시 타이마에 머물렀다. 그는 대신 아들 벨사살을 대리 왕으로 바벨론에 남게 했다. 벨사살이 그곳에서 정부의 일을 집행, 대리할 수 있도록 위임한 것이다.

문둥병으로 인해 외모에 치명적 타격을 입지 않았다면 그가 스스로 자신을 타이마로 망명, 유배시켰을 리 없다. 타이마가 달의 신의 경배의 메카라고 해도 그렇다. 행사 때 그리로 행차하면 될 것이었다. 아니, 그는 타이마로 수도를 옮기는 천도(遷都)를 적극 실행할 수도 있었다. 아니, 바벨론은 그가 그렇게 쉽게 떠날 수 있는 장소가 아니었다. 바벨론은 곧 그 제국의 심장이고 찬란한 금빛 트로피였다. 그러나 나보니두스는 떠났다. 아들이며 왕세자인 벨사살에게 바벨론을 맡긴 채. 역사가들은 그것을 공동 통치 시대라고 말한다. 그렇다면 나는 어빙 횡켈이 주장하는 나보니두스의 '문둥병 설(說)'에 동의를 보내고 싶다.

그런 탓일까. 대영박물관 근동관에 있는 나보니두스 왕의 석비(石碑) 속의 나보니두스는 우수(憂愁)적이다. 다시 말하지만 그는 발등까지 내려오는 왕의 관복에 의관을 쓰고 오른팔로 자신의 키만한 왕홀을 잡고 있다. 그리고 왕홀 오른쪽, 석비(石碑)의 오른쪽엔 3개의 문양, 달의 신-커다란 반달이다-이슈타르 여신, 그리고 태양신이 마치 우주(宇宙)의 견장(肩章)처럼 나란히 양각(陽刻)되어 있다. 달의 신의 모습이 이슈타르 여신, 태양신보다 더 앞쪽에, 더 크게 새겨져 있는 것은 나보니두스가 달의 경배자라는 것을 증명해주고 있다. 그는 타이마에서 자신에게 닥친 그 악성병이 낫기를 기도했다고 전해진다. 어떻든 그는 왕홀을 굳게 쥐고 기립해 있음에도 불구하고 적막하고 애수적이다.

타이마는 홍해 동쪽에 놓인 매우 중요한 오아시스 지역이었다. 지금의 사우디아라비아의 북쪽이다. 오아시스를 중심으로 한 정주 지역이었다. 당시 사치품인 유향의 무역로로 사용됐다. 하란 출토 금석문에 의하면 바벨론 왕 나보니두스가 그의 통치 3년 말기인 기원전 553년에 그의 통치 중심을 타이마로 옮긴 것으로 추정된다.

어떻든 가장 악성인 질병이 나보니두스를 습격했다. 횡켈의 주장대로라면 문둥병이라는 잔인하고 끔찍한 불치병이 바벨론 왕국이라는 찬란한 현장을 내리쳤다는 것이다. 의역해도 된다면 바벨론 왕국이라는 당대 최고의 제국 속으로 가차 없는 '하나님의 가택수색(家宅搜索)'이 시작된 것이다.

47

시계(視界) 제로의 벨사살
- 바빌로니아 멸망(滅亡)의 밤

다니엘서 1장에서 가슴 무너지는 상징으로 등장했던, 예루살렘 성전에서 느부갓네살이 탈취했던 성소의 황금 그릇들이 다시 등장할 시간이다. 바벨론 왕국에게 예루살렘의 정복의 완성을 증명하는 것은 두 가지였다. 예루살렘 성전을 불태워 완전 소멸시키는 성전 방화, 그리고 성전의 경배용 도구인 성전 기구들을 전리품으로 탈취하는 것이었다. 그것이 바벨론이 이스라엘을 완전히 멸망시켰다는 증명이었으며, 남유다 왕국으로서는 바벨론에 의해 총체적으로 정복당했다는 치욕적 증거였다. 예루살렘 성전의 성스러운 성전 기구가 바벨론에 넘겨진 것, 그것은 이스라엘의 완전 멸망의 증명이고 알리바이였다.

다니엘서 5장이 시작되면 하나님은 다시 도전을 받으신다. 최초의 성전 기구 탈취 67년 후인 그 밤, 그 성전 기구가 다시 등장하고 있다. 그것도 바벨론 왕궁 최후 향연의 밤에 말이다. 느부갓네살의 등장 때 솔로몬 성전의 황금 그릇들도 함께 등장했었다. 다니엘서 시작에 등장한 예루살렘 성전에서 탈취한 성전의 예배용 성전 기구들은 다니엘 1장에서 등장한 이후 숨을 죽이고 있었다. 그리고 5장이 시작되자 돌연 다시 등장하고 있다. 성전 기구들의 재등장에 우리는 불안해진다. 무려 귀족 1천 명의 바벨론 상류 사회가 벨사살 왕의 초대를 받아 향연에 참여한다. 장소는 느부갓네살이 재임 중 바벨론 영광의 상징으로 건설했던 바로 그 바벨론 왕궁, 그것도 대향연장인 소위 영빈관(迎賓館)이었을 것이다.

우리는 그렇게 다시 새 왕과 상견례한다. 그의 이름은 벨사살이다. 성경 속에서 느부갓네살은 부친과 함께 바벨론 왕국의 문을 열어젖히는 이름, 왕국의 휘장을 힘차게 여는 이름이다. 벨사살은 이제 왕국의 문을 닫는 이름, 단두대처럼 휘장이 떨어지는 이름이다. 벨사살의 등장은 다짜고짜 하나님에 대한 대담한 신성 모독으로부터 시작된다.

바벨론이 남유다를 정복한 후, 즉 이스라엘 멸망 후 약 67년이 넘고 있었다. 바벨론 왕들의 신관에 의하면 그 67년 동안 이스라엘의 유일신 야훼는 포로로 살고 있는 유대 민족을 살려내지도 못했고 정복국인 바빌로니아에게 그 어떤 타격도 가하지 못했다. 바벨론은 달랐다. 그들은 건국 87년 후 왕국에서 제국으로, 그리고 지금 막 영원한 제국이 되려 하고 있었다. 바벨론의 그 우월함, 위대함, 영원함은 의심할 여지가 없다고 생각되는 순간이었다. 그들은 기꺼이 도취에 빠졌다. 아니, 도취에 빠질 자격이 있다고 생각했다. 바벨론의 번영과 영광은 곧 그들 신들의 우월함에 대한 증명이기도 했다.

그 밤, 무려 1천 명의 상류 계급들이 초대됐다. 바벨론에서 지위와 명성을 가진 사들은 모두 초대됐고 참석했다. 세속적인 모든 환락이 허락된, 왕이 베푸는 향연이었다. 공식적으로는 기원전 6세기에 열린, 국격(國格)에 어울리는 비엔나 오페라좌 무도회 같은 것이다. 물론 바벨론 무도회는 달랐다. 극도의 요염한 얼굴을 하고 있었다. 향연장인 영빈관 가득 술은 물처럼 흐르고 여인들, 음악들, 음식들이 출렁였다. 그들은 주저 없이 유흥 속으로 빠져들었다. 육욕적 쾌락에 먹고 마시고 즐기는 것, 그것이 그들에겐 전형적인 바벨론적 밤이었다.

향연의 절정 때 대리 왕 벨사살은 문득 예루살렘 성전에서 탈취해 온 오래된 전리품-성소의 성스러운 그릇들-을 갖고 오라고 명령한다. 그리고 돌연 그 성스러운 제사 기구에 향연용 술들을 따라 마시게 한다. 그리고 그들은 금, 은, 동, 쇠, 나무, 돌로 만든 자신들의 우상을 찬양한다.

신을 위한 경배, 예배, 제사 의식을 위해 사용되는 성스러운 기구에 술을 담아 마시는 것보다 그 신을 더 완전하게 모독하는 것은 없었다. 말하자면 망국 이스라엘의 신을 정복국인 바빌로니아 신들의 이름으로 가차없이 무효화시키는 것, 그것이 그들 향연 속에 등장한 소위 '예루살렘 성전 황금 잔으로 술 마시기'라는 충동적인 파티 이벤트였다. 솔로몬 성전의 보물, 그것은 인간이 아니라 하나님에 대한 예배와 제식을 위해 사용하기로 지정된, 신성한 황금 그릇들이었다. 그것은 예루살렘 성전으로부터의 단순한 황금 보물의 약탈이 아닌, 유대 민족으로부터 그들 심장인 성전 심장부의 약탈, 혹은 유괴였다.

벨사살은 그렇게 유대 민족의 유일신인 야훼 하나님을 공개적으로 모욕하기 시작했다. 1천 명의 축제객 앞에서 위세 좋게 하나님께 도전장을 던진 것이다. 그렇게 함으로써 그는 바벨론의 신들이 유대 민족의 신보다 더 위대하고 강하다는 것을 시위했다. 솔로몬 성전의 주인인 하나님을 서슴없이, 주저 없이, 구체적으로 경멸하고 모욕할 만큼 벨사살의 정신은 이미 빗장을 풀고 있었다. 이 대리 왕의 생각대로라면 바벨론은 제국 번영의 절정에 있었다. 바벨론 왕국은 영원할 것이라는 확신에 만취돼 있었다. 남유다 왕국 멸망 때 유대 민족들이 야훼 하나님의 신전, 즉 솔로몬 성전이 존재하는 한 남유다 왕국의 생명은 영원한 것이라고 믿었던 것처럼 말이다.

그렇다. 그때 그 1천 명의 상류 계급들, 바벨론 번영의 최대 수혜자들은 그렇게 함으로써 그 밤 바벨론의 영원불멸을 찬양하고 있었다. 그들은 바벨론 영광과 영원성은 이제 보장받은 것이나 다름없다고 확신하고 있었다. 그러나 그들이 호언장담하는 영원한 제국이 겨우 87년짜리 제국이 되는 것을 아는 사람은 없었다.

향연의 주빈(主賓) 벨사살은 바벨론 삼중 성벽의 견고함, 성벽을 벨트처럼 둘러싸고 있는 군사방어용 해자, 바벨론의 강한 군대, 충분하기 짝이 없는 비상 식량, 견고한 성문의 기적을 굳게 믿었다. 그때 바벨론은 전체 인구가 20년 동안 당당히 자급자족할 수 있는 비상식량을 창고에 쌓아두고 있었다는 것이 정론이다.

요한계시록은 바벨론을 붉은 짐승 위에 앉아있는 존재로 표현한다.

작렬하도록 붉은 진홍색 짐승 위에 앉아있는 존재. 그 진홍색 짐승은 그 밤 벨사살의 그 향연장, 그가 올라타고 있는 불길, 화산이었다. 독일어식 표현대로라면 그날 벨사살의 향연은 그야말로 '용암 위에서 추는 춤', 주홍빛 용암을 토하기 시작한 화산 위의 무도회였다.

그것이 벨사살의 운명에 붉은 인장(印章)을 찍었다. 다니엘서 시작에 나오는 예루살렘 성전 황금 그릇 탈취는 사실상 바벨론이라는 재앙, 독배, 운명의 서곡이었다. 등장의 테마였다. 벨사살 때도 다시 솔로몬 성전의 그 황금 그릇이 테마로 등장한다. 이제 그 신성한 황금 그릇들은 왕국의 퇴장, 멸망의 테마로 사용된다. 느부갓네살이 예루살렘 정복 시작에 전리품으로 솔로몬 성전의 황금 그릇들을 바벨론으로 가져가 그들 신의 창고에 넣어두었다는 상징은 섬칫하다. 그것은 마치 블레셋 사람들이 이스라엘의 법궤를 그들의 주신(主神)인 '다곤의 신전'에 던져 놓았다는 것을 기억나게 한다.

이번엔 참혹한 전장이 아니라 거대한 향연장이다. 벨사살은 솔로몬 성전의 황금 그릇들을 갖고 오도록 명령했다. 그리고 그 그릇들을 예배용 도구가 아니라 파티용 술잔으로 삼는다. 그렇게 함으로써 그는 그 황금 그릇들에게 부여된 신성을 주저 없이 박탈한다. 그것에 세속의 술을 부어 마심으로써 하나님을 정확하게 모독한다. 하나님의 신성을 저격한다. 그것이 바로 야훼 하나님에 관한 한 벨사살의 시계 제로의 지점이었다. 하나님에게 속한 성전, 하나님께 바쳐진 도구들이었다. 벨사살은 우상의 시장인 바벨론 복판 왕궁의 주인, 수많은 신들의 나라의 통치자였다. 그러나 도리어 그의 신 없음, 패덕, 신성 모독, 그것이 황금으로 된 머리의 시대로 해석되는 왕국 바빌로니아에 찾아온 멸망의 징조인 것은 아무도 몰랐다.

그는 외조부인 느부갓네살의 통치 기간 절정에서 내려진 충격적인 야훼 하나님의 징벌에 대해 알고 있었을 것이다. 제국의 왕이 왕좌에서 끌려 내려와 광인으로 무덤용 동굴-시체를 버리는 저주받은 죽음의 게토였을 것이다-이 아가리를 벌리고 있는 황야에 사정없이 내던져졌던 충격적 사건을. 그러나 제국의 융성에 만취한 벨사살에겐 왕조실록에 기록됐을 그 사건은 그저 과거에 한 번 벌어졌던 기이한 불운, 재수없는 모욕에 불과했다. 어떻든 느부갓네살은 다시 왕좌로 돌아오지 않았던가. 벨사살은 신의 경고 같은 것, 그리고 패전국 유다 왕국의 유일신 같은 존재엔 관심조차 없었는지도 모른다.

대리 왕이긴 해도 아버지 나보니두스와의 공동 통치 시대였다. 그리고 그가 황금 제사 기구에 포도주를 들이붓고 건배사를 던진 것은 싸구려 객기나 야만적 웅변만은 아니었다. 예루살렘 멸망 직전 남유다 왕국의 왕과 시민들이 예루살렘의 불멸을 철썩같이 믿었듯이 벨사살도 그 밤 바벨론 제국의 영원불멸을 철썩같이 믿고 있었다. 그렇다. 그 밤 벨사살은 더도 덜도 아닌 '작은 느부갓네살'이었다. 그는 거침없이 금, 은, 쇠, 흙으로 만든 자기 우상들을 찬양했었다. 그것이 예루살렘 성전 그릇이 상징하는 유일신 야훼를 가장 노골적으로 모독하는 방식이었다. 그 향연장은 벨사살이 주인공으로 등장하는, 세속 도시 바벨론의 시대정신인 우상 숭배를 찬양하는 현란한 왕궁 무도회의 풍경화였다.

어차피 그들에게 유일신 야훼는 패전국 유다 왕국의 국가 신이었다. 바벨론 왕국은 그동안 수많은 왕국들을 수집하듯 정복해 나갔었다. 패전한 민족의 신도 승전국의 신들에 패배한 것이며 항복한 것이다. 항복한 패전국의 항복한 신, 실패한 신, 그것이 그에겐 야훼 하나님이었다. 벨사살은 모르고 있었다. 야훼 하나님은 유대 민족만의 하나님이 아니었다. 그분은 역사의 하나님으로서 바로 그 바벨론에 현존하고 계셨다. 하나님은 오래 참으셨다. 그의 플랜대로 거의 70년 동안 참아오셨다. 이제 하나님의 인내를 끝낼 시간이 되었다. 벨사살의 도전장에 하나님은 신속한 답변을 던지셨다. 그야말로 너무도 즉각적인, 돌연한, 전광석화 같은 답변 말이다.

그때였다. 갑자기 사람의 손가락 하나가 나타나 향연장 왕궁 벽면에 글자를 쓰기 시작하는 것이었다.

그 벽면은 등잔에서 비쳐오는 불빛으로 매우 환했다. 왕은 글자를 쓰는 손가락을 보고 얼굴이 새파랗게 질려버렸다. 너무 놀란 나머지 두 다리가 부들부들 떨렸다. 왕은 마술사, 점쟁이, 점성가들을 불러오라고 소리 질렀다.

하나님의 손이 등장하는 순간, 향연장은 돌연 무도회장에서 하나님의 법정이 된다. 하나님의 손이란 창조주 주권(主權)의 상징이다. 왕국과 왕의 생명이 하나님의 손 안, 역사의 주인의 주권 안에 있다는 정언 명령이다. 더구나 벨사살과 초대받은 자 1천 명은 현행범이다. 감히 예루살렘 성전 제사용 황금잔에 바벨론의 향락과 퇴폐의 상징인 술을 부어 마시며 하나님에 대한 신성 모독을 힘차게 외쳤던 현행범들 말이다. 그들 향연 탁자엔 금, 은, 돌로 만든, 사람이 빚은 우상들-움직이는 만신전-이 펼쳐져 있었다.

하나님은 그의 권능을 가차 없이 보이셨다. 하나님의 손가락과 그 손이 적어 내려간 단지 몇 개의 문자만으로도 1천 명 축제의 인간들과 왕을 단번에 경악시키기에 충분했다. 하나님의 손가락의 출현만으로도 1천 명의 인간과 그들이 방금 찬양한, 그들의 수많은 신들은 오금을 펴지 못했다. 모든 것을 당장, 즉시, 가차 없이 진멸하고 멸망시키는 데 문제가 없었다. 하나님이 침묵하실 때 인간의 교만은 만개한다. 그러나 더 이상 침묵하지 않으시는 그 시간, 그 공간은 그대로, 돌연 하나님의 법정, 심판의 법정이 되었다. 바벨론의 탐미적인 가을날이었다. 바벨론 왕궁 영빈관, 마지막 무도회의 그날은.

48

하나님의 수학(數學)

다시 그의 등장이다. 다니엘이 다시 역사의 현장에 불려나온다. 그가 바벨론으로 끌려온 것은 기원전 605년의 일이다. 예레미야 예언자가 예언한 그 70년의 시간이 다가오고 있었다. 그가 약 17세에 살아있는 전리품으로 끌려왔다고 가정한다면 그 향연의 밤, 다니엘은 이미 80세가 넘은 나이였다. 그는 신바빌로니아 제국 건국 초기부터 멸망까지, 그것도 제국의 심장부인 바벨론에서 바벨론을 직접 경험한 사람이었다. 다니엘은 왕들을 충성스럽게 모셨다. 느부갓네살 이후 적어도 4명의 왕이 암살, 혹은 찬탈 등으로 바뀌어 갔다. 황급하게 왕들이 바뀌는 그 '권력의 컨베이어벨트'를 보면서 그는 하나님의 '역사 경영'을 이해해 갔다.

그는 하나님에 대한 경배를 노년까지 지켜냈다. 그는 이미 느부갓네살의 꿈을 해석하던 날부터 인류의 시간, 즉 역사의 주인이신 하나님의 '역사 운행 시간표'를 이미 목격한 자였다. 이 지점에 이르면 다니엘은 역사의 주인이신 하나님의 말씀을 받아 적는, 하나님이 임명한 바벨론 파건 특사(特使) 같아 보인다. 나는 다니엘에게서 하나님의 역사의 지휘봉, 하나님의 제국 경영의 총보(總譜)를 이해하는 아름다운 장인(匠人) '마에스트로'의 얼굴을 본다.

느부갓네살의 통치 기간뿐 아니라 벨사살 섭정 왕 바벨론 통치 기간에도 다니엘은 권력 최측근에서 그의 관직을 수행하고 있었거나 아니면 고령(高齡)을 이유로 자신의 관직에서 은퇴했는지도 모르겠다. 어떻든 그날 다니엘은 벨사살의 향연에 참석하지 않고 있었다. 다니엘은 흥청대는 세속적, 육욕적 시대정신에 동조하지 않았다는 해석도 있다. 아니, 그저 단순한 부재였을 수도 있다.

다니엘이 향연장에 등장했을 때 벨사살은 다니엘을 개명된 바벨론 이름 '벨드사살'이 아니라 유대 이름, '다니엘'로 부른다. 그를 고위직 관료 출신이 아닌 포로 신분으로 끌려 온 패전국 유다 왕국의 남자로 취급해 버린다. 그것은 다니엘에겐 살아있는 전리품-포로라는 이름의 전쟁 물자(物資)-으로서 예루살렘에서 바벨론으로 끌려오던 수십 년 전 망명의 첫날을 기억하게 했는지도 모르겠다. 벨사살이 바로 그 경악의 순간에도 다니엘을 유대식 이름으로 부른 것은 그가 포로인 것을 상기시키려는 의도적 책략이었을 수도 있다.

다니엘은 벨사살 앞에 두려움 없이 섰다. 그는 젊은 시절처럼 겸손하고 당당했다. 벨사살은 다짜고짜 선물을 약속한다. 자색옷과 금목걸이라는. 그리고 제국을 다스리는 제3위의 인물로 임명하겠다는. 그 향연의 밤, 바벨론의 통치자 순위는 이렇다. 제1순위 나보니두스, 제2순위 벨사살. 그리고 제3순위에 다니엘을 앉히겠다는 것이다. 그것이 공포 속의 벨사살의 황급한 거래였다.

다니엘은 아직도 향연장 탁자 위에서 뒹굴고 있는 솔로몬 성전의 황금 그릇들을 보았다. 그것은 오직 야훼 하나님의 영광과 경배를 위해 사용하도록 용도가 정해진, 내용적으로 철저하게 하나님께 속한 성전 재산이었다. 그 향연장의 풍경은 당시 바벨론 왕국에 충만한 시대정신, 즉 정복국의 신들을 무시하는 신성 모독, 방종, 방탕이라는 증명 같았다. 벨사살은 지금 막 1천 명의 향연객들 앞에서 그 솔로몬 성전에서 갈취해 온 성전 경배 기구인 황금 그릇에 향연의 술을 부은 채 오른손으로 들어 올려 왕국의 영원을 위한 축배를 외쳤었다. 그리고 바로 그의 들어 올린 손과 교차하면서 왕궁 향연장 벽에 하나님의 손이 나타났던 것이다. 즉 바로 그 야훼 하나님의 세계 통치 플랜, 소위 '메소포타미아 프로젝트'엔 벨사살의 이름이 적혀있었다. 벨사살, 그것은 바벨론의 주신인 마르둑의 왕자라는 뜻이다. 그 향연장 풍경에서 다니엘은 또 한번 느부갓네살 왕조 내내, 그리고 벨사살에게 이르기까지 어김없이 새겨진 바로 그 문자―너희도 신처럼 되리라―를 읽어냈는지도 모르겠다.

결국 하나님의 손이 왕궁 영빈관 대향연장 정면 벽에 적은 문자에 대한 해독(解讀)의 시간이 온다. 그것은 다니엘의 해석이라기보다 차라리 다니엘의 웅변이라고 말하는 것이 옳다. 그는 말한다.

왕이여, 저 벽에는 메네 메네 데겔 우바르신(mene mene tekel u-pharsin)이라고 쓰여 있습니다. 메네-숫자, 데겔-무게, 우-그리고, 베레스-분열 말입니다 (단 5:25).

하나님께서 당신에게 말씀하십니다.

너의 수(數)를 내가 세었고,
너를 내가 저울에 달았다.
너의 왕국은 분해되고 나뉘어질 것이다.

왕이여, 당신은 (하나님의) 저울로 측량됐고, 너무 가볍다는 유죄 판결이 내려졌습니다.
당신의 왕국은 분해되고, 무너지고, 붕괴될 것입니다.
그래서 메데와 페르시아에게 주어질 것입니다.

그것은 마치 바벨론 왕국 전체가 아닌 벨사살 개인에 대한 판결처럼 들린다. 하나님 왕국의 저울과 인간의 저울은 다르다. 하나님의 저울-정의의 저울- 위에서 그는 너무 가볍다고 판결이 났다. 그리고 메데와 페르시아에게 먹이로 주어질 것이다. 순금으로 된 머리의 시대는 종말을 고한다. 계산, 무게, 분할...

보라, 그분이 오셨다. 보라, 하나님의 날이 왔다(사 13:9-11).

변제(辨濟)의 시간, 주인과 계산해야 할 그 시간이 밤처럼 들이닥친 것이다.

하나님 법정의 언도는 내려졌다. 하나님께서 맡겨주신 왕국에 대해 벨사살은 악한 관리자라는 유죄 판결을 받은 것이다. 가볍다. 자격이 없다. 창조주가 피조물에게 맡겨준 왕국, 역사의 주인인 하나님이 통치하도록 위탁해 준 왕국을 위임받아 그는 올바로 통치하지 못했다. 벨사살은 자신이 단지 솔로몬 성전에서 갈취해 온 그 황금 그릇, 황금 잔의 주인인 야훼 하나님이 임명한 왕국의 임명직 관리자라는 것을 알지 못했다. 느부갓네살 시절 이미 다니엘을 통한 하나님의 참회에 대한 강력한 경고가 바벨론 왕국에 있었다. 그러나 그것은 번번히 무시당했다.

1천 명이 들어 찬 그 왕궁 향연장 벽에 적힌 그 하나님의 경고는 사실상 문자로 건축된 하나님의 길로틴, 단두대(斷頭臺)였다. 벨사살의 종말이, 바벨론 왕국의 종말이 길로틴처럼 떨어져내리며 왕의 목과 바벨론 왕국의 목을 동시에 내리치는, 그리고 당시 세계 최고의 제국이라고 불리웠던 바벨론 왕국의 휘장이 떨어져 내리는 멸망의 풍경이 닥쳐온다.

결국 그분, 야훼 하나님이 날짜-시간-를 계산하시고, 바벨론의 행위를 저울에 올려 무게를 계량하시는 날이 닥쳤다. 세속 도시의 상징이 된 바벨론, 바로 그 이익과 소유가 전부인 수학의 제국에서 하나님은 그 제국의 멸망을 바로 그들의 자랑이며, 세속 도시의 원칙인 수학으로 다루신다. 보라, 하나님의 수학에 의해 그 제국의 날들은 '계수(計數)'되고, 그 제국의 행위들은 저울에 올려 무게가 '계량(計量)'되었다. 그리고 그 결과는 바로 바벨론 제국의 가차 없는 멸망이다. 예언적 멸망이 아니라 바로 그 날 밤, 즉시 발령되고 시행될 멸망 말이다. 바로 그 밤 벨사살은 부하에 의해 살해됐고 바벨론 제국은 멸망했다. 하나님의 즉결 심판은 그렇게 왔다. 멸망의 밤, 기원전 539년 10월 6일 밤의 일이다. 극작가 하이너 뮐러는 말했다.

수학의 신은 영(零)이다.

　솔직히 역사적 경보 사이렌이 이미 울리고 있던 밤이었다. 기록에 의하면 그 밤, 바벨론의 적들-페르시아와 메데 연합군-은 거대한 군대를 이끌고 이미 바벨론 성문 앞까지 도착해 도시를 포위하고 있었다. 당시 메소포타미아 최고의 제국 바벨론 왕국을 단숨에 접수하기 위해 말이다. 19세기 역사가이며 신학자인 조지 롤린손은 이렇게 적고 있다(그의 형 헨리 롤린손 경(卿)도 저명한 설형 문자 연구가였다).

　거의 모든 주민들이 술과 포식에 도취돼 있었을 때, 페르시아의 키로스 2세는 이미 그 밤의 향연에 대한 정보를 손에 쥐고 있었다. 그리고 그는 모든 준비를 끝내고 그 향연의 밤을 기다렸다. 깊은 밤 그는 바벨론 왕국 성벽 앞 유명한 군사용 해자의 물길을 돌렸다. 그리고 공격을 시작했다. 모든 것이 그가 상상한 작전 계획대로 이루어졌다. 그날 밤 바벨론의 그 마지막 향연은 그가 상상했던 것보다 훨씬 더 화려하고 장려하며 사치한 장관이었다.

49

화염(火焰)의 시(詩)

    1872년, 시인 하인리히 하이네는 기원전 539년 10월 8일 자정에 있었던 바벨론의 그 대향연에 대해 썼다. 그의 시 '벨사살의 발라드'가 그것이다. 사람들은 그 시를 차라리 '화염(火焰)의 시'라고 불렀다.

    벨사살 왕은 그의 오만방자한 손으로
    성스러운 잔을 잡았다.
    잔의 가장자리까지 술로 출렁댔다.

    그리고 그는 술거품이 이는 입으로 크게 외친다.
    야훼여, 나는 당신에게
    영원한 경멸, 영원한 조롱을 선포하리라.
    나는 바로 이 바벨론 제국의 왕이다.

그 무자비한, 그 표독한 말의 울림이 채 사라지지도 않았을 때

보라, 보라, 돌연 사람의 손 같은 것이 그 하얀 왕궁 벽에 등장했다.

그리고는 불로 된 문자가 벽에 쓰이고 사라졌다.

불꽃으로 된 화염의 문자들,

과연 어쩔 것인가.

왕은 그의 흔들리는 무릎과

이미 죽은 것 같은 시체의 창백함으로 주저앉아 응시할 뿐이었다.

(...)

그날 밤 그는 자기 신하들에 의해 살해됐다.

벨사살 왕국은 도살됐고 멸망했다.

화염(火焰)의 문자, 그것은 곧 불타는 가시떨기 속에서 현현하신 하나님을 생각나게 한다. 그런 의미에서 벨사살에게 도착한, 그 향연의 밤의 화염의 문자들, 그것은 곧 하나님이 화염의 문자로 보내신 불 속의 설교, 불로 쓴 텔레그램, 불꽃으로 적은 판결문, 화염 문자로 건축한 단두대였다.

결국 그 밤 느부갓네살이 건축한 찬란한 바벨론 왕국의 왕궁 벽에 하나님의 손으로 쓰인 그 경고문은 그 이후 전 기독교 정신이라는 천공(天호) 위에 쓰여 있는 판결문이기도 하다. 하나님의 심판과 집행은 바벨론 멸망의 그 가을밤처럼 자만과 도취의 절정, 인간주의의 슬로건-너도 신처럼 되리라-위에 단두대의 칼처럼 떨어질 것이다.

한 성경학자는 그 축배의 장면은 요한계시록 17장을 생각나게 한다고 썼다.

> 그 여자, 그 자색과 주홍 옷을 입은 그 창녀, 황금으로 덮혔고, 금장신구, 금잔(金盞)을 그의 손에 들고 있네.

대향연장이란 이름의 대법정에 바로 그 손으로 오신, 문자(文字)로 오신 하나님의 판결문은 짧고 단호하다.

> 메네 메네 데겔 우바르신-세었다, 세었다, 무게를 달았다, 분해되었다.

스타카토 같은 짧은 문장으로 된 그 문자, 그것이 하나님이 그 왕국, 그 왕, 그 무도회에 보내신 단문(短文)의 사형 언도 판결문이었다. 그 짧은 문장의 사형 언도가 바벨론 왕국과 왕에 대한 교수대(絞首臺)였다. 그 사형 언도는 바로 그날 밤 당장, 즉시 발효되었다. 벨사살은 최고의 재앙을 예언하는 다니엘을 처벌하지 않았다. 그 불길한 예언에 분노해 감옥에 던지라고 말하지도 않았다. 약속대로 자색옷과 금목걸이를 걸어주고 그를 왕국의 3인자로 임명했다. 그러나 벨사살의 큰 배포, 큰 보상은 다니엘에게 아무 의미가 없었다. 벨사살은 바로 그날 밤 자기 신하들에 의해 살해됐으니까. 기원전 539년 중천에 떠있는 가을의 달 아래서 말이다.

그렇다. 그 밤, 벨사살은 신하에 의해 살해됐고, 페르시아 군대는 메데와 연합 형태로 바벨론 성벽을 뚫었다. 지난 87년간 메소포타미아 일대를 호령했던 신바빌로니아 제국은 그렇게 멸망했다. 격전, 방어전조차 없는 전광석화 같은 멸망이었다. 기원전 539년 10월 6일의 일이었다.

내가 북쪽에서 한 사람을 일으켰다.
그가 이미 왔다(사 41:25).

그렇다. 페르시아가, 고레스가 오고 있다. 아니, 그 밤, 그는 이미 왔다.

고대 바빌로니아 황금 시대로부터 약 1100년 후, 나보폴라사르와 느부갓네살 부자는 함무라비의 영광을 재현할 신바빌로니아 황금 시대를 당당하게 열어젖혔었다. 그러나 그 영광, 그 황금빛 아우라는 짧았다. 바벨론 건국 87년 후, 느부갓네살 사망 23년 후, 바벨론은 페르시아-메데 연합군에 의해 멸망한다. 놀랍지만 하나님이 바벨론 멸망에 사용했던 시간은 단지 하룻밤뿐이었다. 벨사살 통치 아래 있었던 바벨론이 멸망하던 밤, 그의 통치 17년째였다. 페르시아의 키로스 2세-키로스로 약칭한다.-가 바벨론 제국을 멸망시켰을 때 그의 나이 약 61세였다는 추정이다.

기원전 539년 그 밤, 페르시아의 왕 키로스는 바벨론을 향해 진군했었다. 유프라테스강은 바로 그 도시 바벨론의 성벽을 통과해 흘렀다. 그는 이미 3겹짜리 바벨론 성벽 아래 군사용 해자의 물길을 돌려 놓았었다. 페르시아 군대는 물이 빠져나간 해자에 상륙용 발판을 놓아 바벨론 심장부로 습격할 수 있었던 것이다.

예레미야가 예언한 바벨론 위에 존재하는 하나님의 검, 그것은 곧 바벨론 왕국과 그 왕의 머리 위에 존재하는 하나님의 칼이었다. 한때 신바빌로니아 왕국의 인간 태양이었던 느부갓네살도, 그 왕국의 종말의 왕 벨사살도 모르고 있었다. 유대 민족의 유일신 야훼 하나님은 오직 유대 민족만의 신이 아니었다. 그는 자신이 창조한 전 우주를 통치하는, 인류의 전 역사, 만국(萬國) 역사의 주인이었다. 그 밤 바벨론 왕국의 심장인 그 왕궁 향연장에 돌연 문자(文字)로 찾아오신 하나님. 그 밤 벨사살과 1천 명 바벨론 상류 지배 계급들은 똑똑히 보았다. 그 왕국의 시간 위에 내린 하나님의 검(儉), 하나님의 법정(法廷), 하나님의 처형대인 단두대를.

바벨론 멸망의 밤, 왕성에서 열린 1천 명 향연 때, 벨사살 왕이 굳이 솔로몬 성전 제사 기구였던 황금 잔을 꺼내와 그 안에 세속의 술을 쏟아부으며 야훼 하나님을 노골적으로 모독하던 그 음란한 밤, 메데는 바로 그 메데 성벽을 넘어 왕성 앞에 도열해 있었다. 그 밤, 바벨론은 그 연합군에 의해 멸망했다. 벨사살은 도살됐다. 메데는 그렇게 바벨론 왕국의 탄생 때 등장해 왕국의 개국을 착실히 도왔고, 그렇게 바벨론 왕국의 심장인 왕성에 등장해 왕국의 심장에 비수를 꽂음으로써 착실히 멸망의 배역을 맡고 있다. 벨사살 사건은 기원전 539년의 일이다. 메데와 페르시아 연합군이 바벨론을 정복했다.

그 밤, 당시 벨사살의 향연이 열렸던 느부갓네살 왕궁, 세계 최고의 탐미적인 궁전, 세계 7대 불가사의라고 불리우는 바벨론 공중 정원 위엔 달의 신의 나룻배라고 불리웠던 낫 모양의 초승달은 떠 있었을까.

50

21세기 광고판에서 만난 벨사살

2022년, 어느 날 나는 21세기 중부 유럽, 독일의 수도 베를린 샬롯텐부르크 노선버스 M45 버스정류장 유리판에 걸린 거대 광고를 읽는다. 젊은 남녀가 술병을 사이에 두고 열애 중이다. 로제 토닉, 로제 위스키 광고이다. 그 위스키의 이름은 놀랍지만 벨사살(Belsazar)이다. 21세기 유럽 시민들에게 벨사살은 더 이상 재앙이나 비극의 이름이 아니다. 감히 황금으로 된 하나님의 제사 기구에 술을 따라 마신, 거대한 연회장의 주빈, 대담한, 간이 큰, 우쭐대는 남자의 초상 같은 것은 까맣게 잊었다. 광고문은 이렇다.

저 태양을 당신의 수정(水晶) 잔에 담으시길,
야생 딸기의 향기, 우아한 쓴 맛의 그 음표(音標),
한여름 밤의 기분에 최적의 알콜 농도 17.5퍼센트.

21세기 유럽 시민들은 이제 기원전 6세기 어느 가을밤, 1천 명이 함께 축배의 노래를 부른, 솔로몬 성전 제사 기구였던 황금 잔에 세속의 술을 쏟아 부어 당당히 건배(乾杯)한, 그리고 그 건배의 찢어지는 외침과 환락의 데시벨이 채 가라앉기도 전에 암살당한 왕의 이름을 술병에 넣어 마신다. 벨사살은 그렇게 바벨론판 디오니소스쯤 되어있다. 그렇다. 광고의 아양떠는 문장대로라면 야생 딸기의 향기, 우아한 쓴맛의 음표, 17.5 퍼센트의 취기(醉氣), 그것이 21세기 시민들에겐 바벨론 멸망의 왕 벨사살의 시간 여행이다. 21세기 복판, 벨사살의 등장법이다. 21세기 시민들은 그렇게 벨사살을 마신다. 바벨론의 멸망을 마신다.

51

페르시아 제국의 일출(日出)

　　기원전 539년 10월 6일, 바벨론에 밤이 내린다. 이튿날 일간 신문이 있었다면 서기관은 점토판에 설형 문자로 적은 조간신문 호외(號外)판을 황급히 제작했을 것이다.

　　바벨론 왕국, 87년 만에 막(幕)을 내리다.

　　바벨론 멸망의 날의 비명은 출애굽 시절을 생각나게 한다. 기원전 13세기, 홍해의 심해 속에서 장송곡이 울려온다. 이집트 정예 군단 전체를 삼켜버린 홍해는 심해로부터 조종(弔鐘)을 울렸다. 출애굽 때 이집트 왕국 전체는 집집마다 상복을 입고 있었다. 왕국 전체, 파라오의 왕궁부터 나일 강변 어촌까지 삽시간에 예외 없이 모두 장자(長子)를 잃었다. 전 왕국이 비명의 바다였다. 야훼 하나님의 심판은 그렇게 왔다. 그때 모세는 이미 홍해를 건너는 출애굽을 끝낸 뒤 홍해 갈대 우거진 맞은편 해안에서 2백만 출애굽 공동체, 유월절 공동체를 이끄는 야전(野戰)의 수장으로 서있었다. 이번엔 바벨론이다. 페르시아 영웅 키로스는 역사의 근무교대를 위해 이미 바벨론 왕궁 앞에 도착해 있었다.

예루살렘 성전에 불을 지르고, 성구를 탈취함으로써 그들은 이스라엘 정복을 종료했었다. 그리고 그 성소의 그릇에 겁 없이 술을 따라 마시는 그 향연에서 바벨론 제국은 멸망을 종료했다. 성전 그릇에 술을 따라 마시면서 그 주인이었던 여호와를 경멸할 때. 그리고 그들 자신의 우상들을 찬양하며 그들 제국의 믿을 수 없는 오랜 번영과 영원을 보장받았다고 생각하는 그 자만의 절정에서, 영원이 찰나가 되는 무서운 드라마가 닥쳐왔던 것이다. 그들이 그토록 맹신했던 왕국의 영원은 그렇게 찰나가 되어버렸다.

그들이 성구에 담긴 술로 우렁찬 건배를 들어 올리는 그 시간, 페르시아-메데 연합군의 야전 사령관 키로스는 바벨론 왕궁을 해자(垓字)의 역할을 했던 유프라데스강의 물길을 돌려 물을 뽑고, 전설의 왕궁, 지금은 1천 명이 모여 향연이라는 주지육림을 차리고 있는 그 왕성의 문을 두드려댔던 것이다. 바빌로니아는 저항도 해보지 못한 채 멸망했다. 바벨론 마지막 왕, 나보니두스의 아들 벨사살은 그날, 자기 부하들에 의해 암살됐다. 기원전 626년에 나보폴라사르에 의해 건국의 문을 열었던 바벨론이 느부갓네살의 미친 영광의 세월을 거쳐 벨사살의 목을 베어냄으로써 바벨론의 완전한 멸망에 도장을 찍은 것은 기원전 539년 10월 6일, 달 밝은 밤의 일이었다. 약 87년간의 바벨론 영광은 그렇게 끝장났다.

근동 사가들은 바벨론시가 점령된 그 밤, 바벨론 시민들의 배반, 반역, 모반이 한몫했을 것이라고 보고 있다. 페르시아의 바벨론 점령이 그토록 단숨에 이루어질 수 있었던 것은 바벨론 내부 협조자 집단이 있었다는 추론이 압도적이다. 마르둑 신전 사제, 즉 종교 엘리트 집단은 당시 바빌로니아 왕인 나보니두스에 불만이 많았고 불만자들은 돌연 페르시아 편에 섰다는 것이다. 그들은 페르시아 군대가 진격해 들어올 때, 주저 없이 성문을 열어젖혔다는 것이다. 어떻든 바벨론은 전투 없이, 저항도 해보지 못한 채 페르시아 수중에 나가 떨어졌다. 그것이 '영광과 영원'을 외치던 바벨론 왕국의 마지막 무대, 마지막 밤이었다. 휘장은 떨어져 내린다. 대제국 바빌로니아 멸망이라는 휘장이.

페르시아 군이 군사 방어용 해자의 물을 빼고 바벨론의 목덜미 같은 전설적인 메데 성벽의 저지선을 뚫고 바벨론 성안으로 밀려들어 왔을 때 페르시아의 승리는 이미 예정돼 있었다. 종교 엘리트나 군 엘리트가 메데 성벽에 난 바벨론 성문을 열어 놓았다는 전승은 그래서 이유가 있다. 내부 밀고자들은 심지어 페르시아 정복군의 바벨론 입성(入城)을 적극적으로 도왔다는 것이다. 느부갓네살이 건축한 그 찬란한 바벨론 왕궁에선 1천 명의 바벨론 상류 계급들이 솔로몬 성전에서 탈취해 온 황금 그릇, 황금 잔에 술을 부어 마시고 있던 바로 그 시간에 말이다. 기원전 539년 10월 6일 밤, 느부갓네살의 전설적인 왕궁 향연장에서 벌어진 향연, 1천여 명의 고관, 귀족들에게 전달된 그 가을의 무도(舞蹈), 소위 바벨론 왕궁 영빈관 무도회 초대장에 적혀있던 드레스코드가 무엇이었는지는 알 길이 없다.

바벨론 멸망으로부터 약 보름 후인 기원전 539년 10월 22일, 정복자인 페르시아 왕 키로스는 바벨론 종교 고위 성직자들의 환호를 받으며 바벨론에 정식 입성, 전설적인 페르시아 제국의 역사적 정복사의 휘장을 걷어 올린다. 일부 기록이 옳다면 그의 나이 61세였다.

52

왜 사자인가
- 제왕(帝王)들의 사자 사냥

런던 대영박물관 근동관 제10번 방은 고대 신앗시리아 제국의 거대한 회랑(回廊)이다. 장대한 3개의 양각 부조가 전시되어 있는 신앗시리아 제국의 기억 창고이다. 그 소장품 위엔 수도 니느웨 북왕궁에 있던 석옥고-알라바스터-로 된 거대한 사자 사냥 장면들이 양각(陽刻)으로 조각되어 있다. 사자 사냥의 활력과 정력, 왕은 사냥용 전차(戰車) 위에서, 말 위에서, 땅 위에서 맹수들과 사냥의 전투를 벌이고 있는 3부 연작(連作)의 정교한 작품, 높이 1.60m짜리의 양각으로 된 '사자 수렵도(狩獵圖)'가 그것이다.

사자 사냥의 날이면 왕은 사냥용 전차를 타고 왕의 사냥 구역, 즉 사냥을 위한 광활한 영지(領地)로 간다. 동독 시절, 국가 최고 서기장 에리히 호네커도 그의 전용 사냥 구역이 있었다는 말을, 로자 룩셈부르크학회 회원으로부터 들은 적이 있다. 앗시리아 왕의 사냥 구역엔 오직 왕의 사자 사냥을 위한 사자들만을 사육하는 특별 사자 우리가 존재한다. 사냥 영지 관리자가 사자 우리의 문을 연다. 그리고 용맹한 사자들을 방목시키는 그 순간부터 유혈의 사자 사냥은 시작된다. 사자 사냥용 개들도 특별히 사육되었다. 그 견종이 특별히 용맹하고 공격적이었던 것은 당연한 일이다. 사자 사냥 중 개들은 훈련 매뉴얼대로 사냥의 영지 경계를 악착같이 지켜낸다. 왕궁 시위대들은 사육 우리로부터 미친 듯 달려나온 광폭한 사자들을 그날의 주인공인 왕의 전차를 향해 몰아간다. 사냥용 전차는 거대하지만 가벼운 수레바퀴를 갖고 있다. 바로 그 전차 위의 왕은 활과 화살, 전투용 칼, 곤봉 같은 것으로 무장되어 있다. 사냥용 전차를 모는 기수는 채찍을 내리치며 미친 듯 말을 달리게 한다. 사냥용 전차를 이끄는 최고 품종의 말들과 왕의 영지에서 특별 사육된 최고 품종의 사자들은 그렇게 왕의 영지에서 만난다. 달리는 사자의 최고 속도는 무려 시속 80킬로미터이다. 기원전 7세기 앗시리아 왕 아슈르바니팔은 사자 사냥의 기쁨에 대해 이렇게 기록했다.

> 나는 나의 즐거움을 위해 아슈르 신과 전쟁의 여신 이슈타르의 도움을 받아 야생 사자를 내 창(槍)으로 꿰뚫었노라.

그날 그가 사자 사냥에서 죽인 사자는 15마리라고 적고 있다.

그의 선왕 티클라드 필레세르 3세는 사냥용 전차 위에서 그의 생애 무려 900마리의 사자를 사냥했다는 기록을 남겼다. 성년이 되면 솟아오른 숫사자의 갈기와 숫사자의 시속 80킬로미터의 속도, 상대가 무엇이든 가차 없이 물어 죽이는 거대한 송곳니, 기습력, 카리스마, 지상 최고의 육식 동물의 전광석화 같은 사냥 본능, 호전성, 공격성, 승리욕 속에서 정복자들은 바로 자신의 자화상, 자신의 기상을 보았다.

대자연의 왕인 사자들이 인간 세계의 왕의 화살에 맞아 쓰러진다. 그리고 그 사자는 그대로 달리는 전차의 말발굽 아래서 가차 없이 짓이겨진다. 대영박물관의 그 거대한 사자 사냥 릴리프는 차라리 진귀한 알라바스터 돌 위에 새겨 만든 거대한 사자 사냥의 생생한 파노라마 기록화이다. 수렵도의 주인공인 아슈르나시팔 2세만 해도 그의 통치 기간 중 무려 450마리의 용맹한 사자들을 쓰러뜨렸다고 큰 소리를 친 인간이었다.

니느웨 북왕궁의 그 거대한 기록화에는 그토록 용맹했으나 결국 왕 아슈르바나폴리(BC 668-630)의 화살에 맞아 쓰러져 죽어가는, 구체적으로 말한다면 각각 3개의 화살을 맞은 암사자와 4개의 화살을 맞은 숫사자들이 장면 가득 새겨져 있다. 모두가 절명(絶命) 직전의 장면들이다. 숫사자는 절명 중에도 장엄한 갈기를 휘날리며 입으로 피를 토해내고 있다. 왕은 말을 타고 사자를 사냥한다. 사냥용 전차를 타고 손에 창, 작살, 창기병을 들고 있다. 들판에 풀어놓은, 적어도 왕의 사냥 구역, 혹은 왕의 전용 삼림 속에 풀어놓은 수많은 사자들. 왕은 우선 풀어놓은 사자를 활로 쏜다. 그리고는 자신의 창이나 검으로 야수(野獸)의 숨통을 끊어버린다.

사자들은 왕궁에도 살았다. 아슈르바나폴리의 니느웨 북왕궁 정원에는 한 마리의 용맹한 사자가 산다. 그 왕궁 정원-앗시리아의 파라다이스-엔 만개한 아름다운 백합과 수많은 포도송이 사이에 한 마리 사자가 누워있다. 그것은 왕궁의 북궁의 소위 C번 방을 장식했던 알라바스터,

즉 설화 석고라는 우아한 돌 위에 조각된 릴리프이다.

　바벨론 느부갓네살 왕의 왕좌가 있는 알현실 외부 전면에도 왕의 상징인 3마리의 황금 사자가 부조되어 있다. 그 사자들은 어딘가를 향해 걷고 있다. 왕궁 알현실의 그 사자들의 행진은 결국 왕궁을 박차고 나가 이슈타르 성문과 연결된 장대한 제국 광장 대로에 부조된 황금 사자들과 연결된다. 그 사자들은 그렇게 바벨론 왕국의 영원을 위해 시간 속으로, 영토 속으로 걸어간다. 제왕들의 사자 사냥, 사자 수렵은 권력자의 상징으로 사용되었다. 그러나 중요한 것은 결코 사자 사냥이 아니다.

53

제왕들의 복면(覆面)
- 라마수

파리 루브르박물관엔 신앗시리아 제국 사르곤 2세(BC 721-705) 때 제작된 거대한 수호신 라마수가 있다. 4미터가 넘는 거대한 키에 5개의 다리를 가진, 인간의 얼굴에 장대한 독수리 날개로 온 몸을 덮은 신화적 사자, 라마수 말이다. 그것은 사르곤의 왕궁이 있던 고대 도시 두르샤루킨에서 발견되었다. 중요한 것은 인간의 얼굴을 한 라마수가 그 머리에 관모, 사실상 왕관을 쓰고 있다는 것이다. 내게 라마수가 제왕들의 마스크-복면-처럼 보이는 것은 그런 이유이다.

라마수는 앗시리아 제국의 수호신이다. 앗시리아 제국의 모든 성문과 왕궁 문엔 어김없이 그 거대한, 두 장 혹은 넉 장의 날개로 온 몸을 덮은 사자이거나 황소인, 무려 5개의 강력한 다리를 가진 그 수호신이 지키고 있었다. 그 수호신은 매우 공격적이어서 수호의 선신이 아니라 악신으로 분류되기도 한다. 라마수는 사자의 압도적인 힘, 독수리의 만당한 자유, 인간의 총명한 지력의 신적인 존재였다. 너무도 거대하고 강력해 선신이 아니라 차라리 악신으로 불리웠던 라마수는 신앗시리아 제국의 성문과 왕성 입구에 수호신으로서 어김없이 버티고 서있었다. 라마수의 등장이 위압적인 것은 그들은 반드시 두 마리가 동시에 등장한다는 사실이었다.

라마수의 기능은 악과 재앙을 저지하고 격퇴하는 것이었다. 그의 5개의 다리는 마치 왕국뿐 아니라 우주 전체를 버티고 있는 5개의 거대한 주랑(柱廊)처럼 보인다. 중요한 것은 라마수는 이후 페르시아의 왕궁에서도 발견된다는 사실이다. 구체적으로 말한다면 페르시아의 자랑에 찬 수도 페르세폴리스의 거대함과 장엄함을 과시하는, 왕국이 아니라 수많은 정복 국가를 거느린 제국을 증명하고 과시하는 알리바이인 소위 '만국(萬國)의 문(門)' 앞에도 장대한 한 쌍의 라마수가 어김없이 수호신으로 등장해 버티고 서있기 시작했다는 것이다. 그런 이유로 근동 고고학 선두주자들의 전시관인 런던 대영박물관, 파리 루브르박물관, 베를린의 페르가몬박물관 근동관엔 예외없이 그 장대한 라마수들이 버티고 선 채 우상의 시장이었던 메소포타미아 제국들의 수호신과 만신들을 대표하고 있다.

앗시리아 왕들의 왕궁을 지키는 수호 동물은 왕궁 입구 양쪽에 어김없이 서있는 거대한 라마수 입상(立像)이다. 인간의 얼굴에 사자의 몸, 그 몸을 적어도 거대한 두 장 혹은 넉 장의 장대한 날개로 덮고 있는, 높이 수미터의 거대 신상, 라마수 말이다. 이후 페르시아 왕들은 이 라마수 입상을 그대로 물려받아 그들 왕국과 왕성의 수호자로 사용했다. 수많은 라마수 조각들과 입상들이 페르시아의 수도 페르세폴리스 왕궁 입구에서 발견된 것도 그 이유이다. 고대 페르시아의 수도 페르세폴리스의 건축물엔 유약 바른 에나멜 벽돌로 부조된 거대한 사자 형상들이 출몰하기 시작한다. 야생의 제왕 사자는 그렇게 신성(新星)페르시아 제국의 상징, 제국의 문장(紋章)으로 격상되어 갔다.

54

기도의 원리
- 네 기도는 이미 응답되었다

다니엘에게 페르시아는 사자들과 함께 왔다. 다니엘서 6장은 소위 다니엘서 역사적 기록의 마지막 장이다. 그리고 이제 또 하나의 절정이 온다. 다니엘의 사자 굴 사건이 그것이다. 5장까지는 유대 민족과 바벨론 제국의 사건들이었다. 1막에서 5막까지는 구체적으로 바벨론 왕 느부갓네살, 벨사살의 에피소드들이 기록되고 있다.

이제 바벨론 제국은 막을 내렸고 메소포타미아에서의 페르시아 제국 시대가 개막되었다. 바벨론 시대의 형법(刑法)인 화형법-불가마-에 대해선 우리는 이미 경험했다. 새 제국이 개막됐고 새 제국엔 새 시대의 사형법이 있는 법이다. 페르시아의 사형법 중 하나가 바로 사자 굴에 던져 잡아먹게 하는 형법-사자 굴 형-이었다. 페르시아의 종교는 불의 종교였다. 그들에게 불은 극도로 신성한 것이었고 경배의 대상이었다. 그러니 바벨론 시대처럼 인간을 불가마에 넣어 태워 죽이는 화형법은 상상할 수 없는 것이거나 민감한 문제였을 것이다.

페르시아 시절, 그들 통치자들에게도 사자 사냥은 왕들의 스포츠였다. 이미 신앗시리아 왕국의 유적과 왕들의 사자 사냥의 왕조 문서가 증명하듯 말이다. 왕들은 사자를 포획했고, 혹은 잡아 굴에 가두었다. 그리고 그 포획한 사자들을 인간들을 학살, 처형하는 데 사용했다. 사자들을 가두는 지하 굴(구덩이)엔 출구라곤 없었다. 그러나 거대한 구덩이 위엔 들어 올리는 문, 즉 벼락닫이 문 같은 것이 설치돼 있던 것으로 추측된다. 어차피 사자는 야생 동물들의 왕, 힘과 폭력의 상징이었다. 신약 성경 중 마귀는 '울부짖는 사자들'이라고 표현된다. 마귀는 어차피 죽음의 힘, 파괴와 절멸(絶滅)의 힘이다. 사자의 아가리, 그것은 바로 절대적인, 저항할 수 없는 죽음의 위력을 상징했다.

다니엘서 6장의 막이 오르면 역사적 배경은 이미 페르시아 제국의 시간이다. 느부갓네살도 벨사살도 바벨론 왕국도 갔다. 이제 페르시아 왕 키로스의 등장이다. 이 지점에 이르면 그야말로 역사의 주인이신 하나님의 전능(全能)에 숨이 막힌다. 다니엘은 2장에서 느부갓네살의 꿈의 해석 때 바로 그 왕국이 올 것임을 예언함으로써 이미 역사의 미래를 만진 사람이었다. 역사의 주인이신 하나님은 페르시아-메데 연합군을 사용하셔서 바벨론을 멸망시킴으로써 바벨론을 단 하룻밤에 가차 없이 역사의 무대에서 퇴장시킨다. 이후 페르시아 제국은 이제 메소포타미아의 새로운 정복국으로서 역사의 무대 위로 등장한다. 그리고 연합국 초기의 과도기적 시간 속에서 왕 다리우스가 등장한다.

그해 62세인 다리오 왕은 페르시아 과도기 연합 정부의 시한부 왕으로 추측된다. 실질 권력자인 고레스는 당시 또 다른 정복 전쟁 현장에 있었다고 전해진다. 다리우스는 다니엘보다 약 20세 어린 왕이었다. 다리오는 어느 날 문득 과도기 왕인 자기를 높여 30일간 절대 충성하겠다는 페르시아 신(新)관료들의 돌발적인 신규 법안에 서명한다. 즉 자신이 신으로 경배되는 새 법률 문서에 서명한 것이다. 3장에서 인간은 황금 신상에게 경배해야만 했다. 6장에서 인간은 이제 인간 왕을 신의 자리로 추대하고 있다. 다리우스의 등장, 즉 새 시대인 페르시아 제국의 막이 오르는 것은 조금 돌발적이다. 그는 조용히 등장했지만 그가 새 법에 흔쾌히 서명하는 일은 확실히 인간신 느부갓네살의 변주곡 같다.

다니엘에게 여호와 하나님은 그 어떤 지상의 신들과도 비교될 수 없는, 양보할 수 없는 절대 전능자이며 창조주였다. 그는 바벨론, 페르시아의 우상들에게 유일신 야훼 하나님을 결코 양보하지 않았다. 제왕들, 즉 느부갓네살, 벨사살, 다리우스는 거대한 제국의 왕으로 교육되고 훈련된 자들이었다. 그들은 왕으로서 교육되고 길러진 제국 최고의 엘리트들이었다. 그러나 그들은 결국 다니엘과 세 친구에게서 반드시 보아야 할 것을 본다. 그리고 그들은 경탄했었다.

우리가 바로 이 남자 같은 인간을 발견할 수 있겠는가. 그 존재 안에 하나님의 영이 있는 바로 그 인간을.

신약 성경에도 그런 경탄이 등장한다.

> 그 어떤 인간도 그렇게 말하지 않았다. 바로 이 사람처럼(요 7:46).

이집트 파라오가 요셉을 두고 했던 그 말, 그것을, 느부갓네살, 벨사살, 다리우스는 다니엘과 그의 세 친구 안에서 분명히 목격한 후 하고 있다. 그들 안에 살아있는, 청청한, 형형한, 무릎 꿇지 않는, 향기로 숨막히는, 하나님의 영(靈)을 똑똑히 본 것이다. 하나님의 영, 그것이 하나님 앞에서 믿음의 절개를 지킨 자들에게 주신 하나님의 천상의 선물이었다. 신약에서 우리가 그것을 성령(聖靈)이라고 명칭할 날들이 오고 있다.

그것은 어쩌면 인간이 자기 신앙으로만 지켜낸 인간의 정절(貞節)만은 아닐 수도 있다. 하나님에 대한 그들의 시퍼런 절개(節槪)와 그 절개에 응답하신 하나님과 함께 부른 존재의 절창(絶唱)이었다. 폭포처럼 터져 나오는 숨막히는 믿음의 향기(香氣), 믿음의 경지, 그것이었다. 그렇다. 하나님에 대한 믿음은, 기도는, 결코 혼자 불러대는 허무한, 메아리 없는 짝사랑의 몸부림 같은 것은 아니다.

어느 저녁, 다니엘의 기도 시간의 일이다. 천사 가브리엘이 그에게 온다. 그리고 말한다.

> 다니엘아, 네가 간청하기 시작했을 때 하나님께서는 이미 응답해 주셨다.

그리고 다시 말한다.

> 그분이 너를 사랑하시는 까닭이다(단 9:23).

다니엘이 기도하기 시작했을 때 하나님의 응답, 하나님의 '위대한 예스(Yes)'는 이미 도착해 있었다. 네가 기도하는 그 시간, 네 기도는 이미 응답되었다는 것, 그것이 천사 가브리엘이 들고 온 하나님의 전갈, 하늘로부터 배달된 텔레그라프, 속보(速報)였다. 아니, 그것은 하나님을 향해 창문을 열고 기도드리는 모든 자녀에 대한 하나님의 정언명령, 수정할 수 없는 기도의 원리, 기도의 대약속-마그나 카르타-이다. 다니엘과 세 친구의 기도, 그것은 절망, 좌초, 희망의 절멸이라는 시퍼런 고독 속에서 하나님을 향해 창문을 여는 일이었다. 그러나 기도의 응답보다 더 중요한 것이 있다.

> 다니엘아, 네가 간청하기 시작했을 때 하나님께서는 이미 응답해 주셨다. 그분이 너를 사랑하시는 까닭이다(단 9:23).

사실 기도는 응답되지 않을 수도 있다. 응답되지 않는 모습으로 오는 기도의 응답이 얼마나 많은가. 그러나 포기할 수 없는 하나님의 그 전언(傳言), 하나님의 말씀을 들고 다니엘에게 온 그 대천사 가브리엘이 했던 말, '왜냐하면 하나님이 너를 사랑하시기 때문이다'가 본질이다. 하나님이 다니엘을, 우리를, 사랑하신다면 기도의 응답은 우리의 몫이 아니라 하나님의 영역이다. 하나님이 다니엘과 그 세 친구를 사랑하신다는 사랑의 고백을 그들은 그 기도 속에서 반복해 들었음이 분명하다. 그렇지 않고서는 그들이 목숨을 건 유일신 하나님에 대한 그토록 시퍼런, 뜨거운 사랑 고백을, 사랑으로 절절 끓는 사랑의 절창을, 그토록 청청한 젊은 포효(咆哮)를 느부갓네살과 다리우스 앞에서, 불가마와 사자 굴 앞에서 토해낼 수는 없었을 것이다. 하나님은 그들을 이렇게 부르신다.

내 사랑하는 자야.

그것이 하나님이 그들의 어깨에 황금 창을 대시며 내리신 그들에 대한 칭호, 믿음의 기사(騎士) 작위(爵位)이다.

그들의 절대 충성과 절대 복종에 대해 하나님께서 매순간 주시는 그 세밀한, 절절 끓는 사랑의 응답이 없었더라면, 그들은 봉인된 불가마, 봉인된 사자 굴, 그 출구 없는 미친 운명까지 갈 수 없었다고 난 확신한다. 하나님이 다니엘을 부르시는 칭호 '내 사랑하는 자야'에는 기도에 대한 하나님의 찬란한 화답(和答)이 순은으로 세공한 성배(聖杯)처럼 번쩍인다.

55

마에스트로 다니엘 그리고 다윗의 별

다니엘의 재앙은 유감스럽지만 그가 너무도 탁월하다는 데 있었다. 독일어 성경은 그가 평지 같은 세상 속에서 너무 우뚝 솟아 있었다고 적는다. 타협 없는 그 탁월함, 그것이 다니엘이었다. 누구에게도 제압되지 않는 실력자 말이다. 정확하고 탁월한 데다 정직하기까지 했던, 인간의 한계를 뛰어넘은 그가 거기 있었다. 위선, 타협, 아부 같은 것이 도무지 그에게서 보이지 않는다는 것, 그것이 그의 경쟁자들에겐 문제였다.

아니, 사람들은 그에게서 휘날리고 있는 청청한 신의 깃발 같은 것을 보았다. 그래서 정적들은 결국 음모의 함정을 팠다. 범행의 동기는 질투, 증오 같은 것이었다. 그것은 요셉 형제들의 범죄도 바로 같은 동기에서였다. 다니엘의 성공은 예약된 것이었다. 다니엘은 그들에겐 뛰어넘을 수 없는 성벽처럼 보였다. 독일식 표현대로 '잠새 무리 속의 한 마리 공작새'가 바로 그였다.

성경 속에서 질투와 선망은 이미 많은 사건을 일으켰다. 천지 창조 후 최초의 살인 사건인 카인과 아벨, 요셉과 그의 형제들, 사울 왕과 다윗 같은 것 말이다. 본디오 빌라도도 알고 있었다. 예루살렘 종교 엘리트들이 예수를 체포해 로마의 새벽 비상 재판정까지 끌고 온 것은 예수의 탁월함에 대한 압도적인 불안과 질투심 때문이었다는 것을. 예수가 있는 곳마다 죄인, 세리, 병자, 망자에게 치료와 치유, 생명의 기적이라는 압도적인 초인적 카리스마와 향기(香氣)가 터져나왔으니까.

그들이 속결 입법해 결의한 금지령의 내용은 이렇다.

왕이여, 앞으로 30일 동안 당신 이외엔 그 어떤 신이나 그 누구에게도 빌거나 기도하지 못하게 하는 금지령을 어명(御命)으로 선포해 주십시오.

그리고 다시 말한다.

그 금지령을 어기는 자는 가차 없이 사자 굴에 던져넣는다는 조항도 덧붙여주시기 바랍니다.

과도기 통치자 다리우스로 하여금 법령에 서명하게 하는 계략과 연극 속에선 에덴동산의 그 외설적(猥褻的)인 속삭임-너도 하나님처럼 되리라의 속삭임이 다시 출렁인다. 이간질의 예술인 그 속삭임은 의역하자면 이렇다.

왕이여, 신의 자리를 당신이 접수(接受)하십시오. 단지 30일 동안

만이라도.

인간의 허영심에 대고 속삭이는 술수, 계략, 책략 뒤엔 하나님의 전능에 대한 불안과 질투가 어른댄다. 그것이 다리우스 앞에 놓인 쥐덫이었다. 제왕들은 자신이 직접 서명해 선포(宣布)한 법령을 어떤 이유로든 취소할 수 없었다. 왜냐하면 제왕은 대중들 앞에서 완벽해 보이도록 저주받은 존재였기 때문이다. 그것이 제왕들이 자신을 마치 신처럼 체감하는 지점이다. 다리우스는 그때 비록 시한부이지만 막 거대한 정치적, 경제적, 군사적 권력을 위임받고 있었다. 그리고 신하들은 지금 그에게 종교적 왕관마저 씌우려 하고 있다. 그는 그들이 급조해낸 새로운 법령에 서명하지 말았어야 했다. 그 법령이 전 왕국에 선포되었을 때 다니엘은 그 법령이 무엇을 의미하는지 분명히 알았다. 그것은 왕 다리우스도, 다니엘도 한꺼번에 잡겠다는 이중적 포석임을 다니엘은 이미 해독하고 있었다.

그러나 다니엘에게 외교적 타협 같은 것은 없었다. 하나님에 대한 충성에 관한 한 애초 '플랜 B' 같은 것은 없는 사람이었다. 그는 자신의 생애의 법칙, 원리와 타협하지 않았다. 왕의 법령은 그를 공격적이지도 체념하게 만들지도 못했다. 그는 약 70년 전 바벨론 포로가 되어 바벨론으로 끌려오던 첫날부터 하나님께 드렸던 그 기도의 원칙, 그것을 가차 없이 실행했다. 예루살렘을 향해 창문을 열고, (정시) 기도를 드리는 것. 그것이 하나님에 대한 그의 충성과 사랑의 방식, 예식, 약속이었다.

예루살렘을 향해 열린 창에서 하루 3번씩 무릎 꿇고 기도하며 그 하나님께 감사하였더라 (단 6:10).

그가 바벨론으로 끌려온 지 몇 년 후, 예루살렘 성전은 느부갓네살에 의해 불탔고, 조국은 멸망했다. 그럼에도 불구하고 그는 가차 없이 예루살렘을 향해 창문을 열고 기도를 하기 위해 앉았다. 그렇게 함으로써 다니엘도 세 친구들도 예루살렘을 인간 왕이 불태워 파괴시킬 수 없는 영원한 장소, 지상에서 가장 신성한 장소로 만들어버렸다. 예루살렘은 느부갓네살이 파괴할 수 있는 그 무엇이 아니었다. 하나님의 지성소(至聖所)는 인간에 의해 파괴되거나 취소될 수 있는 장소가 아니었다. 그렇게 함으로써 다니엘의 예루살렘은 이제 시공간을 초월한 하나님의 공간과 영원성을 획득하고 있었다. 그럴 때 이미 예루살렘은 시온이 되고 새 예루살렘이 되어간다. 그들은 예루살렘을 향해 무릎을 꿇었고, 기도했고, 찬양했고, 감사했다.

당시 다니엘은 3대 총리 중 하나였음에도 불구하고 여전히 고소자의 고소장엔 '유대인 포로 다니엘'로 불리운다. 그것은 마치 나치 독일이 '유대인 절멸(絶滅) 작전' 내내 유대인 가슴에 이름표처럼 달게 했던 수인의 표시인 노란 헝겊 조각의 그 '다윗의 별'을 생각나게 한다. 총리라고 해도 페르시아에서 다니엘은 여전히 잠정적으로 가슴에 다윗의 별을 달고 있는 남유다 왕국 출신 유대인 포로였다.

다리우스 왕은 슬퍼졌다. 그는 자신이 어떻게 다니엘을 구조해 낼 수 있을지 생각했다. 그는 이미 알고 있었다. 다니엘이 왕국의 고위 공직자이면서 국가보다 더 높은 자신의 하나님을 모시고 있다는 것을. 하나님에 대한 그의 절대 충정은 이미 입증된 사실이라는 것 말이다. 아니, 다리우스는 다니엘에게서 더도 덜도 아닌 향기로운 인간, 탁월한 경지(境地)의 마에스트로적 인간을 본다.

다리우스는 그제서야 알았다. 새 법령이라는 이름으로 신하들이 그의 앞에 설치한 쥐덫의 정체를. 그제서야 그는 자신의 권력이 그토록 강하고 동시에 약하다는 것을 알았다. 그토록 엄청난 권력에도 불구하고 다니엘을 사자 굴에 던져 넣을 수밖에 없도록 신하들의 쥐덫은 교활하게 설계돼 있었다. 다니엘은 경쟁자들에 의해 고소당했고 변명이나 저항 없이 사자 굴에 던져 넣어져 사자의 밥이 되어야 하는 것, 그것이 음모의 얼개였다. 사자 굴은 왕 자신과 신하들, 그리고 다니엘 사이에 놓인 거대한 쥐덫이고 함정이었다. 자신과 다니엘 사이에 놓인 거대한 재앙, 쥐덫의 이름, 그것이 사자 굴이었다. 그때 다니엘의 나이 이미 80세를 넘고 있었다. 제3장에서는 그 이름이 거론되지 않았던 다니엘은 결국 그 우상숭배와 정복 이데올로기로 가득 찬 세속 도시에서, 다니엘의 하나님을, 세 친구의 하나님을 증명해야 했다. 더구나 사자 떼들은 의도적으로 며칠간 굶긴 살인 기계들이었다.

사자 굴 앞에서의 다리우스 상황은 문득 서기 30년경 예루살렘 로마 법정, 그것도 새벽 법정 앞에서 선고를 내려야만 하는 본디오 빌라도를 생각나게 한다. '사자 굴-다리우스-다니엘'의 상황은 '십자가-본디오 빌라도-나사렛 예수'의 상황을 교차시킨다. 빌라도도 그것이 자신들의 손에 피를 묻히지 않고, 결코 스스로 피의 장화(長靴)를 신지 않은 채, 나사렛 예수라는 이름의 메시아적 카리스마와 아우라를 풍기는 탁월한 인물을 제거해 버리겠다는 유대 종교 엘리트들의 히스테리라는 것을 알고 있었다. 예수라는 탁월한 존재에 대한 불안과 공포, 시기심 때문에 그를 없애 버리겠다는 거대한 연극, 거대한 히스테리라는 것을 그 교활한 정치인은 파악하고 있었다. 빌라도는 그 새벽 비상 법정을 가득 메운 유대인 종교 귀족들의 절규 '예수를 십자가에 못 박으라' 속에서 자신이 거대한 역사적 쥐덫에 걸려든 것을 알아챘을 것이다.

빌라도는 그때 당시 세계 최고의 제국인 로마 황제 티베리우스로부터 임명, 파견된 로마 속령(屬領) 제5대 유대 총독(AD 26-36)이었다. 당시 유대 총독청의 군인 출신의 수장이다. 그는 자신이 고소당한 예수를 십자가형으로부터 면하게 할 수 있다고 생각했다. 흥정이 시작된다. 그때 등장한 이름이 정치범 바라바였다. 유대인들의 대답은 교활했다. 그들은 예수가 스스로 자신을 왕이라고 자칭한다고 고자질했다. 자칭 왕, 그것은 로마 제국, 황제 외엔 그 누구도 왕일 수 없는 로마에 관한 한 최고의 반역, 일고의 가치도 없는 치명적 대반역이었다. 즉 유대인들은 빌라도 최고의 약점에 논리의 창을 들이대고 있다.

자칭 왕이라고 하는 자를 석방할 경우, 총독 빌라도여, 당신은 더 이상 로마 황제의 친구가 아니다.

그것이 협박성 논리다. 빌라도는 정말이지 예수를 석방하고 싶었는지도 모른다. 그것은 지금 다리우스 왕의 진퇴양난과 같다. 결국 그는 이렇게 말한다.

다니엘, 네가 절대 복종으로 모시는 너의 하나님이 너를 구원하시길.

그렇게 말하면서도 다리우스는 자신이 토해 낸 그 말이 대체 무엇을 의미하는지 몰랐다. 내게 그 말은 그저 약간의 이중적인 감정의 카오스 속에서 터져 나온 미화(美化)된 작별 인사처럼 생각된다.

다니엘은 결국 사자 굴에 던져졌다. 사형 집행인은 굴의 입구를 큰 돌로 막아버렸다. 입구를 막은 돌 위엔 왕 자신이 인장 반지를 찍어 승인한 봉인(封印) 작업도 끝났다. 그 누구도 그 돌을 굴려내어서는 안 된다는 봉인이었다. 그것은 그 사자 굴은 곧 다니엘의 사형장이고 무덤이라는 알리바이였다. 그곳에선 탈출, 구출 같은 것은 결코 가능하지 않다는 절대 인장이었다. 사자 굴에 던져 넣어진 순간 다니엘은 즉시, 의도적으로 굶겨진 사자 떼들의 아가리와 목구멍 속으로 사라질 것이다.

예수의 무덤도 그랬다. 로마의 법적 권위로 단단히 봉인되었다. 사람들은 예수의 무덤에 돌을 굴려 막았다. 빌라도는 그곳에 인장을 찍어 봉인했다. 그리고 파수꾼까지 세웠다. 보초 근무자를 세운 것이다. 그러나 그 무덤 안의 예수를 깨우시는 하나님의 절대적 손길을 막지는 못했다. 구약 성경 주석가 에드워드 데닛의 코멘트는 이렇다.

> 우리는 두 개의 구덩이를 본다. 다니엘의 사자 굴과 예수의 시신이 안치된 무덤이다. 인간은 그 구덩이, 그 무덤을 외부로부터 그 어떤 개입, 조정, 구출 작전이 없도록 두겹, 세겹으로 봉인한다. 간섭, 개입, 구조가 불가능하게 하기 위해. 그러나 하나님은 인간 사고의 세계 속에 존재하지 않으신다. 인간 사고 세계를 초월해 존재하신다. 하나님이 자신의 남은 자들을 사자로부터 해방시키신 후에야 인간은 비로소 깨닫는다. 하나님께서는 그 어떤 것도 불가능한 것이 없으시다는 것을.

다니엘은 사자 굴에 던져졌다. 굴의 입구는 거대한 돌로 봉인됐다. 왕의 인장이 찍힌 채 봉인된 돌은 그 누구도 밀어낼 수 없다. 보초병이 배치된 것은 물론이다.

아침 여명이 시작될 때 그들은 달린다. 다리우스 왕과 다니엘의 정적들 말이다. 다리우스는 불면의 밤을 보냈다. 다니엘을 사자 굴에 내던진 후. 다리우스는 참 돌발적 희망을 갖고 있었다. 혹시 다니엘이 살아있을 수도 있다는. 다리우스가 사자 굴에 대고 다니엘을 불렀을 때, 저 깊고 어두운 사자 굴, 처형장으로부터 터져 나오는 음성이 있었다.

왕이여. 만수무강하소서.

처형장 사자 굴로부터 들려오는 이 안부의 외침은 얼마나 패러독스인가. 그것은 사자 굴, 아니 무덤으로부터 들려오는 음성이었다. 다니엘은 굶은 사자들로 득실대는 사자 굴 속에서 하룻밤을 살아있었던 것이다. 살아있는 음성뿐 아니었다. 그는 마치 왕궁에서 왕을 독대(獨對)할 때처럼 왕가의 예전(禮典)까지 지키고 있다. 중요한 것은 다리우스가 그곳, 사형장인 사자 굴이며 동시에 무덤인 그곳에서 다니엘의 살아있음을 확인한 후 그것을 하나님의 전능하심에 대한 찬탄으로 표현했다는 것이다. 사자 굴의 문을 열자 하나님 사랑의 전능하심은 증명된다.

그 새벽 여명(黎明)에 사자 굴을 향해 달리는 다리우스의 외관(外觀)은, 새벽 여명에 예수님의 무덤을 향해 달리던 여자, 막달라 마리아와 교차한다. 그 새벽 여자들, 그리고 이후 예수의 제자들도 예수의 무덤을 향해 달렸다. 새벽 여명에 말이다. 비통에 찬 불면(不眠)의 밤이 있었다. 새벽 여명에 각각 페르시아 사자 굴과 예수의 무덤을 향해 달리는 그들의 그 숨찬 헐떡임, 지난 밤의 고통스런 불면과, 그 새벽의 힘겨운 희망으로 달리면서도 그들은 자신들이 곧 하나님이 이미 완료시켜 놓으신 하나님의 기적, 하나님의 역사의 증인이 될 것이라는 사실을 까맣게 모르고 있었다. 그렇게 함으로써 다리우스는 살아있는 다니엘의, 막달라 마리아는 메시아인 예수 그리스도의 부활의 증인이 되었다. 사자 굴도 무덤도 지난 밤의 미칠 듯한 흑암-절대 절망-을 발로 차고 하나님이 이루신 일에 대한 광채, 경이, 영광을 경험한다.

사자 굴 속에서 살아남은 다니엘의 생존 모습은 불가능 그 자체였다. 인간 생각의 한계를 초월한, 아름다운 초월자(超越者), 하나님의 지독한 사랑이 거기 있었다. 다니엘은 상처 한 점 없었다. 하나님의 천사는 실컷 굶은 사자 떼의 아가리를 열지 못하게 한 것뿐 아니었다. 천사는 그 공포의 밤, 그의 믿음이 결국 처형장에서 끝장나야만 하는 허무한 모순의 공간, 지옥처럼 어두운 사자 굴, 예정된 다니엘의 무덤 속에서 그와 함께 있어 주었다. 사망의 골짜기, 사망의 그림자가 다니엘을 덮고 있는 그 사자 굴 말이다. 그래서 시편 23편은 노래한다.

내가 사망의 골짜기를 지날찌라도 해를 두려워 하지 않습니다. 왜냐하면 당신은 항상 나와 함께 계시기 때문입니다.

확대 해석하자면 다니엘의 사자 굴, 그것은 곧 바벨론과 페르시아 정복 아래 있는 패전국, 식민지 시민인 유대인들의 상황을 생각나게 한다.

그들은 굶은 사자에게 먹히지 않고 살아남게 될 것이다. 거의 70년의 시간을 유대인들은 바벨론이라는 상징적 사자 굴에 있었다. 그리고 그 사자 굴의 악몽은 바벨론을 거쳐 이제 새 제국 왕국 페르시아의 시간 속에 도착해 있다.

대체 무엇이 다니엘을 살게 했는가. 하나님이 천사를 보내셨다. 그리고 사자들의 아가리, 사자들의 목구멍을 닫게 하셨다. 다니엘은 그때 이미 80세가 넘은 노인으로 굶어 날뛰는 사자 떼 앞에선 단지 한 줌 고깃덩이에 불과했다. 그렇게 함으로써 하나님은 다니엘의 믿음에 상(賞)을 내리신다. 다시 해석하자면 이렇다. 곧 한 인간의 믿음 자체가 결국 철저히 굶어 날뛰는, 포효하는 사자의 아가리를, 그 목구멍을 닫게 하는 힘이 있다는 증명이다.

신비와 아름다움은 이것이다. 예수님은 십자가라는 처형의 공간, 죽음의 길을 통과하셔야만 했다. 죽으셔야만 했다. 그러나 지상의 가장 큰 절대 권력, 압도적 재앙, 압도적 절멸(絶滅)이라고 생각되는 그 죽음조차도 예수님을 붙잡을 수는 없었다는 사실이다. 예수님의 몸도 부패되지 않았다. 죽음이 그의 몸을 부패시킬 수조차 없었다. 죽음이 그를 공격할 수도 방해할 수도 없었다. 죽음의 과정 같은 것, 아에 진행시킬 수 없었다. 죽음의 냄새, 시신의 냄새 같은 것은 없었다. 그분은 부활(復活)하신 것이다.

다니엘의 사자 굴은 그대로 죽음의 지옥, 스올이었다. 그 사자 굴이라는 이름의 죽음 공장, 죽음의 시스템인 굶은 사자 떼들은 다니엘을 물어

뜯지도 공격하지도 못했다. 상처 하나 없었다. 다니엘이 상처 하나 없이 온전한 몸으로 사자의 굴로부터 해방되어 나왔을 때 곧장 다리우스의 명령이 떨어진다. 다니엘을 고소했던 그의 정적들, 왕의 앞에 감히 쥐덫을 설치했던 그들을 사자 굴에 던지라고 명령했다. 정적들은 즉시 그들이 스스로 장치한 사형장인 사자 굴에 던져졌다. 그들이 채 사자 굴 바닥에 닿기도 전에 그들은 정확히 굶주린 사자 떼의 밥이 되었다. 사자들은 배고픈, 성난, 살아있는 사자들이었음이 입증됐다. 그 날뛰는 맹수, 살인 기계들에겐 이상이 없었다. 그들의 식욕과 치아는 정상이었고 더구나 그들의 사냥 본능은 왕성하기까지 했다. 다니엘을 고소한 정적들은 결국 그들이 영악하고 정교하게 설계한 새 법령과 사형 장치인 사자 굴에 떨어져 스스로 굶은 사자들의 아침 정찬, 근사한 조찬(朝餐)이 되었다. 그것은 마치 에스더서에 등장하는, 유대인 모르드개를 처형하기 위해 영악하게 설치한 23미터 높이의 교수대에 정작 자신의 목이 걸려 처형당한 하만 장관을 생각나게 한다.

결국 다리우스는 다니엘의 신 앞에 최고의 존경과 외경을 고백한다. 그들은 야훼 하나님을 자신들의 신들과 구별해 '다니엘의 하나님'이라고 부른다. 그럼에도 불구하고 다리우스는 자신들의 우상들에서 다니엘의 하나님으로 건너뛸 수는 없었을 것이다. 결국 다니엘은 살아남아 그 사자 굴을 걸어나왔다. 사자들의 아가리, 사자들의 목구멍으로부터 구조되었다. 그 사건은 제3장의 용광로 속의 세 친구와 마주보는 그림들이다. 다리우스와 그의 신하들은 그렇게 함으로써 바벨론이 퇴장하고 새로운 역사의 무대에 등장한 새 세력의 통치자와 국민들에 대한 특징을 상징하고 있다. 다리우스는 다니엘의 사자 굴에서의 구조를 통해 다니엘의 신인 야훼 하나님에 대해 알아간다.

    이상도 하지. 다니엘의 사자 굴 사건 이전부터 이미 하나님은 그에게 해방과 구원의 예언을 들려주신다. 다니엘서 7장에서 12장까지의 공간이 그것이다. 사자 굴 사건의 주역인 다니엘은 이제 본격적으로 하나님의 예언, 하나님의 음성을 경청하고 그것을 받아적는 자가 되었다. 그리고 이후 그는 천년 왕국의 환상을 보고 기록하는 자가 되었다. 그 예언적 환상 속에서 다니엘은 구약 속에 등장하는 최고의 빛, 최고의 본질인 '메시아그리스도, 그리고 부활(復活)'을 만난다. 다니엘서가 내겐 구약 성경과 신약 성경을 잇는 찬란한 공중교(空中橋)인 것은 그런 이유이다.

56

아아, 니느웨

　2020년 4월 14일, 독일 일간지 「프랑크푸르트 알게마이네 챠이퉁」은 고고학적 낭보 한 편을 전했다. 하이델베르크대학 고고학 팀이 이라크 북부 도시 모술(Mossul)의 폐허, 20미터 지층 아래서 고대 신앗시리아의 왕 에사르하돈의 전설적인 '군사 왕궁 유적'을 발견했다는 것이다. 그 군사 왕궁은 약 2500년 전 건축학적 명작으로 불리운다. 이라크 도시 모술은 기원전 6세기, 요나서에 등장한 바로 그 도시 니느웨의 21세기 이름이다. 그 군사 왕궁 입구 양쪽에 버티고 있는 거대한 4개의 라마수 입상(立像)도 발굴됐다. 코로나가 기승하던 시간이었다.

　2014년 여름, IS-이라크 레반트 이슬람 국가 즉 이슬람 극단주의 무장단체 추종자들은 이라크 북부 도시 모술을 점령했다. 신앗시리아는 시대에 따라 앗수르, 니느웨, 하란 같은 수도를 갖고 있었다. IS는 모술에서 한 구릉 위에 있는 어느 회교당을 주저 없이 폭파했다. 그 회교당은 성경 속에 등장하는 예언자 요나의 무덤 위에 건축된 선지자 요나 기념 회당이었다.

앗시리아 제국 마지막 수도였던 장려한 니느웨는 기원전 612년, 바빌로니아와 메데 왕국 연합군에 의해 멸망했다. 당시 니느웨 정복자는 느부갓네살의 부친인 나보폴라사르였다. 니느웨는 티그리스강 동쪽 해안 도시였다. 21세기 속에서 니느웨는 이라크의 대도시인 모술 아래 매장된 채 약 2500년간의 고독한 잠, 정처 없는 동면(冬眠)에 빠져있었다.

IS는 당시 모든 것을 사정없이 파괴할 광기를 갖고 있었다. 그곳이 어디든 소중한 장소라고 간주되면 예외 없이 파괴해 버렸다. 성스럽게 경배되는 장소는 그들이 특별히 혐오하는 장소였다. 고대 도시 니느웨 지역 귀중한 성소들을 주저 없이 파괴한 것은 당연한 일이었다. IS의 광기로 수많은 고고학적 장소들이 사정없이 파괴되어 폐허로 전락했다. 세계 고고학자들에겐 그 소식 자체가 끔찍한 악몽이었다. 증오 속에서 그들은 박물관들, 무덤들, 기독교적 기념물들을 사정없이 파괴했으니까. 인류 역사의 의미로 가득 찬 소중한 유적지들, 의미 있는 폐허들은 소위 이슬람 무장 단체의 광기와 증오에 나가 떨어졌다. IS는 모술 남쪽에 있는 도시, 즉 약 3천 년 전 고대 왕들의 도시였던 님로드도 공중 폭파시켜 버렸다. 그들은 그 야만적인 폭파 장면, 즉 고고학적으로 중대한 옛 도시 님로드와 그 왕궁 터가 폭약 아래 가루가 돼버리는 장면을 비디오에 담아 인터넷을 통해 국제 사회에 공개해 버렸다. 그것이 그들의 증오와 복수의 방법이었다. 전 세계의 고고학자들이 경악했음은 물론이다. 국제 사회는 그들을 이슬람 극단주의를 추종하는 잔악한 테러 집단으로 규정했다.

특히 이라크 북부 도시 모술은 한때 IS의 활동 중심지, 즉 반군의 수도로 선포되었었다. 이후 모술은 광신적인 그들에 의해 가장 크게 시달린 도시가 되었다. 모술에서 IS는 특히 요나의 무덤을 그 마지막 바닥 석판까지 불도저로 밀어 손상시켰다. 그러나 그들은 그때 까맣게 모르고 있었다. 그렇게 함으로써 그들이 의도하지 않았지만 매우 경이에 찬 새로운 고대 앗시리아의 보물 창고의 입구를 열어놓았다는 사실을. 요나의 무덤 아래서 수천 년간의 잠을 자고 있던 장엄한 앗시리아 왕궁 입구를 열어 놓았다는 패러독스를 말이다.

요나의 무덤 위에 건설된 기념 회당은 초기 이슬람 시대까지 예언자 요나의 무덤 기록들이 보관, 경배되어 왔던 장소였다. 회당의 폭파는 국가적으로, 이슬람 신자들에게도 엄청난 충격이고 손실이었다. 폭파 전 그곳은 단지 요나의 무덤이라는 사실만으로도 엄청난 순례자들이 찾아와 기도를 드리던 국가적 순례지였다. 요나서의 기록대로 예언자 요나는 하나님에 의해 니느웨로 파견되었다. 니느웨에 내려질 하나님의 벌에 대해 선포하라고. 그때 니느웨 시민들은 회개했고, 하나님은 그 도시를 파멸로부터 아끼고 간수하셨다. 그 회개의 사건은 코란에도 등장한다는 것이다. 코란엔 이렇게 기록돼 있다는 것이다.

요나는 니느웨 시민들을 올바른 믿음으로 이끌었다. 이슬람 이전에 이슬람을 만들었다. 우리는 왕좌가 있는 그 대좌(臺座)를 발견했다. 오라, 그 장소로, 올바른 믿음이 설교되었던 바로 그 장소로.

중요한 사실이 있다. 요나의 무덤을 간직하고 있는 그 회당, 요나의 무덤 위에 세워진 그 기념 회당 지층 아래 고대 앗시리아의 거대 왕궁이 누워 있는 것으로 간주되었기 때문이다. 2017년 IS는 그들 테러의 거점이었던 모술, 즉 고대 도시 니느웨에서 쫓겨났다. 이라크 정보부가 그 도시 모술을 다시 통제, 관리하기 시작한 것이다. 그때 지층 아래 한 터널은 폭파 상태로 입을 벌린 채 거기 놓여 있었다.

이라크 정부는 독일 고고학자들을 초빙했다. 고대 니느웨 발굴 팀장은 독일 하이델르크대학 앗시리아학과 스테판 마울 교수였다. 그들은 이라크 정부로부터 5년간의 발굴권(發掘權)을 부여받았다. 그 발굴에 대한 재정은 독일 바덴 뷔르템베르크 주정부의 학술부, 하이델베르크대학, 독일 외무부 독일 재단 등이 지원한다는 조건이었다. 마울 교수의 고고학 팀은 고대 도시 니느웨가 있던 모술에 도착했다. 이라크의 고대 유물 관청의 요청에 의한 광범위한 니느웨 탐사가 시작된 것이다. 발굴 기간 내내 팀들은 군인들의 경호를 받으며 발굴 사무소와 발굴처를 오가야만 했다. 이라크 정부는 팀장인 마울 교수에게 말했다.

> 우리의 이상(理想)은 요나 무덤 위에 지어졌던 기념 회교당과 앗시리아의 왕궁이 다시 복원되고, 그래서 옛 오리엔트와 이슬람의 연결을 한눈으로 확인하는, 가시적인 연결 풍경, 즉 옛 오리엔트와 현대의 이슬람을 한 파노라마로 만드는 것이다.

그렇다. 그 극단주의자들인 IS는 거대한 파괴 현장을 남겼다. 유적 도굴을 통해 무기 자금을 마련하기 위해 도무지 대체 불가능한 수많은 유적들이 그들 손에 사정없이 파괴되었다. 역설적이지만 그들의 그 사정없는, 무지한 파괴 행위 때문에, 상상도 하지 못할 장소에서 고대 앗시리아 왕궁 유적이 얼굴을 내밀었던 것이다. IS의 그 광기에 찬 악성적 파괴 행위가 없었더라면 도저히 가능하지 않았던 경이적인 일, 그 패러독스가 벌어진 것이다.

예언자 요나 기념 회당은 텔 네비유누스 언덕에 있었다. 텔이란 오랜 세월을 거쳐 시간이 만들어 낸 언덕들의 명칭이다. 그 언덕들은 수천 년간에 걸친 역사적 층위(層位)를 갖고 있어 종종 고고학의 보고이기도 하다. 그곳을 폭파할 때 IS는 몰랐다. 그 파괴를 통해 요나의 무덤 위에 지어진 회당이 날아가고, 고대 신앗시리아 정복 제국의 수도 안에 있던 거대 왕궁이 매몰된 귀중한 지층의 입구를 열어 놓았다는 사실을. 물론 그들이 의도한 것은 전혀 아니었다. 아니, 그들은 자신들이 대체 무엇을 파괴하고, 대체 어떤 시간의 문을 열어 놓았는지 짐작도 하지 못하고 있었다. 그 극단주의자들의 폐허화 작업으로 인해 고고학 팀은 무려 2500년 동안 절대 접근, 출입, 통과가 불가능한 지역, 즉 수천 년 된 앗시리아 왕궁터에 접근할 수 있었던 것이다.

수주 동안 마울 교수 팀은 겨우 높이 70센티미터밖에 되지 않는 터널의 지하 통로를 기어들어가듯 통과하며 탐사를 시작했다. IS 폭파 덕에 기적적으로 접근 가능해진 지하 통로 말이다. 그야말로 지하 탐험 같은 정탐이었다. 그들은 손전등에 사용할 대체 밧데리들을 주머니에 잔뜩 쳐넣고 있었다. 손전등이야말로 칠흑 같은 지하 통로에서 빛이 가능한 유일한 도구였다.

놀랍지만 마치 캄캄한 탄광 같은 그 지하 터널에서 그들을 맞은 것은 우선 고대 앗시리아 왕궁을 지키던 거대한 왕궁 수호 조각상, 수미터에 이르는, 몇 겹의 거대한 날개를 달고 있는, 무려 4점의 라마수 사자상이었다. 그들은 또 약 55미터 길이의 거대한 왕좌와도 마주쳤다. 그 왕좌는 연단, 무대, 대좌가 모두 포함된 장대한 것이었다. 그들은 그 왕좌는 당시 앗시리아 통치자였던 에사르하돈이 그의 사신들, 외교 사절들을 접견하던 왕궁의 심장부라는 것을 알았다. 그 캄캄한 지하 터널이 바로 그 유명한 신앗시리아 왕국 '군사 왕궁'의 입구였던 것이다. 왕궁 문턱부터 솟아오른 거대한 날개를 달고 있는 네 마리의 사자 혹은 황소 조각-라마수-을 발견했을 때 그들은 얼마나 놀랐을까. 왕궁을 수호하는 사자의 몸에 거대한 날개를 달고 있는 왕궁 수호 동물 라마수가 왕궁 입구에 버티고 있는 고대 앗시리아의 군사 왕궁은 그렇게 다시 세상에 드러났다.

그것은 지금까지 발견된 구앗시리아 왕좌, 왕좌가 있는 왕의 알현실로서는 가장 규모가 큰 것이었다. 특히 왕궁의 일부는 놀랍도록 잘 보존돼 있었다. 매우 희귀한 왕의 금석문도 발견됐다. 물론 장대한 왕궁과 거대한 4점의 수호 동물 라마수를 발견했지만 실망도 컸다. 가령 4점의 거대한 라마수를 제외한 소중한 왕궁 문의 또 다른 수호 조각상들은 이미 산산히 폭파돼버린 후였기 때문이었다. 어떻든 그들은 그 암흑 같은 지하 통로에서 희귀한 고고학적 보물들을 발견하는 역사적 개가를 올렸다.

당시 이라크 정부는 국가 미래를 위해 국가적 에포스, 즉 영웅적인 국가적 서사시가 필요했었다. 이라크 왕국에서 사담 후세인까지 이르는 동안 이라크는 국가의 고대 오리엔트의 자부심을 깨울, 그 어떤 증명이

간절히 필요했었다. 오스만 제국 멸망 후 그래도 정치적 통일이 있었던 국가는 IS에 의해 그들 문화 유적의 중대한 부분들을 상실당했다. 이라크 정부는 국가의 정체성을 위한 하나의 견본(見本), 모형(模型), 가시(可視)적인 이상이 필요했다. 니느웨의 후손인 이라크의 자부심이라고 불릴 그 무엇, 즉 고대 제국 문명의 찬란한 후광이 필요했다. 그들에겐 하나의 새로운 민족 서사, 혹은 국가적 설화가 필요했다. 가장 영광스러웠던 고대 신앗시리아 제국의 영광을 차입(借入)해 올 필요가 있었다. 그러므로 니느웨라는 영광의 과거와, 모술이라는 현재를 이어줄 위대한 등장, 그것이 바로 모술 군사 왕궁 발견이라는 낭보(朗報)였다.

앗시리아의 수도였던 니느웨, 21세기 모술에 찾아온 낭보, 그것이 고대 앗시리아 군사 왕궁의 발견이다. 그것은 이라크 정부로서는 고고학적 미션이며 정치적 미션이기도 했다. 그 두 개의 미션, 즉 이라크 정부의 정치적 미션과 하이델베르크대학 고고학 팀의 고고학적 미션이 교차하고 있다. 코로나가 만연하자 발굴 계획은 정지됐다. 그들은 코로나가 주춤해지면 고고학 팀은 다시 모술에서 발굴과 연구를 계속할 것이다. 발굴 팀의 고고학자 페터 밀구스 교수는 말한다.

> 우리는 시간이 없어요. 왜냐하면 그 위에 다시 파괴된 요나 무덤과 기념 회당이 재건되어야 하기 때문이죠. 회교당이 재건되고 나면 발굴을 완전히 불가능해집니다.

과거 요나의 무덤이 있던 그곳에 요나의 무덤을 포옹하고 있는 요나 기념 회당을 재건하는 것이 이라크 정부의 계획이다. 그곳은 선지자 요나의 이름만으로도 인기 있는 성지이고 순례지가 아닌가. 마울 교수는 말한다.

> 우리의 고고학적 이상은 요나의 무덤, 기념 회당, 그리고 신앗시리아 고대 제국의 왕궁의 앙상블을 다시 이루어내는 것입니다.

57

에사르하돈 왕의 군사 왕궁

    에사르하돈 왕, 즉 요나의 무덤 아래 지하 통로를 통해 발견된 왕궁의 주인인 신앗시리아 제국의 왕은 기원전 680-669년까지 통치했다. 그는 산헤립의 아들이고 아슈르바니팔의 부친이다. 그는 사나운 왕권 투쟁을 통해 경쟁자들을 제압한 후 결국 왕이 된 전력을 갖고 있었다. 그는 역사가들에 의해 정치적 실용주의자로 평가된다. 소위 위대한 왕으로서의 그의 성공은 기원전 671년부터였다. 그는 군대를 이끌고 이집트로 갔다. 그 전쟁에서 유명한 도시 멤피스를 접수했고 철저히 약탈했다. 군인과 노동 집단은 물론 엄청난 국가 보물들과 함께 전리품으로 이집트인들을 포로로 잡아옴으로써 대왕의 자격을 증명했다. 나일강의 대국, 이집트에 대한 정복 위업을 시작한 것이다. 그의 아들 아슈르바니팔이 그 이집트 정복을 종결시켰다. 대업 이후 앗시리아는 본격적으로 세계 권력으로 올라선 것이다.

에사르하돈 통치 당시 '군사 왕궁'은 매우 중대한 것이었다. 군사 왕궁은 유난히 거대하고 과시적인 대표 왕궁에 대한 특수 명칭이었다. 정복 전쟁의 출정식 같은 거창하고 상징적인 국가 행사는 반드시 그곳에서 거행됐으므로 문헌들은 그 왕궁을 군사 왕궁이라고 기록했다. 왕좌가 있는 알현실만 해도 길이 55미터에 이르는 전시적 크기였다는 것이다. 앗시리아 문헌들은 전한다. 에사르하돈 왕은 그 장대한 왕궁을 이국적인 돌, 상아, 나무, 유약 바른 벽돌, 귀금속으로 장식하도록 명령했다는 것이다. 왕궁 설계도에는 작은 규모의 상징적인 무기고도 설계되어 있었다는 것이다. 말, 낙타, 전쟁 기구를 보관하는 부속 기관 말이다. 그 장엄한 왕좌가 있는 알현실은 증명하고 있다. 그곳에서 왕은 아마도 속국들의 사신들을 접견하고, 조공을 접수했다는 것을. 그렇게 함으로써 그는 군대 왕궁이라고 불리우는 그 왕궁에서 신하와 국민들에게 자신이 매우 성공적인 전쟁 영웅임을 과시할 수 있었다는 것이다. 즉 그 왕궁은 당대 왕이 제국의 과시와 영광을 연기하는 현란한 무대였다. 그 곁엔 그 제국의 힘을 과시하는 전차와 용사들의 훈련장, 무기고가 도열해 있었다. 사람들이 그 왕궁을 자부심에 가득 차 특별한 이름 '군사 왕궁'이라고 불렀던 것은 당연한 일이었다.

기원전 612년, 니느웨는 바벨론과 메데 연합군에 의해 정복, 파괴되었다. 그리고 서기 2014년 IS에 의해 탈취, 도굴, 폭파, 파괴되었다. 그래도 아직 다시 거대한 지하 통로와 지하 터널, 왕좌가 있는 왕궁의 심장-알현실을 발견할 수 있었다는 것, 그것은 IS의 무자비한 도굴, 폭파라는 쓰디쓴 진실 너머로 들려온 낭보의 정체다. 마울 교수는 말한다.

우리는 지금 21세기에 신앗시리아 거대 왕궁의 마지막 부스러기를 조심스럽게 쓸어 모으고 있는 중입니다.

58

팥죽으로 적은 주홍 글씨

야곱은 밤에 일어났다. 사랑하는 가족인 두 아내와 두 첩, 그리고 열한 아들을 인도해 얍복강을 건너게 했다. 가축 떼와 재산들도 모두 강 건너 보냈다. 그리고 야곱은 혼자 강 이편에 남았다.

    야곱은 밤의 복판에 잠자리에서 일어났다. 이 밤이 지나면 형 에서를 만나게 될 것이다. 숨막히는 밤이었다. 밤 속에선 쉬지 않고 시간의 수레바퀴가 돈다. 그는 얍복강 이편에 홀로 남았다. 얍복강은 요단강 동쪽 지류의 이름이다. 그의 목숨이며 사는 이유였던 가족들, 소유들과의 단절이다. 그는 그렇게 자기 목숨과도 같은 가족들, 생의 목적이며 사는 이유였던 소유들과 자신을 스스로 단절했다.
    가축과 사람, 모두 합쳐 두 떼나 되는 성공한 삶이었다. 그러나 그는 그 성공 속에서 자신이 얍복강 저편으로 옮겨놓은 두 떼, 자신이 세속의 리듬과 힘차게 악수하고 있는, 소유의 노예 문서 같은 것을 보았을 수도 있다. 그렇게 가장 어두운 밤의 한복판에서 그는 얍복강 이쪽에 홀로 남았다. 하나님 앞에 '고독한 단독자(單獨者)'로 선 것이다. 가족과 소유를 강 건너편에 옮겨놓고 자신과 그들을, 자신과 소유를 단절시킨 채 그는 단독자로서 그렇게 하나님 앞에 섰다. 그는 얍복강 도착 전 기도했었다.

아브라함의 하나님, 이삭의 하나님, 제 기도를 들어주십시오. 제가 집을 떠나 이 요단강을 건널 때, 단지 지팡이 한 자루만 갖고 왔습니다. 그러나 지금 이렇게 되돌아가는 귀향 길엔 가축과 사람을 두 무리나 이루었습니다.

기도의 시작에 그의 존재로부터 터져 나온 이 한마디, 이 고백을 드릴 때 그는 더 이상 소유를 위해 에서로부터 장자권, 축복의 특권을 모두 가로채고, 라반을 계략과 협잡으로 상대했던, 그 어두운 힘들, 세속 도시의 처세법과 결탁했던 그 야곱이 아니었다. 그는 하나님 앞에 서기 위해 협잡과 계략 같은 어두운 본능과 결탁해 얻은 이익과 자신을 분리시켰다. 그는 그렇게 벌거벗은 자신이 되어 하나님 앞에 섰다. 그렇게 세상의 가치, 덜컹대는 소유의 화물(貨物)들과 작별을 고한 후에야 하나님 앞에 설 수 있다는 것을 알았다.

대낮 동안 그는 자기 안의 불안이라는 채찍에 실컷 두드려 맞았다. 소유를 위해 에서로부터 장자권 축복의 특권을 모두 갈취했고, 라반과는 피차 협잡, 배신, 계략을 실컷 주고받으며 그야말로 난타(亂打)의 삶을 산 것에 대한 계산서-유예된 살인-인 에서가 오고 있었다. 그것도 종 400명을 대동하고 말이다. 그야말로 군대급 규모였다. 그 극도의 불안 속에서 야곱은 우선 자기 가족과 재산을 두 편으로 나눴다. 에서가 한편을 내리치면 다른 한편만이라도 도망치게 하기 위한 전략이기도 했다.

얍복강 도착까지 이상한 문장이 눈에 띈다.

> 하나님, 지금 이렇게 되돌아 가는 귀향의 길엔 가축과 사람을 두 무리나 이루었습니다. (...) 에서가 우리 무리를 공격해 우리를 모두 쓸어버릴 것 같습니다. 그가 제 아내와 자식들마저 모두 죽여 버릴지 모르겠습니다.

가축과 사람. 그는 확실히 가축이라는, 당시 최고의 재산 목록에 액센트를 주고 있다. 가족, 하인들이 중요하지 않은 것은 아니지만 우선순위에서 그것은 가축에게 몇 번이고 밀린다. 어떻든 그는 자신이 소유의 인간이라는 사실을 그 위기에서도 숨길 재간이 없다. 그러나 그날 밤 자정은 달랐다. 그는 소유, 즉 포식한 배(腹), 아니 포식한 배때기로는 하나님 앞에 설 수 없다는 것을 알았다. 그는 고향으로 돌아가려면 반드시 건너야만 하는 얍복강 앞에서 자신의 신앙 고백을 떠올렸다.

> 제가, (도망의 날), 집을 떠나 이 요단강을 건널 때 지팡이 한 자루만 갖고 왔습니다.

지금 자신이 서있는 그 강, 그것이 바로 그 요단강이었다. 얍복강은 요단강의 동쪽 지류였으니까. 자신이 요단강 저 편에 옮겨놓은 가축과 가족들, 그것은 하나님이 허락하지 않으셨다면 결코 자신이 소유할 수 없었던 것임을 그는 보았다. 세속적 처세술(處世術)이라는 그의 묘기(妙技),

거짓, 계략, 협잡, 속임수로 쌓아올린 그의 위대한 수학이 무너지는 것을 그는 보았다.

그렇다. 그는 홀로 요단강 이편에 남았다. 고독한 단독자로서 하나님 앞에 섰다. 충혈된 눈으로 자기 소유를 거둬들이던, 결국 에서의 살인 협박으로부터 도망쳐 나온 고향을, 이번엔 라반의 복수로부터 도망쳐 돌아가는 귀향이었다. 그리고 날이 새면 형의 종, 군대급의 400명과 대면해야 하는 것은 자명한 일이었다.

자신의 전부인 가축, 가족과 단절한 후 그는 홀로 하나님 앞에 단독자로 섰다. 옷깃을 여민 채였다. 고향으로부터 도주할 때 그가 지닌 지참금이라곤 지팡이 한 자루가 전부였다. 벌판에 나뒹굴고 있는 돌 하나를 주워 하룻밤 베개로 사용해야 할 만큼 황망한 도주였다. 그날 야곱의 손 안에는 도피처인 외삼촌 라반의 하란 주소가 적힌 쪽지 한 장은 있었을까.
하나님 앞에 단독자로 서는 것, 그를 둘러싼 검은 코트 차림의 자정의 밤, 밤의 절정인 그 자정의 어둠 저편에서 흐르는 요단강, 그리고 어둠이 삼켜버려 이제는 더 이상 보이지 않는 그의 생의 전부였던 그 가축들, 가족들, 그것이 그의 생의 바벨탑이었다. 그 사이로 절벽처럼 우뚝 들어선 저 칠흑 같은 어둠의 휘장. 자정이 만들어낸 검은 휘장 같은 고독 속에서 그는 하나님 앞에 고독한 단독자로 섰다. 그는 어쩌면 생의 마지막 기도가 될 수 있는 비장한 기도를 드릴 생각이었을 수도 있다. 새 날이 되면 사느냐, 죽느냐, 즉 야곱이 고향으로부터 도망한 뒤, 그래서 연기(延期)된 에서의 복수가 닥쳐오는 날이었다.

기도, 그것은 하나님과의 독대(獨對)였다. 그제서야 그는 알았다. 하나님과 독대하기 위해서는 소유, 가족으로부터 자신을 단절시켜야만 한다는 것을. 소유와 이익을 향해 미친 듯 달려가던 그의 돌연한 멈춤, 그의 정지(停止)는 하나님 앞에 서기 위해선 필수적인 것이었다. 야곱은 모르고 있었지만 그 청청한 고독, 빈 손, 멈춤, 그곳은 순식간에 벧엘-하나님의 집-즉 성전이 됐다. 그렇다. 그는 기도드릴 생각이었다. 그의 생애 마지막이 될지도 모르는 그 기도를. 그러나 그가 채 기도를 시작하기도 전이었다. 성경은 이렇게 적고 있다.

야곱 자신은 혼자 얍복강 이편에 남았다.

다음 문장은 놀랍다.

그때였다. 문득 한 사람이 그의 앞에 나타났다(창 32:24).

천사였다. 야곱은 그 존재-천사와 밤새 씨름했다. 그 씨름은 밤이 지나고 새벽 동이 터올 무렵까지 계속됐다. 그 사람은 야곱을 이겨낼 수 없었다. 그러자 그는 야곱의 엉덩이를 가격했다. 그 가격으로 야곱은 엉덩이뼈를 다쳤다. 그 사람이 말했다. 날이 새려고 하니 가야겠다. 그럼에도 불구하고 야곱은 완강했다. 야곱은 그 천사와 그 밤이 새도록 씨름했다. 야곱은 그가 얍복강의 자신에게 온 천사라는 것을 알았다. 그것은 방문이라기보다 차라리 습격이었다. 야곱은 그의 이름대로 그의 행동의 코덱스, 즉 쌍둥이 형 에서의 발뒤꿈치를 붙잡고 탄생했던 그 시원(始原)의 힘을 다해 천사와 투쟁했다. 천사는 야곱의 악착같은 악력(握力)을 느졌다. 야곱은 자신의 온 힘, 온 악력을 다해 천사와 씨름했다. 결국 천사가 야곱의 엉덩이를 세차게 후려칠 때까지. 천사가 떠나려고 하자 야곱이 말했다.

안됩니다. 내게 축복하실 때까지 나는 절대로 당신을 놓을 수 없습니다(창 32:26).

천사가 물었다.

네 이름이 무엇이냐(창 32:27).

야곱입니다.

야곱이 자신의 이름을 말할 때, 그 이름 야곱에선 에서와 라반에 의해 이중(二重) 신고된 현상수배범(懸賞手配犯)의 냄새가 난다. 그럼에도 불구하고 그것은 사실, 야곱 생애 최고의 함성이다. 그 외침은 이미 강 저편에 피신시킨 가축, 가족과는 아무 상관이 없었다. 그것은 하나님의 용서와 축복만이 인간 삶의 본질임을 알고 터져 나온 신앙 고백이었다.

내 이름은 야곱-발뒤꿈치, 속이는 자입니다.

나에게 축복하실 때까지 나는 절대로 당신을 놓을 수 없습니다.

축복, 그가 감히 강 건너편에 피신시킨 가축과 가족 위에 다시 더 합산

(合算)시킬 축복을 천사 앞에 축복이라고 표현했을 리 없다. 하나님 앞에 단독자로 섰을 때 검은 비단 휘장 같은 밤의 한복판에서 그는 이미 알았다. 그렇다. 소유를 위해 악착같이 살았다. 그것이 세속 도시의 삶의 불문율이었으니까. 발뒤꿈치라는 이름이 주는 그 무서운 악력, 즉 무엇이든지 부여잡는 것은 결코 놓지 않는 악력으로 소유들을 부여잡고 살았다. 그러나 이제 그 악력을 풀고 모든 것과 단절한 채 강의 이 편에 섰을 때 그는 알았다. 하나님 앞에 단독자로 서려는 자, 그 주인은 오직 하나님뿐이다. 야곱이 고독한 그 얍복 강가에서 던졌던 함성-나에게 축복하실 때까지-의 그 축복이란 그의 기존 소유에 덧셈을 할 축복이 아니었다. 그에게서 터져 나온 그 눈부신 말, 축복, 그것은 하나님의 용서, 하나님의 긍휼이라는 보화(寶貨)였다. 하나님 앞에 단독자로 서기 위해 소유와 자신을 단절하고 보니, 그에게 필요한 것은 그의 추적자 에서의, 라반의 용서와 선심(善心) 같은 것이 아니었다.

아아, 단지 지팡이 한 자루만을 들고 요단강을 건넜던 고독한 자신을 벧엘에서 만나주셨던 하나님, 지팡이 한 자루만 들고 다시 요단강에 섰다고 해도 그의 존재의 근육 안으로 뻐근하게, 충만하게 차오르는 것은 하나님의 존재였다. 그가 도주의 길에서 횡단했던 그 고독한 광야, 그곳에도 하나님이 계셨다. 벧엘이 삽시간에 '벌판 속의 성전'이 되는 기적을 그는 얍복강 이편에서 다시 경험하고 있는 것이다. 그렇다. 하나님의 임재. 하나님의 임재가 있는 곳은 그곳이 어디건 성전이다.

네 이름을 이제는 더 이상 야곱이라 하지 말라. 이스라엘이라 하라. 이제부터 네 이름은 이스라엘-네가 하나님과 싸워 이겼다-이다(창 32:28).

야곱, 탄생부터 장남이 아니라 차남인, 늘 부(副)-비쩨(Vize)-대리자, 제2인자였던 운명, 세속에서 세속의 문법(文法)대로 사느라 거짓, 협잡, 책략으로 닳아빠져 너덜대는 그 이름-발뒤꿈치, 속이는 자은 그렇게 이스라엘-네가 하나님과 싸워 이겼다-이라는 이름의 관(冠)을 쓰게 된다. 그제서야 야곱은 알았다. 그 천사는 바로 하나님이셨다. 그의 이름을 야곱에서 이스라엘로 개명(改名)하시는 선언 속에서 야곱은 충만한 하나님의 용서와 주권(主權), 그 카리스마를 실컷 경험했다. 아니, 그의 이름 야곱-사기꾼-을 이스라엘-네가 하나님과 싸워 이겼다로 바꾸어주시는 하나님의 그 용서, 하나님의 그 대사면(大赦免) 속에서 야곱은 하나님이 가차 없이 그를 인정해 주시는 그 '위대한 예스'를 실컷 느꼈다.

그리고 알았다. 그날 밤 얍복강 이편에서의 천사와의 격투가 결국 하나님께서 바로 그 지점에서 마련하신 자신의 성인식(成人式)이었다는 것을. 세속의 야곱은 하나님 축복의 특권을 그렇게 누렸다. 하나님은 야곱의 함성, '나에게 축복하실 때까지 결코 당신을 놓지 않겠습니다' 속에 담겨있는 처절한 공명, 절규, '하나님만이 나의 주인이시다'라는 신앙 고백을, 야곱 내부의 지진과 혁명을 보신 것이다. 야곱은 그렇게 해서 야곱에서 이스라엘로 도약한다. 그에 대한 대사면, 그의 성인식은 그렇게 왔다. 그것이 얍복강 이쪽에서 소유-세속의 수학-와 분리된 채 고독한 단독자로 치른 그의 새 이름의 임명식이고 성인식이었다.

그때 야곱이 물었다.

당신은 대체 누구십니까. 당신의 이름을 말해 주십시오.

그 사람이 말했다.

무엇 때문에 내 이름을 묻느냐.

그리고 그는 야곱을 축복했다. 야곱은 자신이 하나님의 얼굴을 보고도 살아날 수 있다는 데 놀랐다. 그래서 그곳을 브니엘-하나님의 얼굴-이라고 불렀다.

그 현장에서 그는 고백한다. 아무도 하나님을 직접 볼 수 없다. 아무도 하나님을 만질 수 없다. 하나님을 본 자는 모두 죽는다. 그런데도 그는 하나님과 씨름했고, 그러고도 살아남았다.

그 환희에 찬 고백 뒤로 동쪽의 태양이 떠올랐다. 칠흑 같은 자정은 가고 찬란한 일출이다. 얍복강 이편을 떠나는 야곱, 그는 다리를 절고 있었다. 하나님과 싸웠던 영광의 승자, 이스라엘은 다리를 절고 있었다. 그 밤의 찬란한 싸움, 찬란한 성인식의 알리바이로서.

그 악력, 그는 자기 존재의 악력을 다해 하나님을 붙잡았고 그렇게 함으로써 자기 생애 최초로 자기 과거의 이름 야곱-발뒤꿈치-은 이름 값을 했다. 그렇게 함으로써 그는 야곱이라는 운명적 이름, 발뒤꿈치라는 이름의 재앙적 감옥에서 풀려났다. 이스라엘이라는 새 이름을 받기 전까지 그는 더도 덜도 아닌 야곱, 즉 이익과 소유를 위한 거짓말 상습범이었다. 그는 그렇게 야곱에서 이스라엘로 도약했다. 야곱과 이스라엘 사이엔 요단강이 놓여 있었다. 이스라엘 연대기에 의하면 그 사건은 기원전 17세기경의 일이다. 이후 요단강은 이스라엘 민족에게 제2의 에덴인 가나안으로 입장하는 길목, 산도(產道)가 되었다.

야곱의 수학은 그렇게 박살이 났다. 그는 자기 방식대로 투쟁해 온, 세속 도시가 그에게 강요한, 그가 옳다고 생각했던 소유의 갑옷을 벗어던졌다. 그 갑옷을 입고 있는 한 그는 속고 속이며 에서에게도 라반에게도 승자(勝者)일 수 있었다. 그러나 이제 갑옷을 벗고 알몸으로 하나님 앞에 철저한 패장(敗將)으로 섰다. 하나님만이 나의 힘이라는, 나의 유일한 지참금이라는 각성 없이는 어차피 이 강, 이 절벽을 뛰어넘을 수 없다는 것을 그는 알았다. 세속 도시에선 가차 없는 용장(勇將)이었던 그가 이젠 갑옷을 벗고, 칼 한 자루도, 지팡이 한 자루도 없이 그렇게 하나님 앞에 섰다.

천사와의 싸움, 그것이 하나님의 천사인 한, 사람이 부둥켜안고 안간힘을 쓴다고 해서 이길 수 있는 존재가 아니었다. 가령 천사 미카엘, 다윗의 인구 조사 때 천사의 장검(長劍)의 밤, 무려 7만 명을 죽게 한 바로 그 천사가 겨우 도망자 야곱, 즉 에서의 400명 종들의 숫자에도 오금이 저리는, 공포와 공황에 빠진 평균적 인간 야곱이 상대할 수 있는 상대는 애초 아니었다. 그렇다. 야곱은 알았다. 그가 그토록 이름처럼 타인의 발뒤꿈치를 부여잡고 살았던 삶, 그에게 사람, 두 무리의 가족, 가축을 이루게 한 그 삶이 도착한 것은 결국 출구(出口) 없는 지점, 절벽 앞이었다는 삶의 원리를 보았다. 바로 그 자정, 그는 자기 생애 가장 많은 재산, 가장 많은 가족을 가진, 세속적 성공의 절정에 도달해 있었다.

그러나 라반으로부터의 도주였지만 사실은 그토록 열망하던 아버지 이삭의 집, 통곡하도록 그리운 어머니 리브가를 향한 귀향이었다. 그러나 그 많은 소유와 가족-성공의 증명-을 이끌고 돌아가는 그 귀향 끝에 대체 무엇이 기다리고 있는지 그는 몰랐다. 하인들의 보고에 의하면 400

명 규모의 종들을 대동하고 야곱을 향해 오고 있다는 에서에 관한, 공포에 찬 소식뿐이었다.

그가 홀로 얍복강 이쪽에 남아 천사와 싸웠다는 것은 그가 죽음을 각오했다는 것이다. 황금은 소유의 언어이고, 정금(正金)은 존재의 언어일 수 있다. 하나님의 성전은 황금이 아니라 정금일 때, 소유가 아니라 존재일 때 입장(入場)할 수 있다. 하나님은 결코 이 우선순위를 양보하지 않으신다.

그는 그렇게 갑옷을 벗어 던지고 알몸으로 자기 생의 최전선에 섰다. 이제 더 이상 물러설 곳도 출구도 없었다. 에서도 라반도 이겼던 과거의 승전 트로피가 그에게 있었다. 그러나 단독자로 하나님 앞에 섰을 때 그는 알았다. 하나님의 용서와 수락을 받아내지 않는 한 더 이상 그의 삶에 출구 같은 것은 없다. 이제는 그가 대결해야 할 에서의 400명의 군대급 종의 숫자가 문제가 아니었다. 그는 그 본질, 하나님의 용서와 그를 향한 하나님의 위대한 예스가 필요했다.

찬란한 아침 일출이 그의 등을 내리쳤다. 그제서야 그는 알았다. 얍복강 이편의 흑암 같던 밤, 그 자정의 시간, 돌연 찾아온 천사의 방문은 모두 하나님의 계획이었다는 것을. 그의 생애 가장 캄캄했던 그 공포스러운 자정(子正)이 하나님의 용서와 축복을 임신한 그의 생애 가장 아름다운 자정이었다는 것을 말이다. 그것이 하나님 은혜의 다른 이름 '카이로스' 즉 은총의 시간이었다. 그가 하나님의 얼굴을 본 그곳-브니엘-그 브니엘의 시간, 그것이 바로 카이로스였다.

그는 이제 어머니 리브가의 자궁에서 형 에서의 발뒤꿈치를 부여잡으며 장자권 찬탈을 위한 식은 땀을 흘리지 않아도 좋았다. 당시 그는 모르고 있었지만 그의 민족의 이름, 이후 왕국과 국가의 이름이, 얍복 강가에서 그가 하나님으로부터 받은 그 새 이름인 '이스라엘'에서 나왔다. 그는 그렇게 한 국가의 자궁이 되어 이스라엘이란 이름의 종족, 왕국, 국가를 출산하고 있는 것이다.

천사-하나님는 야곱의 엉덩이를 후려치실 것이 아니라 그가 세속 도시 속에서 익힌 처세술의 묘수(妙手)로 출렁대는, 처세술의 창고 같은 그의 머리통을 한 방 가격(加擊)하실 수도 있었다. 그러나 단번에 단칼에 수만 명을 해치우는 하나님의 천사가 어쩌면 인간의 가장 안전지대인 엉덩이를 후려치는 모습은, 마치 어린아이의 볼기를 때리는 어머니의 모습을 연상시키기도 한다. 그리고는 '네가 하나님과 싸워 이겼다'라고 선언해 주신다.

우리가 카인과 아벨을, 야곱과 에서를 우리 자신과 분리해 생각할 수 있을까. 우리 안에 쌍둥이인 에서와 야곱이, 형제인 카인과 아벨이 동시에 살고 있는 것이 아닐까. 노련한 사냥꾼의 용맹과 팥죽 한 그릇에 장자권을 팔아넘긴 경솔함을 한 몸에 지니고 있는 에서, 그리고 야곱의 교활함과 비겁을 우리는 한 몸에 담았다.

브니엘-하나님의 얼굴을 야곱의 편에서 해석해도 좋다면 '나는 이곳에서 하나님의 얼굴을 보았다, 나는 이곳에서 하나님을 독대(獨對)했다'이다. 브니엘의 시점, 그것이 바로 카이로스, 즉 은총의 시간, 은총의 시작이다. 단독자로서 하나님의 얼굴은 독대하는 순간 하나님의 음성이 들이닥친 부인할 수 없는 그 시간, 그것이 카이로스의 시간, 카이로스의 경지(境地)이다.

그 아침, 떠오르는 찬란한 태양, 등 뒤로 쏟아지는 빛으로 된 폭포인 태양, 방금 떠오른 찬란한 태양을 받으며 떼어놓았던 그의 첫 걸음, 그것이 바로 구약 성경 속에서 야곱의 이스라엘로서의 첫 등장, 즉 구약 성경의 이스라엘의 진정한 첫 데뷔 무대이다.

평균적 인간-자기 가슴에 자기만이 아는 주홍 글씨를 가진 자들-그것이 선민의 초상(肖像)이라는 것이다. 아브라함, 이삭, 야곱의 초상이 우리에게 폭로하고 있는 하나님 선민의 모습이고 원리(原理)이다. 중요한 것은 야곱이 이스라엘이 된 이상, 하나님의 선민의 권리, 특권은 결코 취소되지 않는다는 것이다. 야곱은 장자라는 이름의 대관식(戴冠式)을 그렇게 혹독하게 치러냈다. 도망과 귀향까지의 그 모든 과정은 야곱이 하나님께서 정한 장자가 되어가는, 반드시 치러내야 하는 대관식의 과정이었다.

야곱에서 이스라엘이 된 그의 이름은 이후 아브라함의 하나님, 이삭의 하나님, 이스라엘의 하나님이라는 민족의 명예 전당(殿堂)에 그 이름이 기록되는 자가 되었다. 야곱이 아버지 이삭을 속일 수는 있었지만 하나님을 속일 수는 없었다는 것은 자명한 일이다. 하나님은 감정의 카오스 속에서, 세속과 신성의 카오스 속에서, 그러나 두 떼의 재산과 가족을 이끌고 헐레벌떡 귀향의 길을 가고 있는 야곱을, 그 요단강 지점에서 그 자정에 문득 그렇게 불러 세우고 있는 것이다.

59

야곱의 성인식(成人式)
- 바르미츠바

이삭이 장남 에서에게 축복하려고 했다. 그러나 야곱이 형의 축복, 장자의 축복을 가로챘다. 그것은 우연이 아니라 계획된 범죄였다. 노년의 이삭은 이미 거의 시력을 상실한 상태였다. 에서의 소위 장자 축복 권리는 그의 유산 중 가장 막대한 것이었다. 야곱은 결국 변장극 주역으로 장자만이 받을 수 있는 축복의 정수(精髓)-한 가정, 한 종족의 왕권 같은 것-를 완벽하게 가로챈 것이다. 대지와 재산의 풍요 그리고 통치권까지 포함된 축복이었다. 가령 이런 것이다.

뭇 나라가 너를 섬기리라. 네가 축복하는 자마다 복을 받으리라. 너를 저주하는 자들에게는 저주가 내리리라.

솔직히 이 축복의 내용은 한 왕국의 왕권을 연상시키는 참 엄청난 것이었다.

그러나 장자권을 도둑질 당한 에서가 아버지 이삭에게 쏟아놓은 발언은 이렇다.

아버지, 야곱 그 녀석이 나를 속인 것이 이번이 처음은 아닙니다. 지난 번에도 나를 속였어요. 그러니 그 녀석 이름이 야곱이지요. 그 놈은 늘 타인을 속이기만 하는 자이니까요. 지난 번에는 그 녀석이 내 장자권을 빼앗았습니다. 그리고 이번에는 당연히 장남인 내가 받아야 할 그 소중한 축복마저 가로챘군요.

야곱의 작명(作名) 배경은 약간 복잡하다. 둘째 아이는 출산 때 형의 발뒤꿈치를 악착같이 부여잡고 나왔다. 그래서 그의 이름은 발뒤꿈치-야곱로 작명됐다. 그의 쌍둥이 형이 털이 많은 자-에서-로 작명된 것과 같은 작명법이었다. 어느 날 사냥에서 돌아온 털보 에서는 지독하게 배가 고팠다. '둥지형' 인간으로서 집에서 가사를 돌보는 발뒤꿈치 야곱은 마침 부엌에서 붉은 죽-팥죽이라고 해두자-을 끓이고 있었다. 급히 허기를 채우기 위해 에서가 팥죽을 달라고 하자 야곱이 말한다.

지금 당장 형의 장자권을 내게 팔아, 그렇다면 나도 당장 형에게 이 팥죽을 주지.

그것이 야곱의 수학이었다. 그것이 그날 이란성 쌍생아인 털보와 발뒤꿈치 사이에 오간 장자권 매매 사건의 진상이다. 중요한 것은 그것은 우연히 에서의 허기와 야곱의 재치가 만나 이루어진 농담 같은 사건이 아니라는 것이다. 그것은 야곱에 의해 이미 계획된 것이었다. 야곱은 이렇게 말했으니까.

형, 형의 맹세가 필요해. 나에게 장자권을 양도(讓渡)한다는 그 맹세가.

서명(署名)보다 무서운 맹서(盟誓), 그들은 그렇게 고대 시대의 불문율인 맹세라는 인장(印章)을, 장자권 양도계약서 위에 찍고 있는 것이다. 그는 자신이 어머니 자궁 안에서 동시에 자란 이란성 쌍생아인 운명 속에서, 자신이 장남이 아닌 차남이 되어야만 하는 운명에 형의 발뒤꿈치를 부여잡음으로써 운명에 대한 저항의 첫 동작을 시작했는지도 모르겠다. 쌍둥이 형제임에도 불구하고 자신의 신분은 차남(次男)이어야만 한다는 소위 차남 증후군, 비쩨(Vize) 콤플렉스-제2인자 콤플렉스-가 야곱에게서 보인다. 임상적으로 말한다면 에서와 야곱의 출생 시간의 차이는 겨우 몇 초일 수 있다. 어머니 리브가의 산도(産道)를 통해 에서가 세상에 나왔을 때, 그의 발뒤꿈치를 부여잡고 있었던 야곱도 이미 탄생을 시작하고 있었다. 그들은 거의 분리되지 않은 채 한덩이 생명처럼 연결돼 출생했을 것이니 말이다. 그것이 난산이었다는 기록은 없다. 그러나 고대 이스라엘, 아브라함과 이삭의 시대에 장자권이라는 것이 거의 모든 권리와 축복의 독점(獨占)이라는 것을 생각하면 야곱의 야심(野心)-제2인자증후군-은 이유가 있다는 생각이 든다. 야곱은 속임수에 관한 한 상습범이었다. 이후 에서는 이렇게까지 말한다.

아, 아버지, 정말이지 내게 빌어줄 축복 같은 것은 하나도 남기지 않으셨나요?

축복이라는 이름의 그 어떤 티끌만이라도 원하는 실질적 장남인 에서에게 건넨 아버지 이삭의 말은 이렇다.

> 네가 살아갈 들녘은 척박한 땅이다. 하늘에서 이슬 한 방울 내리지 않는 곳이다. 그런 이유로 너는 칼만 있으면 만사가 해결되는 것처럼 칼에 의지해 살아가리라. 아우를 상전으로 섬겨야 하는 너의 신세, 네가 스스로 네 힘으로 그 굴레를 벗어던져야 할 것이다.

자신에게도 그 어떤 축복을 해달라고 떼를 쓰는 장남에게 내린 이삭의 그 말은 차라리 저주였다. 그 저주는 사실상 차남인 야곱에게 배당된 미래였을 수 있었다. 에서는 결심한다. 아버지 이삭이 사망하면 사기 상습범인 동생 야곱을 반드시 살해해 버리고 말겠다고 말이다. 살기등등한 형 에서를 피해 야곱은 부친의 땅인 고향 브엘세바를 떠난다. 황황히 떠난 도망, 도주의 시간이다. 그는 자신을 잡아 죽이겠다는 형의 살인 협박이 결코 허언(虛言)이 아니라는 것을 알고 있었다. 에서는 직업 사냥꾼으로서 야생의 맹수들, 육식조들과 날마다 투쟁하는 '정복적 인간'인 그가 집안에서 가사나 돌보던 소위 '둥지형 인간'인 야곱 같은 애송이 하나쯤 살해하는 것은 아예 노동에 속하지도 않는다는 것을 말이다.

결국 그는 하란으로 급히 도망했다. 도망이라기보다 차라리 도피였다. 그가 도착한 하란엔 외삼촌 라반이 있었다. 교활한 처세술과 셈법이 야곱보다 한 수 위인 냉혈한 초상, 세속 도시 시민의 전형적 초상인 라반 말이다. 이제 다시 고향으로 돌아가는 그 길은 우아한 귀향이 아니었다. 이제 다시 라반을 피해 고향으로 돌아가는 도피였다. 고향, 그것은 야곱에게 곧 형 에서의 관할지였다. 그렇다. 야곱은 이제 타향인 하란에서 자신이 도망해 나온 그 고향 브엘세바로 돌아간다. 그리고 지나간 약 20년간의 도망의 시간은 그 밤 그에게 그렇게 가차 없이 결산서(決算書)를 들이밀고 있다.

'네 이름이 무엇이냐'고 물었을 때, 하나님의 천사가 그의 이름이 야곱이라는 것을 몰랐을까. 그 질문은 그 밤, 자기 소유물들과 자신을 분리시킨 후 하나님 앞에 단독자로 선 야곱에게 그의 정체성을 묻고 계신 것이다. 그것은 마치 재판 법정 개정(開廷) 때 피고(被告)의 본명을 묻는 것과 똑같은 법정 방식이다. 가명, 예명, 필명이 아니라 본명을 요구하는 것 말이다. 야곱-상습적 사기범-이라는 그 본명을 다시 한번 기억시키고 계신 것이다. 바로 그 이름처럼 살아온 너, 너를 이제 얍복강 이편에 토해 놓으라는 것이다. 그것은 어쩌면 앞으로 오게 될 이스라엘 민족사의 지진(地震)들-출애굽, 요한의 세례, 성령 세례-을 생각나게 한다. 깊은 심해까지 들어가 죄의 사함을 받는 것 말이다. 이후 신약의 시간이 오자 이스라엘 민족의 정체성인 할례 예식은 세례 예식이라는 혁명적(革命的) 방식으로 옷을 바꿔 입었다.

야곱입니다.

야곱이 대답했다.

이제는 네 이름을 야곱이라 하지 말라. 이스라엘이라 하라. 네가 하나님과 싸워 이겼고, 사람들과도 싸워서 이겼기 때문이다.

아니, 내가 하나님의 얼굴을 맞대고서도 이렇게 죽지 않고 살아있다니. 야곱은 그 얍복강 그 지점을 브니엘-하나님의 얼굴-이라고 불렀다. 야곱은 그렇게 하나님을 부둥켜 안고 씨름하면서 오감(五感)으로 그분을 느꼈다. 천사는 야곱의 엉덩이를 후려쳤었다. 그 가격으로 야곱은 엉덩이뼈를 다쳤었다. 재앙과 공포의 자정은 갔다. 야곱이 브니엘을 떠날 때 동쪽에선 태양이 떠오르고 있었다. 야곱은 엉덩이뼈를 다쳤으므로 절름거리며 걸었다. 불안과 공포의 장소, 흑암 같은 절망의 자정이었던 얍복강 이쪽은 이제 찬란한 태양이 떠오르는 일출의 장소, 브니엘이 되는 기적이 거기 있다. 벧엘-이곳에서 야곱은 꿈 속에서 '천국의 계단'을 본 곳이다-이후 북이스라엘 왕국은 벧엘을 국가적 성지(聖地)로 선포했다. 그는 결국 조부 아브라함, 부친 이삭과 함께 이스라엘로서 선민 이스라엘의 '민족의 전당(殿堂) 3인'으로 등극했다. 심지어 그의 이름은 이스라엘 민족의 이름, 왕국, 국가의 이름이 됐다.

왜 이스라엘 민족은 기도의 시작에 반드시 그 3인의 선조의 이름을 기억하는 것일까. 하나님은 아브라함, 이삭, 이스라엘을 민족의 영웅, 민족의 전범(典範)으로 민족의 전당에 입장시킨 것이 아니다. 그것은 민족 대영웅들의 이름도 아니다. 하나님이 그 3인을 부르실 때 그들은 비범하고 탁월한 자들이 아닌, 모두 예외 없이 평균적 인간들이었다.

아브라함, 이삭, 이스라엘의 영웅적 이력서나 장렬한 신앙 고백 같은 포트폴리오가 있었던 것도 아니었다. 아브라함과 이삭이 동시에 등장했던 모리아산 사건에선 장대한 순교적 장면이 있었던 것은 사실이다. 그러나 인간이 육체라는 감옥, 시간이라는 감옥에 갇혀 있는 한, 인간은 어차피 에덴에서의 추방, 즉 실낙원(失樂園)을 산다. 그런 인간이 대체 하나님의 도움 없이 자기 안에 영웅을 건축해 낼 수 있단 말인가. 결국 이스라엘 민족을 부르실 때 아브라함의 하나님, 이삭의 하나님, 이스라엘의 하나님은 우리와 똑같은 그 시절의 평균적 인간들로부터 불러내셨다. 이스라엘이 된 야곱은 더도 덜도 아닌 우리 평균적 인간들의 초상, 평균적 인간들의 자화상이다.

그렇다. 야곱은 더도 덜도 아닌, '붉은 팥죽으로 자신의 주홍 글씨를 써내려간 자'였다. 얍복강에서 맞은 그 칠흑 같은 자정의 밤까지 그는 형 에서에 의해 하나님께 고발장이 접수된 '현상수배범' 외에 아무것도 아니었다. 야곱처럼 우리도 똑같이 우리 영혼의 지하실에 우리만의 주홍 글씨를 쳐박아 두고 살고 있다.

독일어 중에 '지하실의 시체'라는 관용어가 있다. 이 관용어는 특히 일간지 뉴스의 헤드라인, 혹은 신문 논설 제목으로 자주 등장한다. 저명인사, 유명 정치가들의 과거의 시간 속에서 지속적으로 썩고 있는 숨겨진 시체-추문(醜聞)들-, 그것이 바로 지하실에 쳐박혀 있는 시체라는 것이다. 우리 모두 우리 영혼의 지하실에 아무도 모르게 매장해 둔 시체들이 있다. 우리가 야곱에게서 필연적으로 우리의 자화상을 보는 것은 그런 이유에서이다. 하나님은 어느 날 얍복강 이편에서 야곱을 가로막으시며 그의 여행을 멈추게 하신다. 그리고는 그가 20여 년 전 '붉은 팥죽으로 써 갈긴 주홍 글씨'에 대한 질문을 하고 계신 것이다. 우리 생의 하나님의 입회(入會)는 그렇게 온다. 다시 말하지만 하나님이 선민 이스라엘의 최전선에 세우셨던 선민 중의 선민, 아브라함, 이삭, 이스라엘은 모두 평균적 인간들이었다. 특히 팥죽으로 갈겨 쓴 주홍 글씨의 야곱을 우리는 참 많이도 닮았다.

밤의 수레바퀴는 그렇게 돌았다. 아침이 되고 일출의 장렬한 태양이 새 출발의 야곱의 등짝을 때렸다. 새 이름 이스라엘로서 내딛는 그의 첫 걸음, 야곱을 매장(埋葬)하고 이스라엘로 살기 시작하는 그 남자의 생애 창세기는 그렇게 시작된다. 다시 떠오른 태양이 찬란하지 않았더라면, 지면(紙面)과 표현에 그토록 인색한 구약 성경의 필자가, 그날 그 아침의 태양에 관해 그토록 찬란하게 적지는 않았을 것이다. 그렇다. 칠흑 같은 얍복강 이편의 어둠을 뚫고 시간의 수레바퀴는 그렇게 돌았다. 그리고 찬란한 태양이 떴다. 야곱의 창세기는 바로 그 지점, 하나님의 얼굴을 독대한 그 지점에서 그렇게 시작됐다.

그리하여 그 여행, 도망으로 시작해서 도망으로 끝이 날 뻔한 그 여행은 얍복강 이편에서 하나님의 간섭과 입회로 인해 결국 그의 생애 가장 위대한 여정(旅程)이 되고 있다. 내일이면 곧 귀향의 날, 재회(再會)의 날이었다. 그러나 그 재회의 날은 그가 형 에서에 의해 가족, 소유와 함께 도륙(屠戮)의 날이 될지도 모르는 재앙의 디데이로서 그의 앞으로 다가오고 있다. 영리한 야곱이 무작정 귀향할 리 없다. 그는 자신의 종들을 이미 에서의 상황 파악을 위한 정보원으로 보냈었다.

귀향 때 그의 목표는 아버지 이삭의 집, 결국 에서의 집이 있는 브엘세바였다. 브엘세바는 이스라엘 최남단의 도시였다. 7개의 우물이 있는, 맹세라는 이름의 축복의 우물이 있는, 그리운 고향이었다. 그러나 야곱은 그 여행이 아버지 이삭의 집인 브엘세바가 아니라 하나님의 집-브니엘-으로의 귀향인 것을 그때 알았다. 하나님께로의 귀향, 그것이 모든 인간의 궁극적 귀향이었다. 물론 그 귀향은 필수적인 것이었다. 하나님도 그에게 말씀하셨으니까. 야곱은 하나님께 발언하기도 했었다.

당신께서 분명히 제게 말씀하셨지요. 네 고향 땅, 네 피붙이들이 살고 있는 곳으로 돌아가라고(창 32:9).

탄생 때 그는 장남이 되고 싶어 형의 발뒤꿈치를 부여잡았다. 장성하여 그는 외삼촌 라반의 지배 세계 아래서 그의 이데올로기인, 사정없는 이익(利益)이라는 세속 도시의 수학(數學)을 부여잡았다. 그가 악착같이 부여잡고 있었던 소유, 수학과 자신을 철처히 분리시켜 얍복강 저편으로 분리해내고 끊어내면서 결국 소유나 수학의 도움 없이 벌거숭이 몸으로 하나님 앞에 단독자로 서야만 하는 밤을 맞았다. 형의 발뒤꿈치를 부여잡고 세상에 나오던 그 탄생의 날처럼 발가숭이인 채, 고독한, 좌초한, 출구 없는 단독자로서 하나님 앞에 섰다. 그러자 돌연 그곳은 즉시 하나님의 임재의 장소, 지성소(至聖所)가 되었다.

그때 어떤 사람이 그의 앞에 나타났다.

즉각적인 천사의 등장이다.

그의 등판을 내리치는 아침 태양의 찬란한 빛을 받으며, 다리를 절며 걸어갈 때, 그는 모르고 있었지만 그는 이제 할아버지 아브라함, 아버지 이삭이 그랬던 것처럼 이스라엘 민족 시원(始原)의 족보(族譜), 즉 민족의 아버지들의 전당(殿堂)에 그 이름을 올리고 있는 것이다.

장자란 그 집안의 가장이고 족장이었다. 집안의 재산 중 대부분, 적어도 7할은 조건 없이 장남 소유였다. 형 에서로부터 장자권과 축복은 가로챘지만, 그것으로 인해 치러야 할 대가는 혹독했다. 평화로운 일상이 보장된 고향 브엘세바로부터의 도망의 길은 황급했다. 브엘세바는 9개의 아름다운 우물이 있는 소위 이삭 가문의 고향이었다. 그중 한 우물의 이름은 세바-맹세-이기도 한 축복의 아우라가 있는 곳이었다.

도피처는 하란이었다. 북쪽으로 북쪽으로 한없이 걸어가야 하는 도주로였다. 인접한 벧엘을 지나면 북쪽으로 올라가 요단강을 건너야만 도착할 수 있는 곳-타향, 하란이었다. 한스러운 것은 그렇게 고향을 떠난 이후 야곱은 그의 강력한 후원자였던 그리운 어머니 리브가를, 리브가는 그토록 아끼던 아들 야곱을 다시는 보지 못했다는 사실이다. 하나님의 대사면은 그렇게 왔다.

그가 그곳을 떠날 때, 동쪽에서는 태양이 떠오르고 있었다.

하나님의 용서, 사면장을 받아들고 하나님과의 투쟁의 알리바이인 외상(外傷)을 지닌 다리를 절며 새로운 시간으로 입장하는 '자정의 인간' 야곱을 새 날의 태양은 찬란한 일출로 맞고 있다. 일출의 찬란함, 자신을 자정에서 건져낸 찬란한 일출, 찬란한 태양으로 배웅하시는 하나님의 임재로 야곱의 존재는 터질 듯 충만했을 것이다. 그는 더 이상 자정의 인간, 야곱이 아니었다. 그는 이제 이스라엘이었다. 장렬한 성인식은 그렇게 끝이 났다.

그러나 그날 그는 그 황홀한 태양 속에서도 모르고 있었다. 하나님께로부터 받은 새 이름, 새 작위(爵位)-이스라엘-가 이후 그의 종족의 이름, 왕국의 이름, 국가의 이름이 될 것이라는 것을. 그의 새 이름이 그렇게 해서 이스라엘 민족 최고 조상의 명예의 전당에 헌정될 것이라는 것을, 아브라함의 하나님, 이삭의 하나님, 이스라엘의 하나님으로 말이다. 그 자정은 곧 이스라엘 민족의 자정이었다. 그 일출은 바로 이스라엘 민족의 일출이었다. 브니엘-하나님의 얼굴-을 독대한 그 자리, 그 시간, 그것이 바로 은총의 찰나, 카이로스다.

그 밤과 그 새벽 사이, 야곱은 그의 아명(兒名)이 되었고 이스라엘은 그의 관명(冠名)이 되었다. 그는 얍복 강가에서 그렇게 성인식을 치른 것이다. 그 밤, 야곱은 이미 두 아내, 두 첩의 남편이었고 열한 아들의 아버지였고, 족장(族長)이었는데도 성인식이 필요했던 것이다. 이후 야곱은 민족의 소년기(少年期)의 이름이 되었다. 그것이 그날 그 요단강 지류에서 일어난 하나님의 계획, 소위 '작전명 얍복강'이다. '내 이름은 야곱-속이는 자입니다'에서 '내 이름은 이스라엘-하나님과 싸워 이긴 자입니다'로 건너뛰고 있는 것이다. 그 새 이름은 족장 시대를 지나 애굽 이후 이스라엘 공동체의 시간이 오면 민족의 이름, 왕국의 이름, 국가의 이름-이스라엘-이 된다.

60

평균적 인간에서 선민(選民)으로

언젠가 예루살렘 방문 중 통곡의 벽 동쪽 광장에서 거행되는 한 유대 소년의 아름다운 성인식 행사를 본 적이 있다. 순결한 이동식 백색 천막 아래서 관복을 입고 걷던, 키파를 쓴 백색 복장의 순결한 소년의 모습과 가족, 하객들의 축제 복장들이 생각난다. 유대교에서 소년은 13세에 '바르미츠바'(bar mitzvah)라고 불리우는 성인식을 치른다.

언제부터인가 이스라엘 민족은 야곱을 살기 시작했다. 야곱은 속이는 자로 살았던, 말하자면 아직 성장하지 못한 민족의 종교적 아명(兒名)일 수 있다. 젖먹이 이름이라고 해서 우리 조상들에겐 유명(乳名)이라는 이름도 있었다. 그러나 성인이 되면 정식 이름 즉 관명, 혹은 본명(本名)을 하사받는다. 개인사의 작은 대관식(戴冠式)이다.

야곱의 성인식은 그렇게 얍복강 이편에서 치러졌다. 그것이 창세기

32장의 사건이다. 놀랍지만 창세기 49장이 되면 왜 얍복강의 성인식이 필연적이었는지 우리는 보게 된다. 49장은 야곱의 유언 예식이다. 그는 그의 유언에서 자신의 넷째 아들 유다의 혈통(血統)에서 왕이 나올 것이라고 말한다. 그렇다. 49장에서 그렇게 이스라엘 민족의 소중한 계보 12지파가 탄생한다.

> 유다는 언제나 왕의 지팡이를 한 손에 움켜쥐고 있으리라. 그 후손들도 내내 왕이 되리라. 임금이 될 것이라. 그리고 크신 임금이 오시리라(창 49:10).

얍복강에서 이루어진 야곱의 성인식, 야곱에서 이스라엘로의 도약은 필연적인 것이었다. 왜냐하면 그의 혈통 속에서 이스라엘은 더 이상 부족이 아니라 민족이 될 것이며 국가, 왕국이 될 것이었다. 그리고 마침내, 하나님 최고의 밀의(密意), 왕 중의 왕, 크신 임금-메시아-이 그의 혈통을 통해 세상에 오실 것이기 때문이다.

바로 그 야곱의 열두 아들들이 이스라엘 민족 계보의 기둥인 12지파가 되었다. 야곱의 아내 레아에게서 낳은 아들 유다, 그 유다 지파에서 다윗 왕이 나왔다. 유다 지파-다윗의 혈통은 말하자면 이스라엘 민족에겐, 신라(新羅)의 골품(骨品)제도대로라면 그야말로 성골(聖骨)이다. 즉 성스러운 뼈이다. 중요한 것은 바로 그 유다 지파, 다윗의 혈통에서 메시아가 나온다는 계시이다. 장차 메시아가 오실 혈통이라면, 장차 메시아라는 장대한 구원의 무게를 감당할 성골(聖骨)이라면, 하나님은 그 지점, 즉 얍복강이라는 지점, 야곱이 다시 가나안으로 귀향하는 그 지점에

60 평균적 인간에서 선민(選民)으로

서 새로운 성인식을 계획하실 수밖에 없었던 것이다. 야곱이라는 평균적 인간에서 하나님의 선민이라는 궁극적 도약이 필요했고, 선민적 인간에 대한 임명식, 이스라엘이라는 이름을 하사(下賜)하는 그 임명식이 반드시 필요했던 것이다.

바벨론 포로기, 바벨론 망명의 시간, 그것은 이스라엘 민족의 자정(子正), 캄캄한 절벽의 시간이었다. 그것은 이스라엘 민족이 야곱에서 이스라엘이 되는 약 70년간의 광야의 시간, 즉 약 70년이라는 시간을 관통하는 긴 성인식의 과정, 유대 민족의 성인식이라는 이름의 신성한 대관식(戴冠式)의 시간이었다는 것이 나의 생각이다.

61

절벽 뒤에 오는 것

예루살렘 기바트람 언덕의 이스라엘국립박물관엔 유대 민족이 소장한 가장 오래된 토라 한 점이 전시돼 있다. 기원전 240년의 것이다. 그러나 그 소장품도 그 이전의 토라를 그대로 옮겨 정서(正書)한 것으로서 적어도 바벨론 귀환 이후, 아니, 바벨론 망명 시기에 이미 토라의 초벌과 완성본, 즉 원형본이 존재했을 것이라는 주장이다. 토라의 완성 시기는 기원전 539-333년에 이르는 약 200년간의 시간이라는 것이 보편적 추정이다. 토라를 포함한 구약 성경의 완성은 기원전 1500년부터 기원전 400년경에 이르는 약 1천 년 동안의 장정(長征)의 산물이다. 결정적으로 기원전 3세기의 70인역에 이르기까지 그야말로 비명과 환희의 시간이 교차하는 장대한 장정이었다. 그 완성기로 접어드는 것이 기원전 539년, 즉 바벨론 멸망과 페르시아 제국의 시작하는 시공간이라는 것이다. 율법서, 예언서, 성문서 등의 원본 집필 시기, 생성 시기는 본질적으로 아무래도 70년간의 바벨론 망명 기간이라고 추측하는 것은 그런 이유이다.

약 70년간의 바벨론 유수, 바벨론 망명은 유대 민족이 야곱에서 이스라엘로 태어나기 위한 거대한 분만대(分娩臺)였다. 출애굽을 통해 아브라함 후손은 히브리라는 거대한 공동체로 태어났다. 그래서 홍해를 이스라엘 출애굽 공동체의 산도(産道)라고 부르는 것은 익숙한 일이다. 아브라함 후손은 야곱의 얍복강 사건을 통해 야곱의 차원에서 이스라엘의 차원으로 도약한다. 그런 이유로 이스라엘 건국은 바로 출애굽으로부터 시작한다는 견해들에 나는 동의한다. 바알과 금송아지에 실컷 익숙한 히브리-강제 노역자에서 야훼 하나님의 선민(選民), 가나안 정복자가 되기 위해 그들은 광야에서 40년간 그들의 신앙적 근육을 단련해야만 했다. 그 광야 심장부엔 언제나 가시적(可視的)인 야훼 하나님의 현존(現存)인 성막과 법궤가 있었다. 법궤는 황금으로 지어졌다. 그리스 작가 니코스 카잔차키스는 "엘 그레코에게 띄우는 리포트"에서 이렇게 쓰고 있다.

> 아아, 광야라는 가마 속에서 40년을 구워 낸 민족이 어떻게 멸망할 수 있겠는가.

광야 시간 40년 후, 가나안 정복을 위한 시작에 다시 요단강이 등장한다. 야곱이 천사와 흑암 속에서 씨름했던 바로 그 요단강 말이다. 출애굽 공동체는 여호수아의 지휘 아래 바로 그 요단강을 건너 가나안에 입성한다. 기원전 605년, 다니엘과 세 친구는 밧줄에 묶인 채 패전국 포로로서, 인간 전리품으로서, 동족들과 함께 예루살렘에서 붙잡혀 바벨론으로 끌려간다. 그 치욕의 길, 포로라는 그 능욕의 행군 루트에도 요단강이 있었다. 요단강과 다마스커스를 거쳐 그들은 문득 저 남쪽 아라비아 사막, 그 전갈들의 바다로 내몰렸을 수도 있다. 정복군들도 아마도 마상(馬上)

에서 내려 단봉 낙타로 갈아타야 하는 황산빛 모래의 지옥 말이다.

　포로의 길, 그것은 유대인들에겐 예루살렘에서 바벨론으로 이어지는 지옥의 길이었다. 예루살렘에서 바벨론에 이르는 무려 1500킬로미터의 도보의 길이었다. 낮에는 살인적인 더위로, 밤에는 추위를 견뎌야 하는 길, 복부 끝에 독침을 장전하고 있는 독 전갈 떼들과 쓰러져 죽은 동족들 위로 가차 없이 내려앉은 독수리 떼들을 견뎌야 하는 스올의 길이었다. 대낮의 사막은 미친 열기로 타들어 가는데 그들 가슴은 치욕의 동토(凍土)였다. 그들은 그 무서운 사막에서 물 한 모금이라도 마실 수 있었을까. 아라비아 사막의 오아시스는 그토록 멀리, 드물게 있지는 않았을까. 바벨론의 젖줄인 유프라테스강은 너무도 먼 동쪽에서 흐르고 있지 않았던가. 정복이라는 사나운 가치 앞에서 포로란 인간 살덩이를 한 전리품이 아니었던가. 아아, 자신들은 더도 덜도 아닌 하나님의 선민이라는 작위(爵位)를 가진 자들이 아니었던가. 하나님의 서명-십계명-까지 갖고 있는 자들이 아니었던가. 유대인 포로들의 고통, 경악, 창자가 쏟아져 나올 것 같은 절망과 수치심이 그들 동맥 속에서 출렁였다.

　나치 독일의 제2차 대전 최고의 비극 중 하나였던 소련 스탈린그라드 전투 때 소위 야전(野戰) 우편 혹은 군사 행랑을 통해 본국에 전해진 참전 군인들의 통곡의 편지들 중 이런 구절이 있다.

　　포위 작전으로 스탈린그라드에 갇힌 채 우리는 사흘간 단지 물 한 방울도 목구멍에 흘려 넣을 수 없었다. 그 거대한 볼가강이 바로 도시 곁에서 흐르고 있는데도 말이다.

　독일 시사 주간지 「슈피겔」의 필자 마티아스 슈라이버는 2016년 발표된 그의 기고(寄稿) 원고 "야훼의 칼"에서 느부갓네살에 의해 바벨론으로 끌려간 제1차 유대인 포로의 수를 약 2만 명으로 추산한다. 그의 취재에 의하면 그들 중 대부분은 유형자, 망명자 신분으로 수도인 바벨론 남쪽에 배정된 지역, 즉 유대인 게토에서 살았던 것으로 추정된다. 당시 정복 전쟁으로 바벨론으로 끌려온 거의 1백만 명의 각국 포로들도 여러 지역에 흩어져 살고 있었다. 솔직히 말한다면 바벨론 망명의 삶은 과거 이집트 시절의 그 삼류 인간적, 강제 노역자 수준은 결코 아니었다.

바벨론 유대인들은 유형자 신분이었지만 반(半)자유인으로 살았다고 그는 쓰고 있다. 망명자들로서 그들은 그곳에서 상업, 농업에 종사할 수 있었다. 집도 짓고 정원도 만들어 소유할 수 있었다는 것이다. 그리고 마침내 야훼 하나님을 위한 예배 공동체인 시나고그-유대인 회당-도 마련할 수 있었다는 것이다. 그들은 하나님께 예배를 드릴 수 있었고 민족 정체성인 사바트-안식일-도 지킬 수 있었다. 이후 발견된 문서들 속에서 연구가들은 제법 많은 유대인들이 느부갓네살 왕궁, 군인 계급, 장교 명단에 이름을 올리고 있었다고 기술하고 있다. 즉 높은 관직에 이름을 올렸던 유대인들이 제법 많았다는 것이다. 그것은 유대인들이 매우 신속하게 바벨론 제국의 포로 정책에 적응했다는 증거라는 것이다.

중요한 것은 유대인들이 그날, 예루살렘 성전이 불타 재가 되어버린, 예루살렘 함락의 날인 기원전 586년 4월 9일을 잊지 않고 있었다는 사실이다. 유대인들은 바벨론 망명 기간 내내 매년 바로 그날 4월 9일을 금식과 애통의 날로 지켰다. 바벨론 망명지에서 금식하며 예루살렘 성전이 불타버린 그날을 '유대 민족 애통의 날', 내용적으로는 민족의 '국치일(國恥日)'로 지켜낸 것이다. 유대인들은 지금도 결혼 예식 때 신랑 신부가 함께 유리잔을 발로 밟아 깨뜨리는 풍습이 있다. 그것은 우선 예루살렘 제1성전-솔로몬 성전-과 제2성전인 소위 헤롯 성전¹이 산산히 파괴된 파국을 상징한다. 산산히 부서진 다윗 왕조의 절멸에 대한 악몽과 통한이라는 민족 공동의 기억을 상기시킨다. 그리고 동시에 인간 결혼의 깨지기 쉬움을 경고, 상기시키는 예식이기도 하다. 4월 9일의 금식과 '애통의 날' 맞은 편엔 출애굽을 기념하는 장렬한 해방의 축제, '유월절'이 버티고 있다. 유대인들은 유월절을 유대 민족 탄생의 날, 즉 '민족의 생일(生日)'로서 기념한다.

62

새 유토피아
- 여호와 삼마

 70년 바벨론 망명의 장소가 차라리 광야였으면 견디기 쉬웠을 수도 있다. 기원전 605년 이후 약 70년간 유대인들은 포로의 신분으로 그 망명을 치러냈었다. 그 망명의 시간을 바벨론 유수(幽囚)라고 부르는 것도 그 이유이다. 베르디 오페라 나부코 속의 합창을 사람들은 노골적으로 '노예들의 합창'이라고 부른다.

 예루살렘 성전의 불멸성, 다윗 왕조의 불멸성, 그것이 당시 유대 민족의 마지막 맹신(盲信)이고 미신(迷信)이었다는 것을 그들은 망명이란 감옥 속에서 알았다. 예루살렘 성전은 지상에 있는 유일한 하나님의 집이었고, 야훼 하나님의 임재와 현존의 장소로서 요지부동이라고 그들은 맹렬히 믿었던 것이다. 전능하신 하나님의 지성소가 이방의 적장(敵將)의 손에 의해 불 질러지고 소멸될 수도 있다는 난해한 불가사의에 그들은 경악했다. 그러자 그들은 망명 속에서 어렴풋이 알았다. 야훼 하나님은 그들이 알고 있던 그분이 아닐 수도 있다. 그들이 비록 바알과 금송아지를 마구 뒤섞어 경배하고 있긴 했지만 그렇다고 야훼 하나님의 전능은 부인(否認)될 수 있는 것이 아니었다. 다윗 왕조란 번역하면 하나님의 아브라함과의 약속, 모세와의 언약이라는 외경(畏敬)에 찬 추상(抽象)이, 이 지상에 구체적으로 외관(外觀)을 갖추고 들어선 가시화(可視化)였기 때문이었다.

그들은 출애굽 이후 제2의 에덴인 가나안으로 들어가기 위해 무려 40년 광야 생활이라는 혹독한 선민 훈련을 치러내야만 했다. 그 40년 광야 복판에 하나님의 임재인 성막과 법궤가 있었다. 즉 하나님은 법궤와 성막의 모습으로 40년 광야 훈련 때 늘 그 광야 복판에 함께 계셨다. 사실상 가나안은 광야로부터 멀지 않았다. 그러나 그곳에서 40년을 단련하게 하신 데엔 이유가 있었다.

기원전 1000년경, 다윗이 여부스 족으로부터 예루살렘을 정복했을 때, 그리고 산 위의 도시 예루살렘을 왕국의 수도로 삼았을 때 선민 이스라엘의 역사는 절정에 이르렀다. 그리고 약 400년 후인 기원전 605년, 하나님은 다시금 자신의 장자, 선민 이스라엘을 바벨론이라는, 사막과 오아시스가 교차하고, 수많은 이름의 신들로 가득 찬 대표적인 세속 도시 바벨론이란 이름의 광야로 다시 추방해 버리신다. 우상이란 이름의 가시적인 가상(假想)으로 가득 찬 세속 도시 바벨론 말이다.

이번엔 이집트의 파라오가 아니었다. 느부갓네살이라는 당대 최고의 전술가, 야전 사령관, 청년 시절 마르둑 신전의 문지기로 복수(複數)의 신들을 경배하는 데 이골이 난, 전쟁 포로들을 가축 취급해도 이상할 것이 없는 정복관(征服觀)으로 무장된 적장(敵將)이었다. 40년을 치러낸 신 광야의 맹독의 독뱀 대신, 맹독의 독전갈이 떼로 이동하는 곳, 낯선 신들, 우상들의 이름인 마르둑, 벨, 이슈타르, 아키드, 나부 등 수많은 우상들의 밀림인 바로 그 바벨론으로 말이다. 그리고 당대 최고의 세속 도시 바벨론엔 탁월한 신도 살고 있었다. 소유와 이익(利益)의 신인 수학의 신 말이다.

바벨론 망명 중, 예루살렘은 이제 더 이상 포로로 떠나올 때의 그 예루살렘이 아니었다. 그들의 각성 속에서 예루살렘은 이제 시온이라는 다른 차원의 하나님의 도시, 영원의 도시, 이스라엘 민족 최고의 유토피아로 격상(格上)하고 있었다. 그렇게 함으로써 시온은 에덴-가나안-예루살렘을 통과해 감히 새 예루살렘이라는 메시아적 새 차원을 얻고 있는 것이다. 그럴 때 그들의 거대한 포로수용소, 망명지는 바벨론이었다. 그들은 유일신 야훼가 아니라 신들의 시장, 신들의 전시장 같은 철저한 세속 도시 바벨론에서 비로소 하나님의 약속의 땅-새 예루살렘을 보는 각성의 파격(破格)을 경험한다. 가령 에스겔은 바벨론에서 배정된 그의 거주지, 아마도 이스라엘 포로들의 게토가 있는 그발 강변에서 계시를 통해 하나님의 용서와 회복의 날에 도래할 구체적인 새 유토피아-여호와 삼마-여호와께서 여기(거기)에 계신다-까지 보고 만진다.

유대 민족이 바벨론 망명이라는 종교적 수형자의 시간 속에서 인간의 한계, 현재라는 경계를 돌파한 후 하나님의 예언 속의 절대 시간인 영원을, 절대 장소인 시온을 발견하고 그 차원으로 날아오른 것이다. 이 놀라운 비상(飛翔), 날아오름 속에서 독수리가 되어 그들은 하나님의 예언을 역사의 공중(空中)에서 조감도(鳥瞰圖)로서 조망하게 된다. 그리하여 하나님의 절대 시간인 영원을, 하나님 임재의 절대 장소인 시온을 이해하게 된다. 시온은 하나님의 임재, 하나님의 거처와 동의어가 되었다. 중요한 것은 시온은 예루살렘처럼 고향(故鄕)이 아니라 새 예루살렘이라는 본향(本鄕)이라는 사실이었다. 신앙의 도약, 믿음의 날아오름이다. 그것이 선민 이스라엘의 탄력이고 탄성(彈性)이었다.

그렇다. 그들은 이제 학살당한 예루살렘을 그렇게 뛰어넘었다. 그들은 전쟁, 정복에 의해 파괴되고 절멸되는 도시 예루살렘이 아닌, 하나님의 현현(顯顯)이 영원히 존재하는, 새 차원으로 뛰어넘은 것이다. 세속 도시, 현세의 장소, 현재의 시간을 뛰어넘는 그 절대 절망 속에서 장소를, 시간을 과감히 뛰어넘었다. 그들은 그렇게 함으로써 하나님의 장소로서의 예루살렘, 하나님의 시간인 영원으로서의 예루살렘을 만졌다. 이 지상의 장소가 아닌, 약속 속에서의, 더 확실하고 더 명료한 장소인 '시온', 현재가 아닌 하나님의 시간의 단위인 '영원'을 알아차린 것이다. 독일어 속에서 하나님의 시간의 단위는 '영원에서 영원까지(von Ewigkeit zu Ewigkeit)'로 표현된다. '지금도 계시고, 전에도 계셨고, 장차 오실 주 하나님'(계 1:8)의 그 시간 말이다.

63

신성(神聖)한 타작마당

하나님의 소위 '작전명 바빌로니아'의 목적은 분명했다. 이스라엘 민족은 야곱, 즉 세속적 인간, 평균적 인간을 벗고 이스라엘, 즉 선민적 인간으로 갈아입어야만 했다. 솔로몬 통치 아래부터 이미 '유사(類似) 이스라엘'을 사는 이스라엘이 '진성(眞性) 이스라엘'이 되지 않고서는 바벨론이라는 70년짜리 유수, 70년짜리 감옥에서 석방될 수 없었다. 훈련이 끝나면 언젠가 하나님의 대사면령(大赦免令)이 선포될 것이다. 그리고 그 사면령과 함께 하나님은 자신이 역사의 주인이며 세계 열방의 주인이라는 증명을 분명하게 보여주실 것이다. 작가 니코스 카잔차키스의 문장을 원용하자면 70년간의 바벨론 포로의 시간은 이스라엘 민족이 알곡이 되어 나오는 '신성한 타작마당'의 시간이었다.

이스라엘 민족이라는 시간, 다윗 왕조의 시간 속에서 이미 100여 년 전부터 울려왔던 이사야의 예언, 약 40년 전부터 등장한 봉화불 같았던 예레미야의 예언 같은 것을 수집, 편집, 기록하면서 그들은 하나님의 거대한 창조의 완성의 윤곽을 알아가는 기적을 만졌다. 그들은 그 시기에 자신들이 과연 누구인지, 선민의 본질이란 대체 무엇인지 적어가기 시작한 것이다. 아니, 바벨론이란 이름의 감옥, 혹은 미궁(迷宮) 속에서 그들은 개인사가 아닌, 출애굽 공동체로서의 민족사(民族史)를 기록해 남겨야만 한다는 절박한 필연을 보았다. 결국 그 70년간 그들이 바벨론이란 이름의 광야에서 구어낸 것, 그것이 바로 이후 토라와 지혜서, 예언서라는 이름의 구약 성경이라는 정경이 된 소중한 문서들의 초본, 원형본들이다. 그 작업 속에서 그들은 알았다. 자신들은 이제 더 이상 패배한 왕국의 포로 신분으로 바벨론을 끌려가던 70년 전의 그들은 아니라는 것을. 봉인(封印)된 민족 공동의 기억 창고, 암송의 노래들의 창고들을 열어젖히고 그것을 위협당하고 있는 모국어인 히브리어로 풀어적기 시작한 것이다. 그들은 알고 있었다. 출애굽 공동체의 민족사란, 하나님과 하나님의 선민 사이에 오간, 즉 하나님의 선민을 통한 하나님의 인류 구속사(救贖史)를 적어가는 경이라는 것을. 예언자들의 예언 속에서 숨어있던 하나님의 사랑의 암호(暗號)들을 받아 적으며 그들은 하나님의 계획을 그렇게 해독(解讀)해 나갔다.

그 작업 속에서 그들은 비로소 이사야의 예언 속에 들어있는 하나님의 음성을, 예레미야 예언 속에 들어있는 야훼 신앙의 본질을 똑똑히 보았다. 불타버린 성전과 멸망한 왕국, 그럼에도 불구하고 자신들은 여전히 유효한 하나님의 선민이라는 찬란한 특권이 무엇인지 대면했다. 놀랍지만 그들은 이제 이사야 예언자를 통해 하나님이 선포했던 메시아라는 하나님의 놀라운 구원의 완성까지를 만진다. 즉 그들은 자신들이 바로 하나님의 성전이며, 예루살렘은 시온이 되고, 새 예루살렘이 되는, 그리고 메시아라는 엄청난 차원의 구원의 본질까지 만지고 있음을 알았다.

예루살렘-시온-새 예루살렘으로 확장되는, 하나님이 예언자들의 입에 심어 놓으신 예언들을 이해하기 시작했다. 그들은 그렇게 선민 이스라엘이 하나님 구원의 완성이라는 거대한 프로젝트의 최전선에서, 메시아의 오심까지 몰아치는 하나님의 완전한 구원사를 역동적으로 적어내야만 한다는 것을 예감하기 시작했다. 그것은 선민으로서의 특권이고 동시에 하나님의 말씀을 받아적는 필경사로서의 황홀한 필연이고 특권이었다.

수많은 우상들의 시장인 바로 그 세속 도시의 절정인 바벨론 한복판에서 그들은 또 알아갔다. 야훼 하나님은 오직 선민 이스라엘만의 하나님이 아니라는 놀라운 사실을 말이다. 하나님은 이제 선민 이스라엘의 하나님일 뿐 아니라 전 인류-만민, 열방-의 하나님이라는 사실을 말이다. 만민, 즉 자신들이 이방인이라고 의도적으로 무시하고 배척했던, 철저히 타인이었던 열방의 민족들 즉 만민도 선민이 되는 하나님의 창조의 완성을 향해 가고 있다는 무서운 확장을, 차라리 경이로운 현기증을 그들은 경험하고 있었다.

그 지점에서 선민 이스라엘의 영적 근육은 이제 찢어져야만 했다. 파열하면서 늘어나야만 했다. 그들은 알아야만 했다. 야훼 하나님은 선민 이스라엘만을 위한 하나님이 결코 아니다. 야훼 하나님은 선민 이스라엘만이 독점(獨占)할 수 있는, 소유될 수 있는 창조주는 더욱 아니다. 왕국이 멸망했다고 해도, 그들이 선민인 것은 포기될 수 없었다. 하나님이 포기하지 않는 한 그들은 자신들이 선민이라는 그 찬란한 운명을 무효화시킬 수 없었다. 그들은 알았다. 망명자 신분에도 불구하고 그들이 선민이고, 장자이고 제사장인 것을 부인할 수 없다는 것을. 그러나 하나님은 단지 그들만의 소유가 아니라는 필연적 각성과 충격도 닥친다.

시간은, 인간의 시간인 현재에서 하나님의 시간인 영원으로, 예루살렘은 지상적 도시인 예루살렘에서 시간과 장소의 국경이라고는 없는 시온, 그리고 새 예루살렘으로, 선민 이스라엘은 열방으로, 다윗은 메시아로 확장되는 청청한 찢어짐의 차원이 거기 있었다. 그야말로 비장한 확장(擴張)의 장이다. 영혼과 믿음의 근육이 찢어지는 확장의 시간 말이다. 출애굽 직후만 해도 선민 이스라엘은 선민 이스라엘 안에서 쾌적하게 머물러 있을 권리와 특권이 있었다.

바벨론이라는 이름의 망명 공간 속에서 선민 이스라엘은 알았다. 야훼 하나님은 선민 이스라엘의 하나님만은 아니라는 그 사실을 말이다. 하나님은 온 인류의 하나님이었고, 무엇보다 역사의 주인이었다. 역사란 시간의 다른 이름이다. 이스라엘 민족은 망명 중에 알았다. 느부갓네살도, 키로스도 결국 하나님의 역사의 도구라는 것을. 그리고 선민 이스라엘이란 존재는 전 세계 인류, 소위 열방들의 최전선에 세워진 하나님의 장자(長子)라는 것을 말이다. 바벨론 망명 시간 동안 그들은 자신들이 왜 선민인지, 왜 인류 역사의 최전선에 서있는지를 비로소 알아갔다. 그들은 이제 하나님의 통치와 경영을 역사와 전 인류이라는 전체 단위로 이해하기 시작해야만 했다. 그것이 바로 하나님의 통치 원리라는 것을 깨달았을 때 바로 그 대관식이 왔다. 하나님이 선민 이스라엘에게 베푸신 성인식이라는 이름의 대관식 말이다.

예루살렘은 이제 시온-새 예루살렘으로의 가차 없는 확장이 오고 있다. 선민이란 특권은 이제 가차 없이 이스라엘에서 전 세계로 확장되고 있다. 바벨론은 그들에겐 하나님의 불같은 분노와 불같은 열애(熱愛)를 동시에 경험한 숨막히는 유대 신학의 대결(對決)의 장이었다. 용광로 같은 카오스와 용광로 같은 정화(淨化)가 동시에 일어난 곳이었다. 그야말로 70년의 시간 속에서 타작된 후 알곡이 되어 나오는 신성한 타작마당, 고난의 연금술(鍊金術)이 거기 있었다. 바벨론이란 이름의 그 용광로 속에서 반드시 정금(正金)이 되어 나오라는 '하나님의 열애(熱愛)의 명령'에 그들은 무릎을 꿇었고 옷깃을 여몄다.

다시 문자가 등장한다. 망명 포로라는 상황 속에서 그들은 문득 다윗 왕조의 상실, 하나님의 심판, 하나님의 징계를 재해석하기 시작했다. 그리고는 주저 없이 하나님 선민으로서의 역사를 기록해 내려가기 시작했다. 온갖 이방신의 메카인 바벨론이라는 전형적인 세속 도시 속에서 그들은 불타버린 예루살렘 성전 지성소 대신 이제 하나님의 율법과 예언들, 전승들을 문자로 적어감으로써, 문자로 건축한 하나님의 지성소인 토라, 예언서, 지혜서 등 구약 성경이라는 이름의 경전의 초석(礎石)을 놓기 시작한 것이다.

더구나 그들은 바벨론 포로기라는 정신적 물리적 감옥 속에서 알아갔다. 놀랍지만 하나님이 그 약속을 무효화하지 않으시는 이상, 선민이라는 작위는 결코 취소될 수 없다는 것을. 하나님은 그들을 심판하시는 중에도 그들을 결코 포기하지 않으셨다. 그것이 그들로 하여금 그 비정한 바벨론 망명의 시간, 옷깃을 여미고 책상 앞에 앉아 그들의 하나님에 관해 적어내려가기 시작한 황홀하고 고독한 격정(激情)의 이유였다. 40년을 시내 광야에서 구워진 민족이 다시 70년을 바벨론이란 이름의 광야에서 구워지고 있다. 정금이 되기 위해.

중요한 것은 바벨론 포로들 중 상당수가 이미 모두 문자에 익숙한 엘리트들이었다는 사실이다. 다니엘, 세 친구, 에스겔처럼 말이다. 다니엘과 세 친구는 다윗의 혈통이라고 적혀 있고, 에스겔은 제사장으로 임명되고 있다. 그들 신분의 최대 도구는 문자였다. 그들은 하나님께서 파견하신 바로 그 자리, 배당해 주신 그 지점에서 그들의 성전을 지었다. 그스올은 야곱이 이스라엘이 되어가고 그들에게 하나님이 비로소 하나님이 되어가는 장소였다. 그들은 하나님의 임재와 현존의 장소인 예루살렘 성전을 잃자 그들의 유일한 도구인 문자로 하나님의 성전을 짓기 시작한 것이다. 바벨론이란 이름의 그 70년짜리 광야의 시간 속에서 옛 구전(口傳)을 기억해 꼼꼼히 기록하고, 전승(傳承)을 수집하고, 예언자들의 목소리들을 문자 속에 모으고, 소중한 민족의 공동 기억의 파편들을 배열하고, 예언자들의 목청과 절규들을 문자 속에 담았다. 즉 하나님의 음성으로 선포된 예언을 또박또박 복기하고 받아적는 신성한 필경사(筆耕士)의 시간이 닥쳐온 것이다. 유대 민족의 처절하고 치열한 자기 해부의 시간이 온 것이다.

64

위대한 민족적 크레도 (Credo)
- 구약 성경의 서곡(序曲)

그들은 그렇게 사정없이 하나님의 품으로 뛰어들었다. 얍복 강가에서 야곱이 사정없이 천사의 품속으로 달려들었던, 그래서 마치 투쟁 같았던, 그 사정없는 하나님을 부여잡음이다. 그리고 사정없이 부여잡는 손의 악력, 그것이 바로 야곱 기도의 본질이다. 존재를 다한 하나님에 대한 지독한 열애(熱愛) 말이다. 신약의 마가복음 속에도 돌연 야곱의 초상이 등장한다. 예루살렘 어느 대로(大路)를 뒤덮은 군중들 속에서 불치병이라는 생의 절벽에서 흐느끼던 한 여자, 고요하게 그러나 격렬하게 예수의 옷자락, 그것도 예수의 옷자락 가장 아랫단을 부여잡는 무명의 한 여자가 등장한다. 확신 속에서 예수의 옷자락을 부여잡는 순간 그녀는 단번에 치료되었다. 혈루병이란 이름의 그녀의 12년짜리 지옥은 나가 떨어졌다. 그녀는 내게 신약 속의 여자 야곱처럼 보인다. 이 신성한 변주곡들, 이 신성한 리듬, 이 눈부신 기적들의 변주(變奏)는 대체 무엇인가.

그 처절함과 경이가 뒤섞인 그 신성한 싸움 최전선에 기도의 전사(戰士)들인 다니엘들, 세 친구들, 에스겔들이 출정(出征)해 있었다. 그들이야말로 바벨론 포로라는 재앙의 최전선-프론트-에 선 믿음의 전사(戰士), 믿음의 프론티어들이었다. 그들은 기도로 지은 갑옷을 입었다. 주요 전선마다 그 네 남자 같은 기도의 전사들이 더 있었으리라. 사정없이 하나님의 옷자락을 부여잡음에 대한 훈장(勳章)-그것이 그들이 기록해 낸 토라와 지혜서 등으로 이루어진 경전-구약 성경-의 모태다. 바벨론이라는 망명 공간 속에서 하나님의 역사를 받아적는 필경사(筆耕士)가 됨으로써 그들은 비로소 선민(選民)일 수 있었다. 그들이 또박또박 받아적은 문자마다 솟아오르는 각성과 진통의 비명들. 70년 포로 생활을 끝내고 고국 예루살렘으로 돌아갈 때 그들은 야곱의 얍복강의 그 새 아침처럼 다리를 절고 있지는 않았을까.

하나님은 애초 온 인류-열방(列邦)-의 하나님이었으므로 모세로 하여금 자신을 파라오에게, 당시 가장 비천한 계급, 수치스런 신분(身分)인 히브리인, 즉 강제 노역자들의 하나님이 내 이름이라고 말씀하실 수 있었던 것이다. 하나님은 죽어도 창조주가 아닐 수 없었으며, 그의 창조 계획은 전 인류, 즉 온 세계 만민의 구원이라는 완전한 계획 외엔 다른 선택이 없었다. 그것이 하나님의 완전성이고, 완전과 전능, 그것은 하나님의 본질이고 운명이었다.

그 신성하고 황급한 각성 속에서 만들어져 나온 것이 바로 토라-모세오경과, 기도문, 지혜서, 예언서 같은 것이다. 그리고 그렇게 수집, 편집된 토라만 해도 반드시 인간의 손으로 쓰여 전승되어야만 했다. 이후 토라의 필사자(筆寫者)-데어 쇼훼르-들이 일정 기간 전문 교육을 받아야 했

던 것은 물론이었다. 다시 말하지만 토라는 반드시 손으로 필사되어야
만 했다. 토라의 필사본을 완성하는 작업을 위한 재료도 엄격했다. 필사
용 가죽은 송아지 가죽으로 준비됐고, 필사 도구인 깃펜은 칠면조나 오
리의 강모(剛毛)가 사용되었다. 송아지는 도살된 것이 아닌 자연사한 송
아지의 가죽만이 사용됐다. 조류의 깃털도 마찬가지였다. 도살(屠殺)이
끼어들 틈이 없는, 양보 없는 생명 외경(畏敬)이 거기 있었다. 필사 작업
중 오자(誤字)가 나오면 그 작업 전체가 무효로 판정되어 폐기됐다. 토라
한 벌의 완성까지 필사자가 송아지 가죽 위에 그려넣는, 아니, 차라리 새
겨넣는 글자는 무려 30만 자가 넘었다. 그것은 문자를 적는다기보다는
차라리 그리는 것이다. 그야말로 필사(筆寫), 문자와 기록, 묘사의 복합
체다. 토라 한 필을 완성하기 위해 그들은 그렇게 30만 자를 그려낸다.

유대주의의 탄생은 그렇게 고대 기록, 문서, 전승, 암기된 채 대대로
계승된 구전(口傳)들로부터 왔다. 그것도 바벨론 망명 기간 동안에. 이스
라엘 민족은 그렇게 함으로써 야곱에서 이스라엘로 도약했다. 즉 바벨
론 망명 기간 70년은 이스라엘 민족에겐 거대한, 장대한, 길고긴 민족 성
인식(成人式)의 시간이었다. 그들은 그렇게 70년간 선민 이스라엘, 열방
의 장자(長子) 수업, 이스라엘로서의 성인식 교육을 치러내고 있는 것이
다. 야곱에서 이스라엘로 환골탈태(換骨奪胎)하는 70년간의 수업, 70년
간의 제2의 광야 생활을 우리는 보고 있는 것이다.

그들은 그렇게 구약 성경의 초고본을 적어내려 갔다. 포로라는 민족
적 절벽 앞에서 몰두했던 열정적인 작업, 한 민족이 하나님 앞에 단독자
로 선 그 작업이 이후 구약 성경이라는 위대한 정경(正經)이 될 수 있다
는 사실을 그들은 까맣게 몰랐다. 결국 그들은 예루살렘 성전의 파괴, 다

윗 왕조의 종말이라는 민족 최고의 경악, 내상(內傷) 속에서 대체 그것이 무엇인지 알기 위해 이미 선포되었던 예언자들의 예언을 기억, 수집, 기록, 필경, 필사, 편집, 재해석해가며 역사적 복기(復棋) 작업을 시작했던 것이다. 아니, 그것은 단순히 받아적는 필경 작업이 아니었다. 그들은 그 작업 속에서 하나님의 예언의 갈피마다 깃들어 있는 찬란한 진리를, 하나님의 진리에 대한 하나님의 수사학(修辭學), 하나님의 웅변, 즉 하나님의 언어를 이해해갔다. 조상들의 창자 끊어지는 애가(哀歌)를, 패전의 노래를, 무릎 꿇고 올리는 환희의 승전가를 이해했다. 가령 '다윗의 승전가'는 이렇다.

여호와여, 주는 나의 등불이시니, 여호와께서 나의 흑암을 밝히실 것입니다.

지상의 유일한 하나님의 집-예루살렘 성전-을 잃고 비로소 그들이 써 내려가기 시작한 민족사의 프로토콜, 예언자들의 피 토하는 절규는 그렇게 히브리어라는 모국어 문자 속에 담겼다. 물론 이후 드물게 아람어들도 사용됐다. 포로 시절 아람어는 바벨론의 공용어였다. 베르디의 4막짜리 오페라, '나부코'(느부갓네살) 속 노예들의 합창 속에서 유대 민족은 이렇게 절규하지 않는가.

아아, 예언자들의 황금 하프는 왜 연주되지 않는가.

그것이 그들이 멸망 전 그토록 증오하고 무시했던 예언자들의 호소와 경고가 민족의 미래를 위해 연주했던 황금 하프의 노래, '생명의 악보(樂

譜)'라는 것을 통절하게 깨닫고 토해낸 단장의 애가이다. 그들은 모르고 있었다. 창자가 끊어지는 듯한 그 속죄와 각성(覺醒) 속에서 그들은 불타 버려 완전 소멸된, 완전 파멸된 하나님의 집, 즉 예루살렘 성전을 문자(文字)로 다시 차곡차곡 건축해 가고 있다는 경이를. 지상에 존재한 채 반복해 파괴되고 반복해 불타버릴 수 있는 건축물로서의 성전이 아니라 구약이란 이름으로 된 불멸의, 신성불가침의, 성전- 하나님의 지성소-을 지어가고 있다는 기적을 말이다.

유대 민족 최고의 고통, 최고의 절벽 뒤에 오는 것. 그들은 마침내 인류 최고의 완전한 희망인 메시야-예수 그리스도-의 오심을 본다. 바벨론 70년 포로 시절, 유대 민족은 더도 덜도 아닌 구약 성경의 모태인 초고본들을 남긴 위대한 필경사들이다. 그 업적만으로도 그들은 하나님의 장자(長子)의 몫을 톡톡히 해냈다. 구약 성경은 70년간의 바벨론 포로 시절, 유대 민족이 건축한 인류 최고의 찬란한 금자탑, 문자로 건축한 야훼 하나님께 봉헌한 불멸의 성전이다. 그리고 약 200년 후 소위 구약 성경의 원본이 탄생한다.

그렇다. 그들은 소중한 신앙의 유산(遺産)들을 수집하고 집대성해 갔다. 전승, 구전은 물론 수많은 암송시 등 민족 공동체의 '기억의 재화(財貨)', '기억의 보물 창고'를 열어젖힌 것이다. 출애굽 공동체의 정신, 소위 유대 정신이란 이름의 노래들, 하나님에 대한 찬가와 승전가들, 패전의 애가들, 좌초 때의 참회들, 예언자들의 창자까지 토해내는 마지막 음들까지 모두 수집, 기억해 내, 눈을 부릅뜬 채 모국어로, 문자로, 악착같이 환원(還元)시켜 나갔다. 아니, 문자라는 마스크를 한 영원(永遠) 속에 악착같이 새겨넣었다. 그 운명적인 필경 작업 속에서 그들은 알았다. 그 작업 속에서 터져나오는 민족사의 재해석, 각성, 자기 해부, 그리고 진정한 소망의 본체(本體)-메시아-를 만졌다.

자신들의 작업이 이후 구약 성경이 될 것이라는 것을 까맣게 모른 채 그들은 그렇게 하나님과 그의 선민 사이에 있었던 역사를 꼼꼼하게, 정직하게 적어내려 갔다. 그 수작업은 민족 공동체의 고백이라기보다는 차라리 유언(遺言) 작업 같았다. 그때 유대 민족은 과연 바벨론의 포로 정치, 공포 정치의 끝이 어디인지 알 길이 없었다. 그들은 자기 민족이 결국 우상 숭배라는 바벨론적 카오스, 세기(世紀)적 급류(急流) 속에서 민족 전체가 사멸(死滅)해 버릴 수도 있다는 절박함의 절벽 앞에 서있었다. 그러나 필경 작업 속에서 그들은 보았다. 이 바벨론의 시간이 전부가 아니다. 하나님의 구속사는 가차 없이 진행된다.

바벨론 포로라는 유대 신학의 처절한 좌초, 미궁 속에서 그들은 알았다. 하나님의 지성소가 있는 예루살렘 성전의 상실은 국가 멸망보다 더 본질적 절멸이었다는 것을. 그래서 그들은 모국어인 문자로 성전-하나님의 지성소-을 건축해 나가기 시작한 것이다. 하나님의 지성소, 그것이 곧 하나님의 말씀이라는 본질을 그들은 알아갔다. 하나님은 세계 경영의 시간표를 갖고 계시며 구속사의 절정엔 '메시아의 오심'이라는 희망의 완성을 향해 질주하고 있다는 것을. 그리고 하나님의 인류 구속사는 하나님의 전능과 정의, 인간에 대한 완전한 사랑 속에서 한 치의 과오나 오류가 없으시다는 것을. 하나님의 불같은 사랑이 인류 구속사의 본질이라는 것을.

그렇다. 그들은 70년간의 망명, 70년간의 좌초의 연대기, 예언자들의 외침 속에 깃들어 있는 또렷한 하나님의 음성을 꼼꼼하고 정교하게 적어내려 갔다. 그들은 망명의 땅, 절대 절망의 진앙지(震央地) 바벨론에 얼굴을 파묻고 우는 누에들이었다. 민족의 각성을 흐느끼는 누에들이었다. 그렇다. 그들은 그렇게 고통과 각성을 먹어 삼켰다. 누에가 뽕잎을 먹듯이. 그 울음과 각성 속에서 그들은 돌연 지상 최고의 비단실을 토해 낸다. 인류 최고의 보화인 구약 성경의 초고라는 찬란한 비단을. 탁월한 문학적 비단을. 그것이 유대 민족이 눈물로 적어간 야훼 하나님을 향한 위대한 민족적 크레도(Credo)-실존적 신앙 고백-였다.

그들은 결국 하나님의 인류 구속사 앞에 무릎을 꿇는다. 하나님의 구속사, 즉 말씀의 편린(片鱗)들인 단편, 단상들인 말씀들을 모아 적어가다 보니, 그분 세계사 경영에 이제 옷깃을 여미고 바벨론이란 이름의 미궁 속에서도 돌연 찬미의 목청이 터져 나온다.

이럴 때 헨델의 오라토리오 '메시아'의 찬란한 종장(終章), 즉 제3부 -부활과 영원한 생명-의 장대한 에필로그인 그 웅대한 '아멘의 푸가'가 생각난다.

왕좌에 앉으신 분과 어린 양께 찬송, 존귀, 영광, 권능이 영원무궁토록 있기를 원합니다.

그후 폭포처럼 터져나오는 것이 바로 그 아멘의 장(場)이다. '아멘의 푸가'는 무려 4분 동안 오직 아멘만이 계속되는 환열과 희열의 장대한 합창, 오라토리오 '메시아'의 정점인 후광(後光)-아우라-의 장이다.

70년간의 바벨론 포로의 시간은 결국 그 미궁의 시간 속에서 하나님의 미세한 음성, 천둥 같은 웅변, 절절 끓는 선민에 대한 사랑을 적어 감으로써 그들은 하나님의 조건 없는 지독하신 사랑을, 선민이라는 특권에 찬 장자의 찬란한 운명을 만졌고, 결국 약속된 하나님의 응답-메시아-까지 도착했다. 그야말로 미궁의 천정을 박차고 솟아오르는 이카로스적 비행의 시간이다. 바벨론 포로라는 미궁에서 솟아오르는 장대한 '아멘의 푸가'로 완성되는 시간이다.

그로부터 약 200년 후, 인류는 바벨론 포로라는 망명 공간에서 그들이 몰두했던 필경 작업이 '구약 성경'의 원본이라는 이름으로 만들어져 인류 최고의 보화로 탄생하는 기적에 참여한다.

65

전갈의 고독
- 세트 신화

여담이지만 고대 이집트에도 야곱처럼 '제2인자 콤플렉스' 즉 '차남 중후군'을 실컷 앓았던 한 남자가 있다. 고대 이집트 왕으로 알려진 오시리스의 동생 '세트(Seth)'이다. 세트 신화의 시작은 이렇다.

어느 날 이집트 왕 오시리스는 잠시 왕국을 떠났다. 그의 부재 중 동생 세트는 형 오시리스에 대한 암살 계획을 세웠다. 세트는 우선 72명의 남자들을 포섭했다. 그들은 모두 오시리스의 암살에 동조하는 모반자(謀反者)들이었다. 세트는 한 개의 커다란, 아름답게 장식된 나무 상자를 제조한 후 그 위에 세공하게 했다. 그 상자는 반드시 매혹적일 만큼 아름답고 현란해야만 했다. 중요한 것은 상자의 크기였다. 그것은 그가 비밀리에 정확하게 측정해 둔 오시리스의 신체 크기에 맞춰 제작되었기 때문이다. 장식이 끝나자 그것은 그야말로 커다란 직사각형의 유혹적인 보석급 상자로 탄생했다.

왕국으로 돌아왔을 때 오시리스는 동생 세트의 향연에 초대됐다. 향연장에서 세트는 농담처럼 발언한다. 이 눈부시고 아름다운 상자-보석의 관-에 들어가, 그것이 자신의 몸에 정확히 맞는 자에게 그 찬란하게 장식된 보물급 상자를 선물하겠다고. 향연에 모인 모든 참가자들이 앞다투어 그 상자에 들어가 누웠다. 그러나 유감스럽게도 그 상자 치수에 맞는 사람은 없었다. 맨 마지막에 오시리스가 그 상자에 들어가 누웠다. 오시리스가 눕자마자 72명의 공모자가 삽시간에 달려들어 상자의 문을 닫아버렸다. 그리고는 납(蠟)으로 그 보석관을 완벽하게 밀봉해 버렸다. 밀납보다 더 완전한 밀폐였다. 그것이 저 유명한 '오시리스 암살 사건', 즉 '세트의 쿠데타'이다. 세트는 밀폐된 그 관을 나일강에 던지라고 명령했다. 향연장에서 세트와 72명 공모자에 의해 일어난 오시리스 암살 사건은 오시리스 육체의 정확한 수학적 크기, 치수로 이루어진 수학적 암살, 수학적 쿠데타였다.

오시리스 왕의 아내 이시스는 세트의 오시리스 암살 사건에 대한 소문을 들었다. 그녀는 남편의 시신을 담은 관(棺)이 내던져진 드넓은 나일강을 헤맸다. 그리고는 결국 바빌로스 지방까지 떠내려간 그의 관을 발견해 해안으로 끌어냈다. 세트가 그 소식을 듣고 그 보석관을 훔쳐낸 뒤 신속하게 열어젖혔다. 그리고는 그 안에 죽어 누워있는 오시리스의 시신을 사정없이 토막냈다. 시신의 조각들은 거대한 나일강과 왕국 영토 전체에 산산히 내던져졌다. 그렇게 함으로써 오시리스를 이집트로부터 영원히 지워버릴 생각이었다.

이시스는 포기하지 않았다. 이시스는 토막내어 버려진 오시리스의 시신의 조각들을 모았다. 그리고는 쟈칼의 머리를 한 죽음의 인도자 아누

비스 신의 도움으로 시신의 조각들과 장기(臟器)까지 짜맞추고 채워넣는 작업을 통해 오시리스의 몸을 다시 만든다. 그리고 자신의 마법(魔法)을 이용해 오시리스에게 호흡을 불어넣는다. 그 후 그녀는 돌연 맹금류인 새 한 마리로 변신해 오시리스의 몸 위에 올라가 그를 덮음으로써 아이를 수태한다. 맹금류의 이름은 밀란(Milan)이다. 그렇게 해서 태어난 아이가 바로 호루스이다. 이후 태양신 라(Ra)는 지상의 신인 대낮의 신으로, 오시리스는 지하 왕국인 죽음의 왕국의 신으로 간주된다. 이후 오시리스의 아들 호루스는 태양신 라의 기능도 겸해 소유하고 있다고 간주되었다.

세트는 사막의 신, 폭풍의 신, 무엇보다 혼돈(混沌)의 신이다. 사막의 모래 폭풍, 결코 우호적이지 않은 사막이라는 가혹함, 모래의 난폭함과 혼돈의 성공적인 의인화(擬人化)이다. 신화 속에서 오시리스는 축복과 번영의 장(場)인 나일강을, 세트는 나일강 반대편, 즉 카오스와 비탄(悲嘆)인 불모(不毛)의 땅의 지배자로 간주된다. 길가메시 신화에서도 사막의 신은 전갈이다. 오시리스의 영지인 비옥한 나일강 영토, 세트의 영지인 처절한 불모의 사막, 그것이 결국 세트로 하여금 오시리스를 질투해 암살하고 그의 왕권을 찬탈하려고 계획하게 했다는 것이다.

어차피 오시리스 4남매-오시리스, 이시스, 세트, 네프티스는 대지의 신 게브와 하늘의 신 누트 사이에서 태어난 신의 계보였다. 오시리스는 이시스와, 세트는 네프티스와 혼인한다. 고독한 사막, 모래 폭풍 속에서 오로지 맹독을 온몸에 출렁이며 붉은 사막을 기어가는, 초목이라고는 없는, 그래서 존재 자체에 화가 나있는 맹독의 고독, 그것이 전갈, 세트의 정체성이다. 이후 세트는 자연 재앙, 악천후, 지진의 신 같은 온갖 악역을 도맡았다. 그는 증오, 폭력, 전쟁, 질병, 고통, 불행이라는 모든 카오스, 모든 미궁(迷宮)의 신이다. 이집트 신화는 세트의 출생으로부터 세상에 카오스가 왔다고 설명하고 있다. 그의 생일은 재앙의 날로서 사람들은 그날 외출을 삼가기까지 한다는 것이다.

66

팍스 페르시카(Pax Percica)
- 페르시아적 평화 이데올로기

　기원전 539년, 바벨론이 멸망하고 페르시아 왕국이 바벨론 정복에 성공했다. 바벨론의 국가 신 마르둑은 폐기되고 페르시아 국가 종교인 조로아스터교가 왔다. 창시자 조로아스터의 페르시아 이름은 스피타마 자라투스트라이다. 불의 종교, 즉 배화교인 조로아스터교는 선(善)의 신 아후라 마즈다와 악(惡)의 신 아흐리만과 함께 왔다. 선과 악, 빛과 어둠이라는 페르시아 종교적 이원론이 닥쳤다. 창시자 조로아스터는 페르시아가 바벨론을 정복하기 12년 전에 이미 사망했었다. 페르시아의 창조 신이며 국가 신인 아후라 마즈다의 이원론 종교가 바벨론의 신들 즉 마르둑, 이슈카르, 나부 등을 폐기하고 최고 신으로 득세(得勢)하는 것은 매우 당연한 일이었다.

　페르시아 제국과 함께 이번엔 불을 숭배하는 배화(拜火)가 바벨론의 국가 신 마르둑을 갈아치우는 격변이 일어난다. 아후라 마즈다는 당연하지만 페르시아의 수도 페르세폴리스의 장대한 국가 건물의 벽화에 등장하면서 그의 데뷔를 알린다. 일본 자동차 상표 마즈다는 이 배화교 최고 신의 이름을 달고 21세기를 달린다. 이후 다리우스 3세는 석비(石碑)에 이렇게 적어넣었다.

> 나는 선포하노라. 이 땅 페르시아, 선신 아후라 마즈다께서 내게 선사한 이 땅, 내 곁에 계시고 다른 신들과 함께 이 나라를 적으로부터 지키시고, 기아와 거짓으로부터 지켜주시고 축복 내려 주시길.

이제 바로 그 이름, 기원전 6세기, 유대 민족의 해방자, 키로스(고레스) 2세의 이름이 등장한다. 기원전 539년 10월, 페르시아 왕 키로스는 바벨론을 점령해 버렸다. 바벨론은 장렬한 정식 전투, 정식 저항 한번 해보지 못한 채 항복했다. 다음해인 기원전 538년, 페르시아 왕, 새 군주 키로스는 자신이 정복해 멸망시킨 바빌로니아에 살고 있는 망명 생활 중인 유대인에게 그들의 조국 이스라엘로의 귀환을 허락했다. 더 놀라운 것이 있다. 이스라엘로 돌아가 유대 민족 숙원이었던 유대주의의 정점, 즉 예루살렘 성전을 재건축하라고 권유했다는 것이다.

> 예루살렘으로 돌아가서 여호와의 성전을 건축하라(스 1:1-3).

그 혁명적인 기적적 반전, 그것이 바로 저 유명한 '키로스 칙령(勅令)'이다. 성경은 그것이 하나님이 주신 감동(感動)에 의한 키로스의 종교적 관용이라고 단호하게 적고 있다. 키로스의 종교적 관용, 역사가들은 그것을 '팍스 페르시카'(Pax Percica)라고 명칭한다. 로마 황제 아우구스투스의 '팍스 로마나'(Pax Romana)보다 약 500년 전 이미 존재했던 팍스 페르시카-페르시아 평화 이념- 말이다. 팍스 페르시카, 그것이 키로스의 정치 이데올로기였다. 그렇다. 키로스는 자신이 정복한 제국, 도시 국가들에 관대했다. 그의 팍스 페르시카적 키로스 칙령으로 인해 유대인들은 바벨론 망명 생활의 종지부를 찍고 예루살렘으로 돌아가도록 허락되었다. 바벨론 유수, 즉 바벨론이란 이름의 감옥으로부터의 석방(釋放) 선언, 바벨론 포로 70년 만에 닥쳐 온 역사적 지진이었다. 이사야서에서 키로스는 이미 유대인의 해방자이며 여호와의 옹호자로 예언된다. 키로스 출생 200여 년 전 일이다.

> (내가) 그의 앞에서 두 개의 문을 열며, 그 어떤 문도 그의 앞에 닫힌 것이 없이 머물리라. 내가 그를 위해 땅을 평평하게 만들고, 청동문을 부수며, 철 자물쇠들을 산산히 부수리라.
> 그러면 (너 키로스), 너를 불러서 사용하는 나 여호와가 이스라엘의 하나님인 줄 네가 알게 될 것이다(사 45:2-3).

그러나 역사가 헤로도토스에 의하면 새 정복국 페르시아도 바벨론과 똑같이 피와 폭력 위에 걸터앉아 있었던 제국이다. 페르시아 제국의 사치, 향락, 퇴폐, 왕들의 잔혹상들의 기록들도 남아있다. 바벨론의 마지막 왕이며 벨사살의 부친인 나보니두스는 그의 운문시 속에서 자신의 왕국 바벨론을 멸망시킨 정복자이며 적국의 왕인 키로스, 자신이 직접 경험했던 키로스를 이렇게 묘사한다.

> 키로스, 그는 모든 것을 무(無)가 될 때까지 맷돌질한다. 그는 모든 건축물을 그 평면도(平面圖)까지 흔적도 남기지 않고 뜯어낸다. 그

는 바벨론의 모든 성소들을 그의 이름으로 멸절시켰다. 그는 언제나 불의 신으로 하여금 바벨론의 모든 것을 불태워 버리게 했고 불로써 모든 소중한 것들을 먹어치우게 했다.

나보니두스의 그 선동적 구절들은 새 정복자인 페르시아의 키로스가 얼마나 철저하고 근원적으로 바벨론을 말살했는지, 그의 정복 과정이 얼마나 난폭하고 냉혈했는지 폭로하고 있다. 물론 그 속엔 바벨론의 패자 나보니두스의 절규와 비명, 모욕적 멸망에 대한 복수와 험담, 과장도 어른댄다. 어떻든 나보니두스는 키로스 정복의 잔학사를 운문시로 적어 남겼다. 그것은 곧 느부갓네살이 예루살렘을 정복할 때와 똑같은 잔혹함으로 바벨론도 멸망했음을 증언하고 있다. 그 와중에 전격적인 유대 민족의 예루살렘으로의 귀향, 예루살렘 성전 건설 지원을 칙령이라는 외관을 입혀 발표한 키로스 선언은, 이사야의 예언대로 하나님이 그에게 주신 감동의 산물이라는 것 외엔 설명되지 않는 것이 사실이다.

페르시아의 수도 페르세폴리스의 왕궁 알현실로 가는 웅장한 계단 벽면엔 왕의 의상을 걸친 거대한 사자상이 새겨져 있다. 그 사자는 황소의 엉덩이를 덥썩 물어뜯고 있다. 그것이 페르시아 제국의 정복 이데올로기였다. 반복해 등장하는 건축물의 모티브들, 존재하는 적국(敵國)들을 악착같이 물어뜯는 사자, 그것이 페르시아였다. 왕국 초기 과도기의 왕 다리우스 시절, 다니엘이 바벨론의 불가마가 아닌, 페르시아의 사자 굴로 던져 넣어졌던 것은 전혀 이상한 일이 아니다. 사자, 그것은 페르시아 제국의 문장(紋章)이었다. 당시 페르시아의 영광스런 수도-그들은 그렇게 불렀다-페르세폴리스의 모든 곳에서 볼 수 있는 건축의 상징 문양,

건축 모티브는 압도적으로 사자였다. 불멸하는 제국의 영광을 수호하는 제국의 문장, 그것이 사자들이었다. 그들은 자신들을 '불멸의 대제(大帝)'라고 간주했다. 페르시아 제국은 기원전 550년부터 약 220년간 존재했다.

기원전 334년, 마케도니아의 젊은 통치자 알렉산더의 전설적 특수 군단이 페르시아의 다리우스 3세의 대군을 내리친다. 놀랍지만 페르시아의 대패였다. 페르세폴리스, 바벨론, 수사(Susa)라는 페르시아의 현란한, 빼어난 수도들은 결국 알렉산더의 기세 앞에서 그들의 성문을 열어젖힌다. 항복이다. 바로 그 메소포타미아 위에 자신의 이상 도시를 건설하려고 했던 알렉산더는 그러나 기원전 323년, 33세의 나이로 바벨론, 바로 그 유명한 느부갓네살의 왕궁, 바벨론 제국 마지막 벨사살의 무도회가 열렸던 바로 그 왕궁에서 사망한다.

세기가 흐르면서 찬란하던 이슈타르 성문의 탐미적인 푸른 스카프 같던 코발트빛 벽돌은 사막의 먼지 속에서 침식되어 갔다. 바람은 바벨론 최고의 성소 바벨탑 위에 내려앉아 악착같이 기원전 6세기의 기세등등한 그 마천루를 갉아먹었다. 메소포타미아에 불던 거대한 제국들-바벨론, 페르시아, 마케도니아의 욕망과 환열은 그렇게 사막의 사나운 원주민인 모래와 바람에게 사정없이 먹혀버리며 역사의 컨베이어벨트 저편으로 퇴장해 갔다. 필멸(必滅)이다.

67

출(出)바벨은 제2의 출애굽인가

　기원전 538년, 키로스 황제의 칙령이 선포되었다. 다음해 제1차 예루살렘 귀환이 시작됐다. 유대 민족이 바벨론에서 예루살렘으로 돌아가는 데 약 70년이 걸렸다. 예루살렘에서 바벨론으로의 잡혀감, 그리고 다시 바벨론에서 예루살렘으로의 귀환, 입성(入城)까지 70년이 걸린 것이다. 제2의 광야 생활인 바벨론 광야 70년을 치르고 예루살렘으로 돌아갈 때, 그것은 제2의 출애굽, 즉 출(出)바벨이었다. 그들은 그렇게 70년 동안 하나님께서 결정한 바벨론 광야 생활을 경험했다. 바벨론 강가에서 울며 그리워했던 고국이며 고향인 예루살렘은 거대한 빈 의자처럼 철저히 빈 희망과 우거진 잡초들로 그들을 맞았다.

　에스겔서 37장은 이스라엘에 대한 사망 선고-해골 골짜기-와 부활의 예언이 동시에 존재하는 신비한 협곡이다. 하나님은 말씀하신다.

> 너희는 나 주 여호와가 하는 말을 똑똑히 들어라. 내가 직접 너희 무덤을 열고 너희를 내 백성으로 데리고 나와 몸소 이스라엘 땅으로 들어가겠다.

알고보니 이스라엘 민족의 망명지 바벨론은 이스라엘 민족의 무덤이었다. 하나님은 이스라엘 민족의 무덤, 그 관 뚜껑을 열어젖히시고 시신인 그들에게 자신의 호흡인 생명을 불어넣어 살리시고 그들을 부둥켜안은 채 몸소 이스라엘 땅으로 데리고 돌아가겠다는 것이다. 하나님은 말씀하신다.

> 오라, 오라, (...) 이제 탈출하여 시온으로 오라(슥 2:6-7).

그 귀향이 단지 바벨론에서 예루살렘으로의 장소적 귀향이었을까. 아니, 하나님의 본질-하나님의 나라로 돌아가는 것, 그것이 그들의 귀향 바벨론으로부터의 귀환-이었다. 선민 이스라엘의 귀향은 이제 더 이상 지상의 장소 예루살렘이 아닐 수도 있다는 것을 그들은 알았다. 그들이 귀향하는 고향, 그것은 더 이상 70년 전 떠나온 예루살렘이 아니라, 하나님 구원사의 본질인 새 예루살렘, 하나님의 나라, 그리고 '메시아'로까지 확장돼 있다는 것을 그들은 막연히 예감하고 있었을 수도 있다. 이제 유대 민족의 테마는 예루살렘으로의 장소적 귀향과 도착이 아니라, '메시아에로의 도착(到着)'이었다는 것을 그들은 나중에야 알았다.

> 예루살렘의 황무함이 70년만에 마치리라(단 9:2).

키로스 칙령 선포 1년 후, 기원전 537년부터 제1차 귀환이 시작됐다. 귀환 행렬 선두에 스룹바벨이 서있었다. 그는 키로스에 의해 임명된 유대 총독이었다. 그는 유다 왕실의 후예였다. 키로스 칙령은 그렇게 기적처럼 왔다.

> 야훼께서 시온의 포로를 돌려 보내실 때 우리는 꿈꾸는 것 같았도다(시 126:1-6).

그러나 망명 70년 후, 바벨론으로 귀향할 때 그들 모습은 창백했다. 귀향, 귀국이라고는 하지만 그들에겐 독립된 왕조도 왕국도 없었다. 그들이 나라를 잃은 망국의 시민이라는 것은 여전히 분명한 현실이었다. 귀환 물결 선두에 선 스룹바벨의 직함이 유대 총독이라는 것 속에서 그들은 이스라엘이 여전히 바벨론 대신, 페르시아의 식민지였고, 이후 그리스, 로마의 식민지로 정복자의 이름만 바꾸며 달려가는 역사의 민망한 조연(助演)으로 생존할 것을 예감하고 있었다.

그들에게 예루살렘으로의 귀환이란 하나님의 지성소가 있던 성전으로의 귀환이었다. 야훼 하나님의 성전 없는 예루살렘이란 상상할 수 없는 것이었다. 성전 회복과 제사의 회복이라는 기적, 그 가능성 앞에 그들은 꿈꾸는 것 같았던 것은 당연한 일이다. 제1차 귀환자 명단은 우선 약 5만 명이었다. 3차 귀환까지의 숫자도 그리 많지 않았다. 70년 바벨론 망명 생활 동안 그들이 모두 야훼 하나님 신앙의 최전선에 전사(戰士)로서 있던 다니엘, 세 친구, 에스겔처럼 청청한 신앙의 수호자로 살았던 것은 아니다. 물론 노령의 다니엘처럼 개인적 결정으로 예루살렘 귀환에 참여하지 않고 바벨론에 그대로 남은 사람들도 있었다. 황무지, 폐허, 저주의 땅으로 남아있는 예루살렘으로 돌아가는 것, 다윗이 세운 신성한 도시, 하나님의 지성소가 있었던 예루살렘으로 돌아가야 한다는 사실에 고개를 저었던 사람들도 많았다. 정복자의 이름에 따라 시간의 간판들을 부지런히 갈아 끼웠지만 그럼에도 불구하고 바벨론, 페르시아가 주는 제국과 부국의 광채, 세속성과 통속성, 이익 사회가 주는 편안함에 기꺼이 주저앉은 유대인들도 많았다.

많은 사람들은 이미 수많은 신들의 전시장 같은 바벨론의 우상 숭배에 기꺼이 익숙해져 있었다. 솔직히 말해 그들에게 수많은 신들의 경연장인 세속 사회의 대표격인 바벨론 속에서 유일신 야훼 하나님을 모시는 일은 너무도 힘겹고 뼈근한 중노동이었을 수도 있다. 아니, 그들은 더 이상 유대인 회당 예배에 참석하지 않았고 안식일도 걷어차 버린 지 오래였다. 바벨론 망명 시절 그들은 게토에 유대인 회당을 갖고 있었지만 말이다.

바벨론이 멸망하고 페르시아 제국이 들어섰을 때, 포로 1세대는 물론 그 후손들도 이미 바벨론 국가 신인 마르둑을 버리고 페르시아 국가 신인 조로아스터교의 아후라 마즈다로 재빠르게 갈아탈 준비가 돼있었다. 기원전 600년경 이미 시작된 선신과 악신의 이신론으로 무장된 조로아스터교는 키로스가 바벨론을 멸망시키고 정복을 끝냈을 때 이미 종교적 꽃을 피우고 있던 당시 새 종교의 스타였다.

나는 선포하노라. 이 땅 페르시아, 아후라 마즈다가 내게 선사한 이 땅, 내 곁에 계시고 다른 신들과 함께 이 나라를 적으로부터 지키시고, 기아와 거짓으로부터 지켜주시고 축복 내려 주시길.

다리우스 선포에서 우리는 안다. 다리우스는 국가 신 아후라 마즈다만으로는 성이 차지 않았다. 그래서 "아후라 마즈다여, 다른 신들과 함께"라고 서원하고 있다. 당시 이집트, 레반트, 메소포타미아 지역에선 다신(多神)만이 대세였다.

그렇다. 많은 숫자의 유대인이 예루살렘 귀환을 거절한 채 바벨론에 머물기를 선호했다는 것이다. 사실상 바벨론에서 예루살렘으로의 길, 그것은 살인적인 구간이긴 했다. 인간에게 적대적인 사막을 다시 관통해 약 1500킬로미터를 완료해야 하는 고난의 구간이었다. 그때 이미 많은 유대인들은 바벨론 제국이 임명한 고관, 관료 신분의 의상을 입고 있었다는 것도 귀환 거절 이유에 한몫했다. 물론 그들도 망명자의 한을 노래하긴 했었다. 시편 137편은 그 망명의 시간을 노래한 집단 기억을 기록하고 있지 않은가.

바벨 강가에서, 바벨의 강들, 강변에 앉아 우리는 울었노라. 시온을 생각하며.

어떻든 팍스 페르시카-페르시아 평화론-의 상징인 키로스 칙령에도 불구하고 많은 숫자의 유대인들은 멸망한 바벨론, 즉 페르시아라는 신세계에 남았다. 바벨론 잔류자 후예들은 이후 에스더, 모르드개라는 이름 등으로 메소포타미아의 신성(新星), 페르시아 제국 왕정 무대에 이름을 올린다.

68

로토파겐 블루스

막스 호크하이머와 테오도르 아도르노 공동 저작의 '계몽의 변증법' 중 '오딧세우스' 또는 '신화와 계몽' 속엔 돌연 호머의 『오딧세이』 9장 82-104행에 대한 인용이 등장한다. 오딧세우스가 트로이 전쟁을 끝내고 그의 왕국이며 고향인 그리스 이타카로 귀향할 때 로토파고스 족의 땅을 방문했었다. 육지에 이르렀을 때, 그는 그 땅을 정찰하도록 두 사람의 정탐자를 보냈다. 놀랍게도 그곳 주민인 로토파겐 족(族)은 그들을 반갑게 맞았다. 그들은 들이닥친 낯선 정탐꾼들을 적대적으로 대하거나 모욕하지 않았던 것이다. 그들은 도리어 낯선 방문자에게 환영 음식으로 '로토스'를 내놓았다. 손님 영접 선물로서 그 정탐자들에게 로토스가 주어진 것이다.

로토스는 그 섬에서 나는 연꽃, 수련으로 만든 음식, 즉 환각제였다. 꿀처럼 단 로토스 열매를 맛본 정탐자들은 그들 사명인 이타카로의 귀향 같은 거창한 테마, 불확실한 목표 같은 것은 더 이상 생각하지 않게 된다. 그들은 도리어 영원히 그토록 쾌적한 로토파겐 사회에 정주하려고 한다. 그곳에서 로토스를 채취하며 고통이라고는 없는 가상(假想)의 '유사(類似) 행복'에 취해 살아가기 원한다.

로토스 맛에 만취된 두 남자는 그들이 과연 왜 배에서 내려 그 땅에 상륙했는지 그 목적마저 까맣게 잊었다. 그리고 이타카로의 귀향 같은 웅혼한, 모험적인, 위험천만한, 난파가 기다리고 있는 생의 목적 같은 것은 단번에 폐기해 버린다. 오딧세우스의 부하들은 환각 성분 가득한 로토스라는 식물로 모두 환각에 빠져 고국으로 돌아가기를 거부한 것이다. 그러자 오딧세우스는 강제로 그곳에 남으려고 저항하며 울어대는 그들을 해안으로 끌어냈고 배 안으로 내던졌다. 오딧세우스는 말한다.

그리고 나는 사랑하는 그 동행자들에게 빨리 도망칠 것을, 배로 달려와 스스로를 구할 것을 명령했다. 로토스 열매로부터 흥분당하거나 유혹되지 말고 결코 고향을 망각하지 말라고. 그들은 결국 배로 돌아왔다. 나는 그들을 그곳 선상 의자, 즉 자기가 저어가야 할 노(櫓)가 있는 좌석 대열에 앉게 했다. 그리고는 항해를 위해 비등(沸騰)하는 잿빛 파도를 노(櫓)들로 내리치도록 했다.

오딧세우스는 말한다.

우리는 매우 슬픈 심정을 부여잡고 다시 이타카로 항해해 나아갔다.

오딧세우스가 트로이 승전 이후 그의 왕국이며 고향인 이타카로 귀향하는 데 걸린 시간-방황의 미궁-은 무려 10년이었다. 그것은 시간이라기보다 차라리 세월이다.

　기원전 5세기, 헤로도토스도 로토파겐이라고 명명된 부족(部族)에 대해 보고한 적이 있다. 그에 의하면 로토스 열매는 야자열매와 비슷하다. 로토파겐 종족은 로토스 열매로 독주(毒酒)를 만들었다고 전해진다. 20세기 판 오딧세이인 제임스 조이스의 '율리시즈' 속에서 로토파겐 종족은 바로 당시 더블린 시민들, 즉 20세기 세계 시민들을 의미한다. 삶의 이유인 삶의 목적지 이타카를 까맣게 잊은 채, '지금, 여기'서 제공되는 편안함과 안락함을 선택한 채, 유사 행복을 부여잡은 채, 안주(安住)한 채, 악착같이 주저앉아 있는 현대인의 진부한, 속물적인 삶 말이다.

　키로스 칙령이라는 세기적 기적으로 소위 예루살렘 귀향이라는 해방의 시간이 선포됐다. 그럼에도 불구하고 많은 유대인들은 안락하고, 달콤한 로토파겐의 땅인 바벨론에 기꺼이 남았다. 솔직히 말해 '귀향'은 아무나 할 수 있는 것이 아니다. 선택한다고 해서 모두 귀향할 수 있는 것도 아니다. 그 지점이 바로 '노스토스(Nostos)-귀향'이라는 치열한 철학적 테마가 등장하는 지점이다.

　가령, 10년간의 트로이 전쟁 승전 후 개선문 같은 미케네 왕국의 사자의 문을 통과해 귀향한 바로 그 밤, 아내 클리템네스트라에 의해 욕조에서 도끼로 살해되는 미케네 최고의 영웅 아가멤논 왕의 좌초된 귀향 같은 것 말이다.

　이상도 하지. 우리가 길이라고 생각하는 것은 모두 미로(迷路)이고, 우리가 도착했다고 생각하는 고향은 모두 미궁(迷宮)이다.

69

예루살렘 제2 성전, 그리고 통곡의 벽

기원전 520년의 일이다. 바벨론 제1차 귀환 이후 이미 18년이 지난 때였다. 하나님은 반복해 지연되는 예루살렘 성전과 성벽 건축에 대해 마침내 직접 입회(入會)하신다. 스가랴 2장에 등장하는 당시 스가랴의 셋째 환상은 놀랍다. 환상 속에서 그는 손에 측량 도구를 들고 있는 한 남자를 본다. 남자는 무너진 예루살렘 성벽의 넓이와 길이를 측량하려고 한다. 그러나 곧 측량을 막는 하나님의 만류(挽留)의 메시지가 천사의 해석에 의해 선포된다. 메시지는 이렇다.

> 그 젊은이에게 달려가 이렇게 말하라. 예루살렘의 성벽을 쌓아 비좁게 하고 싶지 않다. 예루살렘엔 사람과 짐승이 많기 때문이다. 내가 스스로 불길로서 성벽이 되고 이 도성을 둘러싸 지키겠다. 내가 몸소 화염 성벽이 되어 그 도성을 둘러싸고 나 자신이 그 도성의 영광이 되겠다. 여호와의 말씀이시다(슥 2:4-5).

하나님은 예루살렘 성벽을 쌓아 그 도시를 비좁게 하고 싶지 않다는 것이다. 하나님의 차원에서 좁다는 것은 대체 무엇일까. 하나님은 그때 이미 그 예루살렘이 아니라 새 예루살렘 즉 선민 이스라엘과 열방을 모두 힘차게 포옹하실 그 구원의 완성의 풍경을 스스로 폭로하고 계신 것은 아닐까. 더 찬란한 것은 이것이다. 내가 쌓을 성벽은, 인간이 가진 측량 기구, 즉 두루마리 자(尺)로는 측량할 수 없다는 것, 그것은 새 차원의 그 무엇을 암시하는 것은 아닐까. 아무래도 하나님이 말씀하고 계시는 성전과 성벽은 이미 지상의 구체적인 성전, 성벽이 아닐 수도 있다. 선민 이스라엘뿐 아니라 세계 열방의 모든 자녀들을 함께, 힘차게 품으실 미래의 그 '새 예루살렘', '하나님의 나라'가 예감된다.

하나님 시간의 단위(單位)는 영원이다. 그런 이유로 하나님의 말씀 속에선 과거-현재-미래가 국경 없이 서로 밀려들며 철썩인다. 하나님의 현재는 곧 미래일 수 있다. 그분의 거대한 인류 구원사 속에선 인간적 시간의 단위 같은 것은 아무 의미가 없을 수도 있다. 우리는 단지 예루살렘이라는 지상의 도시, 지상의 지극히 작은 소우주(小宇宙)-마이크로 코스모스 속에 산다.

> 나는 예루살렘의 이글대는, 나의 불길로 만든 성벽이 되리라. 그렇게 해서 그 안의 내 백성을 꺼지지 않는 나의 영원한 불기둥으로써 보호하리라. 그리고 난 그들 복판에서 살리라. 나의 찬란한, 너무도 강렬해 도무지 숨길 수 없는 그 영광, 그 신성을 거느린 채 말이다.

이토록 치열한 사랑을 본 적이 있는가. 하나님은 자기 선민, 자기 장자에 대한 사랑, 유감스럽게도 번번히 짝사랑이 되어가는 그 사랑을 도무지 숨기지 않으신다. 기쁨의 함성 같다. 70년간의 유배 후, 자신의 장자인 이스라엘을 다시 끌어안는 그 불같은 사랑 말이다. 예언자 스가랴의 이름도 기막히다. 그의 이름은 '하나님은 자기 민족에 대한 자기 언약을 기억하시다'이다.

사랑은, 항상 더 사랑하는 자가 지는 법이다.
인간에 대한 사랑에 관한 한 하나님은 늘 패자(敗者)이다.

느부갓네살에 의해 불에 타 절멸해 버린 솔로몬 성전, 그 자리에 제2 성전의 초석(礎石)을 놓은 것은 기원전 535년 2월이었다. 기원전 516년, 예루살렘에 제2 성전이 완공됐다. 그토록 열망하던 하나님의 집, 제2 성전이 완성되어 봉헌된 것이다. 성전 재건 때에도 유대 총독은 스룹바벨이었다. 제1 성전을 솔로몬 성전이라고 부르듯, 제2 성전은 건축을 지휘한 총독의 이름을 따 스룹바벨 성전이라고도 불린다. 페르시아 제국에 의해 임명된 유대 총독. 그것은 예루살렘은 독립 국가가 아니며 페르시아 제국의 식민지일 뿐이라는 비통한 증명이기도 하다.

이후 건축 광이었던 유대 왕 헤롯 대왕은 제국 로마의 대리인 자격으로 제2 성전에 대한 대대적인 복원, 확장 공사를 실시했다. 그때도 여전히 예루살렘은 당시 사자효(獅子哮)를 뿜어대는 로마 제국의 식민지였다. 서기 70년 로마-유대 전쟁으로 다시 제2 성전이 불타 버릴 때까지 예루살렘 성전은 건재했었다. 서기 70년, 제2 성전도 당시 세계 제국인 로마에 의해 다시 불탔다. 불탄 성전 서쪽 벽은 광기에 찬 화염으로부터 살아남았다. 불더미 속에서 살아남은 예루살렘 제2 성전, 그 서쪽 날개를 사람들은 '통곡의 벽(壁)'이라고 부른다.

예루살렘 심장부에 있는 소위 유대인 구역에 숙박해보면 안다. 새벽마다 얼마나 많은 예루살렘 시민들이 유대인 회당 본당의 그 많은 좌석을 마지막 자리까지 채우는지, 이층의 여성 전용석에도 빈자리라곤 아예 없는지. 그 유대인 회당 광장을 지나 거대한 조각상인 황금 메노라 촛대를 지나 가파른 돌계단을 내려서면 유대 시민들의 기도의 영지(領地)인 통곡의 벽이 보인다. 기도의 영토, 통곡의 벽 구역에 들어서려면 기관총으로 무장한 군인들의 검문 수색을 거쳐야만 한다. 그럼에도 불구하고 새벽 기도를 위해 통곡의 벽, 그 기도의 영토에 들어서면 안다. 그 새벽 얼마나 수많은 버스들이 얼마나 많은 기도자들을 끊임없이 실어나르고 토해내는지. 그 통곡의 벽 바위 돌 틈 속에 비둘기처럼 깃들어 있는 수많은 기도 제목들. 그런 탓인지 새벽의 아름다운 예루살렘 여명(黎明) 속에서 바라보면 통곡의 벽은 기원전 516년 완공되어 서기 70년에 불타버린, 로마의 불 속에서도 살아남은, 거대한 불사조(不死鳥)의 왼쪽 날개 같다는 생각도 드는 것이다.

70

아우슈비츠 레퀴엠
- 어느 20세기 최후의 만찬

"이것은 매우 특이한 만찬(晚餐)에 관한 얘기다"라고 시작되는 작품이 있다. 극작가 조지 타보리(1914-2007)의 희곡 『식인종들』이 그것이다.

작품의 시작은 이렇다. 1945년 1월경이라고 해두자. 아니 당시 감옥 당직 일지가 존재한다면 1944년 7월의 일이지만 말이다. 어느 이른 아침의 일이다. 장소는 아우슈비츠 강제수용소, 제6블럭 죄수용 바라크이다. 즉 독일 나치 강제수용소 가건물 감방에서 발생한 어느 사건에 대한 보고서이다.

무대는 아우슈비츠란 이름의 20세기 살인 공장의 한 감옥이다. 20세기의 불가마, 그것이 곧 아우슈비츠이다. 강제수용소 제6블럭 가건물 바라크엔 12명의 남성 죄수가 수용돼 있다. 이 작품은 그날 그곳에 생존해 있던 12명의 죄수들이 맞이한 그들 생애 최후의 만찬(晚餐), 즉 마지막 향연에 관한 보고서이다. 물론 느부갓네살 왕궁 영빈관의 바벨론 제국 최후의 벨사살 대향연 같은 것은 잊자. 이 사건은 단지 하루 동안 일어난 일이다. 12명 죄수의 숫자가 의미심장하다. 예수의 12제자, 혹은 하나님의 선민 유대 민족의 12지파를 의도적으로 떠올리게 한다. 그 12명의 죄수는 그들 생애 최고의 지옥이고 종착역인 아우슈비츠에 도착하기 전 다른 국적, 직업, 신분들을 갖고 있었다. 가령 언론인, 교수, 의대생, 요리사, 정치범, 바이올린 연주자, 집시, 그리스인, 키 작은 남자, 과묵한 남자, 뚱뚱한 남자 등 말이다.

막이 오르면 매우 어두운 방이다. 검은 방이라고 말하는 것이 낫다. 긴 탁자, 긴 의자가 있고, 뒤쪽으로 3층짜리 죄수용 가설 철침대들이 보인다. 낡은 난로 한 개, 크고 깊은 들통 모양의 조리용 솥-그것은 요즘 소변통으로 쓰인다-이것이 이 작품 무대의 소도구들이다. 무대는 약간 경사진 모양을 하고 있다.

어디선가 새벽 첫 닭 우는 소리가 들린다. 그때 죄수인 한 남자, 유대인 푸피가 잠자리에서 일어난다. 그리고는 극도로 조심하며 자신의 철침대에서 내려온다. 그는 발끝으로 걸어 구석으로 간다. 그리고는 사방을 둘러본다. 그 다음 겨드랑이 깊숙한 곳에서 빵 한 덩이를 꺼낸다. 그리고 그 빵을 애무한다. 격렬하게 입을 맞춘다. 그때 두 번째로 닭이 운다.

두 번째 닭 울음 소리. 예수를 배신한 후, 새벽 법정으로 끌려가는 예수를 쫓던 베드로의 뒷전에서 울어대던 그 두 번째 닭 울음소리. 예수를 부인하던 배반의 말 뒤에서 베드로의 등판을 내리치듯 닥쳐왔던 그 닭 울음소리와 동일한 닭 울음소리가 죄수들의 청각을 찢는다. 그들의 잠을 깨운다. 이 지점에선 지금도 예루살렘 베드로통곡교회 돔 높은 지붕 위에서 십자가를 지키는 도금된 황금 수탉 한 마리가 생각난다.

푸피는 빵 한 조각을 뜯어낸다. 그리고는 남몰래 씹기 시작한다. 빵은 몹시 단단하다. 그래서 그는 도저히 그 씹는 소리를 더 이상 작게 할 수 없다. 빵 씹는 소리에 11명의 다른 죄수들이 모두 일어난다. 그리고는 마치 음악을 듣듯 그야말로 그 소리를 경청한다. 그들은 정말이지 자신들의 귀를 믿을 수 없다. 전직 의학도인 클라웁이 독백한다.

아아, 저기 누군가, 그 무엇을 먹고 있어, 그 무엇을.

당시 아우슈비츠의 이름은 곧 기아(饑餓)였다. 2차 대전 말, 독일군은 수송(輸送)에 치명적 타격을 입었다. 유대인 강제수용소 아우슈비츠엔 기아라는 재앙이 폭설처럼 내렸다. 특히 1945년 1월이 그랬다. 어느 날 돌연 강제수용소엔 사이렌이 울렸다. 곧 방송이 터져 나왔다. 전쟁 막바지에 식(食)재료 수송의 중단을 알린 것이다. 2주간 근무 중단이 선포됐다. 방송과 함께 강제수용소 부엌의 요리사들은 모조리 화물 자동차에 올라타고 수용소를 떠나 버렸다. 그때 바로 그 감옥 제6구역 바라크엔 12명의 죄수가 남아있었다. 그들은 말한다.

누가 대체 우리에게 닥친 그 기아, 그 배고픔을 이해하겠어. 그 수용소는 기아 그 자체였어. 기아가 그 수용소였어. 우리는 살아있는 기아였어.

제6구역 바라크 죄수들은 결국 파리를 잡아 입 속으로 밀어 넣었다. 그들은 차츰 공식적으로 식사를 급식 받은 것이 언제인지조차 잊었다.

똥 위에 앉아있던 똥파리가 그토록 생존을 위해 필요한 간절한 음식이 되었을 때 그들은 이미 빵의 맛이 어떤지도 잊어버린 상태였다. 음식을 데우던 커다란 들통 모양의 솥이 소변통으로 전락해 버린 것은 그런 이유였다. 그리고 그날 그 아침을 맞은 것이다.

다시 푸피가 빵을 씹는 소리가 들린다. 빵 씹는 소리, 그것은 그 감방에선 결코 들려서는 안 되는 소리였다. 죄수들은 이미 모두 침대를 떠났다. 그리고는 일제히 빵 씹는 소리의 주인공, 푸피를 덮친다. 그들은 그에게 빵을 빼앗은 후 미친 듯 빵 조각을 입안으로 쳐넣는다. 이후 문득 불길한 정적이 덮친다. 그들은 푸피를 발로 쳐본다. 아아, 푸피는 그들의 습격에 눌려 죽었거나 발길에 치여 죽었다. 압사(壓死)한 것이다. 물론 의도적 살해는 아니다. 푸피의 시신이 경사진 무대 앞까지 굴러 내려간다. 아저씨만이 푸피의 시체 위에 거적을 덮어준다. 푸피가 그날 감방에서 유일하게 빵 한 덩이를 소유했던 것은 그가 아우슈비츠 수용소 급식소 취사반에서 일했기 때문이었다. 그는 어젯밤 빵 한 덩이를 몰래 숨겨 감방으로 돌아왔던 것이다. 혼자, 몰래, 미친 공복을 채우기 위해서 말이다.

죄수들은 그토록 단 한 조각 음식에도 미쳐있었다. 그들은 파리, 똥, 오줌까지 삼킬 만큼 미쳐있었다. 다시 말하지만 그들은 한 달 전부터 공식적으로 식량이라곤 받아보지 못했기 때문이다. 아저씨는 빈 요리솥, 음식 재료가 없어 오랫동안 비어있는 채 공동 소변통으로 사용되는 것이 괴롭다. 그는 이미 사고사로 죽은 푸피의 매장(埋葬)을 준비하고 있다. 이미 매장 연설도 생각해 두었다.

여기 고상한 심장을 가졌던 남자 푸피. 그는 전 유럽에서 두 번째로

뚱뚱한 남자였다. 그가 생애에 이룬 업적은 아주 보잘 것 없다. 그러나 수용소 감독관은 그 남자 푸피를 세워놓고 사진 찍기를 좋아했다. 세상에 알리기 위해. 그들이 강제수용소의 죄수인 유대인 돼지들을 얼마나 잘 처먹이고 있는지에 대한 증명용 사진 말이다. 푸피, 그는 그의 아이들을 사랑했고, 그럭저럭 잘 사는 남자였다. 그는 과거에 많은 거위들을 길렀었고 거위들의 간(肝)을 문명화된 국가들에 수출하는 일로 돈을 벌었었다.

다음 장면은 감방 안에서 죄수들끼리 치르는 죽은 푸피의 장례식이다. 아저씨는 한 손에 흰 장갑을 끼고 있다. 그는 단지 유대인이라는 이유만으로 체포되어 나치 강제수용소로 끌려온 71세의 전직 저널리스트이다. 체포 당시 그는 헝가리 부다페스트의 한 신문사 편집장이었다. 연장자인 그를 감방 동료들은 아저씨라고 불렀다.

여기, 한 고귀한 심장, 동료들의 보좌 없이 평화 속에 잠들다. 우리의 푸피는 유럽에서 두 번째로 뚱뚱한 사람, 그것은 결코 작은 업적이 아니었지. 이곳 수용소 감독관은 푸피의 사진을 찍어 온 세계에 당당히 전했지. 이 수용소가 유대인 돼지들을 얼마나 잘 먹여 이토록 살찐 인간으로 사육하는지를 증명하기 위한 알리바이로 사용하기 위해.

아저씨는 푸피가 미끈한 거위들을 사육해 미식가들을 위한 거위의 간을 수출했던 그의 전직을 추모한다. 그리고 그를 거위를 키우며 좋아했을 것이 분명한, 봄이면 민들레 풀 우거질 들판에 매장하고 싶다고 제의 한다. 그때 문득 의학도인 클라웁이 소리친다.

잠깐!

71

멋진 음식은 그 품격에 맞는 조리 시간이 필요해

그 '잠깐!'이 문제였다. 다음 순간 전직 의학도와 전직 요리사인 바이스가 장례식 중인 푸피의 시체 위에서 담요를 벗겨낸다. 구두와 양말을 벗기고, 시신의 맥을 짚어보고 장딴지를 점검한다. 다른 죄수들은 이상한 흥분감에 가쁜 숨을 몰아쉰다. 결국 의학도와 요리사는 눈을 마주친다. 그들 시선 속에서 불꽃이 튕겨 오른다. 푸피의 시신에 대한 점검은 끝났다. 25세의 의학도가 무대 앞으로 걸어 나와 말한다.

이 이기적인 뚱보는 그 빵 한 덩이를 악착같이 구해서 그것을 겨드랑이 속 깊은 곳에 숨겼지. 그리고 기회를 엿보았던 거야. 들키지 않고 혼자만 먹어버릴 그 시간을. 그에게 가장 중요한 것은 그 소중한 빵을 그 누구와도 나누어 먹지 않아야 한다는 자기 강령, 그것이었지. 나는 지금, 과거 수련 중인 의학도의 자격으로 여러분께 선언합니다. 당신들은 이 시신의 상태에 대해 전혀 두려워할 필요가 없

습니다. 가령 변비, 설사, 구토, 가스 충돌 같은 것 전혀 없습니다.

그때 전직 요리사 바이스가 나선다. 그는 마침내 모두가 듣고 싶어하던 바로 그 발언을 한다.

가능한 요리는 이렇습니다. 가령 스튜 요리, 삶은 요리, 굽기 요리, 모두 가능합니다. 잘 씹히고 연하고, 맛도 있으며, 영양가도 우수하다는 것을 나는 전문가로서 선언합니다. 부언한다면 요리의 방법들, 삶기, 구이, 스튜, 그 차이는 매우 왜소합니다.

그때 아저씨가 나선다.

너희들은 그토록 기다리지 못하겠니. 우리가 푸피의 매장처인 무덤 구덩이를 팔 때까지.

그때 의학도가 대답한다.

푸피는 무덤 같은 것, 필요하지 않습니다.

그 말이 끝나자 당장 한 죄수가 소변통으로 사용됐던 깊숙한 솥을 들어 올린다. 그리고는 솥을 주저 없이 난로 위에 얹는다. 그렇다. 그들은 마침내 자신들이 빵 씹는 소리 때문에 압사시킨 푸피를 장례 후 매장하는 것이 아니라 요리를 해 먹기로 결정한 것이다. 놀라운 것은 신속하게 터져 나온 그들의 결정이다. 그들은 깔려 죽은 푸피를 매장하는 대신 그의 시신을 소변통으로 전락한 들통 같은 솥에 넣어 삶기로 결정한 것이다. 푸피의 몸뚱이는 글자 그대로 삶의 양식으로 사용되어야만 한다. 그들은 우선 푸피의 몸에서 옷가지들을 벗겨 그의 옷을 서로 나눠가진다. 주저 없이 시체털이꾼들이 된 것이다. 아저씨는 결국 화덕 위에 얹힌 솥을 내던진다. 그리고 미친 듯 화를 낸다. 그리고 이렇게 절규한다.

나는 금지한다, 너희들에게. 동료를 요리해 먹겠다는 이 광기를 진행하는 것을. 너희들이 이 광기를 멈추지 않는다면 나는 이 도시에, 모든 토지와 농지에, 그리고 너희 매일의 빵 그릇에 저주를 내리겠다.

아저씨는 그렇게 함으로써 '하나님이 인간에게 준 인간 존엄을 사수(死守)하겠다'고 말한다. 그러나 그가 들어야 했던 말은 이것이다.

죄송하지만 아저씨, 식칼은 대체 어디 있나요.

놀랍지만 아저씨는 그 바라크에서 유일하게 칼을 소지한 남자였다. 아마도 단도(短刀)였을 것이다. 그러나 난 이 지점에서 그 단도를 감히 식칼이라고 부르겠다. 단도는 식칼이 되기 위해 등장하고 있으니까. 아저씨는 식칼의 보관자였다고 말하는 것이 옳다. 그 칼은 애초 동료 죄수인 집시의 소유였다. 그가 그 칼로 다른 죄수인 그리스인을 죽이려던 사건 이후 칼은 평화주의자인 아저씨가 보관하기로 감방 사람들은 합의했었다. 아저씨는 어떻든 감방 죄수들의 멘토 같은 사람이었다. 그 상황 속에서 그 식칼의 현재 용도를 알고 있는 아저씨는 칼을 넘겨주길 거부한다. 그러자 의학도가 그에게서 강제로 식칼를 빼앗으려 덤벼든다. 그 일을 죄수 히슐러가 돕는다. 그리고 말한다.

> 잘 들으세요. 아저씨. 우리의 먹을 조각은 아주 작습니다. 모두에게 너무도 충분치 않아요. 지금 이 순간 당신이 공허한 도덕을 설교하는 동안 인도에서는 몇 백만 명이 기아로 죽어갑니다. 우리는 지금 아주 우연히, 찬란한 대안(代案)을 만난 겁니다. 아주 끔찍하도록 우연한. 아세요. 공동묘지는 그야말로 맛있는 것들로 충만합니다. 자살한 시체의 어여쁜 기름 덩이는 세상 모든 개천에 떠다니고, 그토록 절대적으로 사용 가능한 죽은 자들의 몸뚱이란 원료들은 도무지 사용되지 않은 채 도처에 누워 나뒹굽니다. 아저씨, 제발 이성적으로 행동하시길.

결국 투쟁의 순간이 온다. 의학도는 아저씨에게서 식칼을 빼앗으려고 덤벼든다. 그들은 아저씨를 밀어 던진다. 그러나 칼은 아직도 아저씨 손에 있다. 그때 히슐러가 아저씨에게 한 방 주먹을 날린다. 그리고 헬타이가 칼을 잡아챈다. 그 칼은 요리사에게 넘겨진다. 이 두 남자, 27세의 히슐러와 24세의 헬타이의 이름을 우리는 끝까지 기억해야만 한다. 그들 대화는 이렇다.

히슐러: 이 투쟁의 성격을...
헬타이: 난 그것을 굳이 투쟁이라고 명명하지 않겠어.
히슐러: 그것은 어떤 격투 이상의 것이었어. 신중하고, 비현실적이고, 악몽에 찬.

헬타이: 너는 주먹으로 그를 쳤지. 아저씨는 결국 바다에 나가 떨어졌지.

히슐러: 난 그에게 그렇게 강하지 못했어.

헬타이: 난 거의 그의 대갈통을 깨버릴 뻔했어.

히슐러: 난 배가 고팠어.

헬타이: 그래 우린 모두 미친 듯 배가 고팠어. 그래서 우린 식칼을 그에게서 빼앗아냈지, 우린 미친 듯 배가 고팠고, 그래서 푸피의 시신을 기꺼이 토막 내야만 했으니까.

그 시간부터 과거 요리사였던 바이스는 요리사 자격으로 돌연 감방 죄수들의 수장(首長) 취급을 받는다. 그가 식칼을 받아들고 푸피의 시신으로 접근한다. 아저씨는 그것을 막기 위해 푸피의 시신 위로 몸을 던진다.

나는 이 소름 끼치는 도살에 저항하겠어.

그때 그리스인 고울로스가 허기 속에서 헐떡이며 아저씨를 향해 말한다.

아저씨, 그러나 난 배가 고파요. 날 이해하세요. 난 배가 고프단 말예요. 당신의 말들은 모두 경이로워요. 그러나 당신이 다시 한번 아가리를 열면 난 당신 두개골을 내리치겠어.

그때 문득 그 어떤 음악 같은 것이 바라크 안에 울려 퍼진다. 기아에 지친 그들 모두에게 치명적이며 차라리 외설적인 그 음악이. 음악의 정체는 마침내 식칼을 넘겨받은 요리사가 솥 뒤에서 식도에 날을 세우기 위해 정열적으로 식칼을 갈아대는 소리이다. 식칼 가는 소리가 마치 두

박자 춤곡 폴카처럼 감방을 채운다. 그리고 요리사는 곧 푸피의 시신을 토막 내느라 피범벅이 된 두 손을 벌려 동료 푸피의 토막을 솥에 처넣는다. 그리고는 왈츠를 허밍한다. 드디어 푸피의 시신이 끓기 시작한다. 감방 안은 온통 아우슈비츠라는 지옥에 오기 전 자신들이 즐겼던 요리들에 대한 기억들로 들끓기 시작한다. 솥의 끓는 소리는 더욱 요란해지고 마침내 끓어 넘치기까지 한다. 감방 동료들은 요리사를 닦달한다. 그러자 이 프로 요리사는 국자로 솥 안을 규칙적으로, 노련하게, 세련되게 저으며 선언한다.

제발 닦달하지 마. 단정한 음식, 올바른 음식, 멋진 음식은 그 품격에 맞는 조리 시간이 필요해.

그러자 그리스인이 말한다.

우리 중 누구도 당신이 요리하는 그 위대한 일을 중단하길 원치 않아요.

그러나 그들의 배고픔은 절정에 달한다. 그래도 헬타이는 거의 흐느끼듯 말한다.

우리의 위대한 요리사를 제발 일하게 그냥 내버려둬. 그는 어떻든 요리의 예술가야. 플로베르는 『마담 보봐리』를 쓰는 데 5년이나 걸렸어.

요리는 지금으로부터 30분 후에 완성된다. 마침내 요리사의 선언이 선포된다. 그들은 그 기다림 동안 동경도 희망도 모두 동이 나버린 존재의 마지막 민낯, 날것의 본능을 유감없이 분출한다. 아우슈비츠에 오기 전 그들이 소유했던 시민으로서의 모든 도덕, 규범, 교양 같은 것은 산산히 무너진다. 이윽고 그들은 의학도의 명령에 따라 식사, 그야말로 만찬을 위한 자리를 준비한다. 만찬에 맞는 청소 작업이 시작된 것이다. 모두 일제히 무릎을 꿇은 채 걸레로 바닥을 닦기 시작한다. 저만치 구석에서 한때 그들의 멘토였던, 그러나 지금은 그들이 때려눕힌 아저씨의 기도 소리가 들려온다. 아저씨는 감방 동료들이 제발 푸피의 시신을 먹지 않고 푸피를 매장해 주기를 기도한다. 그는 자신을 포함한 12인이 기아와 감옥이라는 캄캄한 한계 상황 속에서도 살기 위해 하나님이 인간에게 부여한 '인간 존엄'을 결코 포기하지 않길 하나님께 탄원한다. 생존하기 위해 우리는 이 지점에서 타인의 살을 먹겠다는 동료 죄수들의 맹목과 광기 앞에서 그는 기도로 탄원한다.

주여, 나의 탄식은 목에 걸려 있습니다.

의학도가 말한다.

그는 기도해. 그는 그것밖에 할 게 없잖아.

그렇다. 그들은 푸피에게서 뺏어 내던져진 빵을 들어올릴 수도 없을 정도로 기력이 쇠진했었다. 그들은 그 빵을 포옹했고 키스했었다. 기아 복판에 문득 던져진 빵 한 쪽은 거의 에로틱했었다. 그 광기 속에서 그들은 알았다. 자신들에 의해 푸피가 압살당했다는 것을. 그는 깔려 죽었다. 파리를 잡아먹던 그들은 이제 자신들이 동료 죄수의 인육(人肉)을 먹을 수만 있다면 자신들이 생존할 수 있음을 또렷이 알게 된다. 악마적 기아 속에서 살아남기 위해 타인의 살을 먹고야 말겠다는 악마적 식욕이 교차한다. 솥 안에서 푸피의 인육은 천천히 익어간다. 빵과 음식이 급식되지 않은 이후 소변통으로 사용됐던 솥. 그 솥은 이제 푸피의 인육을 역동적으로 끓여대며 마침내 솥 구실을 하고 있다. 동료의 인육을 삶아 먹기 위해선 정당성의 논리가 필요하다. 죄수 히슐러는 다시 말한다.

> 모든 공동묘지는 맛있는 먹을거리로 가득 차 있어. 화덕은 일하기 시작하고 연기를 뿜어내. 보기 좋은 기름진 자살자들의 시신이 모든 개천에서 흘러가. 절대적으로 유용한 재료들이 단지 시체라는 이름으로 전혀 사용되지 않은 채 그렇게 여기저기 내던져져 있다구.

그때 아저씨가 도덕적 논쟁을 시작한다. 그는 성경 구절을 낭독한다. 그렇게 해서라도 푸피의 몸뚱아리를 식재료로 간주해버린 광기에 찬 그들 식욕에 소금을 뿌리기 위해, 그들의 미친 식욕을 방해하기 위해. 그리고 그는 인간 존엄에 대한 그 불멸의 가치를 설교하고 맹세한다. 그러자 다른 수인들은 자신들의 극도의 처참한 상황을 극단적 도덕으로 변호한다. 의학도의 웅변은 이렇다.

> 아저씨, 난 알아. 당신이 도달하려는 그곳을. 그러나 난 성경(聖經)이 말하는 그따위 영원을 위해 내 식욕과 입맛을 상하게 하고 내 심장을 무겁게 만들도록 허락하지 않겠어. 살덩이는 살덩이야, 고기는 고기야, 하늘의 아버지는 내 항문이나 빠시지. 난 악한 인간은

아냐. 놀란 척하지 마. 세상의 모든 부엌에선 매일 무엇인가 살해돼. 매일 도살(屠殺)이 일어나. 소의 살들을 자르고, 닭의 넓적다리를 내리치고, 생선들의 대가리를 참수하고, 오이의 허리를 절단하고, 감자의 살갗을 악착같이 벗겨내지. 고깃덩이는 고깃덩이, 그 이상도 그 이하도 아니야. 우리는 오직 그 도살을 통해서만 생존해. 난 살아서 존재하고 싶어.

그리고 그는 다시 말한다.

삶의 공간은 그곳이 어디이건 하나의 실험실이야, 인간 존엄의 좌초에 대한 실험실이라구. 도살에 관한 한 인간은 누구나 동업자이거나 공범자야.

그는 다시 말한다.

세상엔 터부가 있어. 파괴시켜야만 할. 인간은 그가 영웅이든 성인이든 모두 예외 없이 창자와 내장을 갖고 있음을 난 말하고 싶어.

의학도 클라웁과 요리사 바이스. 그들은 전문가들로서 시체를 처치하는 것을 담당했다. 의학도는 말한다. 동료 푸피의 죽은 몸뚱이도 요리를 위한 식(食)재료가 될 수 있다고. 생리학적으로 인육은 맛이 편안하고 영양가가 많다고. 그는 의학도로서 전문가 입장에서 주도권을 잡고 기꺼이 아저씨의 적수(敵手)가 된다. 그는 임상 수련학도의 경험으로 시신을 능숙하게 다루며 아저씨의 모든 신앙적 신념을 태풍처럼 내리친다.

의학도는 푸피의 시체 즉 동료의 인육을 먹어야 할 당위(當爲), 즉 이론을 만들었고 전문 요리사 바이스는 그 이론을 실행한다. 바이스도 인육을 요리하는 것에 양심의 가책 같은 것은 보이지 않는다. 그는 심지어 죽은 푸피의 시체에서 속옷을 벗겨내 앞치마로 두르고, 칼을 들고 시신을 토막 내어 솥에 넣고 삶아대는, 양손이 유혈(流血) 낭자한 노동을 기꺼이 수행한다. 그에게는 양심 문제, 인간 존엄 같은 윤리적 테마는 아예 없다. 그에게 중요한 것은 오직 세련된 요리법, 요리의 미학뿐이다.

교수 글라츠, 과묵해 '침묵의 하스'라고 불리우는 두 사람은 지성적이다. 글라츠는 전직 교수이고 하스는 정치범이다. 그는 독일 나치 비방 전단지를 뿌린 행위로 체포됐다. 그들은 다른 사람들의 인육을 먹겠다는 저급한 본능에 저항해 그들을 저지시킬 힘이 없다. 아니, 그들은 아예 시도조차 하지 않았다. 그들은 과거에도 다른 방식으로 자신들의 무력함을 핑계대며 목숨을 연명해 왔었다. 더구나 교수는 처세와 밀고(密告)의 장인이다. 그는 나치 돌격대에게 유대인들을 밀고했었다. 그의 밀고로 체포된 자 중엔 바이스, 하스, 헬타이가 있다. 그의 철학은 이렇다.

이런 고통 속에서 숨쉰다는 것, 그것은 곧 배신해야 한다는 것이야. 한 손을 씻고, 한 손으로 살기 위해 인간은 무엇인가 배신해야만 해.

어린 소년 라마세더는 12세이다. 그는 수용소에서 이미 모든 처참함과 경악을 경험했다. 아저씨는 그를 마치 아들처럼 여기고 보호한다. 집시 라시 라츠, 그리고 바이올린 연주자 가이거, 그리스인 고울로스. 그들은 이 감방에서 유일하게 유대인이 아닌 3인이다. 그들은 서로 죽이려고 시도했던 적이 있다. 집시가 그리스인의 목을 조르고 그를 물어뜯었으니까. 집시는 이미 송아지 간으로 만든 소시지 때문에 살인을 했던 전과자였다. 그는 하류 사회, 창녀들이 우글대는 사회에서 뒤섞여 살았었다. 그는 푸피 살해 후 적극적으로 의학도 클라웁에게 동의한다. 그는 심지어 아저씨의 인간 외경에 놀라면서도 아저씨를 두드려 패려고 덤빈다. 그것은 강제수용소 바라크 안에서의 삶이 얼마나 비인간적인지, 감금이라는 한계 상황 속에서 그들이 얼마나 너덜너덜해진 신경으로 전락해 가는지 증명해 준다.

감옥, 기아라는 한계 상황 속에서 인간 본능 안에 있는 '폭력적 자연(自然)'은 그렇게 여지없이 노출된다. 즉 그들은 언제든 생존을 위해 타자를 죽이고 토막내어 저 솥 안에 던져 넣을 수 있는 살인자로 돌변할 수 있음을 보여준다. 그럼으로써 동료는, 타자는, 천천히 인간이 아닌 식(食)재료가 되어간다. 그뿐 아니다. 때려죽인 푸피에게서 벗겨낸 속옷은 요리사 바이스의 앞치마로 사용된다. 어떻든 푸피가 남긴 소지품들은 이용될 수 있는 모든 가치를 탈탈 털리며 사용됐다. 그것은 예수의 십자가 처형 때 그의 옷가지들, 즉 겉옷, 속옷, 허리띠, 머리 수건, 샌들 등을 악착같이 나눠갖던 로마 병정들을 생각나게 한다.

불행하게도 인육을 솥에 삶는 일, 인육이 솥 안에서 익는 데엔 비교적 오랜 시간이 걸린다. 요리사는 인육이 완전히 삶아지기까지 아직 30분이 더 필요하다고 선언했으니까. 소위 푸피가 요리가 되기를 기다리는 과정에서 그들의 전력들이 드러나고 관계들은 노출된다. 그들은 자신들을 결코 영웅이나 순교자로 과대평가하지 않는다. 그들은 자신들이 평균적인 인간임을 인정한다. 그들은 자신들이 기아, 불안, 절망의 합성물임을 안다. 그들은 서로 때리고, 던지고, 키스하고, 노래하고 춤춘다. 절망의 절정에서 추는 춤, 그 와중에 12세의 어린 소년 라마세더는 결국 기아의 절정에서 쓰러져 숨을 거둔다. 아저씨가 그를 위해 장례 예식을 가진다. 그때 아저씨는 안다. 이 상황대로라면 어쩌면 그 아이도 인육으로 취급되어 내일 점심 식사용 스프로 식탁에 오를 수 있다는 사실을. 그러나 아저씨는 자신이 그 야만을 저지할 수 없다는 것에 절망한다.

이것이 조지 타보리의 희곡 『식인종들』의 진행이다. 아우슈비츠, 그것은 곧 20세기의 불가마이다. 20세기 불가마 속에서 부르는 아우슈비츠 레퀴엠, 20세기 불가마에 대한 진혼곡(鎭魂曲)이다. 아니, 이 희곡이 진혼곡이 되려면 아주 잠시 기다려야만 한다. 그렇다. 솥 안의 요리가 익어 간다. 그리고 마침내 그들이 생의 절벽 앞에서 마련한 그들 '최후의 만찬'이 열린다.

72

︙

먹을 것인가, 먹힐 것인가

만찬을 위한 정결 예식-청소 작업-은 끝이 나고 그토록 고대하던 만찬의 식탁이 차려질 찰나였다. 그때 문득 복도 저편에서 한 남자의 목소리가 들려온다. 죽음의 천사라는 별명의 독일인 수용소 감독관 슈렉킹어의 목소리다. 그는 가스실로 보낼 그날 분의 처형자들을 선별하기 위해 방금 수용소 점호(點呼) 광장으로부터 그 바라크를 향해 오고 있다. 그렇다. 죽음의 천사 슈렉킹어가 오고 있다. 그의 이름은 어차피 단어 '경악(驚愕), 전율(戰慄)'에서 왔다. 미스터 경악의 등장 전, 수용소 제6구역 바라크에서 오가는 육성들을 들어보자.

고울로스   자, 시작이야.
집시   가스실로 보낼 해당자 선별의 시간.
랑   죽음의 천사는 어젯밤 제11블록에서 모두 50명을 선별해 갔어. 가스실로.

	(으르릉대는 개 소리가 뚝 멎는다. 과격한 움직임, 하스는 작은 그릇에 물을 담아둔다.)
고울로스	(고함치며) 첫 번째, 얼굴을 씻고, 머리는 밖에 내린 눈으로 축축하게 할 것. (모두들 그 시늉을 한다.)
집시	(소리치며) 두 번째, 젊은 척하기, 젊고 청청한 태도 보이기.
	(그들은 몸을 똑바로 펴기, 즉 등과 어깨를 똑바로 펴기, 다리 붙이기, 하스는 두 번 개 짖는 시늉을 한다.)
랑	(소리치며), 세 번째, 뒤꿈치를 갖다 붙이고, 그리고 웃기, 그리고 미소. (모두들 동작)
헬타이	(관객을 향해) 히슐러는 회춘(回春)하는 물건을 갖고 있지. 립스틱.
히슐러	(모두에게 립스틱을 발라준다. 그리고 자신이 맨 나중에 바른다. 관객을 향해.) 그들은 모두 젊고 싱싱한 것처럼 보이게 하려고 기를 쓰죠, 선별되어 가스실로 끌려가지 않기 위해 악을 쓰죠. 그리고 갑자기 성난 개 짖는 소리가 나는 겁니다. 순간 우리는 모두 얼어붙죠. (그들은 얼어 붙는다.)
클라웁	하나, 둘, 셋, 넷.
	(그들은 노래 부른다. '모든 새들은 여기 다 모였어요.' 크게, 유쾌하게 노래를 불러댄다.)

그들은 그렇게 함으로써 자신들이 아직 삶에 대한 의지로 가득 차 있으며, 아직 학살 공장인 가스실용(用) 인간 폐품이 아님을 증명하려고 안

간힘을 쓴다. 그때 결국 죽음의 천사라고 불리우는 수용소 감독관 슈렉킹어가 공포스럽도록 요란한 발소리를 내며 당당히 등장한다. 그는 민족 배신자라고 불리우는 유대인 카포와 함께 등장한다. 카포는 가상의 카메라를 착용하고 있다.

슈렉킹어   그 기름진 똥배 놈은 어디 있어, 내가 좋아하는 그 놈, 그 물건은 대체 어디 있어? (긴 침묵)

카포   (갑자기 으르렁대며) 그 기름진 똥배 놈은 대체 어디 있냐구?

슈렉킹어   (침착하게) 여기서 누군가 으르렁대야 한다면 그것은 바로 나야. 알아들었어? 넌 몇 살이지?

카포   (몹시 경악한 모습으로) 31살입니다.

슈렉킹어   넌 아주 좋지 않아 보여. (그는 거의 눈에 띄지 않게 킁킁거린다.)
저기 무슨 좋은 것이 부글부글 끓고 있지?

카포   (난로를 향해 달려간다. 그리고는 슈렉킹어 앞으로 아예 솥을 들고 온다. 슈렉킹어, 솥을 들여다 보고 웃는다.)

슈렉킹어   식탁을 차려라!

그렇다. 그날 제6블럭 수용소 최후의 만찬은 바로 죽음의 천사의 그 짧은 명령으로부터 시작된다.

식탁을 차려라!

슈렉킹어, 즉 경악의 천사, 죽음의 천사라는 별명을 가진 이 남자는 눈

72 먹을 것인가, 먹힐 것인가   433

치 챘다. 그 화덕 위에 놓인 솥에서 끓고 있는 것, 그것이 바로 그 기름진 똥배 놈, 푸피라는 것을.

만찬의 식탁은 준비됐다. 빈 국그릇들도 놓였다. 의학도와 아저씨를 제외하고는 모두 만찬의 식탁 앞에 앉는다. 카포가 솥을 들고 온다. 그리고는 국자로 국그릇을 채운다. 그가 그것을 의학도에게 건네주자 그는 그것을 기계적으로 아저씨에게 건네준다. 아저씨는 그것을 또 다른 사람에게 건넨다. 결국 모든 사람이 국그릇을 받을 때까지. 이 과정에서 아저씨는 경악의 천사 슈렉킹어를 오랫동안 바라본다. 카포가 급히 솥을 난로 위에 올려 놓는다. 그리고는 군대식으로 제자리로 간다. 의학도와 아저씨도 자리에 앉는다.

슈렉킹어 맛있게 먹도록. (아무도 국그릇에 숟가락을 대지 않는다.)
기념사진 한 장을 찍겠어. (아무도 손 대지 않는다.)

그렇다. 동료 푸피의 시신을 삶은 솥 앞에서 결국 그 필연적인 악몽의 시간이 닥쳐왔다. 수용소 교도관 슈렉킹어가 죄수 12인에게 최후통첩을 해온 것이다. 운명의 그 시간, '푸피의 시신을 처먹을 것인가, 아니면 처먹힐 것인가'의 운명적 선택의 시간이 온 것이다. 직설적으로 말하면 이렇다. 시신을 처 먹을 것인가, 아니면 가스실로 갈 것인가. 선택의 시간이 온 것이다.

슈렉킹어 먹어! (30초의 정적, 하스가 오랫동안 사납게 머리를 젓는다.)
먹어! (하스는 다시 머리를 흔든다. 슈렉킹어가 소리친다.)
샤워실로 가도록! (샤워실은 학살의 장소인 가스실을 말한다.)

(하스는 일어난다. 그리고 빠른 걸음으로 오른쪽 문으로 간다. 그리고 그 문 옆에 선다. 그는 입을 벌리고 소음을 낸다. 쉿쉿쉿. 그 소리는 가스실에서 죽음의 독가스인 청산 가스 '치클론 B'가 뿜어져 나올 때 나는, 경악의 소리, 학살의 전주곡이다.)

먹어! (긴 휴지, 고울로스 일어선다.)
샤워실로 가.

(고울로스 빠르게 가설 침대 쪽으로 간다. 그리고는 그곳을 기어오른다. 맨윗 칸으로, 그리고 다시 앞으로, 그리고 멈춰 선다. 그도 쉿쉿쉿 소리를 낸다. 가스실에서 독가스 치클론 B가 뿜어져 나올 때 내는 그 학살, 그 재앙의 데시벨)

랑   (일어난다. 슈렉킹어를 짧게 바라본다. 그리고 쉿쉿쉿 한다. 그리고 가설 침대 가운데 쪽으로 간다. 그리고 앞의 동료들처럼 관객을 향해 선다.)

글라츠   (일어난다, 주저하듯, 그는 푸피의 살덩이 일부가 담긴 자기 국그릇을 집어 든다. 차마 그것을 포기할 수는 없다는 듯. 그러나 결국 그것을 다시 식탁 위에 내려놓고 주먹으로 자기 입을 때린다. 그리고 쉿쉿쉿 소리를 내며 빠른 걸음으로 가설 침대 쪽으로 간다.)

요리사 바이스 (식탁에서 일어난다. 머리통을 뒤흔든다. 도무지 이 상황이 주는 세상의 이치를 이해할 수 없다는 듯, 그리고 쉿쉿쉿, 하며 빠른 걸음으로 솥 뒤로 가서 멈춰 선다.)

집시 (일어난다. 그는 자기 국그릇을 뒤엎는다. 소란이 인다. 쉿쉿쉿. 극이 진행될수록 그 소리는 푸피냐, 가스실이냐 앞에서 가스실을 선택한다는 '공동의 암호(暗號)'로 들린다. 빠른 걸음으로 뒤쪽으로 가서 화덕 맞은 편에 선다.)

히슐러, 헬타이 동시에 일어선다. 그들은 자신들의 국그릇을 두 손에 들고 있다.

슈렉킹어 (격하게 명령한다.) 먹어!

히슐러 그래요, 난 먹어요. (그는 손을 입으로 가져가며 먹는다.)

카포 (카메라의 찰각 소리. 히슐러의 먹던 손이 움직이다 멈춰선다.)

슈렉킹어 먹어!

헬타이 아, 내겐 언제나 어려웠죠. 그 누군가의 초대(招待)를 거절하는 것이.

(그는 국그릇을 입에다 가져간다. 그리고 천천히 먹기 시작한다.)

카포 찰각. (헬타이의 손이 움직이다 멈춰서고 다시 내린다.)

(의학도와 아저씨, 서로 시선을 나눈다. 의학도 클라웁은 일어나서 걸어간다, 쉿쉿쉿 소리를 내면서, 문 쪽으로)

아저씨 (모두를 둘러본다. 일어선다. 그리고 슈렉킹어를 바라본다. 그리고는 무대 경사(傾斜)를 따라 걷는다. 그리고는 쉿쉿쉿,

가스 소리를 내며 관객에게 강조하듯, 소리를 내며, 왼쪽으로 간다. 그리고는 가설 침대 기둥에 기대선다.)
(슈렉킹어는 천천히 긴 의자에서 내려와 식탁으로 다가간다. 그리고는 재빨리 국그릇을 들고 식탁 앞에 관객을 향해 선다. 음악이 커진다. 시작의 폴카, 출발의 폴카가 흐른다.)

슈렉킹어   (식탁에 선 채, 정신나간 사람처럼 국그릇을 잡더니 그곳에 손가락 두 개를 쳐 넣고 식탁 끝 모서리에 앉는다. 그리고는 손 전체로 재빨리 입 속에 쑤셔넣는다. 마치 짐승이 탐식(貪食)하듯. 폴카의 리듬은 점점 커지고 그러면 다시 새 국그릇을 곡예를 하듯, 빨아먹고, 처먹고, 손가락을 빨고, 다시 손을 쑤셔넣는다.)

종막에 슈렉킹어는 두 손을 아예 솥단지 속에 쑤셔넣는다. 그리고는 좌우로 몸을 흔들어 댄다. 그는 죽은 유대인 푸피, 그가 늘 똥배 놈이라고 불렀던 푸피의 심장을 건져 올리기 위해 솥 안에 두 손을 넣어 저어댄다. 그리고는 결국 그 유대인의 심장을 찾아 건져 처먹는 것을 암시한다. 아니, 종말에 그는 유대인 푸피의 심장을 찾아 건져내 처먹어버린다. 그렇게 함으로써 적의 유령, 적의 영혼이 자신에게 엄습, 습격해 오지 못하도록. 그것은 인디언들에게서 전해오는 전승과 일치한다. 인디언들은 그들의 적의 심장을 먹어버림으로써, 그들 복수의 혼(魂)들을 추방시켜 버리고 그 적들의 강함을 자기 육체 안에 취득해 넣을 수 있다고 믿었던 것이다. 경악의 천사 슈렉킹어가 지껄인다.

몇몇 미개인들은 살해당한 자의 시체에 대한 욕구에 눈이 뒤집혔지. 살해당한 자의 혼이 살해한 자를 덮치지 못하도록 하기 위해. 그러므로 예수 그리스도 안에서 형제들이여, 난 너희들에게 유대 놈들의 심장을 먹어버릴 것을 추천해. 그 인간 심장을 고기 젤리 소스나 매운 소스에, 그렇게 부드럽게 너희 혓바닥 위에 처넣기를.

그리고 다시 반복한다.

구세주 안에서 형제들이여. 나는 추천합니다. 유대인들의 심장을, 생선 젤리나 혹은 매운 소스와 함께 처먹기를, 매우 부드럽고 연하며 혀 위에서 살살 녹지요.

73

채식주의자 혹은 살인 공장 독(毒)가스 '치클론 B'

그날 결국 12인의 죄수들 중 히슐러와 헬타이, 두 남자는 푸피의 인육을 삶아 만든 요리를 받아먹었다. 그리고 결국 20세기의 불가마인 아우슈비츠, 그 바라크에서 살아남아 아우슈비츠를 걸어나온 두 사람의 기적의 생존자가 되었다. 동료 9인(슬프지만 어린 소년 라마세다는 죽었다)은 쉿쉿쉿, 살인 공장의 독가스 '치클론 B'가 뿜어져 나오는 가스실의 길을 선택한다. 생존자 두 사람은 이 작품의 시작에 유일하게 칼을 갖고 있는 아저씨로부터 식칼을 빼앗아 낸 장본인들이다. 그 둘은 결국 동료 푸피의 인육을 먹고 살아남는다. 그들은 미국으로 건너가 개인적 성공을 거둔다. 식인(食人)의 추억은 유령처럼 그들 안에서, 생애 내내 끓어오른다.

다시 말하지만 생존자 2명-히슐러와 헬타이-은 결국 생존해 아우슈비츠로부터 해방되어 미국으로 건너가 직업적, 개인적 성공을 거둔다. 그러나 수용소 동료 푸피의 시신을 먹었던 아우슈비츠의 악몽은 계속해서 그들을 따라다닌다. 가령 새끼 돼지 통구이를 목격할 때, 혹은 베트남 전쟁 현지 뉴스 같은 것이 그들의 악몽을 불러 일으킨다. 그러나 정신과 치료를 받으면 그만이다. 인육을 먹고 살아난 헬타이는 이후 고기는 입에도 대지 않는 채식주의자가 된다. 그것은 유대인 6백만 명을 학살한 히틀러가 채식주의자였다는 에리히 프롬의 취재 일지 『인간 파괴성의 해부(1973)』를 생각하면 차라리 변태적 패러독스에 속하지도 않는다. 헬타이는 또 식칼 한 자루 제대로 바라보지 못해 외면한다. 식칼 한 자루는 어김없이 아우슈비츠 제6블록 바라크의 동료 푸피의 시신이 난도질 당해 요리 솥에 던져졌던 악몽을 소환하고 체포해 오기 때문이다. 이 2인의 기적의 생존자는 어느 날 나란히 앉아 방백한다.

히슐러 나는 뇌졸중 발작 후 한동안 그 후유증으로 말을 할 수 없었어. 아, 그래 그때, 아우슈비츠 시절 우리 강제수용소 제6블록엔 12사람이 있었지. 그리고 그 12사람들 중 겨우 우리 두 사람만 살아남아 그 강제수용소를 걸어나왔지. 헬타이 너와 나 히슐러 두 사람만 살아남았다구. 이후 헬타이 너는 장난감 공장을 소유했고, 나는 롱아일랜드에서 산부인과 의사가 되어 일했지. 나는 좀 살만 했어. 내겐 모든 것이 좋았지. 두 대의 자동차, 정원엔 야외 바베큐 그릴이 있었지. 인생 판에 끼어드는 각종 심술궂은 재앙들 속에서도 말이야. (...) 에디네 집에 가면 난 언제나 그 특별 아이스컵을 주문해. 그건 디저트잖아. 그 전엔 클럽 샌드위치, 튀김옷을 잘 입힌 송아지 고기 돈가스 같은 것을 시키지 않았는가 말이야.

헬타이 나는 내 날씬한 몸매를 유지하기 위해 먹는 일에 신경을

	히슐러	써야만 해.
	히슐러	내가 만일 에디네 집에 다시 간다면 난 생크림을 듬뿍 얹은 딸기 아이스를 먹겠어.

(그 두 사람, 즉 아우슈비츠에서 살아남은, 12명 죄수 중 유일한 2인은 문득 표정을 바꾸고, 마치 마비된 모습으로 관객을 향해 말한다.)

	히슐러	우리는 잘 살고 있다우.
	헬타이	난 장난감 공장을 갖고 있지.
	히슐러	난 산부인과 의사야. 모든 것이 좋아, 잘 돌아가고 있다우.

한 사람은 산부인과 의사가 되었다.
한 사람은 장난감 회사 주인이 되었다.

조명(照明), 소멸한다. 그리고 다시 지껄인다.

여기는 소식통입니다. 옛날 사람들은 타인을 죽이고, 그 시신을 처먹었습니다. 식인주의는 산발적으로 문명인들에게도 닥쳤죠. 난파선에서나, 포위당했을 때, 인간이 식인종인 것을 증명하듯이, 그들은 노인들과 병든 자들을 죽였고, 그리고 살해한 시신들을 탐욕스럽게 처 먹고는 살아남았죠..

제2차 대전 종전 후 경악의 천사, 죽음의 천사로 불렸던 아우슈비츠

수용소 교도관 독일인 슈렉킹어는 전후(戰後) 세상 속에서 선한 시민 계급의 경력을 꼬박꼬박 쌓으며 살아간다. 물론 이따금 과거라는 악몽을 극복하는 일은 쉽지 않다. 어느 날 그의 아들이 그에게 묻는다.

> 아빠는 전쟁 중에 대체 무엇을 했나요.

그가 대답한다.

> 우리는 그저 국가 명령에 복종했어, 우리는 그저 모두 명령에 따랐다구. 우리 중 우수한 자들이 배급하는 명령 말이야. 그들 혈관 속엔 우리 총통(總統) 히틀러의 피가 흐르고 있었어. 그들 혈관 속엔 우리 히틀러 총통이 누워있었어. 총통은 그들 피 속을 흘렀다구.

히틀러가 소위 베를린 총통 지하 벙커에서 자살한 것은 1945년 4월 30일이었다. 아우슈비츠 6블럭 바라크의 9인이 가스실에서 학살된 지 겨우 3개월 만의 일이었다. 히틀러 집권 1933년부터 자살의 해 1945년까지의 12년간을 독일인들은 '갈색(褐色)의 해'라고 부른다. 갈색은 나치의 색깔이다. 갈색 와이셔츠 유니폼이 나치의 상징이 된 것이다. 나치당 정당 건물조차 갈색 건물로 불리웠다.

이 글을 쓰고 있던 2022년 8월 30일, 독일 북부 작은 도시 일체호에 고등법원에서 한 재판이 열렸다. 피고인은 97세의 여자였다. 그녀는 1943년 6월부터 1945년 4월까지 폴란드 단치히 교외에 있던 독일 나치 강제수용소 스투트호프에서 일했다. 당시 그 수용소 사령관이고 지휘관이었던 파울 비르너 호페의 19세짜리 여비서였다. 그녀는 근무 당시 수용소에 수감돼 있던 소위 죄수 11000명의 학살 사건의 공범, 혹은 종범으로 고발, 고소된 것이다. 독일 법정은 아우슈비츠, 즉 독일 강제수용소 사건에 관한 한 직접 살인자가 아니더라도, 그곳에서의 학살을 알고도 침묵했던 직원, 협동자들에겐 협력자로 간주해 법정에 세우는 일을 78년이 지난 지금까지도 집요하게 계속해 오고 있다. 그 재판의 증인 중 한 사람은 아우슈비츠 죄수였던 생존자인 93세의 여자 리자 질버트이다. 그녀는 법정에서 증언했다.

스투트호프 강제수용소는 지옥, 그 자체였다. 그곳 수감자들은 얼마나 굶었는지, 타자(他者)를 죽여 먹는 식인(食人) 사건까지 벌어졌다. 우리는 새벽 4시 혹은 5시에 점호(點呼) 광장에 나가 도열해야만 했다. 허기로 인해 차렷 자세를 취하지 못할 경우 채찍이 날아들었다. 내겐 그때 맞은 흉터가 아직도 남아있다. 그 누구도 우리를 이름으로 부른 적은 없다. 우리는 모두 그 욕설 '돼지를 지키는 개 같은 것들' 혹은 '구토나는 존재'로 불리웠다.

스투트호프 강제수용소에서만 해도 2차 대전 동안 무려 65000명의 죄수들이 학살됐다. 93세의 증언자는 그때 수용소 지휘부는 의도적으로 수감자들을 굶겼거나 극도로 최소의 식량만을 공급한 것이 사망 이유였다고 말했다. 그녀의 감금 당시만 해도 200명 정도가 가스실에서 학살됐고 30명이 강제수용소 경내에 있는 화장장(火葬場) 안에 설치된 경부사격장에서 살해됐다고 시사 주간지 「차이트」는 전한다.

강제수용소 수감자들은 바라크 감옥에서뿐 아니라 감옥 밖에서도 죽어갔다. 가령 1943년 7월에는 '작전명 고모라'에 투입되기도 했다. 도시 함부르크가 연합군에 의해 참혹한 폭격을 당했을 때 사망자만 35000명이었다. 그때 나치 돌격대, 나치 친위대는 그들의 강제노역자, 즉 그들의 20세기 노예인 강제수용소 수감자들을 전쟁 폐허 속에서 시체를 걷어 매장하는 일, 불발된 폭탄 수색과 폭팔 장치를 제거하는 일 같은 죽음의 작업에 투입했다. 물론 불발된 폭탄으로부터 그들을 지켜줄 보호복, 미친 듯 부패해 가는 시신들의 악취로부터 그들을 구해 줄 마스크 같은 것은 아예 없었다. 1943년 미칠 듯 더운 여름의 복판에서 그들은 시체들을 찾아내고 쌓아올렸다. 함부르크에 닥친 그 운명적 폭격의 날로부터 75년 후인 2018년, 함부르크시는 당시 완전 폭파 후 전후에 재건한 성(聖) 니콜라이 교회에 경고의 기념비를 세웠다.

그 재앙의 날, 우리 앞엔 경악할 폐허만이 누워있었다. 여기 이 기념비와 함께 목숨을 걸고 시신들을 발굴해 모으고, 불발 폭탄물들을 제거하는 작업 '작전명 고모라'에 동원된 그 분들을 기억하고 기념하면서 인간의 인간에 대한 재앙을 경고한다.

유대인들은 유럽 각지에 나치가 설치한 강제수용소들로 끌려와 그곳에서 종종, 한 밤을, 결코 다시는 아침이, 내일이 오지 않는, 흑암 속에서 결코 빛이 방문하지 않는 절대 절망의 시간을 살았다. 그것이 그들의 20세기 불가마, 20세기 사자 굴이었다. 나치 강제수용소 부헨발트의 생존자인 한 수형자는 이렇게 말했다.

우리의 해방과 자유는 오직 감옥 창문 저 너머로 보이는 가스실 굴뚝뿐이었다. 살인 공장인 가스실에서 학살되어 가스실 굴뚝의 연기가 되어 하늘로 피어오르는 것, 그것이 우리의 유일한 자유의 길, 해방의 출구였다.

74

턱시도 그리고 칫솔 한 자루

    작품『식인종들』속에서 아저씨로 불리우는, 한 손에 흰 장갑을 낀 남자의 실명(實名)은 코넬리우스 타보리이다. 그는 헝가리 부다페스트 한 일간지의 편집장으로서 성공한 언론인이었다. 중요한 것은 그는 1944년 4월 15일까지 일기를 썼다는 사실이다. 이틀 후인 4월 17일, 그는 단지 유대인-그는 유태계 헝가리인이었다-이라는 이유만으로 자택에서 체포되어 아우슈비츠 강제수용소로 유배당했다. 그로부터 석달 후인 1944년 7월, 그는 강제수용소에서 가스실로 보내졌고 처형당했다. 아우슈비츠에서 학살당한 바로 그 저널리스트, 그가 바로 이 희곡『식인종들』의 작가 조지 타보리의 아버지이다. 작가 타보리는 말한다.

    그는 항상 검소한 식사를 하는 자였다.

    코넬리우스는 나치가 그의 숙적(宿敵)이었음에도 불구하고, 폭력이 아니라 예수의 전언(傳言)대로 인류애, 형제애로 대하려고 했다. 작품 속에서 그는 늘 흰 장갑을 끼고 있다. 그것은 아우슈비츠에 오기 전부터, 인생 내내 그가 삶의 원리로 지켜왔던 예수 앞에서의 삶, 즉 청결과 순종의 상징이다. 확대 해석하자면 그것은 예수의 제자로서의 코넬리우스의 상징이다. 그는 폭력을 거부했다. 체포된 후 가축 운반차에 실려 아우슈비츠로 수송되는 와중에도 그는 탈출을 거부했다. 왜냐하면 탈출을 위해선 보초 서는 남자를 살해해야만 했으니까. 그는 그 일을 거절했다. 그 운반차의 목적지가 독일 나치의 강제수용소, 즉 살인 공장이라는 것을 뻔히 알고 있었음에도 말이다. 그가 그렇게 함으로써 당시 40명의 죄수들의 탈출도 좌초되는 신앙적 딜레마도 있었다.

흰 장갑의 남자-예수의 제자로서 그는 아우슈비츠라는 극단적 한계 상황 속에서도 견고한 믿음의 원칙을 세웠다. 음식 배급 받을 때 그는 항상 의도적으로 맨 뒷줄에 섰다. 그는 그 이유를 음식은 냄비 맨 바닥의 것이 가장 맛있기 때문이라고 했다. 그는 항상 과격한 변화, 폭력적 복수를 원하는 자기 안의 충동과 분노를 스스로 저지했다. 그는 처참할수록 자기 존재의 주인인 하나님이 인간에게 주신 인간 존엄을 부여잡기 원했고, 저질적 본능으로부터 자신을 보호하기 위해 몸부림쳤다.

난 아직도 인간적 자부심이 있어. 이 진흙 한가운데, 이 야만 한가운데, 이 살인 공장 한가운데, 이 아우슈비츠 한가운데서도 말야. 난 일생 동안 타인을 향해 욕설을 해 본 적이 없어.

그가 감방 동료였던 푸피의 인육을 삶아먹는 식인(食人)행위를 저지하기 위해 꺼내 든 것이 성경 구절이었다. 그는 하나님의 말들로 그들을 설득하기 위해 애썼다. 아우슈비츠라는 이름의 살인 공장에서 말이다. 1969년, 작가 타보리는 한 인터뷰에서 말한다.

> 아버지 코넬리우스는 25년전 아우슈비츠에서 죽었다. 그는 그 누구도 건드릴 수 없는 인간 존엄을 지닌 채 죽었다. 나는 런던과 뉴욕 망명 후 지금 베를린에 있다. 바로 이 도시, 나치들이 호령하고 으르렁대며 행진하던, 나치 르네상스의 메카였던 베를린, 수백만 명의 유대인 학살이 계획되고 명령되고 보고되었던, 그리고 승리의 잔을 높이 들어올렸던 아우슈비츠라는 이름의 학살 향연의 시작인 바로 이곳 베를린에서 내 심장은 미칠 듯한 복수심의 그네를 탄다. 나는 감정의 그네를 탄다. 내 목을 질식시키고 있는 과거라는 시간의 악착같은 악력 아래서. 내 가난한 영혼은 이 희곡을 써서 토해내기 전까지는 도무지 평화를 찾지 못했다. 이것은 고발의 보고서도, 고소문도 아니다. 그저 내 아버지 코넬리우스와 가스실을 선택한 채 죽어간 그의 9인의 죽음의 동료들에게 바치는 한편의 레퀴엠일 뿐이다.

그는 또 말한다.

> 난 이 작품을 뉴욕에서 썼다. 독일에서 썼다면 다른 작품이 되었을 것이다. 난 이 작품이 독일에서, 그것도 내 생애 중에, 무대에 올려질 수 있다고는 정말이지 상상도 하지 못했다.

희곡 『식인종들』이 독일에서 초연된 것은 1969년 베를린 쉴러극장에서였다. 작품의 대사 속에서 농담을 섞어넣을 정도로 타보리의 운명과의 대결, 경악(驚愕)과의 대결은 그때 이미 이성적(理性的)일 만큼 성숙해 있었다. 그는 말한다.

무엇보다 동료의 인육을 먹고라도 살아남았던 나의 동족 유대인을 발가벗기는 일은 내게 극단적으로 어렵고 처참한 일이었다.

아저씨 배역인 코넬리우스는 그때 예수의 '겟세마네의 밤의 표상(表象)'을 악착같이 부여잡고 있었던 것은 아닐까. 나치의 폭력을 폭력으로 대답하지 않으려는. 그는 인간으로서 인간애, 이웃 사랑에 머물기를 고집했다. 그것이 그에겐 곧 예수였다. 그의 흰 장갑은 그가 그곳에 체포되어 오기 전, 그의 도덕적인 생의 이력(履歷), 타인에 대한 폭력의 피를 묻히지 않은 순결한 손, 예수의 제자로서의 상징이다.

다시 말하지만 아우슈비츠라는 20세기 최고 폭력의 절정 속에서 그가 외친 폭력에 대한 노(No!)는 그가 아우슈비츠로 수송돼 오던 가축 운반 열차에서도 일어난다. 그 차는 종착역인 아우슈비츠 바로 전 역에서 잠시 정차하기로 되어있었다. 그들은 그곳에서 단도(短刀)로 열차 간수를 살해하고 도망칠 수 있었다. 40인이 한꺼번에 말이다. 그러나 아저씨가 그것을 반대함으로써 40인은 그대로 아우슈비츠에 도착할 수밖에 없었다. 한 사람의 간수를 죽이고, 40인이 살 수 있는 도덕, 혹은 신앙의 신념 게임이었다.

이미 적었듯이 아우슈비츠에 감금된 이후에도 그는 음식 배급 때 언제나 줄 맨 뒷쪽에 섰다. 매일 기아를 견뎌야 하는, 최소한의 식량밖에 받지 못하는 극한 상황 속에서 모두에게 순서를 양보한 채 말이다. 그는 그 이유를 '냄비 마지막에 떠낸 스프가 가장 맛있다'라고 말했으니까. 그 이유를 믿는 사람은 없었다. 그는 항상 자신이 처한 환경 속에서 항상 최선의 것을 만들어내기 원했다. 그는 언제나 참혹함 속에서도 예수의 제자로서의 존엄, 인간 자부심을 지켰다. 그렇게 함으로써 자기 내부에서 끓어오르는 저열한 본능에 저항했다. 그것이 타보리의 아버지 코넬리우스였다. 그의 아들 조지 타보리는 말한다.

이제는 이 세상에서 가장 단정하고, 정돈된, 질서 있는, 평화스런 거리 중 하나가 돼버린 베를린의 길을 갈 때, 나는 문득 그 거대한 구멍으로부터 솟아오르는 냄새를 맡는다. 신문과 방송은, 작가들은 모두 그 구멍을 파헤친다. 그러나 정결한 거리는 곧 다시 침묵한다.

그것이 타보리가 경험하는 20세기 역사의 재해석이다. 타보리는 묻는다. 12년간의 갈색의 해, 그 갈색 테러의 시간 동안 그 수많은 학살이 오직 히틀러 혼자 저질렀단 말인가. 독일인 중 아무도 자신이 바로 그 나치였다고 스스로 고백한 사람은 없었다는 것이다. 타보리는 그것이 독일 역사의 거대한 구멍, 거대한 하수구, 거대한 블랙홀이라고 말한다.

그들은 그것을 강철과 시멘트로 도포(塗布)해 버렸다.

유대인의 가족들에겐 나치의 가스실에서 학살된 아버지의 유령(幽靈

)들이 출몰한다. 마치 독살된 햄릿의 부왕(父王)의 유령처럼. 조지 타보리가 그가 희곡 『식인종들』을 쓴 것은 그가 학살당한 부친에 대한 경악과 슬픔을 극복하기 위한 제의(祭儀) 같은 것이었다.

1983년 1월 30일, 독일 보쿰극장에서 초연(初演)된 그의 희곡 『기념 축제』에 등장하는 독일의 젊은 나치는 신념에 차서 말한다.

> 아우슈비츠는 적(敵)들이 만들어낸 허구(虛構)야. 독일인들은 아우슈비츠 가스실에서 유대인을 학살한 것이 아니라 단지 빵을 구워냈을 뿐이라구.

그의 또 다른 희곡 『나의 투쟁(鬪爭)』의 무대가 열리면 한 남자가 등장한다. 연미복(燕尾服), 즉 고급 턱시도를 차려입은 한 남자가. 그는 손에 칫솔 한 자루를 들고 있다. 그리고는 돌연 연미복 차림으로 무대 바닥에 엎드려 무대 바닥을 닦기 시작한다. 단지 칫솔 한 개로. 타보리는 말한다.

> 그것이 바로 역사에 대한 재해석(再解釋)이라는 작업인 것이다. 겨우 작은 칫솔 한 개를 들고 거대한 역사를 청소하고 정리하려는.

그렇다. 연미복을 입고 무대에 등장한 남자의 손에 들린 작은 칫솔 한 자루. 그렇게 함으로써 타보리는 연미복을 입은 남자의 칫솔 한 자루와 아우슈비츠라는 20세기 불가마 앞에 섰던, 죽음의 청산 가스 치클론 B가 뿜어져 나오는 살인 공장 아우슈비츠에서 독가스, 총살, 인체 실험용 등으로 죽어간 6백만 명의 유대인들을 나란히 세운다. 1946년 3월 1일 죽음의 청산 가스 치클론 B를 아우슈비츠에 납품했던 생산 공장 대표들이 체포되어 피고석(被告席)에 등장했던 아우슈비츠 재판정 기사를 읽은 적이 있다. 양철 깡통의 요염한 주홍빛 라벨 위엔 '치클론-테쉬 앤드 스타베노브'라는 함부르크 화학 회사의 로고가 붙어있다. 폴란드 소재 아우슈비츠 브리스나우에서만도 독가스 치클론 B에 의해 90만 명이 대량 학살 당했다는 기록이다. 치클론 B가 대량 학살에 사용된 것은 1941년 9월부터였다. 그 이전 그 독약은 사실상 강제수용소의 들쥐, 빈대, 바퀴벌레, 쥐며느리 같은 해충 박멸제로 투입됐었다는 것이다.

75

겟세마네의 밤
- 배신의 암호, 키스

1945년 1월, 아저씨 코넬리우스가 아우슈비츠라는 그의 생애 최고의 불가마 속에서도 악착같이 부여잡고 있었던 것, 나는 그것이 '예수의 겟세마네의 밤의 표상(表象)'이라고 확신한다. 타보리의 희곡 속에 구체적 성경 구절 같은 것은 없다. 흰 장갑의 아저씨가 예수의 제자라는 것을 상징할 뿐이다.

서기 약 33년경, 겟세마네의 그 밤 가롯 유다의 배반의 키스가 있었다. 그것은 체포 영장은 휴대하고 있었지만 예수의 외모에 대한 정확한 몽타주를 갖고 있지 않았던 로마군 예수 체포조(逮捕組)와 합의된 키스라는 이름의 배신의 암호(暗號)였다. 가롯 유다가 다가가 키스하는 자, 그가 바로 예수이다. 검(劍)과 몽치로 무장한 체포조에 대해 예수는 폭력으로 반응하지 않았다. 그들 습격에 놀라 베드로는 칼을 빼들었었다. 그리고 체포조와 동행한 한 남자의 귀를 베었다. 예수가 베드로에게 말한다.

칼을 칼집에 꽂으라.

예수는 귀를 베인 남자의 귀를 만져 치료해 준다. 밤의 시간, 세속의 시간이다. 그리고 예수는 한밤중에 체포됐다. 민중에게 이미 영웅이 된 예수를 대낮에 체포한다는 것은 로마군과 예루살렘 종교 엘리트들에게는 위험하기 짝이 없는 모험이었다. 민중의 폭동은 불을 보듯 뻔한 일이었으니까. 예수는 그의 생애 가장 어두운 밤, 그의 개인적 기도처에서 그렇게 체포됐다. 로마군 체포조와 예루살렘 산헤드린 공의회는 그 밤, 감히 메시아에게 죽음을 배급(配給)하는 카인의 완장(腕章)을 기꺼이 차고 있다.

그것이 예수에겐 십자가 처형의 길이었다. 헝가리 부다페스트 일간지 신문사 편집국장인 코넬리우스 타보리는 알고 있었다. 그것이 예수의 지상에서의 마지막 밤, 흑암의 장이었다는 것을. 그것이 예수의 겟세마네에서 골고다에로의 길이었다. 그러나 흰 장갑의 아저씨 코넬리우스는 알고 있었다. 골고다-십자가 처형-너머엔 구원의 완성인 '부활(復活)'이 있다는 것을. 그것이 그에겐 그가 항상 끼고 있는 흰 장갑-예수의 제자의 의미였다. 그는 솥 안에 두 손을 처넣고 유대인 푸피의 심장을 건져내 입 속에 쳐넣는 경악의 천사 앞에서 쉿쉿쉿, 학살 공장인 죽음의 독가스실을 선택했다.

학살의 청산 가스 치클론 B를 뿜어내는 살인 공장 아우슈비츠의 가스실이 아니라 겟세마네의 칠흑 같은 밤 뒤에 오는 그 부활을 본다. 메시아인 예수로부터 오는 그 부활을 본다. 그리고 그 제6블럭 바라크라는 이름의 지옥에 있던 다른 8인들도 아저씨를 따라 쉿쉿쉿, 감히 대량 학살

장인 가스실을 선택한다. 동료의 시신을 먹고 생존하느냐, 독가스 실에 가서 죽느냐. 그들은 독가스 실을 선택했다.

그들은 결국 흰 장갑의 그 남자, 자신들의 멘토인 아저씨가 가리키는, 예수의 십자가 뒤로 가차 없이 밀려오는 메시아 최고의 선물, 최고의 약속-부활-을 본다. 그런 의미에서 경악의 천사 슈렉킹어가 차린 만찬을 거절하고 가스실을 선택한 것, 그것이 아저씨와 8인에게는 그들 생애 최후의 만찬, 예수의 복음인 부활을 선택한 최후의 성만찬이었다. 예수의 현존이 있는 곳, 그곳은 언제나 성만찬이다.

아저씨와 8인의 죄수들, 그들은 20세기 불가마인 아우슈비츠 속에서 그렇게 예수를 선택함으로써 예수의 식탁에 앉는 최고의 성만찬-부활-에 참여한다.

누가복음 23장에는 아주 작은 스케치 한 점이 등장한다.

예수여, 당신의 나라에 계실 때에 부디 저를 기억하소서.

그때 예수님께서 곧장 말씀하신다.

내가 확언(確言)한다. '바로 오늘' 네가 나와 함께 천국에 있으리라.

내겐 이것이 예수께서 지상에 남긴 찬란한 말씀 중 하나이다. 예수가 말한 '바로 오늘', 그것이 메타포나 알레고리란 말인가. 내겐 아니다. 더도 덜도 아닌, '바로 오늘'이다. 예수께서 십자가에 매달리신 채 죽음이 촌각(寸刻)을 다투는 때, 이제 사람의 아들과 메시아가 그의 존재 안에서 가장 충만할 때, 그가 간접화법(間接話法)인 알레고리로 말씀하셨을까.

그의 안에 마지막으로 사람의 아들로 충만할 때, 그의 안의 메시아가 마지막으로 사람의 아들과 함께 팽팽하게 공존(共存)하는 그 시간, 예수님은 결국 자신의 비밀을, 자신이 할 수 있는 진정한 약속을 말씀하실 수밖에 없었던 것이다. 인간의 아들 나사렛 예수와 메시아인 예수 그리스도가 그의 존재 안에서 가득 들어차, 만조(滿潮)를 이루고 있는 그 역사적 순간에, 그는 진리 중의 진리를, 구원의 비의(秘意)를 그렇게 폭로(暴露)하고 계신 것이다.

소시민도 자기 생애 마지막엔 쓸데없는 허풍, 자기 과시 같은 것은 하지 않는다. 헛된 장담 같은 것, 약속 같은 것 하지 않는다. 생애 가장 정직해지는 시간이고 지점이다. 결국 그 한쪽 죄수는 그 순간, 십자가 위에서, 바로 예수 곁에서, 인류를 대표해 그리스도의 약속을 그렇게 수여받고 있는 것이다. 다른 번역은 이렇다.

내가 분명히 약속한다. 너는 오늘 나와 함께 낙원에 있을 것이다(눅 23:43).

이 기막히도록 짧은 한 문장 속에는 인간의 모든 신학, 논쟁, 사유를 걷어찬 본질적이고 찬란한 보화(寶貨)가 모두 들어있다. 바로 오늘-지금, 현재/ 나와 함께-그리스도와 함께/ 천국-하나님의 나라, 새 예루살렘에 있으리라.

이 3가지 선물이 예수로부터 직접 육성(肉聲)으로 받아든 증서, 초대

장이었다. 흰 장갑의 남자, 코넬리우스 타보리도 바로 그 초대장을 받아들였다. 8인의 남자들도 자신들의 멘토였던 아저씨가 받아든 그 예수의 그 초청을 비로소 자신들의 청각(聽覺) 가장 깊은 곳에 담았다. 아저씨와 8인의 남자에게 더 필요한 것이 무엇인가. 나도 오늘 이 말씀을 내 청각 깊은 곳에 담겠다.

예수 재림(再臨)의 날을, 종말의 날의 현상을, 그 형식, 그 날짜를 따지고 논쟁하느라 예언의 페이지들을 너덜너덜하도록 뒤져대는 우리의 맹목은 충분히 끔찍하다. 우리는 영원이라는 하나님의 시간 속에서 과연 어디서부터 어디까지가 과거, 현재, 미래라는 이름의 시간의 구역(區域)인지 구분해 낼 수 있는가. 아니, 하나님의 시간 속에 과연 그런 시간의 단위(單位) 같은 것이 있기나 한 것일까.

76

조지 타보리, 『식인종(食人種)들』

　베를린 연극의 메카인 베를리너 앙상블 대극장 후원엔 소극장 노이에 하우스가 있다. 소극장 무대와 객석은 대극장 같은 바로크 풍의 자줏빛 벨벳 커버 의자, 천정으로부터 폭포처럼 쏟아지는, 노스텔지어 풍의 현란한 샹들리에 같은 것은 전혀 없다. 장식 커튼 같은 것은 애초에 없는 청교도적 무대에 객석엔 긴 철제 의자들이 놓여 있는, 그야말로 실험 무대의 성격을 그대로 드러낸다. 이 소극장의 진지한 레퍼토리를 알고 있는 연극 애호가들에 의해 그 검소한 철제 의자는 대개 만석이다.

　공연 레파토리의 성격 때문에 대극장은 베르톨트 브레히트의 안방 같고 소극장은 조지 타보리의 살롱이라는 생각이 들 정도이다. 대극장에선 브레히트의 「서푼짜리 오페라」-베를린 시민들의 성탄절, 부활절, 필수 프로그램이다-를 비롯해 「바알」, 「도살장의 요한나」, 「억척 어멈과 그 아이들」 같은 것이 공연되고 소극장에선 타보리의 「나의 투쟁」, 「식인종들」이 극단 레퍼토리로서 반복해 공연된다. 사실상 소극장 작품들은 종종 대학 세미나 같은 분위기를 풍긴다. 관중들은 희곡과 연극이라는 문학 장르가 토해내는, 동시대가 주는 도전적 질문들에 숨막혀 한다. 그들은 대개 베를리너 앙상블의 성역 같은 후원, 그리고 경내 레스토랑인 베를린 칸티네에서 차 한잔, 와인 한잔-이 구내식당의 와인 품질들은 소문나 있다-을 놓고 작품 토론을 벌인다. 그 고요하나 치열한 토론의 웅성임에 방문자들은 이미 익숙하다. 베를린 칸티네는 내가 독일 대학 동창들을 만나는 단골 장소이기도 하다.

공연 시간이 다가오면 구내식당을 떠나 바로 맞은 편에 있는 소극장의 지독하게 검소한 철제 계단 5개쯤 올라가 타보리의 작품들을 볼 수 있을 때, 베를린 시민들은 비로소 자신이 진골(眞骨) 베를린 시민이라는 생각을 한다. 베를린 시민들에게 베르톨트 브레히트, 조지 타보리, 하이너 뮐러 같은 극작(劇作)의 장인(匠人)들은 20세기 시대정신의 연대기를 적어간 이 도시 최고의 필경사(筆耕士)들이었다.

조지 타보리는 베를리너 앙상블의 총감독, 연출자로도 활동했다. 베를리너 앙상블로 가는 슈프레강 모퉁이 건물 벽엔 타보리의 초상을 담은 청동 기념판이 붙어 있다. 2007년 7월 23일, 그는 바로 그 집에서 사망했다. 그의 나이 93세였다. 사망 때 그의 신분은 영국 여권을 가진 헝가리 유대인이었다. 그의 작품 『식인종들』은 베를리너 앙상블의 대표적 레파토리 중 하나로 베를리너 앙상블 대극장-쉬프바우어 담 극장-이 아닌, 후원에 있는 소극장에서 비정기적으로 공연되고 있다. 이 극장은 슈프레강을 사이에 두고 저 서러운 '눈물 궁전'과 마주보고 있다. 눈물 궁전은 독일 분단 시절 동독 시민들이 자신들을 방문했던 서독 친척 형제들과 눈물로 이별하며 민족의 운명인 분단(分斷)을 울던, 베를린 복판의 국경

사무소였다.

제1텍스트로 독일 휘서출판사 조지 타보리 희곡집 I, 1994년판을 사용했다. 제2텍스트로는 독일 극단 베를리너 앙상블의 연극 제작부 최종 각색 대본을 번역해 사용했음을 밝힌다.

77

20세기의 출애굽
- 프란츠 카프카의 '출발'

세상 끝날에 일어날 일에 대해 질문하는 다니엘에게 주어진 하나님의 말씀은 이렇다.

> 다니엘아, 이제 가라! (단 12:9).
> 세상 끝날에 네가 부활할 것이다 (단 12:13).

이 지점에 이르면 나는 하나의 트럼펫 소리를 듣는다. 1922년, 순혈 유대인 프란츠 카프카(1883-1924)가 쓴 짧은 작품, 눈부신 우화, 『출발(Der Aufbruch)』에서 울려오는 저 트럼펫 소리를 말이다. 카프카의 '출발', 카프카의 엑소더스, 카프카의 신앙적 출애굽 풍경은 이렇다.

나는 명령했다.

나의 말(馬)을 내 마굿간에서 데려오라고.
하인은 내 말을 이해하지 못했다.
나는 스스로 마굿간으로 갔다.
그리고 나의 말 위에 안장을 얹고 그 위에 올라탔다.
그때 나는 멀리서 들려오는 트럼펫 소리를 들었다.-먼 곳으로부터 건너오는, 누군가 불어대는 그 트럼펫 소리를 난 듣는다.

나는 하인에게 물었다. 그 트럼펫 소리가 대체 무엇을 의미하는지를.

하인은 몰랐다, 아니, 그는 아예 그 소리조차 듣지 못했다.

내가 말을 타고 대문 앞에 섰을 때 하인이 나를 막아 세웠다. 그리고 물었다.

대체 말을 타고 어디로 떠나십니까. 주인님.
나도 모르겠소. 내가 말했다.
나는 그저 오직 이곳을 떠날 뿐이요. 출발의 트럼펫 소리가 들려왔으므로. 나는 출발해 계속해서 이곳으로부터 멀어질 뿐이요. 그렇게 해야만 나는 내 목적지, 내 표적, 내 결승점에 도착할 것이요. 그것만이 내가 목적지에 도착할 수 있다는 것.

주인님, 당신은 물론 당신의 목적지를 알고 계시겠지요. 그가 물었다.

그럼. 물론이지. 내가 대답했다.

내가 말하지 않았는가, 내 목적은 이곳으로부터 떠나는 것, 그것이
곧 나의 출발이고 목적지라네.
당신은 비상식량, 예비 식량도 없이 떠난단 말인가요? 그가 말했다.

나는 식량 같은 것은 필요치 않아. 내가 말했다.
이 여행은 너무도 길어서 나는 굶어죽고 말거야. 만일 내가 여행 도
중 아무것도 얻을 수 없다면 말이야. 그 어떤 비상식량도 나를 구해
줄 수는 없어, 그러나 다행히도 이 여행은 진실로 엄청난, 대단한,
섬찟하도록 신비한 여행이라네.

그렇다. 20세기 카프카의 출발의 여행은 그렇게 시작된다. 트럼펫이 울렸을 때, 그의 내면에 이미 출발 고지(出發告知) 명령도 내려졌다. 큰 위험을 무릎쓰고 인생의 출발을 감행한다. 새로운 항구(港口)에 닿는 것, 그것이 그의 여행의 목적지이다. 하나님의 명령, 하나님의 출발 신호인 트럼펫 소리, 출애굽의 명령은 이미 선포됐다. 포기할 수 없는 전진(前進)만이 그곳에 있다. 분명한 것은 그 여행은 섬찟하도록 장대하고 신비한 여행이라는 사실이다. 바로 그 지점에서 이 우화(寓話)의 불꽃이 터져 나온다. '출발'은 카프카 사후인 1936년, 그의 친구 막스 브로트에 의해 출판됐다. 참고로 카프카는 법학 박사였다.

세상의 끝날에 일어날 일에 대해 묻는 다니엘에게 주어진 하나님의 대답은 이렇다.

다니엘아, 이제 가라! 가차 없이 가라 (단 12:9).

다시 가차 없는 출발 명령이다. 다시 출발이다. 그것이 출애굽이든, 출바벨이든, 예루살렘으로의 귀향이든, 모든 출발과 귀향을 뛰어넘는 출발, 인간의 궁극적 본향(本鄕)인 야훼 하나님께로의 가차 없는 전진(前進)이다.

다시 출발이다. 가차 없는 출발이다.
너의 창자가 너의 생애 '백조의 노래'라는 최고의 절창(絶唱)을 토하는 그날까지 전진하라.

작가 메모

♦

이 책 '제4의 남자'는 나의 '로고스 3부작(Logos Trilogy)' 중 첫 번째 책이다. 로고스 3부작은 '제4의 남자', '위대한 예스', 그리고 희곡 '라 훼니체(La Fenice)-불사조', 모두 3권으로 구성되어 있다. 로고스 3부작은 하나님의 말씀, 즉 성경-로고스- 속의 황금인, 인류의 완전한 희망, 즉 필멸과 불멸의 대결에 대한 나의 묵상 일지이며, 작가로서 반드시 도전해야 할 필연적 테마였다.

이 책 '제4의 남자'의 출판을 맡아주신, 나의 원고를, 저자들의 원고를, 그토록 소중하게 다뤄주시는, 킹덤북스(Kingdom Books) 대표 윤상문 목사님과 편집 팀에게 깊은 감사와 존경의 심정을 전한다.

이 원고의 마지막 획(劃), 다니엘서에 대한 77개의 단상의 마지막 획까지, 침묵 속에서 지켜보아 주신 주님의 황홀한 사랑, 내 생애 최고의 진리, 최고의 미학(美學)이신 주님 앞에 내 전 존재의 무릎을 꿇는다.

2024년 9월
독일 베를린 작업실에서

참고 문헌

한글개역 성경, 새성경, 현대어 성경

정재서, 『산해경』 민음사, 1985.

『회남자: 제자백가의 집성과 통일』, 유안 편찬, 이준영 해역, 자유문고, 2015.

J.G. 프레이져, 『황금가지』(The Golden Bough), 장병길 역, 삼성출판사, 1990.

J.G. 프레이져, 『황금가지』, 박규태 역주, 을유문화사, 2005.

제시 웨스턴, 『제식으로부터 로망스로』, 정덕애 역, 문학과 지성, 1988.

정지해, 굴지정 편저, 『북경 자금성』, 금일중국출판사.

하이너 뮐러, 『하이너 뮐러 문학선집』, 이창복, 정민영 옮김, 한마당, 1998.

Die Gute Nachricht, Altes und Neues Testament: Herausgegeben von den Bibelgesellschaften und Bibelwerken im deutschsprachigen Raum: Evangelisches Bibelwerk in der Bundesrepublik, Österreich Bibelgesellschaft, Schweizerisches Bibelgesellschaft, Bibelwerk in der DDR.

Die Bibel: Nach der Übersetzung Martin Luthers, Deutsche Bibelgesellschaft.

Das Neue Testament: Nach der Übersetzung Martin Luthers, Deutsche Bibelgesellschaft Stuttgart.

Fünf Jahrtausende Mesopotamien: Die Kunst von den Anfängen um 5000 v.Chr. bis zu Alexander dem Großen, Hirmer Verlag, München, 1962.

Babylon: Band1&2: Mythos und Wahrheit, Staatliche Museen zu Berlin, Louvre Paris, The Britisch Museum, Katalog zur Ausstellung in den

Staatlichen Museen, Pergamon Museum, 2008.

Pergamonmuseum: Antikensammlung Vorderasiatisches Museum, Prestel, München, 2014.

Michael J. Seymour & Irving L. Finkel: Babylon, Legende, History and Ancient City, British Museum, London, Oxford University Press, 2008.

Irving L. Finkel: Babylon: Myth and Reality, British Museum Press, 2008.

Irving L. Finkel: The Cyrus Cylinder: The Great Persian Edict from Babylon, The King of Persia's Proclamation from Ancient Babylon, Bloomsbury Academic, 2021.

James George Frazer: The Golden Bough, retitled A Study in Magic and Religion, Oxford University Press, 1995.

J.G. Frazer: Der goldene Zweig, Das Geheimnis von Glauben und Sitten der Völker, Rowohlt Enzyklopädie, 2004.

Jessie L. Weston: From Ritual to Romance, Folklore, Magic and the Holy Grail, Princeton University Press, 2014.

T.S, Eliot: Das wüste Land, übersetzt von Ernst Robert Curtius, Suhrkamp Verlag, 1975.

T.S. Eliot: The complete Poems and Plays, Faber & Faber, London, 2004.

Heinrich Heine: Sämtliche Werke in zeitlicher Folge, Insel Verlag, 1997.

Franz Kafka: Der Aufbruch: und andere ausgewählte Prosa, Fischer Verlag, 2010.

Franz Kafka: Metamorphosis and other Stories, Penguin Classics, 2020.

Eberhard Frey: Erzählen als Lebensform. Zu Kafkas Parabel 'Der Aufbruch' in Sprachkunst, 1982.

William Blake: Dichter, Maler, Visionär von Peter Ackroyd & Thomas Eichhorn Princeton University Press, 2019.

William Blake: Das Große Sammelwerk, Maler, Marshall Cavendish international Ltd, Hamburg, 2000.

Nils Jockel: Pieter Bruegel's Tower of Babel: The Builder with the Red Hat, Prestel, 1998.

Michael Francis Gibson: Die Mühle und das Kreuz, Pieter Bruegel's Kreuztragung Christie, The University of Levana Press, 2015.

Dietrich Bonhoeffer: Widerstand und Ergebung: Briefe und Aufzeichnungen aus der Haft, Gütersloher Verlagshaus, 2005.

Dietrich Bonhoeffer: Nachfolge, Peter Zimmerling (Herausgeber), Brunnen, 2021.

Max Horkheimer & Theodor W. Adorno: Dialektik der Aufklärung, Philosophische Fragment, Fischer Verlag, 1988.

Theodor W, Adorno: Noten zur Literatur, Suhrkamp Verlag, 2003.

Erich Fromm: Ihr werdet sein wie Gott, Psychoanalyse und Religion, dtv, 2018.

Erich Fromm: Anatomie der menschlichen Destruktivität, Rowohlt Verlag, 1977.

Ernst Bloch: Das Prinzip Hoffnung, Suhrkamp, 1985.

Jürgen Moltmann: Theologie der Hoffnung, Untersuchungen zu Begründung und zu den Konsequenzen einer christlichen Eschatologie, Gütersloher Verlagshaus, 2005.

Jürgen Moltmann: Auferstanden in das ewige Leben über das Sterben und Erwachen einer lebendigen Seele, Gütersloher Verlagshaus, 2020.

Sigfried Zimmer: Schadet die Bibelwissenschaft den Glauben? Klärung eines Konflikts. Vandenhoeck & Raprecht, 2012.

Hans Meyer: Der Turm von Babel, Erinnerung an eine Deutsche Demokratische Republik, Suhrkamp, 1993.

Alexander Demandt: Zeit, eine Kulturgeschichte, Propyläen Verlag, 2015.

Harvey Cox: The Secular City, Secularization and Urbanization in Theological Perspective, 2013.

Harvey Cox: The Market as God, Harvard University Press, 2019.

Carl Sagan: The Dragons of Eden, Speculation on the Evolution of Human

Intelligence, Ballantine Books, 2012.
Nikos Kazantzakis: Rechenschaft vor El Greco, Ullstein Tb, 1995.
Heiner Müller: Werke 3, Die Stücke1, Suhrkamp Verlag, 2000.
Heiner Müller: Werke 6, Die Stücke 4, Bearbeitungen für Theater, Film, Rundfunk, Suhrkamp, 2004.
Heiner Müller: Dramen, Mauser, Die Schlacht, Texte 11Bände, Berlin Rotbuch, 1974-1989.
George Tabori: Die Kannibalen, Theaterstücke 1, aus dem Englischen von Ursula Grützmacher- Tabori, Peter Hirsche, Peter Sandberg, Fischer Verlag. 1994.
George Tabori: Die Kannibalen, Berliner Ensemble.
Markus Roth: Theater nach Auschwitz: George Taboris Die Kannibalen im Kontext der Holocaust Debatten, Historisch kritische Arbeiten zur deutschen Literatur, Band 32, Peter Lang GmbH, 2003.
Alexander & Margarete Mitscherlich: Die Unfähigkeit zu trauern, Grundlagen kollektiven Verhaltens, R. Piper &Co Verlag, München, Zürich, 1986.
Rudolf Pesch: Wie Jesus das Abendmahl hielt, der Grund der Eucharistie, Herder, Freiburg, 1977.
Elisabeth Pacoud-Réme: Musée National Marc- Chagall, Nizza, 2019.
Mathias Schreiber: Das Schwert Jahwes, Der Spiegel, 08, März, 2016.